Der Wettbewerbsschutz in Bulgarien und in der Russischen Föderation während des Übergangs vom Dirigismus zur Privatautonomie

Saarbrücker Studien
zum Privat- und Wirtschaftsrecht

Herausgegeben von Johann Paul Bauer,
Michael Martinek (geschäftsführender Herausgeber)
und Helmut Rüßmann

Band 42

PETER LANG
Frankfurt am Main · Berlin · Bern · Bruxelles · New York · Oxford · Wien

Vania Dilek

Der Wettbewerbsschutz in Bulgarien und in der Russischen Föderation während des Übergangs vom Dirigismus zur Privatautonomie

PETER LANG
Europäischer Verlag der Wissenschaften

Bibliografische Information Der Deutschen Bibliothek
Die Deutsche Bibliothek verzeichnet diese Publikation in der Deutschen Nationalbibliografie; detaillierte bibliografische Daten sind im Internet über <http://dnb.ddb.de> abrufbar.

Zugl.: Saarbrücken, Univ., Diss., 2004

D 291
ISSN 1433-8866
ISBN 3-631-52633-4

www.peterlang.de

Saarbrücker Studien zum Privat- und Wirtschaftsrecht

herausgegeben von
Prof. Dr. Johann Paul Bauer
Prof. Dr. Dr. Dr. h.c. Michael Martinek
Prof. Dr. Helmut Rüßmann

Die Schriftenreihe "Saarbrücker Studien zum Privat- und Wirtschaftsrecht" bildet in erster Linie ein Forum für rechtswissenschaftliche Doktorarbeiten der Universität des Saarlandes auf zwei juristischen Schwerpunktgebieten. Zum einen sollen Dissertationen im klassischen Privatrecht, vor allem im bürgerlichen Vermögensrecht der ersten drei Bücher des BGB und ihrer Nebengesetze vorgestellt werden. Zum anderen findet das Wirtschaftsrecht im Sinne des Wirtschaftsprivatrechts besondere Berücksichtigung, womit namentlich die Gebiete des Handelsrechts einschließlich des Bilanzrechts, des Personen- und Kapitalgesellschaftsrechts einschließlich des Konzernrechts, des Gewerblichen Rechtsschutzes sowie des Wettbewerbs- und Kartellrechts bezeichnet sind. Es versteht sich, daß nicht nur rechtsdogmatische Studien, sondern auch rechtstatsächlich, rechtspolitisch oder interdisziplinär angelegte Arbeiten in die Schriftenreihe Aufnahme finden. Denn die Rechts- und Wirtschaftswissenschaftliche Fakultät der Universität des Saarlandes vereinigt unter *einem* Dach die Fachbereiche Rechtswissenschaft und Wirtschaftswissenschaft und regt damit Studenten und Hochschullehrer in besonderer Weise zu fachübergreifender Lehre und Forschung an. Die Schriftenreihe steht aber nicht nur sehr guten und ausgezeichneten Dissertationen, sondern auch anderen "Studien" zu privat- und wirtschaftsrechtlichen Themen offen, bis hin zu Materialien und Skripten des akademischen Unterrichts. Die drei Herausgeber, die zugleich stellvertretend für ihre anderen Saarbrücker Fakultätskollegen des Privat- und Wirtschaftsrechts handeln, verbinden mit den "Saarbrücker Studien zum Privat- und Wirtschaftsrecht" den Wunsch, daß die hier veröffentlichten Arbeiten die verdiente Resonanz in der breiteren juristischen Fachöffentlichkeit finden.

Meiner Mutter

Vorwort

Die vorliegende Arbeit habe ich als Dissertation im Wintersemester 2003/2004 an der juristischen Fakultät der Universität des Saarlandes eingereicht. In der Arbeit sind Stellungnahmen aus Rechtsprechung und Schrifttum bis einschließlich September 2003 berücksichtigt worden.

Mein besonderer Dank gilt meinem hochverehrten Lehrer Herrn Professor Dr.jur. Dr.rer.publ. Michael Martinek, M.C.J. (New York), der die Anregung zu dieser Arbeit gegeben und mich während meiner gesamten juristischen Ausbildung engagiert gefördert hat.

Mein weiterer Dank gebührt Frau PD Dr.jur. Susanne Wimmer-Leonhardt für die rasche Erstellung des Zweitgutachtens.

Ebenfalls möchte ich den Herausgebern der Saarbrücker Studien zum Privat- und Wirtschaftsrecht für die Aufnahme meiner Arbeit in ihre Schriftenreihe danken.

Meiner Mutter Valya Dimitrova danke ich für ihre Unterstützung in allen Phasen auf dem Weg zum Doktortitel. Ihr möchte ich diese Arbeit widmen.

Saarbrücken, im März 2004

Vania Dilek

Inhaltsübersicht

Abkürzungsverzeichnis

a.a.O	am angegebenen Ort
Abl	Amtsblatt
ABl.EG	Amtsblatt der Europäischen Gemeinschaft
Abs	Absatz
AcP	Archiv für die zivilistische Praxis
a.F	alte Fassung
AJCL	AmericanJournal of Comparative Low
AG	Aktiengesellschaft
Akt.Inf	Aktuelle Information
Anm	Anmerkung
AntitrustBull	Antitrust Bulletin
a.M	Anderer Meinung
Art	Artikel
Aufl	Auflage
Bd	Band
belgUWG	belgisches Gesetz gegen den unlauteren Wettbewerb
BGB	Bürgerliches Gesetzbuch
BGH	Bundesgerichtshof
BGBl	Bundesgesetzblatt
BGHZ	Entscheidungen des Bundesgerichtshofs in Zivilsachen
bg.Kons	bulgarische Konstitution
bg.UWG/41	bulgarisches Gesetz gegen den unehren-haften Wettbewerb
BRD	Bundesrepublik Deutschland
BT-Drucks	Bundestags-Drucksache
BVerfGE	Entscheidungen des Bundesverfassungsgerichtes
bzw	beziehungsweise
ca	cirka
DDR	Deutsche Demokratische Republik
ders.	derselbe
d.h.	das heißt
deutBGB	deutsches Bürgerliches Gesetzbuch
deutGWB	deutsches Gesetz gegen die Wettbewerbsbeschränkungen
deutUWG	deutsches Gesetz gegen unlauteren Wettbewerb

D.V .... (Derzaven Vestnik) bulgarisches Gesetzesblatt
Dz.U .... (Dziennik Ustaw) polnisches Gesetzblatt
Diss ....Dissertation
Einl .... Einleitung
EG ....Europäische Gemeinschaft
EuGH ....Europäisches Gerichtshof
EuGH – Slg .... Sammlung der Rechtsprechung des Gerichtshofes der Europäischen Gemeinschaften
EWG ....Europäische Wirtschaftsgemeinschaft
EWGV .... Vertrag zur Gründung der Europäischen Wirtschaftsgemeinschaft vom 25.3.1957
f. ....folgende
ff. .... fortfolgende
Fußn. ....Fußnote
G .... Gesetz
GATT .... General Agreement on Tariffs and Trade
gem ....gemäß
GKAP ....Staatskomitee der Russischen Föderation für Antimonopolpolitik
GmbH ....Gesellschaft mit beschränkter Haftung
griechVerbraucherschutzG ....griechisches Verbraucherschutzgesetz
GRUR Ausl. .... Gewerblicher Rechtsschutz und Urheberrecht, Auslandsteil
GRUR Int. .... Gewerblicher Rechtsschutz und Urheberrecht, internationaler Teil
GUS ....Gemeinschaft unabhängiger Staaten
GWB ....Gesetz gegen Wettbewerbs-beschränkungen
HandelsG ....Handelsgesetz
HGB .... Handelsgesetzbuch
Hrsg. .... Herausgeber
insb. .... insbesondere
i.d.F. ....in der Fassung
i.d.R. .... in der Regel
i.V.m. ....in Verbindung mit
JbKSW. .... Jahresbericht der Kommission zum Schutz desWettbewerbs
Jugosl.HandelsG. ....jugoslawisches Handelsgesetz
KSW ....Kommission zum Schutz des Wettbewerbs
KSW/E .... Entscheidung der Kommission zum Schutz desWettbewerbs

kurs.	kursiv
lit.	litera
luxembUWG	luxemburgisches Gesetz gegen den unlauteren Wettbewerb
MarkenG	Markengesetz
m.w.N	mit weiteren Nachweisen
n.F.	neue Fassung
NJW	Neue Juristische Wochenschrift
Nr.	Nummer
o.g.	oben genannte
OsteuropaR	Osteuropa Recht
OG	Oberstes Gericht
PVÜ	Pariser Verbandsübereinkunft zum Schutz des gewerblichen Eigentums
polnUWG	polnisches Gesetz gegen den unlauteren Wettbewerb
Rbl.	Rubel
Rdnr.	Randnummer
RF	Russische Föderation
RSFSR	Russische Sozialistische Föderale Sowjetrepubliken
RG	Reichsgericht
RGBl	Reichsgerichtsgesetzblatt
RGW	Rat für gegenseitige Wirtschaftshilfe
RIW	Recht der internationalen Wirtschaft
RL	Richtlinie
rumUWG	rumänisches Gesetz gegen den unlauteren Wettbewerb
russAntimonopolG	russisches Antimonopolgesetz
russWbSG	russisches Gesetz zum Schutz des Wettbewerbs
ROW	Recht in Ost und West
RF	Russische Föderation
s.	siehe
S.	Seite
schweizUWG	schweizerisches Bundesgesetz gegen den unlauteren Wettbewerb
Slg	Sammlung der Rechtsprechung des Gerichtshofes der Europäischen Gemeinschaften
slowUWG	slowenisches Gesetz gegen den unlauteren Wettbewerb
sog.	sogenannte

spanUWG	spanisches Gesetz gegen den unlauteren Wettbewerb
StrafGB/StGB	Strafgesetzbuch
SZ RF	Sobranie Zakonov Rossijskoj Federacii
TabakG	Tabakgesetz
TRIPS-Übereinkommen	Das Übereinkommen über handelsbezogene Aspekte des geistigen Eigentums
tschHGB	tschechisch-slovakisches Handelsgesetzbuch
u.a	und andere
u.dgl.	und dergleichen
UdSSR	Union der sowjetischen sozialistischen Republiken
Urt.	Urteil
usw.	und so weiter
UWG	Gesetz gegen unlauteren Wettbewerb
ungGVUM	ungarisches Gesetz über das Verbot von unlauterem Marktverhalten
UrhG	Gesetz über Urheberrecht und verwandte Schutzrechte (Urheberrechtsgesetz)
VerpfVertrG	Gesetz über die Verpflichtungen und Verträge
vgl.	vergleiche
VerbraucherschutzG	Gesetz über den Schutz von Verbraucherrechten
Verf.	Verfasser
VR Bulgarien	Volksrepublik Bulgarien
VSNDVS RF	Vedomosti Soveta Narodnich Deputatov i Verchovnogo Soveta RF (Gesetzesblatt)
WbSG	Gesetz zum Schutz des Wettbewerbs
WerbeG	Gesetz über die Werbung
WettbewG	Wettbewerbsgesetz
WetbewerbR	Wettbewerbsrecht
WIRO	Weltorganisation für Geistiges Eigentum
WRP	Wettbewerb in Recht und Praxis
WTO	World Trade Organization
WuW	Wirtschaft und Wettbewerb
z.B	zum Beispiel
ZHR	Zeitschrift für Handelsrecht
Ziff.	Ziffer
ZGB, ZivilGB	Zivilgesetzbuch
ZPO	Zivilprozessordnung

1. Kapitel

Einleitung

A. Hinführung zur Aktualität des Themas.

Das strategische Ziel der sozialistischen Doktrin lag darin, die Produktionsmittel nicht durch Wettbewerbsmechanismus aufzubauen, sondern durch staatliche Planung, ohne Privateigentum. Der Plan sollte nicht nur die Produktion, sondern auch den Umsatz von Waren und Dienstleistungen erfassen. Damit sollte eine Gesellschaftsordnung geschaffen werden, die ohne kapitalistische Widersprüche auskommt und sogar den Wettbewerb selbst programmiert.[1] Die gesamte Planwirtschaft in den ehemals sozialistischen Staaten Mittel- und Osteuropas implizierte notwendigerweise die Negierung des Wettbewerbs zugunsten der zentralen Planung. Der Rahmen dieses Systems war in institutioneller Hinsicht durch staatliches Eigentum an Produktionsmitteln und eine höchstmögliche Konzentration politischer [2] und wirtschaftlicher [3] Macht geprägt. Strukturpolitisch waren die Profile der nationalen Wirtschaftssysteme durch große Unternehmenseinheiten mit starren Bindungen im Produktions- und Großhandelsbereich gekennzeichnet.[4] Die gesamte Wirtschaft war ein riesiges Monopol in der Hand des Staates bzw. in der Hand der wenigen, die die Macht bei sich konzentrierten.[5]

Die bedrohlichen Rezessionsvorgänge in den zweiten Hälfte der 80er Jahre und die chronisch gewordenen Marktdefizite bezeugten die Funktionsschwächen der Planwirtschaft. Mit der zunehmenden Verschär-

---

1) Beier, F.-K.; Bastian, E.-M. und Kur, A.: Wettbewerbsrecht und Verbraucherschutz in Mittel- und Osteuropa, Köln etc. 1992, Buchbesprechung in GRUR Int.1993, S.587

2) Dimitrov M., Diss. 1996, S.24; Die Verfassungen der sozialistischen Staaten legten fest, dass die führende Kraft in der Gesellschaft und dem Staat die kommunistische Partei ist; deutsche Übersetzungen in: Verfassungen der sozialistischen Staaten, H. Roggemann, Berlin 1980, S.47 ff.

3) Dimitrov M., Diss. 1996, S.25: Nach Art.13 Abs.I der bulgarischen Verfassung von 1971 beruhte das sozialistische Wirtschaftssystem auf dem gesellschaftlichen Eigentum an Produktionsmittel. Die Marktverhältnisse in Ungarn in Jugoslawien waren allerdings von einem relativ hohen Grad der eingeräumten Privatautonomie geprägt.

4) Dimitrov M., Dissertation, Halle-Wittenberg 1996, S. 25

5) Dillenz, Das russische Wettbewerbsrecht, S. 1: Dieses staatliche Monopol war zudem in sich noch monopolistisch strukturiert, indem in der gesamten Sowjetunion bestimmte Produkte nur von einem einzigen Unternehmen hergestellt wurden.

fung der wirtschaftlichen Situation wurden neue Wirtschaftsstrategien konzipiert, die die Notwendigkeit einer Verschiebung der Prioritäten auf kleinere und mittlere Unternehmen durch Entflechtungen erkannten. Die durchgeführten Reformen brachten hauptsächlich eine Lockerung der bis dahin streng verpflichtenden administrativen Pläne mit sich. Sie wurden immer mehr zu orientierenden Plänen, allerdings unter der Beibehaltung der *ultra-vires*-Grundsätze. Die Änderungen waren lediglich als systemimmanente Entwicklungsprozesse gedacht.[6] Die Grundlage für die Unumkehrbarkeit des Reformweges wurde durch einen relativ schnellen Übergang von der Diktatur zur parlamentarischen Demokratie geschaffen.[7] Trotz radikaler Programmsätze erfolgt aber die Durchführung der wirtschaftlichen Reformmaßnahmen teilweise inkonsequent. Dabei entwickelt sich der wirtschaftliche Wandel in den ehemals sozialistischen Ländern Mittel- und Osteuropas mit eigenen Besonderheiten.

Die letzten Jahre waren in den Übergangsländern Europas von umfangsreichen wirtschaftlichen und politischen Umwälzungen sowie von einer außergewöhnlich dynamischen gesetzgeberischen Tätigkeit geprägt. Die Eröffnung des osteuropäischen Wirtschaftsraums und die Liberalisierung der Marktverhältnisse, die eine Expansion von Unternehmen aus den westlichen Industrieländern in diesen neuen Märkten erhoffen lässt, einerseits, und die Bestrebungen nach erfolgreicher Eingliederung im fortschreitenden Integrationsprozess in Europa, andererseits, sind Faktoren, die einen ausschlaggebenden Einfluss auf die Rechtspolitik aller Übergangsländer ausgeübt haben.[8] An die Stelle unübersehbarer untergesetzlicher Normativakte der zentralen Planung treten neue Kodifikationswerke, das juristische Begriffsinstrumentarium wird immer wieder erweitert und bereichert. Man stößt alltäglich auf aktuelle Wertungsprobleme in bezug auf die Ausübung der nunmehr verfassungsmäßig garantierten Unternehmensfreiheit und ist gefordert die Kenntnis- und Erfahrungsdefizite rege nachzuholen.[9]

Die Einführung marktwirtschaftlicher Strukturen in den ehemals sozialistischen Ländern Ost- und Mitteleuropas hat zu einer Neubelebung oder Wiedereinführung des Rechts gegen den unlauteren Wettbewerb und des Rechts gegen Wettbewerbsbeschränkungen geführt. Ein neueres Geset-

---

6) Dimitrov M., Dissertation, Halle-Wittenberg 1996, S.25; Kloten, Die Transformation von Wirtschaftsordnungen, S.7

7) Dimitrov M., Diss. 1996, S.26; Pretnar S., in Beier/Bastian/Kur, S. 556

8) Dimitrov M., Diss. 1996, S. 41

9) Dimitrov M., Diss. 1996, S. 1: Selbst bekannte Materien wie das Vertragsrecht, das Bankrecht, das Patentrecht u.a. erfahren neue Wesenszüge, die die jahrzehntelang überkommenen Wertvorstellungen neu definieren. Es beginnt dadurch ein allmählicher Prozess der Erkenntnis der Gesetzmäßigkeiten einer neuen Wirtschaftsrealität.

zeswerk hat immer den Vorteil, die Erfahrungen fortgeschrittener Rechtssysteme schöpferisch rezipieren zu können.[10] So besehen ist die Übergangsperiode eine Chance. Davon hat das Wettbewerbsrecht in den Ländern Mittel- und Osteuropas erfolgreich Gebrauch gemacht. Die neuen Wettbewerbsgesetze orientieren sich an den Erfordernissen der Annährung an die Rechtsregeln der Europäischen Union und beachten zugleich die Traditionen des einheimischen Wettbewerbsrechts.[11]

Das Wettbewerbsrecht kann zurecht als Grundlage einer freien Wirtschaft bezeichnet werden. In den USA, einem der Pioniere des Wettbewerbsrechts, zog der U.S. Supreme Court in einer grundlegenden Entscheidung den Vergleich des Wettbewerbsrechts mit den Menschenrechten.[12] Das öffentliche Interesse an der Erhaltung eines der ökonomischen Effizienz und der gesellschaftlichen Vorwärtsentwicklung dienenden Markt-Wettbewerbs und ferner das Interesse der die Erfordernisse des geschäftlichen Anstands einhaltenden Unternehmen und das Verbraucherinteresse erfordern, dass der Staat durch Rechtsregelung die Lauterkeit und Freiheit des wirtschaftlichen Wettbewerbs gewährleistet. Das Wettbewerbsrecht bildet dasjenige Regelungsinstrument, durch das der Gesetzgeber in das Marktgeschehen eingreift, um die sich vielgestaltig entwickelten Verhältnisse des Wettbewerbsstrebens aufnehmen und unter Kontrolle bringen zu können.[13] Die diesem Zwecke dienenden Rechtsnormen sollen dabei den freien Wettbewerb in den Schranken der Lauterkeit halten und einerseits die Mitbewerber, andererseits aber auch die Allgemeinheit vor der Anwendung unzulässiger Kampfmittel schützen.

Die Aufgabe zur Sicherstellung eines wirksamen Lauterkeitsschutzes in den ehemaligen sozialistischen Ländern Europas erhält jedoch durch einen anderen rechtspolitischen Aspekt ihre Aktualität.[14] Sie richtet sich auf die Spezifik der sich vollziehenden Transformationsprozesse des Über-

---

10) Dimitrov M., Dissertation, 1996, S. 24-28; Deutsche Übersetzungen der neuen Wettbewerbsgesetze im Materialienband, S.201 ff.

11) Alle Europa-Abkommen erhalten detaillierte materielle Vorschriften, die denen in Art. 85, 86 und 92 des Rom-Vertrages weitgehend entsprechen.

12) United States v. Topco Associates, Inc., 405 U.S. 569, 610 (1958), abgedruckt in: Fox/ Sullivan, Cases and Materials on Antitrust, 344 ff.

13) Dimitrov M., Dissertation, Hale-Wittenberg 1996, S.1; Mestmäcker, Die Wiederkehr der bürgerlichen Gesellschaft und ihres Rechts, in: Die Zeit Nr.32 v. 2.8.1991, S.18; Azema, GRUR Int.1973, S.651

14) Melzer T., Bericht über das 5.Ringberg-Symposium des Max-Planck-Instituts für ausländisches und internationales Patent-, Urheber- und Wettbewerbsrecht, GRUR Int.1991, S.556; Berichte über die gegenwärtige Lage in den einzelnen Ländern Koiter (UdSSR und Estland), Vörös (Ungarn), Berg (DDR), Knap (CSFR), Skubisz (Polen), Eminescu (Rumänien), Chivarov (Bulgarien).

gangs von der Plan- zur Marktwirtschaft. Nach dem politischen Wandel in den ehemaligen sozialistischen Ländern Europas und dem Zusammenbruch derer administrativ gelenkten Wirtschaftssysteme wurde daher dem Wettbewerbsrecht und dem Verbraucherschutz ein bedeutsamer Platz in der Diskussion um den Aufbau eines neuen Wirtschaftsrechts zugewiesen. [15] Die Verabschiedung neuer Wettbewerbsgesetze in diesem Länderkreis als Teil einer umfassenden Reform der Wirtschaftsgesetzgebung stellt eine rechtzeitige juristische Reaktion auf dringende sozial-ökonomische Bedürfnisse dar. [16]

B. Methodische Überlegungen zur Durchführung der Untersuchung.

In methodologischer Hinsicht wird in dieser Arbeit vom zeitgeschichtlichen Bezug der neuen Wettbewerbsgesetze ausgegangen. Deshalb wird in den folgenden Ausführungen versucht, das rechtspolitische Erfordernis nach einem wirksamen Wettbewerbsrecht ins rechte Licht der spezifischen gesellschaftlichen und ökonomischen Transformationsprozesse zu rücken.[17] Bei der Analyse der wirtschaftlichen Seite der Transformation wird versucht einen Eindruck von den Problemen zu vermitteln, vor die sich die Gesellschaft nach der Aufkündigung des den sozialistischen System zugrunde liegenden Grundkonsenses der sozialen Absicherung gestellt sieht. Man betrachtet die Reformen in Richtung der Durchsetzung marktwirtschaftlicher Strukturen und Liberalisierung der wirtschaftlichen Initiative nur im Zusammenhang mit der Gewährleistung von Bedingungen für gewissenhaften bzw. lauteren Wettbewerb.[18] In diesem Kontext ist das neue Wettbewerbsrecht als Instrument zu Durchsetzung der neuen Wirtschaftsverfassungen in der Übergangsperiode zu betrachten.[19]

---

15) Dimitrov M. Diss. 1996, S.13; auch Melzer T., GRUR Int.1991, S.556 und Wirtschaftsrecht 5/91, S.170

16) Dimitrov M., Dissertation, Halle-Wittenberg 1996, S. 3

17) Dimitrov M., Diss. 1996, S.41

18) Dimitrov M., Diss. 1996, S.41

19) Dimitrov M., Dissertation, Halle-Wittenberg 1996, S. 30: Die neuen Wettbewerbsgesetze sind als Ergebnis der wirtschaftspolitischen Wahl für eine freie Marktwirtschaftsordnung entstanden. Auch Bakardjieva A., GRUR Int.1994 und GRUR Int.1999.

Bei einer Untersuchung der neuen Wettbewerbsgesetzgebung in den Transformationsländern Europas lässt vieles Verallgemeinerungsfähiges ableiten. Eine einheitliche Wahrnehmung rechtfertigt sich schon aus der Tatsache, dass die postsozialistischen Staaten eine gemeinsame Erfahrung teilen, obwohl die Dissoziation des Ostblocks über die vormaligen staatlichen Einheiten hinaus kaum zu verbergen war. Die wirtschaftlichen und rechtlichen Ausgangslagen in den einzelnen Staaten sind jedoch so ungleich und das Spektrum der Regelungsausgestaltung des neuen Lauterkeitsschutzes so breit gestreut, dass konkrete Schlussfolgerungen über ein Land hinaus, etwa für eine Theorie postkommunistischer Wirtschaftstransformation, praktisch unmöglich erscheinen. Dieser Erkenntnis folge ich indem ich bis zum Schluss eine nach Ländern getrennte Darstellungsweise beibehalte.

Da die Gegenwart gerade in Osteuropa nie ohne Kenntnis der Vergangenheit zu verstehen ist, erfordert die Würdigung der neuen Wettbewerbsgesetze eine sozial-ökonomische, aber auch rechtsvergleichende und geschichtliche Analyse. Mit der Verfolgung der Entwicklungslinie des Lauterkeitsschutzes in den Ländern Mittel- und Osteuropas wird bezweckt, ein empirisch bestätigtes Beispiel für den Zusammenhang von wettbewerbsrechtlichem Freiheits- und Lauterkeitsschutz zu liefern. Die Übersicht über die wettbewerbsrechtlichen Traditionen versucht zugleich einen Eindruck von der Ausgangsbasis zu vermitteln, auf der der postsozialistische Gesetzgeber ein modernes Wettbewerbsrechts aufbauen musste. Die Schwierigkeiten dieses Aufbaus und insbesondere den Rechtstransfer von West nach Ost, versuche ich von beiden Seiten aus zu beleuchten. Dabei darf man nie aus den Augen verlieren, dass einem westlichen Leserkreis viele osteuropäische Selbstverständlichkeiten meistens nur klischeehaft bekannt sind.

Die Bewältigung der besonders komplizierten Übergangssituation erfordert von allen Reformgesetzgebern ein Höchstmaß an Rationalität bei der Schaffung von Rahmenbedingungen zur Durchsetzung neuer Marktverhältnisse.[20] Im Unterschied zu anderen Gebieten des gewerblichen Rechtsschutzes, wie dem Gebrauchsmusterrecht, oder auch dem Urheberrecht, die „auf Grund einer wirtschaftspolitischen Neutralität nicht systemkonstituierend sind“[21] und im Zuge der gesamten Gesetzgebungsreform lediglich modernisiert wurden, liegt die Situation im Wettbewerbsrecht anders. Es wird hierbei versucht Phänomene in den Griff zu bekommen, die früher nicht existierten bzw. deren Existenz geleugnet

20) Dimitrov M., Dissertation, Halle-Wittenberg 1996, S.3

21) Dimitrov M., Diss. 1996, S.3: Die These ist von Kummer M. in „Anwendungsbereich und Schutzgut der privatrechtlichen Rechtssätze gegen unlauteren und gegen freiheitsbeschränkenden Wettbewerb“, S.122 begründet.

wurde. Mit Rücksicht darauf stellt sich die vorliegende Arbeit das Ziel auf, das neue Lauterkeitsrecht in Bulgarien und Russland als juristisches Programm zu untersuchen, wobei die vorgefundenen soziologischen und politischen Sachzusammenhänge zu berücksichtigen sind.[22]

Mit dem Akzentuieren auf die Spezifik der Übergangsperiode von der Plan- zur Marktwirtschaft wird indessen nicht einem besonderen Typus des Lauterkeitsrechts Bedeutung beigemessen. Es geht vielmehr darum, unter Berücksichtigung der sozial-ökonomischen Hintergründe der rechtlichen Regelungen, eine den zeitgeschichtlichen Erfordernissen des Übergangs entsprechende Grundlage zur Auswertung des Lauterkeitsschutzes herauszuarbeiten.[23] Allgemeine Formulierungen der Gesetzespolitik sind für die Neuregelungen aller Übergangsländer kennzeichnend.[24] In diesem Zusammenhang ist zu bemerken, dass alle postsozialistischen Verfassungen (oder entsprechende umfassende Verfassungsänderungen) ein deutliches Bekenntnis zu Marktwirtschaft und Schutz des Wettbewerbs ablegen.[25] Die funktionale Betrachtungsweise richtet sich deshalb auf die Aufgaben des neuen Lauterkeitsrechts und dessen Eignung, die komplexe Zielsetzung des Gesetzes nachzuvollziehen.[26]

Die objektive Notwendigkeit einer rechtlichen Regelung kann indessen als Argument einer positiven Auswertung in Anspruch genommen werden, jedoch bedeutet dies noch nicht, dass eine solche Regelung schon wirksam erfolgt.[27] Das zunehmende Auftreten diverser Formen unlauteren Wettbewerbs in der Russischen Föderation sowie in Bulgarien ist ein Indiz dafür, dass sich Wettbewerb überhaupt entfaltet;[28] freilich führt dies angesichts eines oftmals noch ganz und gar abwesenden oder erst in seinen Anfängen befindlichen, von Rechtsprechung und Rechtsanwendung noch wenig untermauerten Regelungszustands[29] zu

---

22) Dimitrov M., Dissertation 1996, S. 4

23) Schluep W., Was ist Wirtschaftsrecht?, S.83

24) z.B. §41 tschech.HGB, die Präambel ungar.GVUM, Art.1 poln.UWG, Art.1 russ.WettbewG

25) Schluep W., GRUR Int.1973, S.45

26) Dimitrov, Diss. 1966, S. 5

27) Dimitrov M., Diss. 1996, S.6

28) Die Umkehrung einer Sentenz im Kommentar von Baumbach/Hefermehl hat Hajn geprägt: Wo UW ist, da ist auch W. Mit anderen Worten ist das zunehmende Auftreten von UW ein erfreuliches Indiz dafür, dass sich W entfaltet. Das chinesische Sprichwort, man wolle keinen Fisch, sondern lieber eine Angel erhalten, wird derzeit von Vertretern aus Osteuropa gerne zitiert.

29) Dimitrov, Dissertation, Halle-Wittenberg 1996, S. 40; Pretnar S., GRUR Int.1993, S.588: Nach einer langen Stagnationsphase ist die Wirtschaftsrealität durch strak kommerzielle Verhältnisse geprägt, aber immer noch bleibt die Gesetzmäßigkeit der freien Wirtschaft für eine Vielzahl von Unternehmen immer noch fremd.

nicht selten chaotischen und primitiven Verhältnisse auf dem Markt. In einer Übergangswirtschaft erscheint es daher praktisch und effektiv, die Überwachung des Wettbewerbs einer öffentlichen Behörde zu überlassen. Dieses sich an die US-amerikanische Federal Trade Commission anlehnende Modell hat sich auf Grund gewisser organisatorischer Vorteile in mehreren Mittel- und Osteuropäischen Staaten durchgesetzt.[30]

Das osteuropäische Wettbewerbsrecht befindet sich am Anfang einer neuen Entwicklung und macht die ersten Schritte zu seiner Durchsetzung als Instrument der dezentralen Marktsteuerung. In dieser Anfangsetappe liegen bereits statistische Angaben vor, die hinsichtlich des Verhältnisses zwischen den tatsächlichen Ergebnissen der Wirkung einzelner Lauterkeitsschutznormen und den sozial-ökonomischen Zielen, zu deren Erreichen diese Normen gesetzt sind, aussagekräftig sind. Die angestrebte Auswertung stellt mithin den Lauterkeitsschutz in einen Zweck-Mittel-Zusammenhang und bezieht sich auf die Eignung des Lauterkeitsrechts, bestimmte Lösungen für typische wettbewerbsrechtliche Problemfelder bereitzuhalten.[31] Bei der Analyse beschränke ich mich hierbei nicht nur auf rein juristische Argumente, sondern versuche dies mit soziologischen Fakten zu untermauern.

Die rechtliche Regelung des Wettbewerbs ist keinesfalls eine rein nationale Aufgabe; Handel und Wettbewerb werden zunehmend global. Es besteht daher ein Harmonisierungsdruck, nationales Wettbewerbsrecht auf einen adäquaten Standard zu bringen oder gar an andere Wettbewerbssysteme anzupassen.[32] Bei der Konzipierung der neuen Wettbewerbsgesetze waren die Gesetzgeber in den Übergangsländern Europas auf die ausländischen Modelle und auf die Berücksichtigung der aktuellen Entwicklungstendenzen im Wettbewerbsrecht angewiesen. Es erscheint daher wichtig und geboten, in dieser Arbeit vergleichende Parallelen zu den gesetzgeberischen Lösungen und den Entwicklungstendenzen in den Rechtsordnungen zu ziehen, deren Wettbewerbsrecht auf der Basis einer soliden juristischen Tradition beruht.[33] Die rechtsvergleichenden Hinweise sollen allein eine zusätzliche Anreicherung der für die Untersuchung erforderlichen Wertungsgrundlage mit maßgeblichen Gesichtspunkten erreichen, jedoch nicht zu einer unrealistischen Neigung nach Soll-Ergebnissen verleiten. Jedes Wirtschaftsrecht ist situationsbezogen und durch nationale Besonderheiten bedingt.[34]

---

30) Bakardjieva, GRUR Int.1999, S.395
31) Dimitrov M., Diss. 1996, S.4
32) Dillenz O., Das russische Wettbewerbsrecht, S.2
33) Dimitrov M., Diss. 1996, S.5
34) Dimitrov M., Dissertation, Halle-Wittenberg 1996, S. 5

C. Abgrenzung des Untersuchungsgegenstands.

Die Herausforderung der Themenstellung ist die Neuheit des Wettbewerbsrechts im ehemals größten sozialistischen Wirtschaftsraum der Welt. Die Problematik der Wirksamkeit des Wettbewerbsschutzes in den Übergangsländern Europas ist daher mehrsichtig und unter verschiedenen Aspekten zu untersuchen. Im Bereich der Gesetzgebung gilt es zunächst die Frage zu beantworten, ob und warum eine neue Wettbewerbsschutzregelung notwendig gewesen war.[35] Ein allgemeiner Teil der Arbeit (Kapitel 2) widmet sich daher den wettbewerbsrechtlichen Traditionen und den Transformationsprozessen in diesem Länderkreis, sowie den verfassungsrechtlichen Grundlagen und den Problemen der Rechtsangleichung im Bereich des Wettbewerbsrechts.

Der Hauptteil der Arbeit, die Darstellung des Wettbewerbsrechts in Bulgarien (Kapitel 3) und in der Russischen Föderation (Kapitel 4), geht von dem Wettbewerbsrecht im weiteren Sinne [36] aus und bezieht sich daher nicht nur auf das Recht gegen den unlauteren Wettbewerb, sondern auch im wesentlichen aber keinesfalls ausschließlich auf die kartellrechtlichen Vorschriften. Es wird eine nähere Auseinandersetzung mit den konzeptionellen Aspekten des Wettbewerbsrechts angestrebt, um auf dieser Basis die Besonderheiten der Modelle der neuen Wettbewerbsgesetze zu akzentuieren.[37] Die Arbeit wird sich mit Fragen der Sanktionspolitik und mit der Zuordnung der konkreten Sanktionsmechanismen und deren praktischer Einsatz im Wettbewerbsrecht befassen. Die Auseinandersetzung mit Einzelfragen orientiert sich an der Entscheidungspraxis der Wettbewerbsbehörden, um die für die Rechtspraxis maßgebliche Entwicklung des Wettbewerbsrechts darzustellen.

In der Schlussbetrachtung (Kapitel 5) werden die Wettbewerbsgesetze einer allgemeinen Bewertung unterzogen, wobei auf die Frage nach dem Schutzzweck des Lauterkeitsrechts eingegangen wird, um „ein authentisches Verständnis für das juristische Wesen und die Tragweite der Lauterkeitsnorm“ [38] im bulgarischen und russischen Recht entwickeln zu können. Aus rechtvergleichender Sicht ist die Frage nach der funktionalen Einordnung der Lauterkeitsnorm und ihrer Rolle im Rahmen eines Konzepts der Gesamtregelung des Wettbewerbsschutzes interessant.[39]

---

35) Dimitrov M., Dissertation, S. 6

36) Dillenz, Das russische Wettbewerbsrecht, S.2

37) Dimitrov M., Dissertation, Halle-Wittenberg 1996, S. 6

38) Dimitrov M., Diss. 1996, S.6; Baumbach/Hefermehl, Wettbewerbsrecht, Allgemeiner Teil, Rdnr.79; Pretnar S., GRUR Int.1993, S.586

39) Vida, WRP 1991, S.465, ders. GRUR Int.1991, 791

Sachlich sind die Wettbewerbsgesetze in Bulgarien und in Russland nach einem einheitlichen Kodifikationsmodell aufgebaut. Ein derartiger übergreifender Regelungsansatz, der Freiheit und Lauterkeit des Wettbewerbs „als deren Existenz und Essenz, Dasein und Sosein“[40] begreift, präsentiert eine nicht konventionelle gesetzgeberische Lösung auf dem Gebiet des Wettbewerbsrechts.[41]

Ein Ziel des Wettbewerbsrechts ist u.a. der Verbraucherschutz, welcher in der vorliegenden Darstellung aber nicht eingehend behandelt wird, da der Bereich des Konsumentenschutzes sich zu einem selbständigen Rechtsgebiet entwickelt hat. Außerhalb des Untersuchungsgegenstands bleiben auch die Vorschriften des Rechts des gewerblichen Rechtsschutzes, insbesondere diese des Marken- und Patentenrechts, wenn auch unbestritten ist, dass der gewerbliche Rechtsschutz ebenso wie das Wettbewerbsrecht funktional gerade auf rechtliche Positionen im wirtschaftlichen Wettbewerb bezogen sind.[42] Zwar führt diese parallele funktionale Bezogenheit zu Überschneidungen, vor allem im Bereich des Kennzeichenrechts, jedoch bestehen unter methodischen Gesichtspunkten aber auch Unterschiede.[43] Anders als die anderen, unter dem Begriff „Gewerblicher Rechtsschutz“ zusammengefassten Gebiete, legitimiert das Lauterkeitsrecht keine Ausschließlichkeitsrechte, sondern statuiert objektive Regeln gegen den unlauteren Wettbewerb. Auch diejenigen Wirtschaftssubjekte, die aufgrund absoluter subjektiver Rechte im wirtschaftlichen Wettbewerb eine Sondersonderstellung genießen, haben die allgemeinen Marktverhaltensregeln des Rechts des unlauteren Wettbewerbs einzuhalten und dürfen ihre Rechte nicht missbrauchen.[44] In diesem Sinne kann man von einem weit zu fassenden Begriff des Rechts

---

40) Fikentscher, Einführungsreferat “Wettbewerbsrechtlicher Freiheits- und Lauterkeitsschutz in der sozialen Wirtschaft“, in: Beier/Bastian/Kur, S.1ff;; Pretnar S., Der Markt und die Grundzüge des Antimonopolrechts, in Festschrift für Eugen Ulmer zum 70. Geburtstag, GRUR Int.1973, S.498

41) Dimitrov M., Dissertation 1996, S. 7; Sacks, Self-Management and Efficiency: Large Corporation in Yugoslavia, London 1983, S.453; Berg, in Materialienband, S.90

42) Der Markenschutz kann aus praktischen Gründen nicht Gegenstand der Untersuchung sein, obwohl Russland und Bulgarien über moderne Markenschützgesetze verfügen. Auch steht der Markenschutz in Russland in einem anderen Verhältnis zum unlauteren Wettbewerb als beispielsweise in Österreich. Nach russischem Recht besteht eine Verflechtung nicht nur von unlauterem Wettbewerb und Markenrecht, sondern mit dem gesamten Immaterialgüterrecht und gewerblichen Rechtsschutz.

43) Dimitrov M., Diss. 1996, S.8; auch Fikentscher W., Wettbewerb und gewerblicher Schutz, S.194; Chivarov /Kowal-Wolk, GRUR Int.1993, S.910

44) Dimitrov M., Dissertation, Halle-Wittenberg 1996, S.8

des wirtschaftlichen Wettbewerbs ausgehen.[45] In dieser Arbeit wird jedoch eine nähere Auseinandersetzung speziell mit der Dogmatik und der Durchsetzungskraft der neuen Wettbewerbsgesetze angezielt.

45) Dimitrov M., Dissertation, Halle-Wittenberg 1996, S.8

2.Kapitel

Das rechtspolitische Bedürfnis nach einem wirksamen Wettbewerbsschutz in den Transformationsländern Europas während der Übergangsperiode von der Plan- zur Marktwirtschaft

A. Der rechtsgeschichtliche Hintergrund.

I. Geschichtlicher Rückblick.

Die Gegenüberstellung des hochentwickelten und sich ständig perfektionierenden westlichen Wettbewerbsrechts mit der sich in Richtung Marktwirtschaft wandelnden ehemaligen sozialistischen Gesellschaftsordnung bestätigt die eminente, ja geradezu entscheidende Rolle des Wettbewerbs und seiner Regelung: „Sie prägen die Gesellschaftsordnung ganz entscheidend und sorgen für den erfolgreichen Blutkreislauf der Marktwirtschaft. Das rechtliche Instrumentarium fördert dabei die Entwicklung von Produktionsmitteln und somit auch das Wirtschaftswachstum und letztlich den Fortschritt der Zivilisation.“ [1]

Der Durchbruch der bürgerlichen Gesellschaftsordnung erfolgte während der letzten drei Jahrzehnte des 18. Jahrhunderts, d.h. „während einer Periode, in der sich die industrielle Revolution in England und die politischen Revolutionen in den Vereinigten Staaten von Amerika und in Frankreich gegenseitig befruchtet haben“ [2]. Die bürgerliche Gesellschaft zögerte nicht, ihre Struktur in Verfassungen und in den Kodifikationen des bürgerlichen Rechts und des Handelsrechts auch juristisch zu verankern. Die Unternehmens- und Eigentumsfreiheit bildeten zusammen mit der Vertragsfreiheit die „Grundsteine für die auf Wettbewerb als Existenz- und Treibkraft aufbauende Marktwirtschaft.“ [3] Allerdings erkannte man noch keine Notwendigkeit und verspürte auch noch kein Bedürfnis, den Wettbewerb in Einzelheiten zu regeln.[4] Die im Bürgerlichen- und Handelsrecht niedergelegten Regelungen genügten vollauf. Dies wird durch das in Frankreich bis heute auf Art. 1382 Code Civil aufbauende Richterrecht des unlauteren Wettbewerbs überzeugend demonstriert.

---

1) Pretnar S., Buchbesprechung: Wettbewerbsrecht und Verbraucherschutz in Mittel- und Osteuropa, GRUR Int.1993, Heft 7, S.568

2) Beier, F.-K., Bastian, E.-M. und Kur, A., Schriftenreihe zum gewerblichen Rechtsschutz des Max-Planck-Instituts, Band 87, 1992, S.322

3) Pretnar S., GRUR Int.1993, S.587

4) Dazu Dietz A., GRUR Int.1994, S.651; Boguslavskij M., im Materialienband, S.152

Es ist nicht zu übersehen, dass das Recht des unlauteren Wettbewerbs – im Vergleich etwa mit Patent- oder Markenrecht – regelmäßig keine Sonderstellung mit systemimmanenten Gesetzmäßigkeiten einnimmt, sondern als Sonderdeliktsrecht eng mit dem jeweiligen nationalen allgemeinen Zivilrecht verknüpft ist.[5] Vor diesem Hintergrund verdient das durch die Pariser Verbandsübereinkunft Geleistete Bewunderung. Die Grundsätze der Regelung haben sich bei Erlass der PVÜ am 20. März 1883 nur auf den „harten Kern" des gewerblichen Rechtsschutzes, nämlich das Patent-, Marken- und Geschmacksmusterrecht, bezogen.[6] Mit Ausnahme Frankreichs, wo auf der Grundlage der deliktsrechtlichen Generalklausel, Art.1382 Code Civil, die *action en concurrence* entwickelt worden ist, hat es zu diesem Zeitpunkt noch kein entwickeltes Wettbewerbsrecht gegeben, das man hätte regeln können. Deutschland hat sich aus dogmatischen Gründen geweigert, dem französischen Beispiel zu folgen. In England hat man sich auf den Schutz durch die etablierten Rechtsbehelfe, insbesondere die Klage aus *passing off*, beschränkt. In diesen grundsätzlich verschiedenen Reaktionen auf das Phänomen des unlauteren Wettbewerbs sind bereits die heutigen Schwierigkeiten für eine Harmonisierung des Wettbewerbsrechts vorgezeichnet gewesen.[7]

Es musste ein Jahrhundert vergehen, bis die entwickelten Länder daran gingen, die Marktwirtschaft mit Gesetzen zum Schutze des Wettbewerbs gegen Fehlentscheidungen und Missstände zu schützen. Die Vereinigten Staaten von Amerika entschlossen sich als erste mit dem Sherman Act von 1890, der Gefahr entgegenzuwirken, dass Monopolisierungstendenzen den Wettbewerb verfälschen. 1896 folgte das Deutsche Reich mit einem Gesetz gegen den unlauteren Wettbewerb. Diese Wettbewerbsgesetze regelten über Jahrzehnte hinweg nur die Marktbeziehungen unter den Wettbewerbern.[8] Erst allmählich „sozialisierte" sich dieses Rechtsgebiet insofern, als auch in diesem Rahmen auf die Interessen der Allgemeinheit und der Verbraucher Bedacht wurden. Mit dem Ausbau der Weltmärkte ergab sich auch die Notwendigkeit einer internationalen Regelung dieses Rechtsgebiets. Dieses

---

5) Die insbesondere in der deutschen Literatur geäußerte Kritik an der zu geringen Harmonisierung des Lauterkeitsschutzes sei deshalb, so Dr. Henning-Bodewig, nicht berechtigt.(GRUR Int.1998, S.475)

6) So G. Schmid, Neuordnung des Wettbewerbsrechts, GRUR Int.1998, S.475

7) G. Schmid, GRUR Int.1998, S.475

8) Beier/Bastian/Kur, Wettbewerbsrecht und Verbraucherschutz in Mittel- und Osteuropa, Schriftenreihe zum gewerblichen Rechtsschutz des Max-Plack-Instituts für ausländisches und internationales Patent-, Urheber- und Wettbewerbsrecht, Band 87, München 1992, S.332

9) Beier/Bastian/Kur, a.a.O., S.332

Phänomen war bereits aus dem Handelsrecht bekannt, wo der französische Code de Commerce von 1807 und das Allgemeine Deutsche Handelsgesetzbuch von 1869 in vielen Staaten unverändert übernommen wurden und wo es 1930 zur Genfer Konvention des Wechselrechts mit deren gleichlautenden Übernahme in das Recht aller Signatarstaaten, gekommen ist.[10]

Diese ersten Gesetze waren geschichtlich gesehen dennoch eine verspätete Maßnahme. „Denn inzwischen hatte der Kapitalismus mangels einer effektiven rechtlichen Regelung des Marktgeschehens also infolge der ursprünglichen „Laissez faire - Laissez passer“ Doktrin krisenbelastete Zeiten durchstehen müssen, die den Sozialismus auf die Bühne der Weltgeschichte brachten.“[11] Der Kapitalismus jener Anfangszeit erweist sich als alles andere als eine idyllische Gesellschaftsordnung. Es gab nie in der Weltgeschichte zuvor eine Gesellschaftsordnung, die so scharf und so allgemein kritisiert worden wäre. Dabei stand der Wettbewerb im Mittelpunkt der Kritik. Die wichtigsten Merkmale dieser systemkritischen Periode waren: An die Stelle der im Feudalismus ausgebeuteten Fronarbeitern auf dem Lande trat das industrielle Proletariat. Die Maschinen machten die Lohnarbeiter arbeitslos, obwohl der technische Fortschritt zur Arbeitsteilung und durch technische Neuerungen zu neuen Arbeitsplätzen führte. Die Volkswirtschaften wurden durch zyklische Wirtschaftskrisen geschüttelt, als Folge des wilden, ungeregelten und unkontrollierten Wettbewerbs.[12] Die schärfsten Kritiker des Systems waren nicht nur die Volkswirte und Soziologen wie Owen in England, Blanqui und Proudhon in Frankreich, sowie Marx, Engels und Lassalle in Deutschland, um nur zu markantesten zu nennen, sondern auch bekannte Schriftsteller wie Dickens, Balsak und Heine. „Der in den 30er Jahren getaufte Sozialismus“[13] setzte sich daher für die Abschaffung des Kapitalismus und für eine klassenlose Gesellschaft ein.

All diese Umstände muss man sich vergegenwärtigen, um zu verstehen, warum es zu einer beinahe allgemeinen Ablehnung des frühen Kapitalismus und zu der Forderung kam, dieses Gesellschaftssystem abzuschaffen und durch ein neues, nämlich den Sozialismus zu ersetzen.[14]

---

10) Pretnar S., Wettbewerbsrecht und Verbraucherschutz in Mittel- und Osteuropa, GRUR Int.1993, Heft 7, S.587; Dietz A., GRUR Int. 1994, S.651

11) Beier/Bastian/Kur, Wettbewerbsrecht und Verbraucherschutz in Mittel- und Osteuropa, S. 322; Boguslawskij M., in Materialienband, S.156

12) Pretnar S., GRUR Int.1992, S.587; auch Dietz A., im Materialienband, S.194; Berg, im Materialienband, S.89

13) So Pretnar S., Buchbesprechung GRUR 1993, S.587

14) Beier/Bastian/Kur, Wettbewerbsrecht und Verbraucherschutz in Mittel- und Osteuropa, S.322

Auf den Grundsätzen des Sozialismus hat Lenin, als Architekt des neuen sowjetischen Staates, dessen gesamte Struktur aufgebaut. Das zaristische Russland hat es aufgrund seiner Rückständigkeit nicht geschafft, die Kodifikation des Zivilrechts zu Ende zu bringen oder zu rezipieren, obwohl ein derartiges Projekt 1913 angestanden hat. Ebenso ist, geschichtlich bedingt, die Rezeption des Rechtsstaats gescheitert. Russlands Unreife in dieser Hinsicht und die vorherrschende Rechtsnihilismus haben die Leichtigkeit begründet, mit der die Ordnung des russischen Reichs beseitigt wurde.[15]

Im Oktober 1917 schrieb Lenin in seiner Arbeit „Die drohende Katastrophe und wie man sie bekämpfen soll“: „...der Krieg ist unerbittlich und stellt mit schonungsloser Schärfe die Frage: *Entweder untergehen oder die fortgeschrittenen Länder auch ökonomisch einholen und überholen........untergehen oder mit Volldampf vorwärts stürmen.* So wird die Frage von der Geschichte gestellt.“[16] Es zeigte sich jedoch, dass die nach dem sowjetischen Muster aufgebaute Staats- und Gesellschaftsordnung, einschließlich dessen Planungswesen, in den neuen „Volksdemokratien“ nicht zufriedenstellend funktionieren konnte. Der Sozialismus konnte seine theoretischen und strategischen Ziele nicht verwirklichen. Sein Untergang war der Urgrund für die große Wende in Mittel- und Osteuropa. Die auf Wettbewerb bauende Marktwirtschaft hatte ihre geschichtliche Überlegenheit im Vergleich mit der Planwirtschaft unter Beweis gestellt und nun hieß es, die ehemals sozialistischen Länder mit dem Wettbewerb und seinen rechtlichen Regelung vertraut zu machen.

Es erübrigt sich hier, die wirtschaftlichen und rechtlichen Schwächen eines vom Staate gelenkten administrativen Plansystems im einzelnen darzulegen. Die wichtigste Schwäche des Sozialismus war es, das die staatlichen Unternehmen nicht selbständig waren und über keine Eigeninitiative verfügten. Ihnen war die Sorge für die Rentabilität des Betriebs mit dem sog. Institut der „wirtschaftlichen Rechnungsführung“ als „objektiv-ökonomischer Zwang“ vorgeschrieben. Die allumfassende Planung hat dadurch, dass sie mit Urheberscheinen geschützte Erfindungen voll miterfasste, letzteren die den Ausschließlichkeitspatenten immanente Wettbewerbsfunktion entzogen.[17]

---

15) Näheres Pretnar S., GRUR Int.1993, S.587

16) Lenin, Ausgewählte Werke, Band 3, Berlin-Ost 1982, S.397

17) Wörterbuch der Ökonomie des Sozialismus, Berlin-Ost 1967, S.516

1. Ablehnung des Wettbewerbs durch die politisch-ökonomische Theorie und in der wirtschaftlichen Realität in der UdSSR.

In Russland herrschte während der gesamten Wirtschaftsgeschichte, ausgenommen der jüngsten, eine negative Haltung gegenüber dem Wettbewerb vor. Im zaristischen Strafgesetzbuch fanden sich zwar Verbote von Verabredungen und zivilrechtlich waren Konventionalstrafen für Verstöße gegen Kartellvereinbarungen nicht einklagbar, da Syndikatvereinbarungen den Geboten der Moral widersprachen. Es handelte sich hier jedoch nicht um ein effektives ausgereiftes Kartellrechtssystem.[18] Während der sowjetischen Periode nach der Revolution 1917 wurde dem wirtschaftlichen Wettbewerb als ökonomischer Regelungsfaktor kein Raum gelassen. Im Zuge der Neuen Ökonomischen Politik (NEP) gab es 1928 zwei Gesetzgebungsakte über Syndikatsverträge, die jedoch nur beschränkt kartellrechtlichen Charakter aufwiesen, [19] und mit Stalin ist dann entgültig die Idee vom Absterben von Staat und Recht aufgegeben und die Schaffung eines „sozialistischen Rechts" eingeleitet worden. Ein Rechtsaustausch war nicht mehr möglich, weil die offizielle Politik im Sozialismus die Rechtsvergleichung im Blick auf die westlichen Rechtsordnungen erst in der poststalinistischen Zeit wieder zugelassen hat. Die jahrzehntelange Indienstnahme des Rechts für die herrschende Ideologie hat ein den westlichen Rechtsordnungen ganz verschiedenes Rechtsbewusstsein ausgebildet.

Die offizielle Haltung des Sowjetsystems gegenüber dem Wettbewerb kommt in der bedeutenden Großen Sowjetischen Enzyklopädie von 1973 zum Ausdruck.[20] Dort wird „Wettbewerb" als „das Ringen unter Kapitalisten zur Erzielung maximalen Profites" definiert. Als Resultat dieses Ringens ruiniert der Wettbewerb eine Gruppe von Herstellern und bereichert eine andere." Dem Leser wird durch diese Definition Wettbewerb als ein in vollem Umfang negatives Phänomen nahegebracht. Das Wettbewerbsrecht war ein Problem der kapitalistischen Länder und insbesondere das Kartellrecht ein Beweis, wie schlecht die wirtschaftlichen Systeme in bourgeoisen Gesellschaften funktionierten. Der Wettbewerb wurde als spontane und unkontrollierte Regelung einer Volkswirtschaft bezeichnet und daher als historisch obsoleter und gegenüber der Planung

18) Dillenz, Das russische Wettbewerbsrecht, S.7
19) Dazu Dillenz, Das russische Wettbewerbsrecht, S.8
20) Große Sowjetische Enzyklopädie, Band 13, S.28

weniger wirksamer Regulator angesehen. In der sowjetischen Wirtschaftsliteratur wurde häufig der Begriff Verschwendung von Ressourcen zur Charakterisierung des Wettbewerbs benutzt. Als eine solche Verschwendung wurde es auch angesehen, wenn zwei oder mehr Kollektive sich mit der Lösung derselben Aufgabe befassten und als Konsequenz mehr Ressourcen verbrauchten, als dies der Fall gewesen wäre, wenn nur eine Gruppe die Aufgabe bewältigt hätte.[21]

Innerhalb einer Planungsperiode wurden alle wirtschaftlichen Beziehungen so organisiert, dass, selbst wenn verschiedene Gruppen sich mit derselben Aufgabe befassten, heraus keine Situation des Wettbewerbs unter ihnen entstand. Bürokratische Einheiten fällten die Entscheidungen über alle Aktivitäten einschließlich der Zuteilung von Ressourcen und der Verteilung der Produktionsergebnisse.[22] Jedes Ministerium stellte für die ihm unterstehenden Unternehmen Pläne für die Einführung neuer Produkte und neuer Technologien auf, deren Nichterfüllung Anlass für Verwaltungssanktionen gegen die Leitung des Unternehmens war. Real existierende Vorteile eines Kollektivs gegenüber einem anderen verschaffte diesem weder innerhalb der Kollektive noch gegenüber den Verbrauchern eine Vorzugsstellung. Die Vorteile des Wettbewerbs für ein Unternehmen funktionieren nur in einem System des freien Unternehmertums.[23]

Theoretisch war es möglich, ein System der Planwirtschaft zu errichten, innerhalb dessen Wettbewerbsentscheidungen den einzelnen Unternehmen zustanden und vor unlauterem Gebrauch geschützt waren. In der UdSSR wurde jedoch ein System errichtet, in dem alle wirtschaftlichen Entscheidungen zur Entstehung vom allgemeinen (öffentlichen) Eigentum führten, dessen freie Benutzung möglich und erwünscht war. Die Schwierigkeiten bestanden nicht darin, den unlauteren Gebrauch neuer wirtschaftlicher Erscheinungen zu untersagen, sondern in Gegenteil, so viel Unternehmen wie möglich zum Gebrauch neuer Technologien und Produkte anzuhalten.[24] Die einzige Form des Wettbewerbs, die unmöglich verbannt werden konnte, war die des weltweiten Wirtschaftswettbewerbs.

---

21) Malkov L., Unlauterer Wettbewerb in Russland – paradoxe Wirkungen der Umwälzungsprozesse, GRUR Int.1994, S.692: Man kann nur wenige Fälle wirklichen wirtschaftlichen Wettbewerbs benennen. So übertrug in den dreißiger Jahren Stalin mehreren Entwicklerteams die Aufgabe zur Entwicklung eines neuen Flugzeuges, wobei er erklärte, dass nur eines der daraus hervorgehenden Projekte realisiert würde.

22) Boguslavskij, im Materialienband, S.159.; Schulze, GRUR 1991, S.671 und WIRO 92, S.127

23) Dietz A., Die Einführung von Gesetzen gegen den unlauteren Wettbewerb in den ehemals sozialistischen Staaten Mittel- und Osteuropas, GRUR 1994, S.649; Schulze ,GRUR Int.1992, S.317

Sowohl im Bereich der Rüstungs- und Raumfahrtindustrie als auch im Ausbildungsbereich finden sich Beispiele dafür, dass die Sowjetunion auch ohne Wettbewerb weltweit führende Ergebnisse in der Produktion hochentwickelter Produkte erzielte. In den angesprochenen Fällen wurden Methoden des Nichtwettbewerbs wirksam eingesetzt. Sie funktionierten allerdings lediglich in Industriezweigen, die Priorität unter den staatlichen Interessen hatten und bei denen Bürokraten Entscheidungen über die Zuteilung von Ressourcen treffen konnten.[25] Das System der staatlichen Planwirtschaft war in den Bereichen „natürlicher Monopole“ [26] in einem gewissen Maße wirkungsvoll. Es vermochte aber nicht, die Wirtschaftstätigkeit in Industriezweigen zu stimulieren, die sich mit den alltäglichen Bedürfnissen von Endverbrauchern befassten und deren Ziel es sein sollte, eine gewisse Menge ständig aktualisierter und vielfältiger Waren bereitzustellen.

Die flache Entwicklung der UdSSR-Wirtschaft in den siebziger Jahren hat indes die Hoffnung auf einen Sieg im internationalen Wettbewerb hinweggefegt. Als Folge wurde die Theorie des Wettbewerbs noch unattraktiver gemacht und ihre Erwähnung bei jeder Gelegenheit vermieden. Die Propaganda konzentrierte sich auf nichtwirtschaftliche „Errungenschaften“, wie soziale Gleichheit, kostenfreie Ausbildung und medizinische Versorgung.[27]

Die offizielle staatliche Politik kann als das Bestreben nach Beherrschung von Industrie, Militär und Wissenschaft mittels jeglicher Methode charakterisiert werden. In diesem Kontext war die Unterscheidung nach Lauterkeit oder Unlauterkeit der Methode ohne Gewicht. Die Entwicklung von Waren für den zivilen Markt basierte häufig auf unlauteren Handlungsweisen. Man muss hier lediglich auf die unter staatlichen Plänen erfolgende Kopierpraxis hinsichtlich westlicher Software durch in staatlicher Hand befindliche Unternehmen und die Verbreitung dieser Ware in der UdSSR verweisen.[28]

---

24) Malkov, GRUR Int.1994,692; Dietz, GRUR 1994, 650

25) Malkov, L.P., GRUR 1994, S.693: Der Sowjetführer Nikita Chruschtschow berief sich zu Beginn der sechziger Jahre auf den Slogan: „Wir werden aufholen und Amerika hinter uns lassen.“ Dies implizierte, dass die europäischen Länder sogar noch früher abgehängt werden sollten.

26) Malkov, GRUR Int.1994, S.693

27) Malkov, GRUR Int.1994, S.694; Beier/Bastian/Kur, Schriftenreihe zum gewerblichen Rechtschutz des Max-Planck-Instituts, Band 87, München 1992, S. 322; Dietz A., GRUR 1994, S.657

28) Malkov L., Unlauterer Wettbewerb in Russland – Paradoxe Wirkungen der Umwälzungsprozesse, GRUR Int.1994, S.694 „Die Regierung als unlauterer Wettbewerber“; Dietz A., GRUR 1994, S.657

Wenn ein Land wie Russland, trotz seiner unzähligen Ressourcen, mit seinen wirtschaftlichen Ergebnissen hinterherhinkt, schien es erlaubt und gerechtfertigt, die Errungenschaften anderer zum Nutzen schnellerer eigener Entwicklungen zu übernehmen. Die vollständige Kontrolle des Sowjetstaates über die wirtschaftlichen Aktivitäten hatte vom Standpunkt der Lauterkeit auch ihre positive Seite. Es waren nur solche Verstöße gegen die Lauterkeit des wirtschaftlichen Handels gestattet, die der Staat selbst zugelassen hat. Was immer in der Wirtschaft geschah, geschah mit der ausdrücklichen Zustimmung des Staates.[29]

2. Wirtschaftlicher Stimulus in einer Planwirtschaft jenseits des Wettbewerbs.

Um die Verpflichtungen der UdSSR nach der PVÜ, der sie 1965 beitrat, gemäß Art.10bis vor unlauterem Wettbewerb zu schützen, einzuhalten, wurde argumentiert, dass dieser Schutz durch die allgemeinen zivilrechtlichen Regeln schon gewährleistet sei. Grundsätzlich ging man davon aus, dass durch die Zufügung von Schaden ein zivilrechtlicher Anspruch entsteht. Theoretisch könnte man gegen unlauteren Wettbewerb mit Unterlassungs- und Schadenersatzansprüchen vorgehen. Bekannt gegeben wird jedoch ein Fall (AGFA) der unmittelbaren Anwendung des Art.10 ^{bis} PVÜ.[30] Die Argumentation, dass durch das Zivilrecht ausreichender Schutz bestehe, wurde vorsichtig hinzugefügt, ob spezifische Regelungen dieser Frage getroffen werden, hänge von der weiteren wirtschaftlichen Entwicklung ab.

Das Fehlen von Wettbewerbsgesetzgebung ist primär auf ideologische Beweggründe zurückzuführen. Wer die Ideologiegeschichte im Sozialismus verfolgen will, wird feststellen, dass die Ideologie das Recht immer nur überlagerte, oder besser, nur ein zusätzliches formendes Element des Rechts war. Doch in den Vordergrund der Betrachtung rücken neben der ideologischen Unvereinbarkeit eines Wettbewerbsgesetzes mit der sozialistischen Wirtschaft auch wichtige rechtspolitische Erwägungen. Entscheidend für die Wirksamkeit des Lauterkeitsschutzes ist der tatsächliche Regelungsbedarf. Die sowjetische streng zentralistisch organisierte Planwirtschaftsordnung, wo es zwischen den Wirtschaftsein-

---

29) So Malkov, GRUR Int.1994, S.694 „Die paradoxe Seite der Lauterkeit in einer Planwirtschaft"; Dazu auch S. Pretnar, GRUR Int.1993, S.588

30) Dazu Boguslavskij, im Materialienband,S.153; Ebenda zur aktuellen Regelung auch Koitel, S.146 ff.; Zum Ganzen auch Dietz, im Materialienband, S.196ff.

heiten keine Konkurrenz geben könnte und statt Antimonopolrecht ganz im Gegenteil ein „Promonopolrecht“[31] bestimmend, bestätigt, dass unter solchen Bedingungen ein Lauterkeitsschutzgesetz unbrauchbar war. Das Fehlen von formeller und materieller Freiheit schloss die Auswahlmöglichkeit zwischen verschiedenen Handlungs- und Entscheidungsalternativen aus.[32]

Im Unterschied zu einer Wettbewerbsgesellschaft, in der jedes Unternehmen bestrebt ist, seine Einzigartigkeit herauszustreichen, um seine Verkaufsziffern zu erhöhen, besteht in einer Planwirtschaft die Tendenz, Unternehmen und ihre Produktion auf ein gleiches Niveau zu drücken, um sie so homogen wie möglich zu machen. Andererseits hatten die Unternehmen wenig Geld oder Interesse, für ihre Produkte Werbung zu treiben, zumal der Produktvertrieb ebenfalls im Plan entfalten war. Auf diese Weise wurden Unternehmen und Produkte entindividualisiert und auf ihren Gebrauchswert mit entsprechend einfacher Substituierbarkeit reduziert.[33]

Man versuchte vor allem die Effizienz der Volkswirtschaft durch die vermehrte Ausbeutung der Arbeitskraft des einzelnen, so paradox dies für eine sozialistische Wirtschaft auch klingen mag, mit Hilfe von Propagandaprogrammen[34] und kleinen materiellen Anreizen zu steigern. In den siebziger Jahren wurde in der UdSSR das Konzept des sozialistischen Wettbewerbs formuliert. Auch dieser ist eine rein bürokratische Erscheinungsform. Am Ende einer Bezugsperiode wurden auf Basis diverser Formeln für jede Teilnahmegruppe Wertungsziffern berechnet. Das Unternehmen, das die höchste Ziffer erreicht hatte, wurde zum Sieger erklärt und erhielt zusätzliche Vorteile und Privilegien.[35] In den achtziger Jahren wurde ein System der „Boni“ für Unternehmen eingeführt, die auf einer Einschätzung der „kalkulierten Wettbewerbsfähigkeit“ beruhten. Die Berechnung der Wettbewerbsfähigkeit eines Produktes setzte die Charakteristika des hergestellten Produktes zu denen eines sonst in der

---

31) So Berg, im Materialienband, S.91

32) Merz, Die Vorfeldthese. Die Anwendung von §1 im Vorfeldbereich der horizontalen Marktbehinderungstatbestände des GWB. Dissertation. Baden-Baden 1988, S.200; auch Moschel, Pressekonzentration und Wettbewerbsgesetz, S.44: „Wettbewerbsfreiheit ist nicht positiv inhaltlich vorgegeben. Sie enthält Konturen erst mit den sie zugleich begrenzenden und gewährleistenden Rahmenbedingungen.“

33) Malkov L., GRUR Int.1994, S.694; auch Dietz A., GRUR Int.1994, S.652

34) Dillen O., Das russische Wettbewerbsrecht, S.8: z.B. die Stachanow-Bewegung, die auf dem unwaren Behauptung beruhte, dass der Bergarbeiter Stachanow an einem Tag mehrere Lastwagenladungen Kohle gefördert hätte und dass alle guten Sowjetbürger ihm darin nacheifern sollten. Ein anderes Beispiel ist die Verleihung des Ordens „Held der Arbeit der UdSSR“.

35) Malkov L.P., Das Konzept des „sozialistischen Wettbewerbs“, GRUR Int.1994, S.693; Berg, im Materialienband, S.92 ff.

Welt produzierten Prototypus in Beziehung, wobei jedoch sonstige Serviceleistungen, Verpackung, Gewährleistungen, Erreichbarkeit eines Händlernetzes etc. außer vor blieben.[36] Man sieht heran, dass für eine introvertierte, autokratische Volkswirtschaft „die Frage der Wettbewerbsfähigkeit mehr theoretischer Natur war, als dass sie Motivation für praktische Vorgehen darstellte."[37]

Das Recht auf „propiska" ist ein Beispiel für die nicht durch Wettbewerbsmittel erfolgende Stimulation in der sowjetischen Planwirtschaft. Die Versorgung mir Wohnraum in der UdSSR war kostenfrei und folglich knapp. Als weitere Folge der kostenlosen Wohnraumversorgung ergab sich die Notwendigkeit, die Freizügigkeit der Bürger zu beschränken, zumal es sehr beliebte Ansiedlungsregionen gab, wie Moskau oder sonstige größere Städte. Die Lösung versprach „propiska", das Recht auf Dauer an einem festen Ort zu leben.[38] Dieses System wurde für alle Bürger in den 30er Jahren errichtet und ermöglichte es, die Bevölkerung permanent an einen bestimmten Wohnsitz zu binden. Eine der Methoden der Bürokratie, Leistungsanreize zu geben, war es, wichtigen Organisationen und Personen das Recht auf „propiska" zuzuerkennen. Sie erhielten die Befugnis, Aufenthaltsrechte an von ihnen benötigte Berufskräfte zu vergeben.[39] Es ist bekannt, dass „propiska" und die kostenlose Wohnraumversorgung eine nachdrückliche Motivation für die Arbeitsanstrengung bedeuteten.[40]

Erst mit der Machtübernahme Michail Gorbatschows 1985, der Proklamation der Perestrojka und dem wirtschaftlichen Desaster der UdSSR wurden wirtschaftliche Umdenkprozesse möglich. Erst dann begann man sich mit dem Wettbewerbsrecht nach westlichem Verständnis auseinander zusetzen. Als Folge der wachsenden wirtschaftlichen Probleme in der UdSSR sowie dem damit einhergehenden Niedergang der offiziellen Ideologie gegen Ende der achtziger Jahre hat sich in der Öffent-

---

36) Malkov L.P., Formel zur Ermittlung der Wettbewerbsfähigkeit von Betrieben, GRUR 1994, S.693; Dietz A., Die Einführung von Gesetzen gegen den unlauteren Wettbewerb in ehemals sozialistischen Staaten Mittel- und Osteuropas, GRUR 1994. S.650; auch Boguslavskij M., im Materialienband, S.154

37) Malkov, Unlauterer Wettbewerb in Russland – Paradoxe Wirkungen der Umwälzungsprozesse, GRUR Int.1994, S.693

38) Malkov., „Propiska" als Beispiel für die nicht durch Wettbewerbsmittel erfolgende Stimulation in einer Planwirtschaft, GRUR Int.1994, S.692; auch Koitel, im Materialienband, S.146 ff.;

39) Insbesondere der berühmte Entwickler in der sowjetischen Raumfahrt der sechziger und siebziger Jahre, Sergej P. Korolöv erhielt die Befugnis, Aufenthaltsrechte an von ihm benötigte Arbeits- und Fachkräfte zu vergeben.

40) Malkov, „Propiska" als Beispiel für die nicht durch Wettbewerbsmittel erfolgende Stimulation in einer Planwirtschaft, GRUR 1994, S.693

lichkeit die Überzeugung von dem „Wunderwerkzeug des Wettbewerbs" durchgesetzt, das „wirtschaftliche Blüte und Wohlstand erzeugen werde“.[41] In Russland kann nunmehr jedermann ohne Probleme, ausgenommen die finanziellen, Bücher veröffentlichen. Als Folge daraus besteht eine große Anzahl der durch private Unternehmen veröffentlichen Werke aus Raubkopien westlicher Bücher. Dagegen waren nach dem Beitritt der Sowjetunion zum Welturheberrechtsabkommen die Behörden abgehalten worden, auf die Einhaltung der Verpflichtungen zu achten, so dass aus dieser Zeit keine wesentlichen Verletzungen international anerkannter Urheberrechte zu vermelden sind.[42]

Diese Ausführungen sind aber insofern relativ, als sie auf die typisch politischen und wirtschaftlichen Verhältnisse des streng zentral verwalteten Planwirtschaftssystems eines konkreten Landes bezogen sind. Ähnlich wie in der UdSSR war die Wirtschaftslage aber auch in anderen sozialistischen Ländern wie Bulgarien, Rumänien oder die ehemalige DDR, weswegen die parallelen Entwicklungen unverkennbar sind. Im Unterschied zu der UdSSR kennen die anderen Übergangsländer Mittel- und Osteuropas aus ihrer Rechtsgeschichte eine spezielle Wettbewerbsgesetzgebung.[43]

---

41) So Malkov L., Unlauterer Wettbewerb in Russland – Paradoxe Wirkungen der Umwälzungsprozesse, GRUR Int.1994, S.692

42) Malkov, Unlauterer Wettbewerb in Russland – Paradoxe Wirkungen der Umwälzungsprozesse, GRUR 1994, S.694

43) Dazu Dietz, im Materialienband, S.196 ff. und Die Einführung von Gesetzen gegen den unlauteren Wettbewerb in ehemals sozialistischen Ländern Mittel- und Osteuropas, GRUR Int.1994. S.652 ff.

II. Wettbewerbsrechtliche Traditionen in den anderen ehemals sozialistischen Ländern Mittel- und Osteuropas.

1. Das Recht gegen den unlauteren Wettbewerb in Bulgarien.

Das bulgarische Wettbewerbsrecht kann in geschichtlicher Hinsicht kaum auf eine gesicherte Rechtstradition zurückblicken, obwohl der Wettbewerbsschutzgedanke keineswegs in einem wertfreien Raum schwebte. Bereits 1892 wurde die Bekämpfung des unlauteren Wettbewerbs anlässlich der Warenzeichengesetzgebung zum rechtspolitischen Ziel des bulgarischen Gesetzgebers deklariert.[44] Noch lange Zeit wurde jedoch in Bulgarien auf die Regelung wettbewerbsrechtlicher Materien nur partikulär eingegangen. Es wurden spezielle Gesetzeswerke über die öffentlichen Ausverkäufe, über die Schneeballverträge und über die Handelsagenten erlassen, die unter anderem auch relevante wettbewerbsrechtliche Vorschriften enthielten.

Die zivilrechtliche Tradition des romanischen Rechtskreises, die in Bulgarien über das Obligationenrecht [45] rezipiert wurde und auch die Ausgestaltung des allgemeinen Deliktsrechts maßgeblich prägte, vermochte auch auf dem Gebiet des Wettbewerbsrechts starken Einfluss auszuüben. Um unlauteren Geschäftspraktiken begegnen zu können, griffen die Gerichte auf die Generalklausel des Deliktsrechts (Art.56 VerpfVertG) zurück, die dem Art. 1382 des französischen Code Civil nachgebildet wurde.[46] Das Fehlen eines kodifizierten Wettbewerbsrechts bereitete der praktischen Rechtsanwendung erhebliche Schwierigkeiten und diese durch Unsicherheit gekennzeichnete Situation behinderte den freien Handels- verkehr.[47]

Erst infolge eines Wirtschaftsaufschwungs nach dem 1.Weltkrieg und des Eintritts in die PVÜ im Jahre 1921 bahnte sich eine Neueinstellung zu

---

44) Dimitrov, Dissertation, Halle-Wittenberg 1996, S. 9-14, Tagebücher der VI Volksversammlung Bulgariens, Buch I, S.388 – Der Entwurfverfasser des ersten bulgarischen Gesetzes über die Handels- und Industriemarken erklärte im Rahmen der Parlamentsdebatten, das neue Markenrecht bezwecke „das Unterbinden einer der Wege des unlauteren Wettbewerbs".

45) Gesetz über die Verpflichtungen und Verträge von 1892 (VerpfVertrG)

46) Katzarov vertritt die Ansicht, dass dem bulgarischen Oberkassationsgericht eine sinngerechte Anwendung der Deliktsnormen zur Unterdrückung von unlauteren Geschäftspraktiken nicht fremd gewesen sei., Systematischer Kurs, S.105 und die dort angeführte Rechtspraxis

47) Dimitrov, Diss., S. 13, Die Rechtslage wurde als unbefriedigend empfunden und der Weg über die Generalklausel des Deliktsrechts als eine „äußerst mühsam zugängliche Lösung" bezeichnet. So Katzarov a.a.O., S.103f.; Dazu auch Nikolov, Die Entwicklung des bulgarischen Markenrechts, S.22

der wettbewerbsrechtlichen Problematik an. Die Kodifikationen des Wettbewerbsrecht bereits in mehreren europäischen Ländern und der immer größere Wirtschaftsbindung zu Deutschland spielten hierbei eine entscheidende Rolle.[48] Zunächst wurde 1931 das Kartellrecht im Gesetz über die Kartelle und die Monopolpreise [49] systematisch geregelt, jedoch wurde es fünf Jahre später durch das Verordnung-Gesetz über die Industrie vom 27. August 1936 aufgehoben (Art.36) und ersetzt. Nach langjährigen Diskussionen und unter dem heftigen Druck der regionalen Handels- und Industriekammer wurde 1940 das Gesetz gegen den unehrenhaften Wettbewerb[50] verabschiedet. Die entgültige Fassung des bulgarischen UWG/41 übernahm vom deutschen UWG fast wörtlich die Generalklausel der guten Sitten (Art.1) und kompilierte alle wichtigeren Tatbestände des unlauteren Wettbewerbs, wobei sie vom deutschen Vorbild wenig abwich.

Geregelt wurden spezielle Tatbestände über die irreführenden Angaben und die falschen Warenkennzeichen (Art.2), die Verwechslungsgefahr durch Missbrauch von Unternehmenskennzeichen (Art.3), das Zugabewesen (Art.5), die Koppelungsangebote (Art.6), die Schneeballsverträge (Art.7), die Ausverkäufe (Art.8 bis11)[51], den Konkurswarenverkauf (Art.12), das Preisunterbieten (Art.13), die Bestechung (Art.14), den Verrat von Betriebsgeheimnissen (Art.15) und die Rufschädigung (Art.16 und 17). In Abschnitt II wurden danach Verfahrensregeln bestimmt. Aus dem Bereich des materiellen Lauterkeitsrechts sei insbesondere der strafrechtliche Tatbestand des Art.13 bgUWG/41 hervorzuheben, der unter Drohung von Freiheits- und/oder Geldstrafe das Preisunterbieten verbot, wenn dies auf eine nicht gewissenhafte Erfüllung von Verpflichtungen gegenüber den Kunden, eine vorsätzliche Verletzung des Steuer- und Arbeitsrecht, der kollektiven Arbeitsverträge oder auf andere Gesetzesverletzungen zurückzuführen war (Vorsprung durch Rechtsbruch).

Dem alten bgUWG/41 lag eine für die damalige Zeit fortschrittliche Konzeption zugrunde, die über den individuellen Konkurrentenschutz hinauslief, und auch das öffentliche Interesse an einem unverfälschten und

---

48) Dimitrov, Diss. 1996, S.12; Nikolov, Die Entwicklung des bulgarischen MarkenR, S.22 ff.

49) Gesetzblatt Nr. 220/23.12.1931

50) Gesetzblatt Nr. 270/29.11.1940, in Kraft getreten am 29.1.1941.

51) Mit dem Inkrafttreten des UWG/41 wurde das bis dahin geltende spezielle Gesetz über die öffentlichen Ausverkäufe aufgehoben (Art.29 Ziff.2 UWG/41), wobei diese Materie nunmehr systematisch in das UWG eingegliedert wurde. Offensichtlich waren zu dieser Zeit Sonderverkaufsveranstaltungen eine nicht selten missbräuchlich ausgeübte Wettbewerbsmaßnahme, worauf auch die auffällige Aufmerksamkeit der damaligen Gesetzgeber hierzu zurückgeführt werden darf.

funktionsfähigen Wettbewerb mitberücksichtigte. Das in der Generalklausel aufgestellte Erfordernis des Handelns zu Wettbewerbszwecken diente zur Abgrenzung des objektiven Anwendungsbereichs des Gesetzes, dem entsprach jedoch nicht eine auf die individuelle Betroffenheit beschränkte Aktivlegitimation (bis auf die Tatbestände der Anschwärzung und der Bestechung).[52] Die Klageberechtigung richtete sich nach den legitimen Interessen der Gewerbetreibenden (Art.26 Abs.I). Eine spezielle Aktivlegitimation wurde daneben auch den privaten Berufs- und Branchenverbänden eingeräumt (Art.26 Abs.II). Bestimmte Regierungsorgane sowie die Handels- und Industriekammer wurden mit Aufsichts- und Exekutivkompetenzen ausgestattet. Das bgUWG/41 sah sowohl zivil- als auch straf- und verwaltungsrechtliche Sanktionen vor.[53]

In der Literatur entwickelte sich ein objektivrechtliches Normverständnis. Die Doktrin des bgUWG/41 betonte die Notwendigkeit einer umfassenden Abwägung schützwürdiger Interessen auf dem Markt und erachtete subjektive Elemente als unerheblich für das Unlauterkeitsurteil.[54] Maßgeblicher Ausgangspunkt bei der Beurteilung von Wettbewerbshandlungen war nach herrschender Auffassung die Wettbewerbsfreiheit, insbesondere unter Berücksichtigung des Prinzips der Rechtsstaatlichkeit.[55] Die Rechtsordnung könne die unlautere Ausübung der Wettbewerbsfreiheit nicht dulden und dies erfordere die Errichtung gewisser Schranken gegenüber dem freien wirtschaftlichen Verkehr. Aufgabe des Lauterkeitsrechts sei es, diese Schranken für di Konkurrenten zu statuieren.[56] Mithin vollzog sich mit der Einführung des bgUWG/41 ein deutlicher Funktionswandel des Wettbewerbsrechts, dessen Grundlage die Neuorientierung nach zunehmender Berücksichtigung der sozialen Funktionen und Wirkungen des wirtschaftlichen Wettbewerbs bildete.[57]

---

52) Dimitrov M., Dissertation, Halle-Wittenberg 1996, S. 9-14

53) dazu Kolev, Die rechtliche Regelung des unlauteren Wettbewerbs in Bulgarien, S.350, 351

54) So Dimitrov M., Dissertation, Halle-Wittenberg 1996, S.9-14: „Die schädigenden Auswirkungen einer lauteren Entfaltung der freien unternehmerischen Initiative indizieren nach dieser Theorie nicht ohne weiteres einen Eingriff in fremden Rechtskreis, und solche Interessenkollisionen wurden als wettbewerbsimmanent betrachtet.“; Dazu auch Kolev, Die rechtliche Regelung des unlauteren Wettbewerbs in Bulgarien, S.351

55) Dimitrov M., Diss., S.19-14; Katzarov, Systematischer Kurs, S.102, Kolev, Die rechtliche Regelung des unlauteren Wettbewerbs in Bulgarien, S.336

56) Kolev, Die rechtliche Regelung des unlauteren Wettbewerbs in Bulgarien, S.360, verweist auf dem Begriff „Leistungswettbewerb“ im deutschen Wirtschaftsrecht

57) Dimitrov M, Dissertation, Halle-Wittenberg 1996, S.14-19

2. Die Wirksamkeit des Lauterkeitsschutzes aus dem Blickwinkel des herrschenden Wirtschaftssystems.

Unter den herrschenden Bedingungen der administrativen Marktsteuerung in den ehemals sozialistischen Ländern verloren die Wettbewerbsgesetze aus der Vorkriegszeit an Bedeutung. Das alte bgUWG/41 wurde trotz seiner praktischen Bedeutung 1951 [58] außer Kraft gesetzt. Wegen seiner kurzen Geschichte konnte sich kaum eine bedeutende Rechtsprechung entwickeln. Während der sozialistischen Entwicklungsperiode des bulgarischen Rechts waren auf die Bekämpfung unlauterer Wettbewerbspraktiken die Sanktionen des Art.123 und 279 des StrafGB [59] angerichtet, als zivilrechtliche Grundlage konnte man auf die Bestimmungen des allgemeinen Deliktsrechts [60] zurückgreifen. Wettbewerbsbezogene Regelungen gab es nur innerhalb des Warenzeichenrechts.

Bulgarien ratifizierte 1970 die Stockholmer Fassung der Pariser Verbandsübereinkunft zum Schutze von gewerblichem Eigentum [61] und schloss sich 1975 dem Madrider Übereinkommen über die Unterdrückung falscher oder irreführender Herkunftsangaben auf Waren und dem Lissabonner Abkommen zum Rechtsschutz der Ursprungsangaben [62] an. Die einzige, noch heute geltende, strafrechtliche Regelung wettbewerbswidrigen Verhaltens (Art.227 StrafGB) galt dem Warenzeichenschutz. Bei gesetzwidriger Nutzung einer fremden Handelsmarke oder gewerblicher Muster zum Zwecke des nicht gewissenhaften Wettbewerbs ist danach eine Freiheitsstrafe bis zu einem Jahr vorgesehen. Die praktische Bedeutung des Art.227 StrafGB beschränkte sich jedoch auf die präventive Wirkung „als Garantie für eine effektive Patentpolitik und als Teil der gesamten Wirtschaftspolitik“ [63].

In der Literatur herrschte die Auffassung, dass der nach dem internationalen Standart des Art.10bis PVÜ erforderliche Mindestinhalt am materiellen Lauterkeitsrecht über den strafrechtlichen Tatbestand des Art.227 StrafGB und das allgemeine Deliktsrecht ausreichend gedeckt war

---

58) Gesetz Nr.546 vom 11.November 1951 über die Aufhebung aller bis zum 9.September 1944 erlassenen Gesetze, deutsche Übersetzung in Bl.f.PMZ 1952, S.139

59) Strafgesetzbuch von 1951, deutsche Übersetzung in Bl.f.PMZ 1952

60) Art.45 VerpfVertG, Gesetzblatt Nr.275/1950, zuletzt geändert in Nr.12/1993

61) Ratifizierung der Stockholmer Fassung der PVÜ vom 14.07.1967 in Gesetzblatt Nr.5/16.01.1970; Bulgarien ist Mietglied der PVÜ seit 1921

62) Beide Sonderabkommen ratifiziert mit Erlass Nr.523/11.03.1975 in Gesetzblatt Nr.24/1975

63) Dimitrov, Dissertation, S.13; Pentschev, Strafrechtlicher Schutz des gewerblichen Eigentums in Bulgarien, S.69; S.74 vertritt die Auffassung, dass als Tatbestand des unlauteren Wettbewerbs auch Art.227a des StrafGB zu betrachten ist.

und deshalb eine spezielle Regelung auf diesem Rechtsgebiet nicht erforderlich gewesen ist.[64] Man stellte Überlegungen über eine unmittelbare Anwendung der Vorschriften des Art.10bis PVÜ an.[65] Nach der Definition des Art.10bis PVÜ gilt als unlauterer Wettbewerb jede Wettbewerbshandlung, die den anständigen Gepflogenheiten in Gewerbe oder Handel zuwiderläuft (Abs.II), und dazu die konkretisierenden Regelbeispiele der Verwechslungen (Abs.III Ziff.1), der Rufschädigung (Abs.III Ziff. 2) und der irreführenden Behauptungen (Abs.III Ziff.3).[66]

Diese rechtspolitische Ansicht deutet auf den Maßstab des damaligen Gesetzgebers bezüglich der Wirksamkeit des Lauterkeitsschutzes unter den Bedingungen einer streng zentralistischen Planwirtschaft und kann als ein Indiz für den Mangel an Regelungsbedarf angenommen werden.[67] Zwingendes Bedürfnis für einen lauteren Wettbewerb ist, dass überhaupt Wettbewerb stattfindet. Wettbewerbsrechtliche Streitigkeiten sind aber in der zentralistisch gelenkten Planwirtschaft Bulgariens, soweit ersichtlich, nicht entstanden.[68] Die Darstellung der Abwicklung des Wettbewerbsrechts unter planwirtschaftlichen Bedingungen in Bulgarien, wie auch in den anderen ehemals sozialistischen Ländern Mittel- und Osteuropas, zielt darauf hin, im Rahmen einer geschichtlichen Betrachtung die Relativität der Wirksamkeit des Rechtsschutzes gegen unlauteren Wettbewerb als Wertungsproblem aufzuzeigen. Ähnlich wie in Bulgarien war die Wirtschaftslage auch in der DDR oder in Rumänien.

In der DDR galt die gesetzliche Grundlage des deutUWG weiter. Die unterschiedlichen Eigentumsverhältnisse verschafften ihr aber eine ganz andere tatsächliche Wirkung und Bedeutung.[69] In den zwei grundsätzlich unterschiedlichen Wirtschaftsordnungen, wie diesen in der DDR und der BRD, unter der parallelen Geltung des deutUWG in den marktwirtschaftlich organisierten Teil „allein aus der Zeit seit 1950 etwa 2000 wichtigere BGH - Entscheidungen das Bild vom geltenden Recht des

---

64) Pentschev G., Strafrechtlicher Schutz des gewerblichen Eigentums in Bulgarien, S.69-74

65) Todorov A., Extraterritoriale Wirkung des Wettbewerbsschutzgesetzes, S.36 weist darauf hin, dass trotz der unmittelbare Geltung der PVÜ im Lande, die bulgarischen natürlichen und juristischen Personen sich auf des Schutz der PVÜ gegen unlauteren Wettbewerb nur im Ausland berufen könnten, weil in einer Planwirtschaft der Wettbewerb undenkbar gewesen sei. Die Vorschriften des Art.10 schützten nur die ausländischen natürlichen und juristischen Personen in Bulgarien.

66) Text und Kommentar bei Bodenhausen, Pariser Verbandsübereinkunft, S.122, 124 ff.

67) Dimitrov M., Dissertation, Halle-Wittenberg 1996, S. 14-18

68) Pentschev G., a.a.O., S.75; Der Verfasser weist daraufhin, dass Art.227 und 227a StrafGB schwache Anwendbarkeit in der Rechtspraxis gefunden hätten, selbst gibt er aber kein einziges Beispiel für deren praktischen Anwendung.

69) Dimitrov M., Diss. , S. 16; Berg, in Materialienband, S.89

unlauteren Wettbewerbs prägen“[70], hingegen meldete das planwirtschaftlich organisierte Wirtschaftssystem der DDR nur eine bekannt gewordene Entscheidung.[71]

In Rumänien geschah die Aufhebung des ersten Gesetzes über die Unterdrückung des unlauteren Wettbewerbs vom 1932 mit dem Rechtsbereinigungsdekret Nr.991 von 1973, obwohl die meisten Vorschriften dieses Gesetzes in keinem Gegensatz zu den während der sozialistischen Periode geltenden Regelungen standen.[72] Diese wettbewerbsrechtliche Regelung aus dem Jahre 1932 wurde ausgearbeitet, um den Verpflichtungen nachzukommen, die Rumänien durch den Beitritt zu der Pariser Verbandsübereinkunft auf sich genommen hatte. Nach der Definition des Art.1 Abs.I des Gesetzes war eine unlautere Wettbewerbshandlung jede im Handel erfolgende Benutzung einer Firma, eines Emblems, einer Spezialbezeichnung oder einer Verpackung mit dem Ziel, dadurch eine Verwechslung mit früher erworbenen legitimen Rechten hervorzurufen. Gemäß Art.1 Abs.II waren auch die Herstellung, die Einfuhr, die Ausfuhr, die Lagerung, der Verkauf und der Vertrieb von Waren unter Verwendung falscher Angaben über ihrer Herkunft unlautere Handlungen.

In der Literatur finden sich, soweit ersichtlich, keine Angaben über eine Rechtsprechung sowohl auf der Grundlage des alten UWG von 1932 in den Nachkriegsjahren bis 1974, als auch auf der Grundlage der nach der Aufhebung dieses Gesetzes für die Bekämpfung des unlauteren Wettbewerbs im rumänischen Rechtssystem relevanten Art.301 des StrafGB und Art.998 des ZGB.[73] Die Rechtsnormen, die zum Lauterkeitsschutz des wirtschaftlichen Wettbewerbs eingesetzt werden konnten, hatten hinsichtlich derer praktischer Bedeutung eher deklaratorischen Charakter.

Die Entwicklungslinie des Lauterkeitsschutzes in diesen Ländern bestätigt, dass die Frage nach dem Lauterkeitsschutz erst mit der Aufhebung der staatlich errichteten Marktzutrittschranken als rechtserhebliche Aufgabe steht. Die Unternehmensfreiheit und die Eigentumsordnung, die den Intensitätsgrad der Privatautonomie bestimmen, sind die systemkonstituierenden Parameter eines Wirtschaftswettbewerbs.[74]

---

70) Schricker G., ZHR 139 (1975), S.208, 214 ff. Die statistischen Daten bei ders., GRUR Int. 1979, S.1ff.; ders. in GRUR Int.1973, S.446

71) Berg, im Materialienband, S.89, Fußn.3. Als Beispiel wird das einzige Urteil des Obersten Gerichts der DDR zum UWG „Nerchauer Ton“ vom 26.06.1970 genannt.

72) Eminescu J., GRUR 1994, S.688; Dietz, im Materialienband, S.194, der auf die Präambel des Dekrets hinweist, wonach die aufgehobenen Regelungen als obsolet betrachtet wurden, weil diese mit den Regelungsgrundsätzen der sozialistischen Wirtschaft und Gesellschaft in Widerspruch standen.

73) So Eminescu, GRUR Int.1985, S.99 ff. und im Materialienband, S.140

74) Dimitrov M., Dissertation, Halle-Wittenberg 1996, S.23

3. Besonderheiten der Rechtsentwicklung in Polen und in der Tschechoslowakei.

Entscheidende Perioden in der Geschichte der Gesellschaft und der Völker erlauben „die Verifizierung wissenschaftlicher Feststellungen, besonders solcher, die allgemeinen Charakter haben".[75] In der Theorie des geistigen Eigentums wurde von Prof. Beier die These von der engen Verbindung zwischen der Handels- und Gewerbefreiheit und dem Patentschutz entwickelt und überzeugend begründet.[76] In einem Beitrag hat er unterstrichen: „Dieser zeitliche Zusammenhang zwischen Industrialisierung und Patentschutz ist frappierend und bis auf den heutigen Tag evident. Voraussetzungen für die Einführung des Patentschutzes waren stets: Freiheit der gewerblichen Betätigung und Wille des Staates, die technische und industrielle Entwicklung zu fördern".[77] Diese These trifft auch für andere Bereiche des gewerblichen Rechtsschutzes zu. Ein Argument für diese erweiternde Interpretation folgt aus der historischen Entwicklung der tschechischen und polnischen Rechtssysteme. Im Laufe der Geschichte der beiden Länder gab es immer wieder Bestrebungen zur Schaffung eines wirksamen Schutzes gegen denn unlauteren Wettbewerb.

Im 8.Jahrhundert war Prag die Hauptstadt eines Staatsgebildes, das den Namen Herzogtum Böhmen trug. In der Periode des selbständigen Staates bis zur Mitte des 17. Jahrhunderts basierten die Bestrebungen auf den Bedürfnissen des Handwerks und der Bauindustrie. Der rechtliche Schutz stützte sich einerseits auf Maßnahmen des Königs oder des Adels, andererseits auf Maßnahmen der Selbstverwaltung der Gewerbetreibenden. Nach der Einverleibung des Landes in die österreichische Monarchie

---

75) Szwaja J., Die Genese der Generalklausel des neuen polnischen UWG, GRUR 1996, S.484

76) Beier, Wettbewerbsfreiheit und Patentschutz, GRUR 1978, S.123, 124: „Die Wurzeln des modernen Patentrechts reichen weiter zurück und über die deutschen Grenzen hinaus. Sie liegen im Privilegienwesen des ausgehenden Mittelalters und Merkantilismus, das eine gesamteuropäische Erscheinung war und teilweise bis in die Mitte des vorigen Jahrhunderts hineinreichte. ...Sowohl in den USA wie in Frankreich und später in Deutschland können wir das Phänomen beobachten, dass der Beseitigung von Monopolen und sonstigen Schranken der Gewerbefreiheit die gesetzliche Anerkennung des Patentschutzes af dem Fuße folgt....Aus dem merkantilistischen Erfinderprivileg wird ein gewerbliches Eigentumsrecht, ein *droit de propriete industrielle*."; auch Beier, Gewerblicher Rechtschutz, Soziale Marktwirtschaft und Europäischer Binnenmarkt, GRUR 1992, S.229 ff.

77) Beier, Die Bedeutung des Patentsystems für den technischen, wirtschaftlichen und sozialen Fortschritt, GRUR 1979, S.22 ff.

gründete sich der Schutz des Wirtschaftslebens gegen unlauteren Wettbewerb zunächst auf allgemeine Rechtsvorschriften, insbesondere des Allgemeinen Bürgerlichen Gesetzbuches von 1811 und des Handelsgesetzbuches von 1863. Nach dem Zerfall Österreich-Ungarns und der Entstehung eines selbständigen tschechoslowakischen Staates waren die früher begonnenen Arbeiten an einer Vorlage des Gesetzes gegen den unlauteren Wettbewerb abgeschlossen worden. Dem Abschluss der gesetzgeberischen Arbeiten gingen sorgfältige Vorbereitungen voraus, in welchen auch die gesetzgeberischen Arbeiten anderer Staaten, insbesondere Deutschlands und Frankreichs, berücksichtigt wurden.[78]

Im Jahre 1927 wurde ein bereits modernes Gesetz verabschiedet.[79] Dieses Gesetz enthielt einerseits die Festlegung des allgemeinen Tatbestands einer unlauteren Wettbewerbshandlung, andererseits die Festlegung einiger Sondertatbestände mit entsprechenden zivilrechtlichen und strafrechtlichen Sanktionen. Auch in der Tschechoslowakei erfolgte 1950 eine radikale Aufhebung der alten Wettbewerbsgesetzgebung aus der Vorkriegszeit. Im §352 des Zivilgesetzes Nr.141/1950 wurde jedoch die Generalklausel der Lauterkeit im Wirtschaftswettbewerb beibehalten. Eine entsprechende Bestimmung enthielt auch §119d des Wirtschaftsgesetzbuches Nr.109 von 1964.[80] Das Gesetz gegen den unlauteren Wettbewerb von 1927, dem sechs Jahre später auch ein Kartellgesetz folgte, hat jedoch eine reiche Rechtsprechung nach sich gezogen, welche die weitere Entwicklung auf diesem Gebiet positiv beeinflusste. Die sich darauf stützende alte Rechtsprechung wird noch heute bei der Rechtsanwendung berücksichtigt.[81]

In Polen gehen die Anfänge des Schutzes des gewerblichen Eigentums auf das Ende des Mittelalters zurück. Schon im 15.Jahrhundert erteilten die polnischen Könige eine Reihe von Privilegien für Erfinder und Investoren. Die Entwicklung des polnischen Rechts wurde jedoch infolge der Teilung Polens am Ende des 18.Jahrhunderts brutal unterbrochen. Erst nach Erlangung der Unabhängigkeit im Jahre 1918 konnten nationale Vorschriften zum Schutz vor unlauterem Wettbewerb eingeführt werden.[82]

---

78) Opltova M., Das Recht des unlauteren Wettbewerbs in der Tschechischen Republik, GRUR Int.1994, S.711

79) Das Gesetz von 1927 knüpfte unmittelbar an die internationale Entwicklung an. Bereits auf der Brüsseler Konferenz zur Revision der Pariser Verbandsübereinkunft zum Schutz des gewerblichen Eigentums im Jahre 1900 wurde in Art.10 die Verpflichtung festgelegt, den Verbandsangehörigen einen wirksamen Schutz gegen den unlauteren Wettbewerb zu sichern.

80) Beier/Bastian/Kur, GRUR Int.1993, S.588

81) Opltova M., GRUR Int.1994, S.711

82) Szwaja J., Die Genese der Generalklausel des neuen polnischen UWG, GRUR 1996, S.485

Polen trat 1919 der Pariser Verbandsübereinkunft bei.[83] In dieser Zeit galten in den einzelnen Gebietsteilen Polens drei unterschiedliche Gesetze der früheren Annexionsstaaten sowie das französische Zivilgesetzbuch. Die Entscheidung über den Erlass eines allgemein geltenden Gesetzes führte zur Übernahme eines Systems der Bekämpfung unlauteren Wettbewerbs in Polen, das sich auf eine Regelung außerhalb des Zivilgesetzbuchs sowie des Strafgesetzbuchs stützt und das somit zu einem System gehört, wie es in den Ländern des germanischen Rechtskreises besteht.[84]

Am 2.August 1926 hatte der polnische Sejm das Gesetz über die Bekämpfung unlauteren Wettbewerbs erlassen. In ihm befanden sich zwei Vorschriften, die grundsätzliche Bedeutung für das Gesamtsystem des nun eingeführten Schutzes hatten, und zwar Art.1 und Art.3. Diese Vorschriften wurden später gelegentlich als „kleine" und „große" Generalklausel bezeichnet. In der Literatur herrschte die Auffassung, dass Art.1 den „sachlichen" Schutz des Unternehmens regele und dass die darin vorgesehene *actio in rem* nur gegen den Konkurrenten gerichtet sein könne. Art.3 hingegen regele seinen Schutz schuldrechtlich, wobei die darin vorgesehene Klage als *actio in personam*, vor allem aber als *actio ex delikto*, gegen jede Person gerichtet sein kann, die dem Unternehmer durch schuldhaftes Handeln Schaden zufügt.[85]

Für die weitere Entwicklung der polnischen Regelung zum Schutz vor unlauteren Werbung hatten vor allem die vom Gesetzgeber in Art.1 S.1 UWG/1926 eingefügten zwei alternativen Voraussetzungen, nämlich „Rechtswidrigkeit" und „Sittenwidrigkeit" Bedeutung. Diese Elemente prägen nämlich die gegenwärtig geltende Generalklausel. Als Beispiele für rechtswidrige Handlungen seien u.a. die Verletzung polizeirechtlicher oder gewerberechtlicher Vorschriften und die Verletzung fremder absoluter subjektiver Rechte (z.B. Namensrechte, Urheberrechte, Eigentumsrechte) genannt.[86] In der Wissenschaft und der Rechtsprechung war man sich in

83) Polen hatte sich in dem den Ersten Weltkrieg beendenden Versailler Vertrag zum Beitritt zur Pariser Verbandsübereinkunft zum Schutz des gewerblichen Eigentums verpflichtet. Diese Übereinkunft enthielt im Ergebnis der Revisionskonferenzen von Brüssel (1900) sowie Washington (1911) bereits Bestimmungen, die die Verbandsländer verpflichteten, den Angehörigen der Verbandsländer wirksamen Schutz vor unlauterem Wettbewerb zu gewähren.

84) So Szwaja J., Zum ersten polnischen UWG, GRUR 1996, S.485

85) Kraus/Zoll, Das polnische UWG, Poznan 1929, S.32. Der Grundsatz der Unterscheidung der „actiones in rem" von den „actiones in personam" auf der Grundlage des UWG/1926 wurde von Namitkiewicz (Überlegungen zu dem polnischen UWG, 1927, S.241) scharf in Frage gestellt, von Bossowskij (Schutz gegen unlauteren Wettbewerb vom Standpunkt des vergleichenden Rechts wie des römischen Rechts, 1934, S.126) dagegen bejaht.

86) Kraus/Zoll, Das polnische UWG, Poznan 1929, S.167 ff.

der Frage nach dem Inhalt der zweiten Voraussetzung uneins. In der Regel wurde jedoch ihre enge Verbindung zu ethischen Grundsätzen stärker unterstrichen. In der Literatur gab es jedoch auch Meinungen, die den Akzent auf den objektiven Charakter der „guten Sitten" legten.[87]

Nach 1945 traten in Polen „Bedenken über die Brauchbarkeit des UWG von 1926" [88] auf, ein Gesetz, auf dessen Grundlage sich eine umfangreiche Rechtsprechung in der Zeit vor 1939 entwickelt hat. Durch die Einführungsvorschrift des Art.V des StrafGB von 1969 war nicht das ganze UWG aus dem Jahre 1926, sondern lediglich dessen strafrechtlicher Teil aufgehoben worden.[89] Im Jahre 1991 war das polnische Verfassungsgericht berufen über die Frage nach der Fortgeltung des Gesetzes zu entscheiden, und es konnte dies im Urteil vom 23.01.1991 bestätigen.

Die rechtliche Behandlung des unlauteren Wettbewerbs in der vorsozialistischen Zeit Polens und Tschechiens hat für die ganze weitere Entwicklung auf diesem Gebiet feste Grundlagen geschaffen, die nicht einmal mit dem Übergang der beiden Staaten zum sozialistischen Wirtschafts- und Rechtssystem aus der Welt geschafft werden konnten. Es waren eben diese Grundlagen, die einen enormen Beitrag zum Schutz der nationalen Interessen im Ausland sowie zur Information der einheimischen Öffentlichkeit über die Weltentwicklung leisteten.[90] In der sozialistischen Ära Tschechiens und Polens gab es Bemühungen, die Grundsätze des Rechts des unlauteren Wettbewerbs in die sozialistische Wirtschaft einzuführen. Sie bildeten einen Wegweiser, der zu gegebener Zeit genutzt werden konnte. Dies geschah insbesondere in der Zeit der sog. Prager Frühlings und der polnischen „Solidarnost"-Bewegung. Auch nach der Unterdrückung dieser politischen Bewegungen blieben diese Grundsätze Bestandteil der Rechtsordnung.

---

87) So Dabrowski, Unlauterer Wettbewerb, Warschawa 1929, S.8

88) So Skubisz, im Materialienband, S.122

89) Die Einführungsvorschriften des polnischen StrafGB vom 19.April 1969 sahen die Aufhebung der strafrechtlichen Vorschriften der Art.6 bis 12 UWG vor. Dazu Skubisz, im Materialienband, S.124, 125

90) Opltova M., GRUR 1994, S.711; auch Baier/Bastian/Kur, GRUR 1993, S.589

4. Die „Sonderfälle" unter den sozialistischen Staaten Mittel- und Osteuropas: Ungarn und Jugoslawien.

In einigen dieser nach dem sowjetischen Muster aufgebauten Staaten hat es neben dem sog. sozialistischen Wirtschaftssektor noch einen mehr oder minder großen Spielraum für einen privaten Wirtschaftsbereich gegeben, z.B. in Form von Bauernbetrieben, kleinen Kaufleuten und Gewerbetreibenden. Ungarn und Jugoslawien haben die Wirtschaftsreformen am weitesten vorangetrieben.[91] Anders als in anderen traditionell sozialistischen Ländern wurde in der ungarischen und jugoslawischen Wirtschaft den staatlichen Unternehmen ein gewisser Grad an Selbständigkeit eingeräumt und der freien Unternehmensinitiative ein gewisser Raum zur Entfaltung zugelassen.[92]

Das Recht des unlauteren Wettbewerbs war in Ungarn schon mit dem Gesetz Nr.V von 1923 geregelt worden. Anders als in Bulgarien oder in Rumänien hat es in Ungarn bis zum Ende des Zweiten Weltkriegs auch eine sehr bedeutsame Rechtsprechung gegeben, die eigentlich nicht in Vergessenheit geraten sollte.[93] Auch dort wurde nach dem Kriegsende die gesamte ungarische Wirtschaft durch den zentralen Plan gelenkt. Während der Planwirtschaft des sozialistischen Systems gab es naturgemäß keinen Wettbewerb im marktwirtschaftlichen Sinne, daher auch keinen unlauteren Wettbewerb.[94] Kennzeichnend für das ungarische Wirtschaftssystem war aber eine Reformpolitik, die bereits 1968 in ihrer ersten Phase eine Liberalisierung der Marktverhältnisse brachte. Die sog. zweite „Phase des aufgeklärten Liberalismus"[95], ab Ende der 80.Jahre, führte zu einer Verstärkung der marktwirtschaftlichen Tendenzen, was sich in der Zunahme unerlaubter Wettbewerbshandlungen zeigte.[96]

---

91) Pretnar S., GRUR Int.1993, S.587: Jugoslawien verfügte schon zu Zeiten des sog. Sozialismus über einen funktionierenden Markt und auch über wirtschaftlichen Wettbewerb. Die wichtigste Änderungen, die sich für die Folgestaaten des früheren Jugoslawien aus dem Zusammenbruch des Sozialismus ergibt, hängt daher weniger mit der Widereinführung des wirtschaftlichen Wettbewerbs sondern vielmehr mit der Änderung der Eigentumsstruktur zusammen.

92) Hierzu grundlegend Vida, Neue wettbewerbsrechtliche Bestimmungen in Ungarn, GRUR 1974, S.314 und Das Recht des unlauteren Wettbewerbs in Ungarn, WRP 1991, S.464

93) Lambsdorff H.G., Das Recht des unlauteren Wettbewerbs in Ungarn, GRUR Int.1994, S.714 „Die Rechtsentwicklung in Ungarn"

94) Vida A., Das Recht des unlauteren Wettbewerbs in Ungarn, WRP 1991, S.464; Lambsdorff, GRUR Int.1994, S.714

95) Lambsdorff, GRUR Int.1994, S.714

96) Lambsdorff, GRUR Int.1994, S.714 „Das ist immer die Kehrseite der Medaille, in diesem Falle einer liberalen Wirtschaftsordnung."

Es verwundert daher nicht, dass das Bedürfnis nach einem wirksamen Wettbewerbsrecht in Ungarn längst vor der Wende aufgespürt wurde.[97] Mit Inkrafttreten des Gesetzes Nr.IV von 1984 über das Verbot des unlauteren Wettbewerbs am 1.1.1985 wurde das alte ungarische Gesetz von 1923 außer Kraft gesetzt. Ohne die wirtschaftspolitische Ordnung aufzugeben, hat sich Ungarn mit diesem Gesetz ganz klar für die Marktwirtschaft entschieden.[98]

Spezielle Wettbewerbsschutzgesetze galten auch im ehemaligen Jugoslawien, das oft als Beispiel zur Begründung einer wirtschaftspolitischen Neutralität des Lauterkeitsrechts in Anspruch genommen wird.[99] Das jugoslawische Wirtschaftsmodell war für das System der zentralistischen Planwirtschaft nicht repräsentativ.[100] Auch war Jugoslawien kein RDW-Mitglied (Beobachter-Status) und damit auch an die Kooperations- und Spezialisierungsstrategie dieser Organisation nicht gebunden. In der Tat ist im ehemaligen Jugoslawien „die wettbewerbslose Ära des administrativen Sozialismus" gut fünfunddreißig Jahre früher zu Ende gegangen als in allen anderen Staaten Mittel- und Osteuropas.[101] Hier herrschten streckenweise Verhältnisse vor, die von westlichen Beobachtern nicht nur als „Market Sozialism"[102], sondern gar als „Laissez-Faire-Sozialism"[103] apostrophiert wurden.[104] Das jugoslawische Marktsystem, das interessante Lösungsansätze bereithielte, könnte für die damals sozialistischen Länder Polen und Ungarn, aber auch China, Modellcharakter haben.[105]

Jugoslawien hat bereits 1950 die in der Verfassung von 1946 aus dem sowjetischen System übernommenen Prinzipien aufgegeben. Unmittelbar danach erfolgten die Abschaffung der administrativen Leitung der Betriebe

---

97) Pretnar S.: Kennzeichnend sind diesbezüglich die Motive des Patentgesetzes/1969, in welchem zunächst festgestellt wurde, dass sich der Urheberschein in der Praxis nicht bewährt hat. Die Einführung des Patentschutzes wurde mit den Worten begründet: „Der Vorteil des Instituts des Patents besteht darin, dass es als ein Ausschließlichkeitsrecht zwischen den Unternehmen, die miteinander im Wettbewerb stehen, eine erfolgreiche Form des Wettbewerbs sein kann, die den technischen Fortschritt fördert." In GRUR Int.1993, S.588

98) Pretnar, GRUR Int.1993, S.588

99) Straus J., GRUR Int.1976, S.426; auch Dietz, im Materialienband, S.189

100) Die Bezeichnung Jugoslawiens als „Sonderfall" bei Esders, Der sozialistische Wettbewerb, S.138,; Zur besonderen Stellung Jugoslawiens „im Konzert der europäischen sozialistischen Staaten" Puharac, im Materialienband, S.111.

101) Straus, GRUR Int.1994, S.701

102) So Farkas, Yugoslav Economik Development und Politikal Change, New York 1975; Prout, Market Sozialism in Yugoslavia, Oxford, London 1985

103) So Rusinow, The Yugoslav Experiment, London 1977, S.138

104) Straus J., GRUR 1994, S.701

105) Sacks, Self-Management und Efficiency, London 1983, S.VII

und die Einführung der sog. Arbeiterselbstverwaltung. Die Übertragung der wirtschaftlichen Initiative vom Staat an die einzelnen Unternehmen, genauer an ihre Belegschaft, hatte eine schrittweise Verselbständigung der Wirtschaftssubjekte zur Folge.[106] Das Marktsystem der Selbstverwaltung, das allmählich ausgebaut wurde, fand 1958 sogar seine theoretische Anerkennung im Programm der kommunistischen Partei Jugoslawiens.[107] Das klassische Staatseigentum an Produktionsmitteln wurde abgelöst und in ein sog. gesellschaftliches Eigentum umgewandelt, so dass die selbstverwalteten Unternehmen auf dem Markt rechtlich und tatsächlich selbständig agierten und nach dem Grundsatz der Rentabilität arbeiten mussten.[108] „Bei gebührender Berücksichtigung aller vom Rechtssystem her den Trägern der Selbstverwaltung aufgebürdet wirtschaftlichen Verpflichtungen und Verfügungsbeschränkungen“[109] erwies sich zwar diese Eigentumsform wirtschaftlich betrachtet als reines Staatseigentum.[110] Sie bewirkte aber, dass Unternehmen im wesentlichen unabhängig von den Organen der Staatsmacht ihre geschäftliche Tätigkeit durchführen konnten, dass es relativ hochentwickelte Märkte für Waren und Dienstleistungen in Jugoslawien gegeben hat und sich auch der Transfer von Informationen, Wissen sowie Waren und Dienstleistungen mehr oder weniger frei abspielen konnte.[111] In der Zeit von 1955 bis 1980 haben das Sozialprodukt und die Industrieproduktion jährliche Wachstumsraten von zwischen sechs und neun Prozent aufgewiesen, womit Jugoslawien besser als der Durchschnitt der OECD-Länder und gleich auf mit Griechenland, Portugal und Spanien dastand.[112] Feststeht allerdings auch, dass in der Zeit von 1960 bis 1980 die Effizienz von Investitionen in Jugoslawien lediglich 75 Prozent der durchschnittlichen Effizienz von Investitionen in Griechenland, Portugal, Spanien und der Türkei ausmachte.[113]

---

106) Dazu Straus J., GRUR 1994, S.702

107) Buchbesprechung Baier/Basian/Kur (Hrsg.), GRUR 1993, S.587: Im Abschnitt über den „Charakter und Rolle des Marktes“ wurde festgelegt, dass ein relativ freier und gleichzeitig kontrollierter Markt eines der Instrumente des gesellschaftlichen Planes und der Wirtschaftspolitik, sein müsse.

108) Dazu Finzgar, Die grundlegenden Neuerungen des jugoslawischen Zivilrechts, 1965, S.135f.; Pretnar, Verfassungsrechtliche und gesetzliche Grundzüge des jugoslawischen Unternehmensrechts, ZHR 130 (1968), 130 ff.; Furuboth und Pejovich, Property Rights, Economic Decentralisation and the Evolution of the Yugoslav Firm, 1965 (1972 The Jornal of Law and Economics, S.275 ff.)

109) Straus J., GRUR Int.1994, S.702

110) Dies ergab eine kritische und gründliche Analyse aller Parameter durch Bajt (Die Selbstverwaltungsform des Gesellschaftseigentums, Zagreb 1988, S.152 ff.)

111) Pretnar S., GRUR 1973, S.493; ders. GRUR 1993, S.586

112) Prout, Market Socialism in Yugolsav, Oxford, London 1985, Fußn.5, S.7, unter Berufung auf OECD-Statistiken

Die rechtliche Fortentwicklung der jugoslawischen Marktwirtschaft war in einer Reihe von Verordnungen, Gesetzen und sogar in den Vorschriften der Verfassung verankert. Art.10 des Verfassungsgesetzes von 1953 bestimmte, dass der Warenverkehr auf dem gesamten Gebiet des Staates frei sei und auch durch Rechtsakte einzelner Republiken nicht eingeschränkt werden dürfte. Die spätere Gesetzgebung erweiterte die Institutionalisierung des Marktes. Die Verfassung aus dem Jahre 1974 sicherte in den Art.251-255 sowohl den einheitlichen jugoslawischen Markt als auch das freie Auftreten der Unternehmen auf dem Markt. Den Bestand des Wettbewerbs als Institution garantierte der Art.225.[114] Was den engeren Bereich des unlauteren Wettbewerbsrechts angeht, so hat ihn die jugoslawische Nachkriegsgesetzgebung lange nicht systematisch geregelt. Die Bestimmungen des UWG von 1930 waren bis zum Jahre 1962 entsprechend anwendbar. Erstmals gesetzlich geregelt war das Recht des unlauteren Wettbewerbs in dem Gesetz über den Verkehr von Waren und Dienstleistungen mit dem Ausland vom 2.7. 1962 [115] und im Gesetz über die Regelung der geschäftlichen Beziehungen auf dem Markt vom 22.7.1962, [116] das als *lex generalis* konzipiert war. Am 29.12.1966 kam es zur Verabschiedung des Gesetzes über den Warenverkehr.[117]

Die Systematik des eigentlichen Rechts des unlauteren Wettbewerbs behielt dabei durchaus das traditionelle Muster [118]: Die Generalklausel des Art.54 Abs.I bezeichnete als unlauteren Wettbewerb „Handlungen, die gegen die guten geschäftlichen Sitten verstoßen, sofern dadurch anderen wirtschaftlichen Organisationen, den Verbrauchern oder der Wirtschaft des Landes Schaden zugefügt wird oder zugefügt werden könnte." In Abs.2 desselben Artikels sind lediglich beispielsweise sieben Spezialtatbestände des unlauteren Wettbewerbs aufgeführt worden, unter anderem der Missbrauch fremder Namen, Firmen, Marken etc., täuschende Werbung,

---

113) Bajt, Die Selbstverwaltungsform des Gesellschaftseigentums, Zagreb 1988, S.165 ff.: „Bei einer solchen (In-)Effizienz haben die sozialistische Wirtschaft im allgemeinen und die Selbstverwaltungswirtschaft im besonderen nicht unter den großen geschichtlichen Produktionssystemen zu suchen. Sie haben keine Überlebenschance, geschweige denn die Chance dem Kapitalismus als ein nach Fähigkeiten der Entwicklung von Produktionskräften überlegenes System zu folgen. In der Geschichte werden sie als idealistische Makroexperimente vermerkt. Ähnlich den vormarxistischen Genossenschaften der Sozialutopisten R.Owen, Ch.Fourier, L.Blanc und anderen."

114) Dazu insb. Straus, GRUR Int.1994, S.703f.; ders. GRUR 1993, S.587; Pretnar, Der Markt und die Grundzüge des Antimonopolrechts im jugoslawischen Selbstverwaltungssystem, GRUR 1973, S.493

115) Amtbl. FNRJ Nr.27/1962, Übersetzung in GRUR Int.1963, S.551

116) Amtbl. FNRJ Nr.30/1962, Übersetzung in GRUR Int.1963, S.554

117) Amtbl. Nr.1/1967

118) So Straus J., GRUR Int.1994, S.703

Anschwärzung und Bestechung.[119] Die Bedingungen für die wirtschaftliche Entfaltung von Unternehmen waren in den sechziger und Anfang der siebziger Jahre besonders günstig. Dies hatte häufiger als zuvor unlautere Praktiken auf dem Markt mit gerichtlichem Nachspiel zur Folge, so das sich eine für ein sozialistisches Land geradezu umfangreiche Rechtsprechung entwickelte.[120]

Mit dem Gesetz über die Bekämpfung des unlauteren Wettbewerbs und der monopolistischen Vereinbarungen vom 26.4.1974 [121] unternahm Jugoslawien einen weiteren gesetzgeberischen Schritt. Dieses Gesetz entwickelte unter Berücksichtigung der Ergebnisse der Rechtsprechung das Recht des unlauteren Wettbewerbs weiter, ohne jedoch an der Grundkonzeption der Generalklausel und ihres Verhältnisses zu den Spezialtatbeständen irgendetwas geändert zu haben.[122] Noch im Zuge des beginnenden Auseinanderbrechens Jugoslawiens erließ der Bundesgesetzgeber am 8.8.1990 das Gesetz über den Handel [123] mit dem das Gesetz von 1974 außer Kraft gesetzt wurde. Es bleibt immer noch offen, wie viel von dem jugoslawischen Wirtschaftsexperiment aus der Jahre 1951-1991 übrigbleiben wird, wenn einmal die wohl tiefgreifendste wirtschaftspolitische und rechtliche Veränderung der neueren Gerichte abgeschlossen sein wird.[124]

Die geschichtliche Reminiszenz des Wettbewerbsrechts in den Planwirtschaftsordnungen bestätigt, dass „es kein Zufall ist, sondern es

---

119) Näheres bei Straus J., GRUR Int.1994, S.703

120) z.B. Urteil vom 12.8.1976 des Obersten Gerichts Sloweniens, GRUR 1977, S.204 mit Anm. von Straus. Rechtstreit zwischen dem dänischen Spielzeughersteller „LEGO" und einem slowenischen Ziegelhersteller, der seine Bauelemente unter der Bezeichnung „LEGO"-Ziegelsteine in Verkehr gebracht hatte. Das Gericht hat erstmals festgestellt, dass eine Handlung des unlauteren Wettbewerbs nicht unbedingt ein Wettbewerbsverhältnis zwischen den Parteien voraussetzt. Das Gericht ließ es genügen, dass die Handlung gegen die guten geschäftlichen Sitten verstößt. Ausdrücklich billigte das slowenische Gericht dem Warenzeichen „LEGO" die Eigenschaft einer berühmten Marke zu, die auch den Schutz gegen Verwässerungsgefahr genießt.; Urteil des Kreisgerichts Ljubljana vom 22.10.63, bestätigt durch das Oberste Gericht Jugoslawiens, Pravnik 1965, Nr.7-9. Darin hat das Oberste Gericht auch geklärt, dass auch Inhaber von privaten Kleingewerben für Klagen aus unlauterem Wettbewerb gegen wirtschaftliche Organisationen aktiv legitimiert waren; Oberes Wirtschaftsgericht Ljubljana vom 17.6.1960, GRUR 1965, 432; Oberstes Wirtschaftsgericht vom 31.5.1962, GRUR 1965, 380

121) Amtsbl. SFRJ Nr.14/1974, deutsche Übersetzung in GRUR Int.1976, S.437

122) Otorepez, Sufficiently attraktive? Slowenian Business Report 1993 Nr.7-8

123) Amtsbl. SFRJ Nr.640/1990, auszugsweise deutsche Übersetzung in Wettbewerbsrecht und Verbraucherschutz in Mittel und Osteuropa, Köln 1992, S.232 f.

124) Mestmäcker, Die Widerkehr der bürgerlichen Gesellschaft und ihres Rechts, Die Zeit Nr.32/2.8.1991, S.18

liegt in der Natur der Dinge, dass die sog. sozialistischen Staaten kein wirklichen Wettbewerb kannten, dass diesen Namen verdient, selbst wenn sie formal über Wettbewerbsgesetze verfügten."[125] Das Lauterkeitsrecht steht offen der herrschenden Interessenlage gegenüber und ist deswegen deren rückstrahlenden Einflüssen ausgesetzt. Die Regelung der Lauterkeit beruht auf der institutionellen Grundlage einer freien Wettbewerbsordnung und ist zugleich auf die Entfaltung dieser institutionellen Grundlage ausgerichtet. Dem Schutz der Wettbewerbslauterkeit dienende Rechtsnormen fanden ihre Rechtfertigung lediglich in einer Präventivwirkung.[126] Und das vor allem deswegen, weil die in der zentralistischen Planwirtschaft zugelassenen „Wettbewerbsinseln mit offenen Märkten"[127] geradezu Ausnahmefälle bildeten, und dort wo wettbewerbrechtliche Streitigkeiten tatsächlich entstanden, wurden diese in der Regel auf dem Wege der Wirtschaftsverwaltung gelöst.[128]

Die Aufhebung der alten Wettbewerbsgesetzgebung unter planwirtschaftlichen Verhältnissen bedeutet aber nicht schlechthin, dass es in den ehemals sozialistischen Wirtschaftssystemen an sozial-ethisch definierten guten Sitten mangelte. Diese Maßstäbe wurden allerdings autoritär von den wirtschaftspolitisch zuständigen Instanzen festgesetzt. Aus diesem Blickwinkel gesehen, ist die Abwicklung des Lauterkeitsrechts in den betreffenden Ländern vielmehr als Folge einer wirtschaftspolitischer Entscheidung für die Beschränkung der Privatautonomie und somit der Wettbewerbsfreiheit zu betrachten.[129]

---

125) Emmerich, Das Recht des unlauteren Wettbewerbs, S.2; auch Dimitrov M., Dissertation, S.17; Merz, Die Vorfeldthese. Die Anwendung von §1 im Vorfeldbereich der horizontalen Marktbehinderungstatbestände des GWB. Dissertation. Baden-Baden 1988, S.200 "Wettbewerbsrecht ist systembezogen und dabei immer ausgerichtet auf den Schutz aufeinander bezogener Handlungsfreiheiten"

126) Emmerich V., Das Recht des unlauteren Wettbewerbs, 3.Aufl., München 1990, S.2

127) Schluep W., Vom lauterem zum freien Wettbewerb, GRUR Int.1973, S.446

128) Berg G., Das Wettbewerbsrecht der ehemaligen DDR im Umbruch, im Materialienband, S.89,90, Fußn.3

129) Schluep, GRUR Int.1973, S.446 „Dies bestätigt in einer Umkehranalyse auch die Entwicklung eines funktionierenden Lauterkeitsrechts in Jugoslawien." Er bezeichnet als rechtlich relevante Präzisierung die Interpretation der guten geschäftlichen Sitten durch die jugoslawische Lehre als „Prinzipien sozialistischer Moral". Mit Hinweis auf Straus, Das Wettbewerbsrecht in Jugoslawien, S.24

B. Besonderheiten der Transformation.

I. Wirtschafts- und Strukturwandel.

Die Rezession in der zweiten Hälfte der achtziger Jahre in den sog. sozialistischen Ländern Europas bereitete bereits die nicht mehr aufzuhaltende Einführung marktwirtschaftlicher Prinzipien vor. [130] Nach den politischen Umwälzungen Ende der 80er Jahre wurde in den ehemals sozialistischen Ländern Europas in Abkehr von der bis dahin herrschenden Gesellschaftsordnung ein radikaler Weg der politischen und wirtschaftlichen Reformen eingeschlagen. Für eine qualitative Änderung der politischen und institutionellen Voraussetzungen war grundsätzlich die ideologische Umgestaltung der Staats-, Rechts- und Wirtschaftsordnung von ihrer Aufeinander-Struktur zu einem Nebeneinander-Verhältnis auf konstitutiver Grundlage des Demokratieprinzips erforderlich.[131] Das Ziel der in Gang gesetzten Transformation richtet sich nun auf die Entflechtung des alten Systemrahmens und die Schaffung neuer Rahmenbedingungen für wettbewerbsfähige Strukturen.

Die Krisensituation Ende der 80 Jahre in den meisten osteuropäischen Staaten beruhte zu einem Großteil auf monopolistischen Wirtschaftsstrukturen und den Mangel an Wettbewerb. Der Anteil des staatlichen Sektors betrug in den achtziger Jahren über 95% des Nationalvermögens in den betreffenden Ländern. (Ausnahmen: Polen: 81%, Ungarn: 67%, Jugoslawien: 63%)[132] Monopole und Kartelle, als Basis der sozialistischen

---

130) Dimitrov M., Diss. 1996, S.24: Bereits frühere Reformversuche erkannten die Zwecklosigkeit schwerfälliger Wirtschaftsstrukturen. Dabei blieb jedoch die Konzentration wirtschaftlicher Macht aufgrund des Primats des Staatseigentums unangetastet. Die unkonsequente Reformpolitik fand in einer unbeständigen Wirtschaftsgesetzgebung ihren Niederschlag. Die Rechtsgrundlage der zentralisierten Planungssysteme war von äußerst instabilem Charakter.

131) Dimitrov M., Diss., S.22; Behrens, Die ökonomischen Grundlagen des Rechts, S.8: Zur Interdependanz der Ordnungen mit vergleichender Analyse ordoliberalistischer und marxistischer Programmsätze.

132) Brunner G., Osteuropa Recht 1999, S.2 ff.; Nach dem Wortlaut der meisten sozialistischen Verfassungen (z.B. Art.13-16 bgKonst. von 1971) beruhte das sozialistische Wirtschaftssystem auf dem gesellschaftlichen Eigentum an Produktionsmitteln. Das staatliche (volkseigene) Eigentum stellte die höchste Form des sozialistischen Eigentums dar, bildete einen einheitlichen Fonds und genoss besonderen Schutz.) Staatliches Eigentums waren die Werke und die Fabriken, die Banken, die Bodenschätze, die natürlichen Energiequellen, die Wälder, die Weiden, die Gewässer, die Wege, der Eisenbahn-, Wasser- und Lufttransport, die Post, den Rundfunk und das Fernsehen. Nur in gesetzlich bestimmten Fällen konnten die Genossenschaften und die gesellschaftlichen Organisationen Produktionsmittel und anderes Vermögen besitzen.

Planwirtschaft, schlossen die Konkurrenz autonomer Unternehmen weitestgehend aus. Die bewusste Zusammenfassung der Unternehmen in Trust, Vereinigungen und Kombinaten fand ihren Höhepunkt in der internationalen Arbeitsteilung im Rat für Gegenseitige Wirtschaftshilfe (RGW).[133]

Die radikale Aufhebung der bestehenden Handelseinschränkungen und die damit verbundene Liberalisierung der inländischen Märkte und des Außenhandels, sowie die Umgestaltung der Eigentumsordnungen markieren die gemeinsamen Ausgangspunkte der Transformationsprozesse in allen postsozialistischen Staaten. Fragen der Privatisierung standen hierbei im Vordergrund, weil sie „das Scharnier zwischen der Vergangenheit und ihrer juristischen Bewältigung und der Zukunft mit ihrer angestrebten freien und marktwirtschaftlichen Grundordnung bildeten."[134] Der Systemgegensatz zwischen Staatssozialismus und Privatkapitalismus lässt sich im Kern auf die gegensätzliche Eigentumskonzeption und Eigentumsordnung und deren weitere Auswirkungen reduzieren.[135] Gewalteinteilung durch Trennung von Staatsgewalt und Wirtschaftsmacht (der Privateigentümer) ist zwar allein mit der (Re)Privatisierung verstaatlichter Wirtschaft und staatseigenen Unternehmens- und Grundseigentums durchaus noch nicht automatisch gesichert.[136] Sie bleibt aber ohne die Durchsetzung dieser Trennung von Politik und Wirtschaft überhaupt unerreichbar.

Zwischen Privateigentum und Privatisierung bestehen Wechselwirkungen politischer, ökonomischer und rechtlicher Art, die seit jeher streitig sind und nicht zu einer allgemein und auf Dauer anerkannten Eigentumsordnung oder einem Wirtschaftsverfassungsmodell geführt haben. Während einzelne Verfassungen (Beispiel: das deutsche Grundgesetz) sich wirtschaftsbezogener Aussagen weitgehend enthalten, daher als „wirtschaftspolitisch neutral"[137] gelten, werden in verschiedenen postsozialistischen Reformverfassungen die wirtschaftlichen Freiheitsrechte und marktwirtschaftlichen Grundlagen ausdrücklich genannt und gewährleistet. Über die problematische Relation zwischen öffentlicher Wirtschaft, Staatseigentum oder „Staatsquote" und privater Wirtschafts-

---

133) Thiel M., Wettbewerbs- und Kartellrecht in Osteuropa, Osteuroparecht 1995, S.99; Rogemann, Funktionswandel des Eigentums in Ost und West, ROW 1997, S.232

134) Dimitrov M., Diss. 1996, S. 24-28

135) Roggemann, Funktionswandel des Eigentums in Ost und West, ROW 7/1997, S.232; auch Behrens, Die ökonomischen Grundlage des Rechts, S.85

136) Dazu Bös D., Arguments on Privatisazion, in G.Fels/G.v.Fürstenberg (Hrsg.), A Supply-Side Agenda for Germany, Berlin 1989, S.218; Knieps G., Neuere Entwicklungen in der Regulierungsdiskussion, WiSt 1995, S.617

137) Papier, Grundgesetz und Wirtschaftsordnung, in Handbuch des Verfassungsrechts, Anm.16

tätigkeit und Privateigentum ist damit wenig oder nichts gesagt.[138]

Der Streit um Nationalisierung, d.h. Einführung von Staatseigentum in wichtigen Wirtschaftsbereichen einerseits und (Re)Privatisierung von staatseigenen Unternehmen andererseits ist nicht auf Osteuropa beschränkt, sondern seit Jahren auch in Deutschland, Italien, England und Frankreich ein wichtiger wirtschaftspolitischer Programmpunkt.[139] Sind aber diese Fragen schon in den entwickelten Marktwirtschaften Westeuropas nach Ansatz, Verfahren und Folgen umstritten, um wie vielmehr muss dies für Osteuropa gelten. Welchen Anteil der in privaten Eigentum stehende Teil der Wirtschaft im Verhältnis zur staatseigenen Wirtschaft in den postsozialistischen Staaten durch Privatisierungsmaßnahmen mittel- und langfristig erreichen sollte oder kann, bleibt daher eine offene Frage, die kaum für alle in Betracht kommenden Staaten einheitlich und auch nicht mit der plakativen Formel „sowenig Staat wie möglich" beantwortet werden kann.[140]

Die Privatisierung in Osteuropa unterscheidet sich von den einzelnen Privatisierungsmaßnahmen in Westeuropa in fundamentaler Weise. Im Gegensatz zur Privatisierung in westlichen Ländern sind in Osteuropa abweichende rechtliche und tatsächliche Rahmenbedingungen zu beachten. Dazu gehören etwa das Fehlen eines funktionierenden Kapitalmarktes und die Schwierigkeiten, den Privatisierungsvorgang für breite Bevölkerungsschichten sozial erträglich und politisch akzeptabel auszugestalten.[141] Während in den westlichen Ländern, in denen der Anteil des staatlichen Sektors kaum je 15% des Nationalvermögens überschritten hat, die Privatisierung der Stärkung der vorhandenen privaten Marktwirtschaft durch Zurückdrängung systemfremder Elemente dient, geht es in Osteuropa um einen *Systemwandel*, indem die staatlich dominierte Eigentumsordnung und die zentrale Planwirtschaft durch eine privatnützi-

---

138) Badura P., formuliert das Abhängigkeitsverhältnis in „Die marktkonstituierende Funktion rechtliche Rahmenbedingungen" kurz und treffend wie folgt: „Das unternehmerisch genutzte Eigentum ist die bewegende Kraft des privatwirtschaftlichen und marktwirtschaftlichen Prozesses. Es ist das aber nur durch die Beschäftigung abhängiger Arbeitskraft und durch die Gestaltungen und die Garantien der Rechtsordnung und des Staates; insofern ist seine private Autonomie bedingt." (S.385)

139) Beispiel: Verstaatlichung und Entstaatlichung der Montanindustrie in England oder der Banken in Frankreich. So hat noch in der Ära des Sozialisten Mitterand der französische Wirtschaftsminister einen Fünfjahresplan zur Privatisierung von 21 französischen Staatsunternehmen vorgelegt. Und in Deutschland sind u.a. Telekommunikation und Eisenbahn Gegenstände umfassender Privatisierung über deren wirtschaftliche Folgen die Schätzungen außerordentlich differieren.

140) Zu den Rahmenbedingungen eines verfassungsrechtlichen „Mischsystems" Papier, S.808

141) Frydman/Rapaczynski, Privatisazion in Eastern Europe, Band I, Budapest 1994, S.112

ge Eigentumsordnung und eine soziale Marktwirtschaft ersetzt werden sollen.[142]

Fast alle postsozialistischen Länder haben in den vergangenen Jahren mehr oder weniger umfangreiche Privatisierungsgesetze und Verordnungen erlassen. Auf dieser Grundlage hat sich ein differenziertes Privatisierungsverfahrens- und Privatisierungsorganisationsrecht entwickelt. Ergänzt wurde das Privatisierungsrecht inzwischen durch das flankierende Reformen des Wirtschaftsrechts, insbesondere des Rechts der Kapitalgesellschaften, des Handelsrechts, Wettbewerbsrechts, Konkursrechts. Daneben haben verschiedene Länder spezielle Eigentumsgesetze erlassen, um Regelungslücken nach Wegfall der sozialistischen Rechtsvorschriften kurzfristig zu überbrücken. In Russland stellt die schließlich nach langen Widerständen erfolgte Verabschiedung solcher Rechtsgrundlagen eine echte „juristische Revolution“[143] dar. Russland kannte ein dreiviertel Jahrhundert lang keine Möglichkeit des Erwerbs von privatem Grundstückseigentum.

Die postsozialistischen Staaten versuchen, dieselben oder jedenfalls ähnliche Ziele mit Hilfe durchaus verschiedener Verfahren und Institutionen zu erreichen. Die Privatisierungsinstitutionen agieren in recht unterschiedlichen Rechtsformen: teils als Staatsorgane teils als intermediäre Institutionen, teils auch unternehmensähnlich. Die rechtlichen Rahmenbedingungen haben sich als nicht übertragbar erwiesen und sind für jedes einzelne Land entsprechend seinen spezifischen Bedingungen zu entwickeln. Die Privatisierungskonzepte der einzelnen osteuropäischen Staaten sind äußerst vielfältig.[144] In keinem osteuropäischen Land wird ein Privatisierungsmodell ausschließlich praktiziert, aber meistens dominiert ein Modell.[145] Die bislang erzielten Erfolge sind regional sehr unterschiedlich. Die Privatisierung in der ehemaligen DDR verlief aus verständlichen Gründen am schnellsten und erfolgreichsten. Das Konzept der kommerziellen Privatisierung, dessen Hauptproblem in der inländischen Kapitalarmut besteht, konnte in Deutschland, wo genügend westliche Investoren zur Verfügung standen, erfolgreich durchgeführt

---

142) Brunner, Privatisierung in Osteuropa, Osteuropa Recht 1999, S.2f

143) Roggemann H., ROW 1996, S.92.

144) Die wohl umfassende vergleichende Untersuchung zu dieser Frage liegt vor: G. Brunner, Privatisierungsmodelle in Osteuropa, Staat-Wirtschaft-Steuern, Festschrift für K.H.Friauf zum 65.Geburtstag, Heidelberg 1996, S.591; auch Schröder F.-Ch., Grundbegriffe und –formen der Privatisierung in Osteuropa, WiRO 1995, S.121

145) Für eine kurze und zusammenfassende Bewertung vgl. Moecke H.-J., Stand der Privatisierung in Osteuropa, RIW 1996, S.24 (aus juristischer Sicht) und Brezinski H., Der Stand der wirtschaftlichen Transformation sieben Jahre nach der Wende, in Politische und ökonomische Transformation in Osteuropa, 2.Aufl., Berlin 1997, S.143 (aus ökonomischer Sicht)

werden. Hier konnte die Treuhandanstalt bereits Ende 1994 aufgelöst werden.[146]

In Ungarn und Polen wurde die Privatisierung bereits1990 eingeleitet und bald danach in der Tschechoslowakei und in den baltischen Republiken energisch in Anspruch genommen. Methoden der kommerziellen Privatisierung wurden in Ungarn, Estland, Slowenien und in der Tschechischen Republik, wo ausländisches Kapital in größerem Umfang angelockt werden konnte, vorwiegend mit Erfolg praktiziert.[147] Die Massenprivatisierung wurde in vielen osteuropäischen Ländern in unterschiedlichen Varianten, aber nirgends so erfolgreich wie in der Tschechoslowakei und ab 1993 in der Tschechischen Republik durchgeführt. Dort wurde ein originelles Konzept der Couponprivatisierung in die Tat umgesetzt.[148] Nach dem Zerfall Jugoslawiens hielten die Nachfolgestaaten (Serbien und Montenegro als Teilrepubliken der 1992 reorganisierten Bundesrepublik Jugoslawien,[149] Bosnien-Herzegowina, Kroatien, Mazedonien) zunächst an der Vorrangigkeit der Belegschaftsprivatisierung fest, während sich Slowenien 1992 für ein Kombinationskonzept entschieden hat.[150]

Heute belegen Ungarn und Estland die Spitzenplätze, wo der Anteil der Privatwirtschaft das Niveau der etatistisch orientierten westlichen Länder (Frankreich, Italien, Österreich) bereits erreicht hat und systematische Privatisierung bald beendet werden soll. Auf sie folgen die Tschechische Republik und Polen sowie, mit einigem Abstand, Lettland, Litauen und Slowenien. Eher schleppend und diskontinuierlich verläuft der Privatisierungsprozess in Kroatien und in den südosteuropäischen Ländern (Bulgarien, Mazedonien, Rumänien, Albanien).[151]

In Bulgarien verblieb die qualitative Verbesserung der Angebotsstruktur über eine lange Zeitperiode als isolierter vereinzelter Schritt im Wirtschaftsraum. Die sog. „kleine" Privatisierung von Einzelhandelsbetrieben des Handwerks, des Gaststätten und sonstigen Dienstleistungsgewerbes wurde in Bulgarien, wie in den meisten postkommunistischen

---

146) Brunner G., Privatisierung in Osteuropa, Osteuropa Recht 1999, S.2

147) Brunner, Osteuropa Recht 1999, S.4-5

148) Ursprünglich gemeinsame Rechtsgrundlagen Tschechiens und Slowakei waren §§22-26 des Gesetzes v. 26.2.1991 über die Bedingungen für die Übertragung von Staatsvermögen auf andere Personen und die Regierungsverordnung über die Ausgabe und Verwendung von Investitionscoupons v. 5.9.1991

149) Seit 2002 Bundesrepublik Serbien und Montenegro.

150) Gesetz über die Eigentumsumwandlung von Unternehmen v.1992,Gesetz über die Agentur für Privatisierung v. 1993, Gesetz über den slowenischen Entschädigungsfonds v. 1999

151) Brezinski H., Der Stand der wirtschaftlichen Transformation 7 Jahre nach der Wende, in: Politische und ökonomische Transformation in Osteuropa, Berlin 1997

Ländern, sondergesetzlich geregelt.[152] Langsamer und zum Teil mühsam verläuft die Privatisierung der mittleren und großen Staatsunternehmen. Bis zum Ende 1995 waren nur 6-7% der staatlichen Unternehmen privatisiert worden. Der größte Teil davon waren Unternehmen aus dem Handel und der Dienstleistung. Die anhaltende Diskussion über unterschiedliche wirtschaftspolitische Reformkonzepte führte zu einer Verzögerung der Transformation im Bereich der Eigentumsordnung. Man war sich weitgehend darüber einig, dass bei der Umstrukturierung der bulgarischen Wirtschaft von einer primären Bedeutung für das nationale Wirtschaftssystem der Landwirtschaft, der Leichtindustrie und des Tourismus auszugehen ist. Dabei war jedoch klar, dass ein noch anhaltender staatlicher Einfluss auf bestimmten Gebieten der Industrie nicht vermeidbar ist. Die Umwandlung der Schwermaschinenbau und der Chemieindustrie auf private Basis kann in Bulgarien nur als langjähriges Ziel verfolgt werden.[153]

Bulgarien hat sich ursprünglich für die kommerzielle Privatisierung entschieden und sich wesentlich später an das tschechische Modell der zentral veranstalteten Bieterrunden angelehnt. Im Sommer 1994 wurde eine bedeutende Ergänzung zum Privatisierungsgesetz verabschiedet, welche die „Massenprivatisierung" einführt. Der politische Wunsch bei dieser Privatisierungsform war, die Arbeitnehmer enger zu beteiligen. Die erste Welle der Massenprivatisierung wurde erst im Herbst 1996 gestartet.[154] An ihr nahmen 3 Mill. Bulgaren teil, die jeweils ein Heft mit 25.000 Investitionsbons erworben hatten. Der somit entstandenen Nachfrage in der Gesamthöhe von 75 Mrd. Investitionsbons wurde ein Angebot von Unternehmens- vermögen im (überhöhten) Buchwert von 205 Mrd. Lewa entgegengesetzt, wobei eine bulgarische Besonderheit darin bestand, dass immer nur ein Teil des jeweiligen Unternehmensvermögen (90%, 67%, 50%, 30% oder 25%) für die Massenprivatisierung zur Verfügung gestellt wurde, während der andere Teil gleichzeitig mit kommerziellen Methoden privatisiert wurde, sofern sich der Staat nicht vorübergehend eine Beteiligung vorbehielt. Für die Ermittlung des Marktwertes waren

---

152)Regelung über den Verkauf und die Verpachtung von Objekten im Handel und Dienstleistungsgewerbe, bestätigt durch Verordnung des Ministerrates (Darzaven Vestnik Nr.33/1990)

153)Schrameyer, Bulgarien: Neufassung des Privatisierungsgesetzes, WiRO 1994, S.430

154)Durch Änderungsgesetz v. 22.6.1994 wurde ein neues Kapitel 8 „Privatisierung durch Investitionsbons" (Art.43-52) in das Privatisierungsgesetz eingeführt wurde. Die erforderlichen Durchführungsvorschriften wurden allerdings erst ein Jahr später erlassen. (Darzaben Vestnik Nr.76/1995 und D.V. Nr.76/1995) Das Privatisierungsgesetz wurde im Bereich der Massenprivatisierung (Art.43 Abs.i und Art.49) zuletzt in D.V. Nr.39 vom 7.4.1998 geändert.

drei Bieterrunden vorgesehen. Auch hier überließ die überwiegende Mehrzahl der Berechtigten das mühsame Geschäft der Spekulation Investmentfonds.

Am 15.12.1998 wurde ein Privatisierungsprogramm für die strukturell bestimmenden staatlichen Unternehmen verabschiedet.[155] Für die Jahre 1999 und 2000 wurde den Schwerpunkt auf die Privatisierung der nicht rentablen Bergunternehmen und Unternehmen der Chemie- und Verteidigungsindustrie gesetzt. Es wurden Unternehmenssektoren zur Privatisierung angeboten, die bisher noch nicht in dem Privatisierungsprozess einbezogen worden waren und die eine Expansion von westlichen Investoren erhoffen ließen. Die Kontrollfunktionen gegenüber Privatisierungsvermittlern hatte die Privatisierungsagentur auszuüben. Die grundsätzlich positiven Erwartungen haben sich allerdings nicht bestätigt. Es war ein qualitativ neues konzeptionelles Herangehen an diese Aufgabe erforderlich, um seriöse ausländische Investitionen langfristig in das Land zu holen. Die Auswahl der Kontrahenten wirkt zufällig und ohne Konzept. Diese Privatisierung erbrachte dem Staatshaushalt nur geringe Einnahmen, eine Reihe von großen Unternehmen wurde weit unter ihrem Marktwert verkauft. Dies hat das Vertrauen der zivilen Gesellschaft in die Staatsgewalt unterminiert und ruft bei breiten Teilen der Bevölkerung eine natürliche Skepsis hinsichtlich der Erfolgsaussichten der Reformen vor.[156]

Die Privatisierung der Landwirtschaft pflegte unter verschiedenen Gesichts- punkten eine Sonderregelung zu erfahren.[157] In Bulgarien wurde die Landwirtschaft, wie in den meisten sog. sozialistischen Ländern, [158] zwangskollektiviert und nur zum kleineren Teil verstaatlicht. Die nach dem Vorbild der sowjetischen Kolchosen entstandenen Produktionsgenossenschaften verkörperten eine Art von Gruppeneigentum, dessen Privatisierung schon von der Konzeption her Sonderprobleme aufwirft. Der Gesetzgeber musste zugleich die Restitutionswünsche der Alteigentümer berücksichtigen, die sich gerade im Agrarbereich mit besonderem Nachdruck bemerkbar zu machen pflegen. Schließlich kommt hinzu, dass den Ängsten vor einem „nationalen Ausverkauf" vornehmlich im ländlichen Grundeigentum durch Einschränkungen oder gar Verbote des

155) Entscheidung zur Verabschiedung eines Privatisierungsprogramms für die staatlichen Unternehmen für das Jahr 1999, D.V. Nr.147 vom 15.12.1998.

156) Insgesamt wurden im Jahr 1999 1083 Privatisierungsverträge abgeschlossen. Die Geschäfte werden in Geldwerten 425.010 Mio.Leva, in anderen gesetzlich zulässigen Zahlungsmitteln 571.712 Mio. geschätzt.

157) Gesetz über das Eigentum und die Nutzung des landwirtschaftlichen Bodens vom 17.2.1991, Gesetzblatt 17/1991 und 74/1991

158) Mit der Ausnahme von Polen und Jugoslawien, wo die Landwirtschaft überwiegend in der Form von klein Privatbetrieben betrieben wurde.

Grundstückserwerbs durch Ausländer Rechnung zu tragen war.[159] Anfang 1994 waren in Bulgarien bereits über 40% der landwirtschaftlichen Liegenschaften an die früheren Eigentümer rückübertragen worden. Der hohe Anteil des Privatsektors in der bulgarischen Landwirtschaft jedoch täuscht. Trotz der Verlagerung der Initiative auf den einzelnen, auf dem Markt agierenden Wirtschaftssubjekte als selbständige Entscheidungsträger, kam es im Zuge der Transformation zu starken Krisen in der Produktion.[160] Die Unerfahrenheit unter Wettbewerbsbedingungen rational zu handeln, der Druck der importierten Qualitätswaren, die Ausnutzung marktbeherrschender Positionen zu Preisbildungsverzerrungen und vor allem der Mangel am Eigenkapital und die ungünstigen Kreditbedingungen lassen keinen Raum zur Entfaltung der Unternehmensinitiative.

Der Umgang mit dem ehemals privaten Wirtschaftsvermögen, das nach der kommunistischen Machtübernahme enteignet worden ist, stellte ein Sonderproblem dar. Als lösungsbedürftig ist dieses Problem in Mittel-, Südosteuropa und im Baltikum empfunden worden, während es in der Russischen Föderation an einem entsprechenden Problembewusstsein fehlt. Natürlich lagen die einschlägigen Vorgänge in der Sowjetunion auch 30 Jahre länger zurück. Die meisten Länder haben sich in der Tat für die Restitutionslösung nach dem Grundsatz „Rückgabe vor Entschädigung“ entschieden und deren investitionshemmende Auswirkungen durch knappe Ausschlussfristen begrenzt. In diesem Sinne ist die gesetzgeberische Entscheidung in Bulgarien [161] bereits unmittelbar nach der Wende gefallen.

In Russland wurde die Veränderung der formellen Eigentumsstruktur zusätzlich durch politische Konzeptionslosigkeit erschwert, [162] weshalb dort in den letzten Jahren alle Varianten des Privatisierungsprozesses, nämlich Verpachtung von Unternehmen, Übertragung an die Belegschaften, Voucher-Privatisierung und Privatisierung unter Einbeziehung von Großinvestoren, eine Rolle gespielt haben. Der Gang der Reformbewegungen ist gerade hier im Rahmen einer Gesamtbetrachtung Russlands als Staat zwischen Europa und Asien, aus dessen geografischer Lage sich viele Besonderheiten erklären, zu bewerten. [163] Die „nicht-

---

159) Zu den unterschiedlichen Vorstellungen und Gesetzentwürfen G.Brunner, Privatisierung in Osteuropa – eine typologische Skizze, Osteuropa Recht 1999, S.16

160) Makroökonomischer Rahmen Bulgariens (1990-1996), Bulgarisches Wirtschaftsblatt 1/1994

161) Gesetze über die Wiederherstellung des verstaatlichen Eigentums und über die Entschädigung v. 18.12.1991, v.17.2.1992 und v.14.11.1997

162) Frydman/Rapaczinski, Privatisation in Eastern Europe, Band II The Privatisation Process in Russia, Ukraine and the Baltic States, Budapest 1993, S. 96 ff.

163) Frydman R. /Rapaczynski A.: Privatisation in Eastern Europe, Band II, Budapest 1993, S. 96

westliche" Fortsetzung der Reformen nach dem Scheitern der Gajdarschen Schocktherapie [164] ist ausschließlich durch sowjetische und vorsowjetische Besonderheiten geprägt. In der Geschichte Russlands ist die Wechselwirkung zwischen den reformatorischen und den revolutionären oder autoritären Verfahren zur Lösung politischer und wirtschaftlicher Probleme derart, dass die letzteren überwiegen. Die Privatisierungsprozess in Russland stellt nach h.M. den weltgeschichtlich größten Fall der Eigentumsumwälzung dar.[165] Seine Einzigartigkeit folgt aus der kurzen Zeit und relativ geringen Vorbereitung seiner Abwicklung.

Nun ist der statistische Privatisierungsanteil in Russland überraschend hoch (ca.70%), doch handelt es sich überwiegend um eine „Insider-Privatisierung" zugunsten der ehemals kommunistischen Unternehmensleiter. Das ist auch für die Ukraine, Weißrussland, und die Moldau charakteristisch, wo die Privatisierung allerdings auch formal viel langsamer vorankommt. Die „kleine" Privatisierung in der Russischen Föderation ermöglichte, dass sich in kurzer Zeit bereits eine Schicht von Kleinunternehmern bildete, doch waren gerade hier „spontane" Privatisierungen unter Bevorzugung von Insidern recht häufig.[166]

Die Massenprivatisierung wurde 1992/93 ohne einen vergleichbaren organisatorischen Rahmen, sowie bei missbräuchlicher Ausnutzung der Möglichkeit durch Spekulanten und die alte „Nomenklatura" eingeleitet.[167] Eine russische Besonderheit war das Fehlen jeglicher Investitionsgesellschaften während der ersten fünf Monate der Couponprivatisierung, was mit mangelnden Investitionsmöglichkeiten und einem Marktverlust der Coupons von 30% im Monat zu erklären ist. Die Ursache für die mangelnden Betätigungsmöglichkeiten der Fonds lag darin, dass große Aktienpakete entweder an das Management und die Arbeitnehmer eines Staatsbetriebes oder aber direkt an die Bürger verkauft wurden. Im Falle Russlands zeigte sich eine Reihe von Gefahren, die mit den Fonds verbunden sind, z.B. ob man sie politisch oder wirtschaftlich einsetzt: Marktabsprachen, Kartellbildung, Zugriff auf Pensionskassen.

---

164) Roggemann H.: Eigentum in Osteuropa, Berlin 1996, S.402f.

165) Malkov L., Unlauterer Wettbewerb in Russland – paradoxe Wirkungen der Umwälzungsprozesse: Die Privatisierung als ökonomische Revolution, GRUR 1994, S.700

166)Frydman/Rapaczynski, Band II, S.101f.; Krüßmann, Privatisierung in Russland, 1998, S.405

167) Die Volksprivatisierung wurde hauptsächlich auf der Grundlage des Präsidialerlasses über die Einführung des Systems der Privatisierungsschecks v.14.8.1992 durchgeführt, dem eine andere Konzeption zugrunde lag als dem ursprünglichen gesetzgeberischen Ansatz in Art.11 Abs.I des inzwischen aufgehobenen Privatisierungsgesetzes über die Privatisierungsgesetz der RSFSR v. 3.7.1991.

Die gesetzliche Ausgestaltung der Belegschaftsprivatisierung ermöglicht den Arbeitnehmern den Erwerb der Hälfte des jeweiligen Unternehmens unter Vorzugsbedingungen und ist in der Regel auf eine gleiche Beteiligungsmöglichkeit aller Arbeitnehmer angelegt.[168] Russland hat für die im Ergebnis einer Belegschaftsprivatisierung zu erwartende Arbeitnehmer-AG in Gestalt des „Volksunternehmens" neuerdings sogar eine besondere Gesellschaftsform zur Verfügung gestellt.[169] Das tatsächliche Resultat der Belegschafts- aber auch der Massenprivatisierung ist allerdings gerade in Russland ein *Management-buy-out* gewesen, bei dem die Leitung des alten Staatsunternehmens durch direkten Aktienerwerb mit Hilfe aufgekaufter Privatisierungsgutscheine oder infolge ihrer Autorität gegenüber den von ihr arbeitsrechtlich abhängigen Kleinaktionären die tatsächliche Herrschaft über die neue Kapitalgesellschaft behalten hat. In der wilden Anfangszeit der noch mangelhaft geregelten „spontanen" Privatisierung war das *Management-buy-out* ein weit verbreitetes Phänomen in ganz Osteuropa.[170]

Mit dem Struktur- und Wachstumsprogramm 1997-2000 wurde die dritte Etappe der Privatisierung des staatlichen Vermögens eingeleitet. Mit dem neuen Regierungsprogramm und Privatisierungsgesetz [171] fand die langjährige Diskussion um den Fortgang der Privatisierung zunächst ein Ende. Die Regierung beschloss, in Zukunft den Privatisierungserlös durch die Privatisierung einzelner Objekte (punktuelle Privatisierung) zu erhöhen, stärker Investitionen heranzuziehen und das privatisierte Vermögen effektiver wirtschaftlich zu nutzen. Nach wie vor soll das Privatisierungs- verfahren hierbei transparenter gestaltet werden und vor allem auf einen fairen Wettbewerb ausgerichtet sein. Es zeichnet sich schon die Tendenz ab, dass künftige Privatisierungen von staatlichem Vermögen auf der Grundlage der Maximierung der Einnahmen für den Bundeshaushalt durchgeführt werden. Die strengeren Bedingungen für die Aufführung des Privatisierungserlöses im Bundeshaushalt gem. Art.13 sprechen ebenso für diese Tendenz wie die wiederholte Erwähnung, dass der Vermögensverkauf ausschließlich nach dem Marktwert des Objektes erfolgen soll.

---

168) Frydman/Rapaczynski zählen eine Reihe von Hindernissen für die Couponprivatisierung auf und halten es für ein Wunder sollte sie erfolgreich sein. Die Autoren schildern eine Reihe von Kontrollmöglichkeiten. Band II, S. 102 ff.

169) Über die Besonderheiten der Rechtstellung der Aktiengesellschaften der Arbeitnehmer in Russland Brunner G., Osteuroparecht 1999, S.10

170) Dazu Frydman/Rapaczynski, Band II, S. 104

171) Föderales Gesetz über die Privatisierung des staatlichen Vermögens und über die Grundlagen der Privatisierung des munizipalen Vermögens in der RF v. 21.7.1997. Damit trat nach sechsjähriger Gültigkeit das erste russische Privatisierungsgesetz v. 3.7.1991 außer Kraft.

Das Ergebnis des bisherigen Transformationsprozess in Russland, vor allem die Privatisierung in ihren unterschiedlichen Erscheinungsformen, ist noch unbefriedigend.[172] Vergleicht man die Ergebnisse der Entstaatlichung und Privatisierung mit den sozialpolitischen und ökonomischen Zielstellungen der Privatisierungsprogramme, so wird selbst bei ausgewogener Würdigung des Ausmaßes, des Tempos und der Schwierigkeiten des Privatisierungsprozesses klar, dass die qualitativen Ziele dieses Prozesses weitgehend nicht erreicht wurden. Vor allem gelang es nicht, die Privatisierung mit einem realen Zufluss von Investitionen zu verbinden. Im Gegenteil, die Investitionen fielen auf 25% des Ausgangsniveaus von 1989. Eigentümer, die die Mittel zur Rekonstruktion ihrer Produktionsbetriebe und damit zur Herstellung wettbewerbsfähiger Erzeugnisse haben, sind noch die Ausnahme. Damit konnte auch das ökonomische Hauptziel der Privatisierung, nämlich die Erhöhung der Effektivität der Tätigkeit der Betriebe, nicht erreicht werden.[173]

Die Verzögerung der Agrarreform ist vor allem auf den Widerstand starker politischer und wirtschaftlicher Gruppeninteressen zurückzuführen. Die Umgestaltung der Bodenverhältnisse in Russland kann als Hyperreform den Anstoß zur Konterreform seitens radikaler Opposition geben. Diejenigen, die die Politik der Reformen durchführen, sind beständig gezwungen, zwischen radikalen und gemäßigten Methoden ihrer Verwirklichung zu manövrieren. Es gibt allerdings zur Praxis der Reformen keine Alternative in dem Sinne, dass dies der einzige zivilisierte Weg des Übergangs zu einer funktionsfähigen Marktwirtschaftsordnung ist.[174]

Die Umwandlung staatlicher Unternehmen in privatrechtlich organisierte Betriebe hat nicht zu einer wesentlichen Veränderung der Unternehmensstruktur geführt. Die russische Nationalökonomie ist trotz Privatisierungskampagnen nach wie vor staatlich beherrscht. Die Bemühungen, staatliche Tätigkeit auf die Wirtschaftsordnung zu beschränken, insbesondere aufgrund gewachsener gesellschaftlicher Besonderheiten, sind fehlgeschlagen. Die durchgeführte Auflösung der Unternehmensvereinigungen hatte nur eine begrenzte Wirkung, da die dort entstandenen geschäftlichen Kontakte weiterbestehen und die Konkurrenten dazu neigen, die ehemalige Abstimmung von Geschäftsbedingungen

172) So heiß es in der Pressemitteilung der Kommission der Staatsduma für die Analyse der Ergebnisse der Privatisierung, dass das erwartete Ziel, nämlich die Erhöhung der Effektivität der Volkswirtschaft durch Erweiterung des Kreises der Eigentümer, nicht erreicht wurde (Pressemitteilung vom 1.7.1996, 7LST39.DOC).

173) Dazu Frydman/Rapaczinski, Band II, S.104ff.

174) OCC Osteuropa Consulting Center (Hrsg.) : Die Entwicklung der Unternehmensstrukturen im Transformationsprozess der Russischen Föderation, Forschungsbericht von Lippott, Berlin 97, S.702ff.

fortzuführen. Die neu geschaffene Freiheit führte paradoxerweise zu einer Verstärkung von Machtpositionen der Großunternehmen. Sie können jetzt bei freier Aushandlung der Verträge ihre Interessen um so wirksamer durchsetzen, als sie langjährige Geschäftsverbindungen dazu nutzen, Absprache über Presse, Sortimentsspezialisierungen, Marktaufteilungen usw. zu treffen. Ein unternehmerischer Mittelstand in Russland spielt nach wie vor eine zu geringe Rolle. Vielmehr wird die russische Volkswirtschaft von Großbetrieben der Rohstoffwirtschaft und von neugegründeten Finanz-Industriegruppen beherrscht. Die damit einhergehenden Monopolstrukturen beeinträchtigen die Fortentwicklung des wirtschaftlichen Wettbewerbs nachhaltig.[175]

Der Zusammenhang zwischen politischem System und Eigentumsordnung führt für den Privatisierungsprozess in Osteuropa zu dem Schluss, dann erst dann, wenn die große Operation einer realen und nicht nur formalen, d.h. formalrechtlichen Eigentumsneuordnung in nennenswertem Umfang gelungen ist, von einer unumkehrbaren Entwicklung in Richtung auf Marktwirtschaft und pluralistische, von privaten Wirtschaftssubjekten getragene Wettbewerbsgesellschaft gesprochen werden kann.

II. Die neue Interessenlage infolge des wirtschaftlichen Umbruchs.

Die Umgestaltung des politischen, gesellschaftlichen und wirtschaftlichen Systems in den Transformationsstaaten Europas und der ehemaligen Sowjetunion ist eine Aufgabe von historischem Rang und einer kaum zu überschätzenden Bedeutung. In den mühsamen Umstrukturierungs- und Aufbauprozessen spiegelt sich die ganze Dramatik des Ringens um den richtigen Umgang mit den sozialistischen Hinterlassenschaft.[176] Der Wandel der Eigentumsordnung in seiner Wechselwirkung mit den wirtschaftlichen, sozialen und politischen Vorgängen und Akteuren, beeinflusst die Lebenswirklichkeit der Betroffenen in starken Maßen, weil hier große Veränderungen vor sich gehen. Die Sozialpsychologie in den sozialistischen Gesellschaftssystemen wurde durch mangelnde Leistungsmotivation, niedrige Arbeitsanforderungen, Passivität und Sicherheit für

---

175) Dimitrov M., Dissertation, Halle-Wittenberg 1996, S. 28-31); Thiel M., Wettbewerbs- und Kartellrecht in Osteuropa, Osteuropa Recht 1995, S.99 und G. Brunner, Osteuropa Recht 1999, S. 2 ff.

176) Boguslavskij M. /Knieper R., Wege zum neuem Recht, Materialien internationaler Konferenzen in Sankt Petersburg und Bremen, 1998, S. 155

den Arbeitsplatz geprägt. Die Existenz unter den neuen Wettbewerbsbedingungen verlangt hingegen eine völlig neue Einstellung. In diesem Zusammenhang tauchen alle denkbaren Problemlagen auf.

Die Liberalisierung der Marktverhältnisse wurde sowohl in Bulgarien, als auch in Russland nicht durch adäquate Unterstützungsmaßnahmen abgesichert. Die mangelnde Kapitalausstattung der kleineren Unternehmen bedeutet eine starke Polarisierung der Chancengleichheit der Unternehmen und führt zu einer kritisch ungünstigen Ausgangslage im wirtschaftlichen Wettbewerb.[177] Besonders in Russland, wo die staatlichen Unternehmen immer noch mehr als 90% aller Kapitalanlagen besitzen, ist die zu geringe Ausstattung der Unternehmen mit Eigenkapital ein schwerwiegendes Problem. Unter solchen Bedingungen orientieren sich die massenhaft neu gegründeten privaten Unternehmen überwiegend an kurzfristigen Überlebensstrategien.[178] Die vorprogrammierten Folgeerscheinungen in dieser Situation sind Marktchaos, wirtschaftliche Ungleichgewichte und Kontrolldefizite, aggressive, rücksichtslose Werbe- und Geschäftspraktiken, Ausnutzung der Unerfahrenheit und Manipulierbarkeit der Konkurrenten im Kampf um die extrem niedrige Kaufkraft des Endverbrauchers.

Die nicht parallel laufende Durchführung der Reformschritte, sowohl in Bulgarien als auch in Russland, hat dazu geführt, dass es im Zuge der Transformation zu starken Krisen in der Produktion und der Beschäftigung gekommen ist. Die enormen Schwankungen der Wirtschaft [179] lassen die Transformationsprozesse nur langsam vorankommen lassen und bieten zudem eine fruchtbare Grundlage für Wirtschaftskonflikte und gefährden den sozialen Frieden. Besonders unter Berücksichtigung der spürbaren Unausgewogenheit im Eigentumssektor, der verzögerte Auszahlung von

---

177) OCC Osteuropa Consulting Center (Hrsg.): Die Entwicklung der Unternehmensstrukturen im Transformationsprozess der Russischen Föderation, Forschungsbericht, Berlin 1997, S.702 f.

178) Es entstehen vorwiegend Einzelhandelsgeschäfte und Handwerksbetriebe. Im Hinblick auf die unzähligen Privatläden, vorwiegend für Konsumgüter, organisiert und betrieben nach Familienprinzip in Garage- oder Kellerräumen, erscheint die publizistische Bezeichnung „Garagenwirtschaft“ zutreffend. Dazu OCC Osteuropa Consultieng Center, Forschungsbericht 1997, S.402

179) 1991, 1995, 1998 war ein Rückgang des Wirtschaftswachstums in Russland zu verzeichnen. Am 17.8.1998 kam es zu der stärksten Finanzkrise, deren Folgen Russland noch überwinden muss.

Im Herbst 1991 und im Winter 1996/97 kam es zu Produktionskrisen in Bulgarien, die die Situation im Lande zugespitzt haben und zu Regierungskrisen führten. Die bisher mehrmals gewechselten Regierungen ist es nicht gelungen dem Land einen Übergang zu einem funktionsfähigen Wirtschaftssystem marktwirtschaftlicher Prägungen zu ermöglichen.

Löhnen und Gehalten, der hohen Inflationsraten und der erneuten Abwertung des Rubels nach der Finanzkrise vom 17.8.1998 kann man den Schluss ziehen, dass die Transformation in soziologischer Hinsicht zu grundsätzlichen Veränderungen der herrschenden Freiheits-, Gleichheits- und Gerechtigkeitsvorstellungen geführt hat.[180]

Man muss aber vor allem die Auswirkungen der Transformation auf den Arbeitsmarkt in Betracht ziehen. Die Arbeitslosigkeit in Russland ist bisher weitgehend verdeckt geblieben.[181] Es besteht jedoch kein Zweifel daran, das sich die Arbeitslosen- zahlen in zunehmender Richtung bewegen. In Bulgarien stieg die Arbeitslosigkeit 1996/97 bis auf 17%. Die extrem hohen Quoten der Arbeitslosigkeit haben zu einer überwiegenden Berücksichtigung sozialpolitischer vor wirtschaftspolitischen Erwägungen geführt. Es war unmöglich, alle Unternehmen, deren Produktion nicht mehr gefragt ist, sofort zu schließen und die sozialen Nöte des Menschen außer Acht zu lassen. Die staatliche Subventionierung nicht rentabler Unternehmen hatte wiederum negative Auswirkungen auf die faktische Chancengleichheit und damit auf die reale Wettbewerbssituation. Dem formell gleichen Maß an Wettbewerbsfreiheit entspricht nicht eine reale materielle Gleichheit, so dass die Einzelnen tatsächlich nicht in der Lage sind, von ihrer Entscheidungsfreiheit Gebrauch zu machen. *Par conditio concurrentuium* als Grundlage für die Entfaltung einer sozialgerechten Wettbewerbs- wirtschaft bleibt vorderhand ein Defizit.[182]

Die maßgebenden Wirtschaftspolitiker in der russischen Führung gingen in ihren Erklärungen davon aus, dass die Privatisierung nahezu zwangsläufig zu einer entscheidenden Verbesserung ihrer Rentabilität führt und auf dieser Basis innerhalb kürzester Frist (Jelzin sprach Anfang 1992 von einer Übergangsfrist von neun Monaten) sich selbsttragende marktwirtschaftliche Strukturen entstehen. Statt der erhofften schnellen wirtschaftlichen Erfolge setzte jedoch eine katastrophale ökonomische Rezession nie gekannten Ausmaßes ein. Die gesellschaftspolitischen Ziele der Privatisierung wurden ebenfalls weitgehend verfehlt. Mit Hilfe der Privatisierung sollte eine Schicht von Privateigentümer als Träger einer sozialorientierten Marktwirtschaft hervorgebracht werden. Tatsächlich kann von einer wirtschaftlich und sozial verantwortlich handelnden

---

180) Die These ist dargestellt und begründet in OCC (Osteuropa Consulting Center): Forschungsbericht über die Entwicklung des Transformationsprozesses in der Russischen Föderation, Berlin 1997, S. 702 ff.

181) Dimitrov M., Diss. 1996, S. 30, Die offiziellen statistischen Zahlen können nach h.M. nicht als getreues Spiegelbild tatsächlicher Vorgänge angesehen werden.

182) Krüßmann T.M., Privatisierung und Wirtschaftsreform im Übergang zur Marktwirtschaft, Berlin 1998, S.115 ff. und Rüster, Privatisierung und Strukturwandel russischer Unternehmen, ROW 7/1997, S.239

Unternehmerschaft nur in Ansätzen gesprochen werden. Vor allem fehlt es an einer wirtschaftlich relevanten Schicht des Mittelstandes. Die frühere Führungsschicht hat sich in vielen Fällen bei dem Weiterverkauf der Aktien durch Betriebsangehörige Aktienmehrheiten angeeignet und damit Verfügungsrechte gesichert. Es ist aber zum Teil auch ein Management entstanden, das echte Eigentümerfunktionen ausübt. Andererseits kann das Spekulationskapital in der Unternehmenssphäre und das Agieren von mafiosen Strukturen nicht übersehen werden. Beides hat negative Auswirkungen auf potentielle seriöse Investitionen.[183]

Daraus folgt, dass der Transformationsprozess in Ost- und Südosteuropa nur als Langzeitprozess und nur in sozial und ökonomisch kleineren Schritten (abgestuftes Verfahren, ausgewählte Bereiche, begrenzter Gesamtumfang, soziale Beteiligungsformen) organisierbar ist. Die „Sax-Formel" vom Sprung über den Abgrund ist angesichts dessen keine sinnvolle Handlungsmaxime.[184]

Auch die äußeren Bedingungen, unter denen die Durchführung der Reformen stattfindet, weisen ein kompliziertes Bild auf. Nach dem Zusammenbruch des Handelssystems innerhalb des Rates für gegenseitige Wirtschaftshilfe (RWG), was zumindest überregional die Monopolstellungen ehemaliger Staatsgebiete beseitigt hat, musste sich der Außenwirtschaftsverkehr der postkommunistischen Staaten grundsätzlichen Veränderungen unterziehen.[185] Der Transfer ausländischen Kapitals und die Schaffung von günstigen Rahmenbeziehungen für ausländische Investoren haben sich als besonders wichtige Probleme erwiesen. Die attraktivsten Optionen Bulgariens sind gewiss die geografische Lage und die bevorstehende Integration in die Europäische Union, deren Voraussetzungen jedoch nur mühevoll herzustellen sind. Die Währungspolitik wurde in den letzten Jahren liberalisiert und ein Marktwährungskurs hat sich etabliert. Trotz der erheblichen Reduzierung der Inflationsrate und des erzielten Wirtschaftswachstums wurde der bulgarischen Wirtschaft von außen nicht in erforderlichem Maße Kapital zugeführt.[186]

---

183) Dazu Krüßmann T.M., Privatisierung und Wirtschaftsreform im Übergang zur Marktwirtschaft, Berlin 1998, S.115 ff.; Roggemann, ROW 3/1996, S.93 und ROW 7/1997, S.232

184) So Roggemann H., Zum Verhältnis von Eigentum und Privatisierung, ROW 3/1996, S.93

185) Neuorientierung der Außenwirtschaftsbeziehungen in Osteuropa, Band 20 der Schriftenreihe des Herder-Instituts, Marburg 1994, S.45; auch Thiel M., Wettbewerbs- und Kartellrecht in Osteuropa, Osteuropa Recht 1995, S.99

186) Neuorientierung der Außenwirtschaftsbeziehungen in Ostmitteleuropa, Band 20 der Schriftenreihe des Herder-Instituts, Marburg 1994, S.45

Auch Russland bleibt immer noch für die westlichen Investoren ein schwieriger Markt.[187] Ungeachtet der sich bietenden Möglichkeiten am russischen Markt, stehen ausländische Unternehmen einer wirtschaftlichen Betätigung in der Russischen Föderation überwiegend skeptisch gegenüber. Die Bedenken beruhen nicht zuletzt darauf, dass gewisse Unsicherheiten und Vorbehalte hinsichtlich der rechtlichen Rahmenbedingungen eines unternehmerischen Engagements in Russland bestehen.[187]8 Besonders das für Investoren relevante Steuerrecht ist „ein mit rechtliches Fußangeln übersätes Terrain."[189] Die russische Rechtswirklichkeit , die wesentlich stärker als in Westeuropa von dem Wort - laut der Rechtsnormen abgekoppelt ist, birgt ungeahnte Chancen aber auch Gefahren für die westlich geschulten Juristen und Unternehmensleiter in sich.[190]

Die Kanalisierung der neu entstandenen chaotischen Marktverhältnisse erfordert vor allem eine wirksame Wettbewerbsgesetzgebung. Bedenkt man die realen Charakteristika des Wettbewerbs in der Übergangssituation als soziologischen Sachverhalt, [191] so drängt sich eine Grunderkenntnis auf: Soll der Markt als Steuerungsfaktor im Dienste einer Stabilisierungspolitik effektiv funktionieren, so erfordert dies engagierte und mitwirkende Figuren auf der Nachfrageliste. Dies konfrontiert mit den Erfahrungsdefiziten des jahrzehntelang nach zentralistischer Planung versorgten Verbrauchers. Der Wettbewerbsschutz als juristisches Programm hat deswegen einer schwächeren Marktfigur Rechnung zu tragen. In der Übergangsperiode besteht der eigentliche Zweck eines konsequent eingeführten Komplexes von strukturellen Reformen in der Stabilisierung neuer Marktsituationen. Dabei ist die Wettbewerbsfreiheit als Instrument eines wirtschaftspolitischen Stabilisierungskonzepts des Übergangs aufzufassen, zumal man sich durch die Zulassung der privaten unternehmerischen Initiative und die Liberalisierung der Marktverhältnisse die Beseitigung der Fehlentwicklungen und der Missstände im stagnieren-

---

187) Schwarz B., Investieren in Russland, Rechtliche Grundlagen, steuerliche Zusammenhänge und wirtschaftliche Rahmenbedingungen, ROW Schriftenreihe Bd.6, Berlin 1996, S. 115

188) Schwarz B. schreibt zu recht im Vorwort seines Buches: „Kein Land für Juristen, kein Land für Rechtshaber, kein Land für Feiglinge."

189) Schwarz B., Investieren in Russland, S.122

190) Krüßmann T.M., Privatisierung und Wirtschaftsreform im Übergang zur Marktwirtschaft,1998, S.85 ff. Das Recht in Russland wird in seiner Wirksamkeit für die einzelnen Akteure in Politik und Wirtschaft unter der Lupe genommen. Im Mittelpunkt stehen die Durchsetzungsmechanismen des gelebten Rechts bei seinem Vordringen von den Höhen des Parlaments hin zu den Rechtsanwendenden vor Ort.

191) Thiel M., Osteuropa Recht 1995

den Wirtschaftssystem verspricht. Diese Instrumentalisierung ist nicht als restriktive wirtschaftspolitische Lenkungstechnik definierbar, sondern ist im Rahmen eines Konzepts des regulierten Übergangs zur Marktwirtschaft als konstituierende Voraussetzung zur Institutionalisierung der Wettbewerbsfreiheit zu verstehen.[192] Die Wettbewerbsfreiheit bildet die grundlegende Voraussetzung für die Erfüllung der ökonomisch als vorteilhaft vordefinierten Wettbewerbsfunktionen: Wachstum, Indizierung und Entfaltung technischer Fortschritte, Leistungssteigerung.[193]

III. Neue Verfassungsgrundlagen der Wirtschaftsordnung.

Die Neugestaltung der Eigentumsverhältnisse, die Grundsätze der wirtschaftlichen Handlungsfreiheit, der Berufsfreiheit, sowie das Verbot des Rechtsmissbrauchs bilden die allgemeine verfassungsrechtliche Grundlage für das neue Wettbewerbsrecht in allen Transformationsländern Europas. Geschütztes Rechtsgut während des Übergangs vom Dirigismus zur Privatautonomie ist der Wettbewerb als Bestandteil des Marktes. Der Wettbewerbsfreiheit und Chancengleichheit werden vom Verfassungsgeber im Dienste der Umsetzung der neuen Wirtschaftspolitik gestellt.

Der tiefgreifende Umbruch in den postsozialistischen Wirtschaftsverfassungen indiziert vor allem die positive Einstellung der Verfassungsgeber zum Privateigentum. Die verfassungsrechtlich geregelten Garantien für die Entfaltung der freien, auf dem Privateigentum gegründeten wirtschaftlichen Initiative, verknüpfen die beiden prägenden Tendenzen der Transformation osteuropäischer Rechtsordnungen, nämlich die Aufarbeitung der Vergangenheit und die Schaffung der Grundlagen eines zukünftigen freien Systems miteinander.[194] Die Schaffung von rechtlich abgesichertem Eigentum ist der Schlüssel für eine funktionierende Wirt-

---

192) Angelov, Bulg. Wirtschaftsblatt, Nr.4-5/94: „Das Konzepts eines regulierten Übergangs zur Marktwirtschaft akzentuiert auf die makroökonomische Stabilisierung durch unmittelbare Einwirkung mit Hilfe komplexer institutioneller, makroökonomischer und Systemreformen zwecks Stabilisierung des realen Sektors. Verfolgt wird eine gemäßigt restriktive makroökonomische Politik mit selektiven Abweichungen, die eine aktive Strukturpolitik und regulatives soziales Engagement des Staates erfordert."

193) Hoppmann E., Fusionskontrolle, Diss. Tübingen 1972, S.18

194) Das ungarische Verfassungsgericht hat in etlichen Urteilen zu Fragen der Entschädigung Stellung genommen und unter anderem an diesem Problem seine Dogmatik zum Grundrecht auf Eigentum entwickelt; Die litauische Verfassung fasst die Privatisierung und die Reprivatisierung als besondere postsozialistische Formen des Erwerbs von Eigentum auf (Rogemann, ROW 1997, S.233 ff.)

schaft, für sozialen Frieden und letztlich auch für eine demokratische Politik, denn Eigentum macht unabhängig, selbstbewusst und zerstört die Basis des Totalitarismus. Nur wer etwas sein eigen nennt, wird investieren und damit zum Wiederaufbau beitragen.[195]

Die neuen Verfassungen in Osteuropa sind viel mehr als in Westeuropa ein Spiegel des Wendeprozesses und das Tor zur rechtlichen und politischen Kultur.[196] Erstmals seit langer Zeit wieder sind die Grundgesetze der ehemals sozialistischen Staaten Europas erstzunehmende Dokumente, die die Grundlagen von Staat und Recht, Gesellschaft und Wirtschaft normativ festlegen. In den meisten Staaten ist der Prozess der Verfassungsgebung, der teilweise den Motor und teilweise den Abschluss des Übergangs von der kommunistischen Einparteienherrschaft zum demokratischen Rechtsstaat bildet, zum Abschluss gekommen.[197]

Die Problematik der verfassunggebenden Gewalt zeigt sich in Zeiten eines politischen Umbruchs, namentlich beim Übergang von einer totalitären oder autoritären Diktatur zur Demokratie, in besonderer Schärfe. Denn eine diktatorische Verfassung ist wesensmäßig nicht auf einen demokratischen Wandel angelegt, sondern will vielmehr diesen ausschließen.[198] Die Rahmenbedingungen waren in den Ländern Osteuropas ganz überwiegend durch die Friedlichkeit der in den Jahren 1989/90 vollzogenen „Revolution" gekennzeichnet. Allein in Rumänien hatte der gewaltsame Stürz des Regimes zu Weihnachten 1989 der

---

195) Von besonderer Tragweite ist hierbei das Urteil des bulgarischen Verfassungsgerichts vom 21.12.1993. Es war aufgerufen, den Begriff „öffentliches Eigentum" nach Art.17 Abs.2 auszulegen und über die Frage zu entscheiden, ob und in welchem Umfang die Gemeinden und der Staat privates Eigentum besitzen können. Nach der Auffassung des Verfassungsgerichts kann das Eigentum des Staates und der Gemeinden staatlich und privat sein. Im wirtschaftlichen Verkehr ist eine privilegierte Sonderstellung des Staates und der Gemeinden gegenüber den privatrechtlichen Wirtschaftssubjekten nicht zulässig.; Die Regelung der Eigentumsnormen in Art.14 der alten bulgarischen Verfassung von 1971 erwähnte vor allem aus ideologischen Gründen nicht den Begriff „Privateigentum". Geregelt wurde das sog. „persönliche Eigentum". Soweit nach den Vorschriften des Eigentumsgesetzes (Abschnitt II) Privateigentum neben dem persönlichen Eigentum zugelassen wurde, geschah dies in weitgehend beschränktem Ausmaß. Die herrschende sozialistische Doktrin sah den Unterschied zwischen diesen Eigentumsformen darin, dass das Privateigentum zu gewerblichen Zwecken vorbestimmt gewesen sei, hingegen diene das persönliche Eigentum lediglich zur Befriedigung persönlicher Bedürfnisse.

196) Roggemann H., Die Verfassungen Mittel- und Osteuropas, Berlin 1999, S.41

197) Die Nachzügler Polen und Albanien haben sich 1997 und 1998 komplett neue Grundgesetze gegeben, und Ungarn scheint mit seiner als Interimsmodell gedachten Totalrevision so gut leben zu können, dass der politische Elan zur Schaffung einer gänzlich neuen Verfassung in den Streitigkeiten der politischen Parteien über sekundäre Details erlahmt ist. (Roggemann. a.a.O., S. 42 ff.).

198) Brunner G., Verfassungsgebung in Osteuropa, Osteuropa Recht 1995

plötzlich auftauchenden Front der Nationalen Rettung die Gelegenheit zu einem völligen Neubeginn geboten. In den Ländern Ostmitteleuropas (Polen, Ungarn, Tschechoslowakei, DDR) erfolgte der Systemwechsel in den Bahnen der verfassungsrechtlichen Kontinuität. Auch in Bulgarien wurden die wesentlichen politischen Entscheidungen am „Runden Tisch“ zwischen den Vertretern der alten Machthaber und den neuen Kräften der gesellschaftlichen Opposition ausgehandelt, so dass zumindest der Anschein verfassungsmäßiger Kontinuität gewahrt wurde.[199]

Als besonders kompliziert erwies sich die Bewahrung der verfassungsrechtlichen Kontinuität in den inzwischen zerfallenen Bundesstaaten, wo der politische Umbruch zugleich auf die Erlangung der nationalen Unabhängigkeit abzielte.[200] Das Problem ist nur in der Tschechoslowakei in verfassungsrechtlich einwandfreier Weise gelöst worden.[201] In Jugoslawien dagegen kam es zu einem grausamen Bürgerkrieg. Man kann heute sagen, dass es Slowenien und Kroatien gelingen ist, den Ausbau der Gliedstaatlichkeit zur Vollstaatlichkeit im Sinne der verfassungsrechtlichen Kontinuität mit Waffengewalt zu verteidigen. In der Sowjetunion bedeutete die im November 1988 von Estland eingeleitete Welle der Souveränitätserklärungen, in denen der Vorrang der Republikgesetze vor den Unionsgesetzen proklamiert wurde, eine antiföderalistische Revolution. Sie löste den „Krieg der Gesetze“ aus, der sich, von begrenzten Gewalttätigkeiten abgesehen, nur deshalb nicht zu einem Bürgerkrieg ausweitete, weil der misslungene Putsch reaktionärer Kräfte im August 1991 den raschen Zusammenbruch der Zentralgewalt bewirkte. In technischer Hinsicht wurde die nationalstaatliche Kontinuität in den baltischen Republiken durch die vorübergehende und teilweise Wiederinkraftsetzung der Vorkriegsverfassungen symbolisiert.[202]

Mit der Verabschiedung der neuen Verfassung Russlands vom 12 Dezember 1993 wurde der radikale Wandel im den gesellschaftlichen Verhältnissen und im Wirtschaftssystem verfassungsrechtlich verankert.[203] Der Wettbewerb wurde zum wirtschaftspolitischen Ziel und erhielt

---

199) Die erzielten Vereinbarungen wurden durch die fortbestehenden Parlamente in die nötigen gesetzgeberischen Formen umgegossen. Diese Entscheidungen betrafen vornehmlich die Ausgestaltung der unvermeidlichen vordemokratischen Übergangsphase, in der die Verfahren zur Konstituierung demokratisch legitimierter Verfassungsorgane festgelegt werden mussten. Dazu G. Brunner, Osteuropa Recht 1995, S.263

200) Dazu Roggemann H., Die Verfassungen Mittel- und Osteuropas, Berlin 1999, S.63

201) Die Modalitäten der Trennung wurden durch Gesetze der demokratisch gewählten Bundesversammlung Ende 1992 geregelt.

202) Dazu Brunner G., Verfassungsgebung in Osteuropa, Osteuropa Recht 1995

203) Schweisfuhrth Th., Die Verfassung Russlands vom 12.12.1993, Europäische Grundrechte Zeitschrift 1994, S.473 ff.

dadurch den Rang einer verfassungsmäßig definierten staatlichen Aufgabe. Ähnliche Verfassungsnormen, die die Neuorientierung auf die Marktwirtschaft und einen systemnotwendigen Wettbewerbsschutz ausdrücklich verankern, sind für die neuen Verfassungen der meisten Übergangsländer kennzeichnend.[204] Dies ist im internationalen Vergleich außergewöhnlich, zeugt aber vom Stellenwert des Wettbewerbsrechts.[205]

Die Verankerung des Bekenntnisses zum Kampf gegen den unlauteren Wettbewerb in der russischen Verfassung ist als Einschränkung von Rechten formuliert. Art.34 gewährt im Abs.I jedem das Recht auf freie Nutzung seiner Fähigkeiten und seines Vermögens für unternehmerische und andere gesetzlich nicht verbotene wirtschaftliche Tätigkeit. Im Abs.II wird dieses Recht dahingehend beschränkt, dass wirtschaftliche Tätigkeit die auf Monopolisierung und unlauteren Wettbewerb gerichtet ist, verboten wird. Monopolisierung im verfassungsrechtlichen Sinn sind Handlungen und Unterlassungen von Unternehmern und staatlichen Organen, die auf eine Einschränkung oder Beseitigung des Wettbewerbs und eine Erhöhung der Preise abzielen. Unlauterer Wettbewerb im Sinne der russischen Verfassung ist die Führung des Konkurrenzkampfes mit unehrlichen und ungesetzlichen Methoden. Der lautere Wettbewerb wird legistisch als ausdrücklicher Vorbehalt zu dem wirtschaftlichen Grundrecht der Erwerbsfreiheit geschützt. Man könnte hier von einem „verfassungsrechtlichen Wettbewerbsvorbehalt" sprechen.[206]

---

204) Ausführlich dazu Glaessner, Demokratie nach dem Ende des Kommunismus, S.227 ff. So bestimmt § 9 Abs.I der ungarischen Verfassung, dass die Wirtschaft von Ungarn Marktwirtschaft ist, die auch die Vorteile der Planung verwertet, im Rahmen deren für öffentliches Eigentum und Privateigentum gleicher Schutz gewährt ist. In dem Verfassungsänderungsgesetz Bulgariens vom 10.401990 wurde festgelegt, dass das Wirtschaftssystem auf allen Eigentumsformen, auf der freien Wirtschaftsinitiative und auf dem Wettbewerb beruht. Die neue bulgarische Verfassung vom 12.7.1991 übernahm diese verfassungspolitische Entscheidung und entwickelte sie durch den Verfassungsauftrag an den Gesetzgeber zur Einrichtung einer auf Dauer bestehenden, gesetzlich zu gestaltenden freien Wettbewerbsordnung (Art.19).

205) Dillenz, Das russische Wettbewerbsrecht, S.6: Zu den wenigen Staaten, die eine Wettbewerbsbestimmung in die Verfassung aufgenommen haben, zählen Mexiko und Costa Rica; dazu auch Tuchtfeld, Konzepte der Wettbewerbspolitik, S.560

206) Nach Auffassung von Dillenz (Das russische Wettbewerbsrecht, S.7) bedeutet dies jedoch nicht, dass der Staat tatsächlich den ausgenommenen Bereich schützen muss, aber sehr wohl, dass Gesetze, die Monopolisierung und unlauteren Wettbewerb zulassen, als verfassungswidrig aufgehoben werden können. Insgesamt besteht der Wert der Verankerung des Wettbewerbsrechts in der Verfassung darin, dass dadurch ein klares Bekenntnis zum Wettbewer ausgesprochen wurde. Der praktische Wert der Bestimmung, etwa im Falle eines politischen Kurswechsels, ist aber gering, da sich keine Handlungspflicht aus der Verfassung ergibt und die sehr allgemeinen Begriffe unterschiedlich ausgelegt werden können.

Nach dem programmatischen Normsatz des Art.19 Abs.I der neuen bulgarischen Verfassung vom 12.07.1991 beruht das nationale Wirtschaftssystem auf der freien Wirtschaftsinitiative. Im Rahmen ihrer Garantiegestaltung wird im folgenden Abs.II festgelegt, dass durch das Gesetz allen Bürgern und juristischen Personen gleiche rechtliche Bedingungen für wirtschaftliche Tätigkeit zu schaffen und zu garantieren sind, indem der Monopolmissbrauch und der unlautere Wettbewerb unterbunden werden und der Verbraucher geschützt wird. Die bulgarische Verfassung definiert den Missbrauch einer Monopolstellung und den unlauteren Wettbewerb auch verfassungsrechtlich als Negation einer freien Wirtschaftsordnung. Dadurch wird die institutionelle Grenze der wirtschaftlichen Betätigungsfreiheit gesetzt. Die Marktwirtschaft setzt die Garantie der wirtschaftlichen Betätigungsfreiheit voraus, bedeutet aber zugleich eine Relativität der einzelnen Freiheitsrechte, da diese unvermeidlich in den Freiheitsbereich von Mitbewerbern, in der verfassungsmäßigen Ordnung und in der öffentlichen Moral ihre Grenze finden.[207] Aus dieser, auf der allgemeinen Grundlage des Rechtsmissbrauchsverbots entwickelten, verfassungsrechtliche Konstruktion lassen sich unverkennbare Parallelen zu der Verfassungsnorm des Art.2 Abs.I des deutschen Grundgesetzes ziehen, die jedem das Recht auf freie Entfaltung seiner Persönlichkeit garantiert, soweit er nicht die Rechte anderer verletzt und nicht gegen die verfassungsmäßige Ordnung oder das Sittengesetz verstößt. In der deutschen Literatur implementiert Nordemann diese Verfassungsnorm für das Wettbewerbsrecht: Die Generalklausel des §1 UWG sei nichts anders als die wettbewerbsrechtliche Ausprägung des Art.2 Abs.I des Grundgesetzes.[208]

Die Verfassungsaufträge zur Sicherstellung der neuen Wettbewerbsordnung sind dabei in allen Übergangsländern privatrechtlich umzusetzen. Die Aufgabe des neuen Rechts gegen den unlauteren Wettbewerb besteht darin, durch adäquate Rechtsnormen Schranken des wirtschaftlichen Handels zu setzen, um die effektive Durchsetzung des sozial-ökonomischen Ziels, geordnete ökonomische Entwicklung abzusichern.

---

207) Die Verfassung Bulgariens - so ausdrücklich die Ansicht de bulgarischen Verfassungs- gerichts in der Urteil vom 21.12.1993 gemäß Art.149 Ziff.1 – wolle eine wirkliche Marktwirtschaft garantieren; dazu Glaessner, Demokratie nach dem Ende des Kommunismus, S.391ff.: Der Verfassungsauftrag nach Art.19 der neuen bulgarischen Verfassung.

208) Nordemann, Wettbewerbsrecht, Rdnr.46; Auch Baudenbacher, GRUR 1981, S.19: „Niemand darf durch die Wahrnehmung der Wirtschaftsfreiheit das System gefährden, das eben diese Wirtschaftsfreiheit gewährleistet."

C. Rechtsangleihung auf dem Gebiet des Wettbewerbsrechts

I. Rechtsprobleme der Assoziierung der ehemaligen sozialistischen Staaten Mittel- und Osteuropas.

Die Osterweiterung der Europäischen Union ist eine der großen Zukunftsaufgaben sowohl für die westeuropäischen Integrationsinstrumente, als auch für die osteuropäischen Beitrittskandidaten. Die Schwierigkeiten der Union mit der Osterweiterung liegen nicht allein im Zustand der Beitrittskandidaten begründet. Diese arbeiten vielmehr mit Hochdruck an der Herstellung der Beitrittsfähigkeit. Ebenso müssen die Gründe in der mangelnden Erweiterungsfähigkeit der EU selber gesucht werden. Hier kann von Hochdruck nur sehr beschränkt gesprochen werden. Dass beide Problemfelder – Beitrittsfähigkeit der Kandidaten und Erweiterungsfähigkeit der Union – zusammenhängen, ist eine gesicherte Erkenntnis.[209] Nicht umsonst fasst die Europäische Kommission die vorgeschlagenen Lösungswege und Modelle in einem einzigen Papier zusammen, nämlich der Agenda 2000.[210] Den Beitrittskandidaten stellt sich die Aufgabe, sich bereits im Vorfeld in großem Umfang dem gemeinschaftsrechtlichen *acquis communautaire* anzupassen, um sich zum Zeitpunkt des Beitritts keinen allzu großen Anpassungsschwierigkeiten für ihre Rechtsordnung gegenüberzusehen. Der institutionelle Kernpunkt der Unterstützung und Heranführungsstrategie der Europäischen Union ist die Beitrittsassoziation, die die Union mit den einzelnen beitrittswilligen Staaten in Form der sogenannten Europa-Abkommen geschlossen hat.

Mit der Unterzeichnung der Europaabkommen der Europäischen Gemeinschaft mit Polen und Ungarn vom 16.12.1991, sowie Rumänien (1.02.1993), Bulgarien (8.03.1993), der Tschechischen und der Slowakischen Republik (4.11.1993) hat die EG ihre politischen und wirtschaftlichen Beziehungen mit diesen Ländern auf eine neue Grundlage

---

209) Dazu ausführlich Wittschorek P., Agenda 2000, Herausforderungen an die Europäische Union und an Deutschland, Schriften des Zentrums für Europäische Integrationsforschung. Band 8, Nomos-Verlag, Baden-Baden 1999

210) Agenda 2000 – Band I: Eine stärkere und erweiterte Union, DOC/97/6, Brüssel, den 15.7.1997 – Strategiepapier der Kommission für die Stärkung und Erweiterung der Union in den ersten Jahren des 21.Jhahrhunderts. Agenda 2000 untersucht die agrarpolitischen, wirtschaftliche und finanziellen Rahmenbedingungen der Erweiterungsproblematik und versucht den Ängsten vor großen Migrationwellen im Zuge der Osterweiterung entgegenzukommen.

gestellt. Die Abkommen enthalten Bestimmungen über die Marktöffnung im Warenverkehr, die industrielle Kooperation, die Niederlassungsfreiheit, über den grenzüberschreitenden Dienstleistungs- und Kapitalverkehr, die Wanderung von Arbeitnehmern, Verpflichtungen zur Anwendung des EG-Rechts und zur Rechtsangleichung, sowie über die politische, finanzielle und sonstige Zusammenarbeit.[211] Da sich die Abkommen auch auf Bereiche erstrecken, für die die EG-Mitgliedstaaten zuständig sind, mussten diese Abkommen von ihnen ratifiziert werden.[212] Die handelsrelevante Teile der Europaabkommen wurden indes bereits vor Abschluss des jeweiligen Ratifizierungsverfahrens durch Interimsabkommen in Kraft gesetzt.[213] Es handelt sich um sog. Assoziierungsabkommen i.S.v. Art.238 EG-Vertrag, die der Vorbereitung der Integration der beitrittswilligen Länder dienen. Die Abkommen sehen eine Übergangszeit von zehn Jahren vor. Nach Ablauf dieser Frist sind die Verträge voll verwirklicht und laufen zeitlich unbegrenzt weiter. Entscheidend für die Aufnahme sei, dass der jeweilige Staat die politischen, wirtschaftlichen und rechtlichen Verpflichtungen des EG-Vertrages einschließlich der Beschlüsse von Maastricht übernehmen kann.

Mit der Assoziierung der mittel- und osteuropäischen Staaten werden zum ersten Mal Länder mit ehemals sozialistischer Planwirtschaft, deren Strukturen noch nicht vollständig beseitigt worden sind, in das System des EG-Marktes integriert. Eine vollständige Währungskonvertibilität und eine abgeschlossene Privatisierung – als unverzichtbare Elemente einer Marktwirtschaft – sind Grundvoraussetzungen für einen EG-Beitritt. Die Durch- bzw. Weiterführung der Wirtschaftsreform stellt daher die Grundlage in jedem dieser Abkommen dar. Deshalb erhalten alle Assoziierungs- und Interimsabkommen Bestimmungen, die für den Handel zwischen dem jeweiligen Land und der EG wettbewerbsbeschränkende Vereinbarungen, den Missbrauch von Marktmacht und wettbewerbsverzerrende staatliche Beihilfen i.S. des Art.81 ff. EG (Art.85 ff. EGV a.F.) verbieten.[214]

---

211) Thiel M., Das Wettbewerbs- und Kartellrecht in Osteuropa, Osteuropa Recht 1995, S.118; Roggemann, ROW 3/1996, S.93 und ROW 7/1997, S.232

212) Die Abkommen mit Polen und Ungarn sind am 1.02.1994 in Kraft getreten (BGBl.II 1316 und BGBl.II 1472. Beschluss des Rates v.13.12.1993 und Nr.L348 v.31.12.1993).

213) Das Interimabkommen der ehemaligen CSFR wurde von der Tschechischen und der Slowakischen Republik übernommen und ist am 1.3.1992, das mit Rumänien am 1.5.1993 und das mit Bulgarien am 31.12.1993 in Kraft getreten.

214) Thiel M., Das Wettbewerbs- und Kartellrecht in Osteuropa, Osteuropa Recht 1995, S.118; auch Wittschorek P., Agenda 2000, Herausforderungen an die Europäische Union und an Deutschland

Die Formulierungen der Assoziierungsabkommen lassen jedoch nicht eindeutig erkennen, ob sie im Sinne einer Inkorporation des EG-Kartellrechts in das jeweilige nationale Recht zu verstehen sind oder eher eine Verpflichtung zur bloßen Anpassung der Verwaltungs- und Gerichtspraxis enthalten. Die Integration der mittel- und osteuropäischen Staaten in die EG durch weitgehend dem EG-Standard entsprechende rechtliche, wirtschaftliche und politische Rahmenbedingungen lässt folgenden Rückschluss zu: Auf Geschäftspraktiken, die einschränkende Wirkung im Handel zwischen der EG und diesen Staaten enthalten, ist die Rechtsprechung des EuGH zu Art.81 und 82 EG (Art.85, 86 EGV a.F.) anzuwenden. Damit keine Divergenzen zwischen dem überregionalen und dem nationalen Kartellrecht entstehen, sind die beitrittswilligen Staaten verpflichtet, ihre Kartellgesetzgebung der der EG anzupassen. Diese Anpassung indiziert zwar keine gleich- lautende Übernahme der EG-Standards, jedoch sollen die mittel- und osteuropäischen Kartellgesetze bald mit denen in Westeuropa inhaltlich übereinstimmen.[215]

Da alle Europa-Abkommen im wesentlichen gleichen Inhalts sind, können somit viele für Bulgarien angestellte Überlegungen auch für die anderen neun osteuropäischen Staaten mit entsprechenden Abkommen fruchtbar gemacht werden. Die neue gesetzliche Regelung Bulgariens musste mit den einschlägigen Vorschriften des EG-Rechts in Einklang gebracht werden.[216] Völkerrechtlich war eine Reform der Gesetzgebung erforderlich, um den von Bulgarien durch das Europa-Abkommen übernommenen internationalen Verpflichtungen im Bereich des Wettbewerbsrechts nachkommen zu können.[217] Gemäß Art.64 des Europa-Abkommens mit Bulgarien sind wettbewerbsbeschränkende Vereinbarungen und Verhaltensweisen, die missbräuchliche Ausnutzung einer beherrschenden Stellung sowie wettbewerbswidrige staatliche Beihilfen mit dem ordnungsgemäßen Funktionieren des Abkommens unvereinbar, soweit sie den Handel zwischen der Gemeinschaft und Bulgarien beeinträchtigen. Weiter wird im Abkommen ausdrücklich festgelegt, dass alle wettbewerbsbeschränkenden Verhaltensweisen entsprechend den Kriterien beurteilt werden, die sich aus den kartellrechtlichen Bestimmungen des Rom-Vertrages ergeben (Art.64 Abs.II).[218]

---

215) So Thiel, Osteuropa Recht 1995, S.119; auch A.Bakardjieva, GRUR Int.1999, S.395

216) Europa-Abkommen zur Gründung einer Assoziation zwischen den EG und ihren Mitgliedstaaten einerseits und Bulgarien andererseits vom 8.3.1993, in Kraft seit 1.2.1995, Abl.L 358 vom 31.12.1994, S.2 ff.; dazu Dontscheva, Wettbewerbsrecht der EU im Kontext der europäischen Assoziierungsabkommen der Länder Mittel und Osteuropas, Suvremenno Pravo 1998, Nr.2, S.70

217) Titel V, Kapitel II des Europa-Abkommens. Dazu Bakardjieva A., GRUR Int.1999, S.395

Freilich finden die gemeinschaftsrechtlichen Grundsätze der unmittelbaren Geltung und des Vorrangs des Gemeinschaftsrechts vor nationalem Recht keine Anwendung bezüglich des Geltungsranges des Europa-Abkommens im bulgarischen Recht. Immerhin bedeutet das Europa-Abkommen ein erstes Aufbrechen der innerstaatlichen Rechtsordnung zugunsten von – wenn auch noch schwach ausgeprägten - supranationalen Elementen. Ein vergleichbarer Effekt wird allerdings auf Grund der bulgarischen Verfassung erzielt. Laut Art.5 Abs.IV der Verfassung bilden alle von Bulgarien ratifizierten, verkündigten und in Kraft getretenen internationalen Verträge einen Bestandteil des inländischen Rechts und genießen darüber hinaus Vorrang vor widersprechenden Vorschriften des inländischen Rechtes.[219] Die Angleichung des nationalen Rechts an das Europarechtliche Vorbild ist die wirkungsvollste Methode, Konflikte zwischen Assoziationsrecht und nationalem Recht zu vermeiden.

Andererseits hat das Streben nach Rechtsangleichung deutliche integrations- politische Gründe. Im Art.69 des Europa-Abkommens wird die Angleichung des bestehenden und künftigen Rechtsvorschriften Bulgariens an das Gemeinschaftsrecht als eine „wesentliche Voraussetzung für die wirtschaftliche Integration Bulgariens in die Gemeinschaft" bezeichnet.[220] Die Bedeutung einer schnellen und erfolgreichen Annährung auf dem Gebiet des Wettbewerbsrechts wurde im Weißbuch der EG-Kommission über die Vorbereitung der assoziierten Staaten Mittel- und Osteuropas auf die Integration in den Binnenmarkt der Union und im Strategiepapier der EG-Kommission „Agenda 2000" betont.[221]

---

218) Gemäß §6 der Durchführungsbestimmungen zu den Wettbewerbsregeln (am 7.10.1997 vom Assoziationsrat erlassen) werden die zuständigen Wettbewerbsbehörden bei der Anwendung des Art.64 des Europa-Abkommens sicherstellen, dass die Grundsätze der in der Gemeinschaft geltenden Gruppenfreistellungsverordnungen in vollem Umfang angewandt werden (Abl. L 015 vom 21.1.1998, S.37 ff.). In Ungarn hat allerdings das Verfassungsgericht eine jeweilige Verpflichtung im Europa-Abkommen zwischen Ungarn und der EG/ihren Mitgliedstaaten für mit der ungarischen Verfassung unvereinbar erklärt (Dazu Toth, ECLR 1998, Issue 6, S.358 ff.).

219) Dazu Konstantinov, Die Verfassung von 1991 und die Beteiligung Bulgariens an internationalen Verträgen, Sofia 1993. Er vertritt die Auffassung, dass die wettbewerbsrechtlichen Vorschriften im Europa-Abkommen nicht zureichend konkret und unbedingt formuliert sind, um eine direkte Berufung seitens natürlicher und juristischer Personen zu rechtfertigen. Der Wortlaut des Art.64 spricht gegen eine solche direkt Berufung: wettbewerbsbeschränkende Verhaltensweisen werden nicht verboten, sondern für „mit dem Funktionieren des Abkommens unvereinbar" erklärt. Eine andere Auffassung vertritt Gärtner, ROW 1993, S.322 ff.

220) Eines der vom Europäischen Rat 1993 in Kopenhagen festgelegten Kriterien für die Mitgliedschaft der Länder Mittel- und Osteuropas. Baudenbacher/Beeser, Gesamteuropäische Konvergenzentwicklung im Kartellrecht, WuW 1997/99, S.681 ff.

Alle Gesetzesentwürfe, die heutzutage von der bulgarischen Regierung in die Volksversammlung eingebracht werden, sind von einem Zertifikat der Übereinstimmung mit dem Europarecht und mit anderen internationalen Verpflichtungen begleitet. Das Zertifikat, das dem Entwurf zum Wettbewerbsgesetz beiliegt, bestätigt, dass Art.85, 86 und 90-92 des Rom-Vertrages, sowie die Verordnungen 17/62, 19/65 und 4064/89/EEC im Entwurf beachtet worden sind. Der Entwurf wurde dem Art.10bis der Pariser Verbandsübereinkunft und dem Art.39 des TRIPS-Abkommens bezüglich Geschäftsgeheimnissen angepasst.[222] Dagegen steht im Zertifikat nichts hinsichtlich einer eventuellen Berücksichtigung der EG-Richtlinien über irreführende und vergleichende Werbung, obwohl die vorgeschlagene Regelung weitgehend mit den Anforderungen der Richtlinie übereinstimmt.

Das bulgarische Wettbewerbsgesetz von 1991 hat in den ersten Übergangsjahren eine wichtige Funktion erfüllt, indem es die Aufmerksamkeit der Marktakteure auf die Spielregeln des Wettbewerbs gelenkt hat.[223] Durch die Tätigkeit der Kommission zum Schutz des Wettbewerbs wurde dem Staat eine wichtige Rolle bezüglich der Schaffung und Aufrechterhaltung eines funktionsfähigen Leistungswettbewerbs eingeräumt. Allerdings hat sich das alte Gesetz auf mehrfache Weise als unzureichend erwiesen. Im Schrifttum wurden die grundlegenden verfahrensrechtlichen Aspekte des Gesetzes heftig kritisiert.[224] Viele Experten der EG haben auf die Lücken in dem kartellrechtlichen System hingewiesen und eine weitgehende Revision des Gesetzes befürwortet.[225] Mit dem neuen bulgarischen Gesetz zum Schutz des Wettbewerbs von 1998 hat sich der Gesetzgeber bemüht einige dieser Schwachpunkte in einer radikalen Weise zu beseitigen. Der neue kartellrechtliche Teil des Gesetzes ist überwiegend dem europäischen Kartellrecht nachgebildet. Die Art.81 und 82 des EG-Vertrages sind

---

221) Weißbuch der Kommission zum Thema „Vorbereitung der assoziierten Staaten Mittel- und Osteuropas auf die Integration in den Binnenmarkt der Union", KOM v.10.5.1995, DOC/97/6, Brüssel, den 15.7.1997

222) Entwurf des Ministerrates Nr.802 v. 24.2.1998.

223) Kennzeichnend für diese Rolle des alten Gesetzes ist die Vielzahl der Fälle, die von den zuständigen Wettbewerbsbehörden innerhalb eines Zeitraums von 6 Jahren behandelt worden sind. Die statistischen Angaben, die sich aus den jährlichen Tätigkeitsberichten dieser Behörde ergeben, weisen auf eine Durchschnittzahl von 180 behandelten Beschwerden verschiedener Natur pro Jahr hin.(KZK, Sofia 1993-1997).

224) Velitschkova, Übersicht über die Rechtsprechung über das Gesetz zum Schutz des Wettbewerbs, Suvremenno Pravo 1998, Nr.2, S.95 ff.; Kowal-Wolk, Anmerkung zum Urteil des Obersten Gerichts Bulgariens, GRUR 1997, S.552

225) Brault, La loi bulgaredu 2mai 1991 sur la protektion de la concurrence, Commentaire, dezembre 1992, unveröffentlicht.

beinahe wörtlich in das bulgarische Recht umgesetzt worden. Der Gesetzgeber hat drüber hinaus die Gelegenheit genutzt, wichtige, in der Rechtsprechung des Europäischen Gerichtshofs in Luxemburg bereits etablierte Auslegungsprinzipien in das bulgarische Gesetz zu übernehmen.[226]

Der leitende Grundgedanke, dass die Wettbewerbsinstitution wegen ihrer systemkonstituierenden Bedeutung vor Verfälschungen zu schützen ist, ist von erheblicher Tragweite auch im Hinblick auf die außenwirtschaftliche Neuorientierung Russlands nach dem Zusammenbruch des RGW-Binnenmarktes. In diesem Zusammenhang stellt sich die Frage nach den Grenzen, die die europäische Integration haben kann oder haben soll. Das Partnerschafts- und Kooperationsabkommen zeigt als Vertragstyp zur Regelung der Beziehungen der EG mit den Nachfolgestaaten de UdSSR eine starke Anlehnung an die Europaabkommen. Es wird allerdings eine wesentlich geringere Intensität von Zusammenarbeit vorgesehen. Die Parallelität beider Vertragstypen sei auch beabsichtigt gewesen, um keine neuen Trennlinien in Europa hervorzurufen.[227] Als lebendiges Herzstück der Beziehungen zwischen der EU und Russland ist das Hilfsprogramm TACIS zu identifizieren,[228] das zur Investitionsförderung dienen soll. Ein Hauptziel des Programms ist also die Einführung der Marktwirtschaft. Etwa 200 Mio. € werden jährlich dafür in Russland ausgegeben, was für die Größe und die Bedeutung des Landes jedoch noch viel zu wenig ist. Die weiteren Strategien aus der politischen Praxis, auf denen die bilateralen Beziehungen beruhen, berücksichtigen die Vorstellung Russlands über seine eigene außenpolitische Position.[229] Eine stärkere wirtschaftliche Integration Russlands insbesondere in das GATT/WTI bringt sicher einige Ansätze, dem unlauteren Wettbewerb vor allem im Bereich des geistigen Eigentums energischer entgegenzutreten. In einem Handelsabkommen[230] zwischen den Europäischen Gemeinschaften und der Russischen Föderation verpflichtet sich letztere, in einer Übergangsfrist von fünf Jahren im Bereich des geistigen, gewerblichen und kommer-

---

226) Dazu Bakardjieva A., GRUR 1999, S.396 ff.

227) Küpper H., Rechtsprobleme der Osterweiterung der EU, Osteuropa Recht 1996, S.466

228) Dazu Holloch, Russland an der Schwelle zum 21.Jahrhundert, ROW 3/1998, S.114

229) Beier S. wendet sich gegen die übermäßige Berücksichtigung der von Russland angemeldete Sicherheitsinteressen in bezug auf die NATO-Osterweiterung, die er als Fortsetzung der Breznev-Doktrin interpretiert (Osterweiterung: Europas größte Herausforderung, Berlin 1998, S.115).

230) Art.18 und Anhang des Handelsabkommens, Abl. L 247 vom 13.12.1995, 2 ff., Kurzinformation in WiRO 1996, S.5 und 197 f.

ziellen Eigentums ein Schutzniveau, einschließlich entsprechender Rechtdurchsetzung, das mit dem in der Gemeinschaft vereinbar ist, zu erreichen.

II. Lauterkeits- und Verbraucherschutz - zwingende Erfordernisse des freien Handelsverkehrs in Europa.

Dem Vollzug der angestrebten Integrationslinie in Europa liegt das Freiheitsprinzip zugrunde. Innerhalb der EWG gilt das Gemeinschaftskonzept für einen umfassenden zwischenstaatlichen Interessenausgleich mit dem Ziel der Errichtung eines einheitlichen Marktes. Mit der Eröffnung der osteuropäischen Wirtschaftssysteme und der zunehmenden europäischen Integration gewinnt auch für die mittel- und osteuropäischen Staaten das europäische Wirtschafts- und Zivilrecht an Bedeutung. Mit den Assoziierungsabkommen haben die Übergangsländer die Verpflichtung übernommen, den Schutz der Rechte am geistigen, gewerblichen und kommerziellen Eigentum weiter zu verbessern, um ein vergleichbares Schutzniveau wie in den Rechtsakten der Gemeinschaft zu bieten; dazu gehören auch vergleichbare Mittel zur Durchsetzung dieser Rechte.[231]

Die Feststellung dessen, was in Europa unter „vergleichbares Schutzniveau" im Bereich des wettbewerbsrechtlichen Lauterkeitsschutzes anzunehmen ist, bereitet jedoch Schmierigkeiten. Das Lauterkeitsrecht unterliegt innerhalb der EG einer vorwiegend nationalen Regelung und wird in stark lokalen Bezügen angewandt. Demgegenüber hat das Kartellrecht große grenzüberschreitende und europarechtliche Bedeutung. Der EG-Vertrag als Quelle primären Gemeinschaftsrechts enthält keine spezielle Regelung zum unlauteren Wettbewerb. Ansätze zu einer Harmonisierung findet man lediglich in der Präambel und in Art.3 lit.g. Die konkrete Geltung des Lauterkeitsschutzgrundsatzes offenbart sich innerhalb des Rangverhältnisses zwischen Gemeinschafts- und nationalem Recht. Einzelstaatliche Verbote und Beschränkungen finden Rechtfertigung, soweit diese nicht als Instrument nationale Wirtschaftspolitik mit diskriminierenden Auswirkungen gegenüber ausländischen Waren eingesetzt werden[232] Bei der Durchsetzung des Grundsatzes des freien Waren verkehrs hat der EuGH auf dem Auslegungsweg auch die geschäftliche

---

231) Bergh/Lehmann, GRUR 1992, S.588. Sie bezeichnen das Lauterkeitsrecht als ein dem gewerblichen Rechtsschutz und dem Verbraucherschutz zuzurechnendes Subsystem

Lauterkeit und den Verbraucherschutz als zwingende Erfordernisse anerkannt, die die bezüglichen nationalen Regelungen trotz der sich aus ihnen ergebenden Hemmnisse für den Binnenhandel rechtfertigen können.[233]

Rationale Wettbewerbspolitik in Europa wird zunehmend mit verbraucherschutzpolitischen Zielen angereichert. Bezeichnend für den Stellenwert des Verbraucherschutzes in der EG-Wettbewerbspolitik ist der Hinweis von Schricker [234], das der Verbraucherschutzgedanke so weit in den Vordergrund gerückt ist, dass er gleichberechtigt neben dem Konkurrentenschutz steht, und diesen in mancher Hinsicht zu überflügeln vermöge. Die Statuierung durch das Lauterkeitsrecht von Verbindlichkeiten zur Erbringung sachgerechter und wahrhafter Angaben zwecks Ersparung von Sachkosten der Verbraucher tritt neben der traditionellen sozial-ethischen Argumentation in die Zielbestimmung rechtlicher Schutzprogramme.[235] Verbraucherschutznormen sind in einem größeren Teil der Lauterkeitsgesetze einzelner europäischer Länder enthalten.[236]

Trotz der zum Teil übereinstimmenden Ansätze ist in den einzelnen EG-Mitgliedstaaten ist jedoch eine auffällig voneinander abweichende Rechtslage im Bereich des Lauterkeitsschutzes festzustellen. [237] Die verschiedenen Wege, auf die sich die nationalen rechtlichen Regelungen des wirtschaftlichen Wettbewerbs entwickelt haben, führten zu erheblichen konzeptionellen Unterschieden in der Organisation und der Handhabung

---

232) Nach der ständig angewendeten Dassonville-Formel (Urteil des EuGH v.11.7.1974, GRUR Int.1974, 467) werden nationale Handelsregelungen, die geeignet sind, den innergemeinschaftlichen Handel unmittelbar oder mittelbar, tatsächlich oder potentiell zu behindern, als Maßnahmen gleicher Wirkung wie mengenmäßige Einfuhr- oder Ausfuhrbeschränkungen von Art.30 EWG-Vertrag erfasst.

233) Urteil v.20.2.1979 (Cassis de Dijon), GRUR 1979, S.468; Zur Entwicklung der Rechtsprechung grundsätzlich Joliet, GRUR 1994, S.979.

234) Schricker, Festschrift für Konrad Zweigert, S.537

235) Vgl. Erstes Programm der EWG für eine Politik zum Schutz und zur Unterrichtung des Verbrauchers (ABIEG Nr.C 92/2 v.14.4.1975) und das nachfolgende Zweite Programm (ABIEG Nr.C113/2 v.19.5.1981). Bezeichnend ist die Bemerkung von Bergh/Lehmann, GRUR 1992, S.588, dass im Wettbewerbsrecht erkennbar werde, dass die Kommission mit den Programmen den Schwerpunkt auf eine möglichst weitgehende Unterrichtung des Verbrauchers legt. Der Aspekt des Schutzes des Verbrauchers vor unlauterer Information trete demgegenüber zurück.

236) Besonders ausgeprägt ist das sozialrechtliche Modell in den skandinavischen Ländern. Die Wettbewerbsgesetze von Schweden, Dänemark, Norwegen, Finnland und Island sind in weitem Umfang angeglichen, dabei läuft zwischen diesen Ländern eine intensive Zusammenarbeit im Bereich des Verbraucherschutzes über ein Komitee Nordischer Beamter für Verbraucherfragen. Aus der neueren Gesetzgebung in Europa: spanUWG/1991, in GRUR 1991; griechVerbraucherschutzG/1991, in GRUR 1992; belgMarktG/1991, in GRUR 1992; luxembUWG/1994, in GRUR 1994,

237) Beier, GRUR Int.1984, S.61

des Lauterkeits- und Verbraucherschutzes. Während in einer Mehrzahl der EG-Mitgliedstaaten, ähnlich wie in Deutschland, spezielle Lauterkeitsschutzgesetze existieren, kennt man in anderen Ländern, wie etwa in Frankreich, Portugal und in den Niederlanden, keine sondergesetzliche Regelung des Lauterkeitsrechts. Offensichtlich herrscht in diesem Länderkreis die rechtpolitische Auffassung, dass der unlautere Wettbewerb mit Hilfe allgemeiner zivil- und strafrechtlicher Grundsätze effektiv unterdrückt werden kann. Die Rechtslage in Großbritannien weist insofern Besonderheiten auf, als dort sich ein im Sinne der kontinentaleuropäischen Lehre des unlauteren Wettbewerbs entsprechender Rechtsbegriff nicht entwickeln konnte. In vielen EG-Mitgliedstaaten ist die Tendenz deutlich, den wettbewerbs- und werberechtlichen Verbraucherschutz öffentlich-rechtlich auszugestalten. Die sozialrechtliche Orientierung des Wettbewerbsrechts hat dazu geführt, dass zur Überwachung des Wirtschaftswettbewerbs neben den Mitbewerbern und ihren Branchenverbänden auch private Verbraucherschutzorganisationen (Deutschland) bis hin zur staatlichen Behörden engagiert worden sind (Frankreich, Belgien, Schweden, Dänemark, Portugal, Italien). Eine weitere Besonderheit liegt darin, dass in einigen Mitgliedstaaten, wie etwa Großbritannien, Italien, der außergerichtlichen Sanktionssysteme der Werbeselbstkontrolle besondere Bedeutung zukommt. In den Mitgliedstaaten besteht ferner keine einheitliche Praxis hinsichtlich der Frage, wie und nach welchen Kriterien der irreführende Charakter einer Werbung zu ermitteln ist.

Unter Berücksichtigung dieser Situation, erscheint es verständlich, dass man lange Zeit benötigt hatte, um eine Annährung der Positionen der einzelnen Mitgliedstaaten bezüglich eines gemeinschaftsweiten Lauterkeitsschutzes zu erzielen.[238] Trotz intensiver wissenschaftlicher und politischer Bemühungen, eine umfassende Regelung des unlauteren Wettbewerbs zustande zu bringen, setzte sich im Endeffekt ein Modell der parallelen Behandlung einzelner Teilbereiche durch.[239] Die Angleichungsbestrebungen finden Konkretisierung in verschiedenen gemeinschaftsrechtlichen Regelungen, die zum Teil auf die Harmonisierung einzelner Bereiche des Lauterkeitsrechts durch Einführung von Mindeststandards, teilweise aber auch auf materielle Vereinheitlichung ausgerichtet sind.[240] Anknüpfend an die Idee einer europaweiten Generalklausel als Ausgangs-

---

238) Bericht über die Angleichungsarbeit von Schricker, GRUR Int.1973, S.144 ff.

239) Dazu Paefgen, Globales- und Euromarketing, S.134

240) Vor allem im Bereich des Agrarrechts enthält das Gemeinschaftsrecht unmittelbar anwend- bare Vorschriften, die das nationale Lauterkeitsrecht unterlagern, wie etwa im Weinrecht (Art.40 VO).

punkt einer Harmonisierung wird die Auffassung vertreten, dass bereits die jetzige Rechtsprechung des EuGH zum Lauterkeitsrecht als Grundlage für nationales Richterrecht dienen könnte.[241] Die Harmonisie- rung kann daher auch ohne detaillierte Einzeltatbestände auskommen, wenn gleichzeitig vom EuGH ein Rechtssystem des unlauteren Wettbewerbs entwickelt wird.

Die Chance zu einer internationalen Regelung des Rechts des unlauteren Wettbewerbs hat sich bei den Verhandlungen über das GATT/TRIPS-Abkommen geboten.[242] TRIPS enthält in Teil 3 ausführliche Vorschriften zur Durchsetzung der Rechte des geistigen Eigentums, was gegenüber der PVÜ als großer Fortschritt zu werten ist. Wie die PVÜ enthält TRIPS eine Meistbegünstigungsklausel und den Grundsatz der Inländerbehandlung. Darüber hinaus begründet das TRIPS-Abkommen, anders als die PVÜ, für die Vertragsstaaten die eigenständige Verpflichtung, in den geregelten Gebieten innerstaatliches Recht zu erlassen. In TRIPS findet sich allerdings nur bei weiter Interpretation eine Regelung des Rechts des unlauteren Wettbewerbs.[243] Durch Art.22 II sind geographische Herkunftsangaben gegen jede unlautere Benutzung geschützt. Für den Schutz von Betriebsgeheimnissen – in TRIPS als „nicht offenbarte Informationen" bezeichnet – verweist Art.39 I auf Art.10bis PVÜ. Bei diesen Tatbeständen liegen zumindest wettbewerbsrechtliche Elemente vor. Vom TRIPS-Abkommen ist daher bestenfalls indirekt – über die Verweisung auf die PVÜ in Art.2 TRIPS – ein gewisser Druck zur Schaffung von Wettbewerbsgesetzen zu erwarten.

Von diesem Hintergrund und angesichts der Tatsache, dass einige osteuropäische Länder erstmalig die Einführung von Wettbewerbsgesetzen planten, sind von der WIPO ende 1996 die sog. „Model Provisions on Protection against Unfair Competition" mit begleitenden „Erläuterungen" veröffentlicht worden.[244] Die „Model Provisions" sollen ausweislich ihres Vorworts den Staaten eine Leitlinie zur Erfüllung ihrer Verpflichtung aus Art.2I TRIPS – Gewährung eines Schutzes gegen unlauteren Wettbewerb für Ausländer – an die Hand geben. Dabei knüpfen die „Model Provisions" an Art.10bis PVÜ an, gingen aber über den dort vorgesehenen Schutz erheblich hinaus. Anders als die PVÜ und TRIPS haben die „Model Provisions" keine Bindungswirkung, sind also primär als Diskussions-

---

241) Schmid G., Neuordnung des Wettbewerbsrechts – Recht des unlauteren Wettbewerbs und Verbraucherschutz im Wandel, GRUR 1998, S.479

242) Agreement on Trade-Related Aspects of Intellectual Property Rights – Abkommen über handelsbezogene Aspekte der Rechte des geistigen Eigentums, BGBl.1994 II, S.1730. In englischer Sprache abgedrückt in GRUR 1994, S.128

243) Die Übersicht in GRUR Int.1997, S.438

244) WIRO Model Provisions, Articles und Notes, hrgs. vom Internationalen Büro der WIRO, WIRO Publikation Nr.832 (E), Genf 1996.

vorschlag zu sehen. Schon allein dadurch, dass von der WIPO fixiert worden sind, kommt ihnen allerdings ein besonderes Gewicht zu. Beibehalten wird die Regelungstechnik der PVÜ: Der Generalklausel (Art.1), die mit der Verweisung auf das Merkmal der *honest practices* („anständige Geflogenheiten") das Herzstück der Regelung bildet, folgen speziell geregelte Beispielsfälle (Art.2-6), die neben Verwechselungsgefahr, Herabsetzung und Irreführung auch die Verletzung von *goodwill or reputation*, insbesondere gegen Verwässerung, sowie den Schutz von Betriebsgeheimnissen beinhalten.[245] Die „Erläuterungen" weisen wiederholt darauf hin, dass Regelungszweck auch der Verbraucherschutz ist.

In der Tat bleibt bislang die Richtlinie über die irreführende Werbung auf dem Gebiet des Lauterkeitsrecht von wichtiger Bedeutung.[246] Die Bestimmungen der Art.2 und 3 der RL haben begriffsbestimmenden Charakter, in Art.4 bis 8 werden die Organisation und die Durchsetzung des Rechtsschutzes gegen irreführende Werbung behandelt. Im übrigen sind die Vorschriften der RL über die irreführende Werbung lediglich die Konkretisierung dessen, was bereits in den Begründungserwägungen als Leitgedankenausgesprochen wird, und beschreiben, welche Regelungsvorstellungen der EG-Rat für die Anpassung der nationalen Vorschriften über die irreführende Werbung mit diesen Leitgedanken verbinden. Danach müssen zur Durchsetzung des werberechtlichen Schutzes Personen und Organisationen, die nach dem nationalen Recht ein berechtigtes Interesse an der Angelegenheit haben, die Möglichkeit besitzen, vor Gericht oder bei einer Verwaltungsbehörde, die über Beschwerden entscheidet oder geeignete gerichtliche Schritte einleiten kann, gegen irreführende Werbung vorzugehen (Art.4). Einen weiteren Schwerpunkt der RL bilden die Vorschriften über vorbeugende Maßnahmen und beschleunigte Verfahren zwecks effektiver Verhinderung der Auswirkungen einer irreführenden Werbung. In Art.6 wird den nationalen rechtsanwendenden Organen die Befugnis eingeräumt, in Fällen, in denen angemessen ist, vom Werbenden, ohne Eingriff in seine berechtigten Interessen, den Nachweis über die Richtigkeit seiner Werbeabgaben zu verlangen und die Werbung als unzutreffend zu behandeln, wenn die Beweisführung des Werbenden als unzureichend erscheint. Art.7 legt fest, dass weitergehende nationale Vorschriften zum Schutz der in Art.1 genannten Interessen der Mitbewerber, der Verbraucher und der Allgemeinheit von der RL unberührt bleiben. Dies bedeutet die Zulassung eines nationalen Vorbehalts in denjenigen Ländern, deren Schutzstandard

245) Dazu Referat von Dr. Hennig-Bodewig, in GRUR Int.1998, Bericht über das 11.Ringberg-Symposium des Max-Planck-Instituts, S.476

246) Richtlinie 84/450/EWG v.10.09.1984, abgedrückt in GRUR Int.1984, S.688

über die gemeinschaftsrechtlichen Anforderungen der RL hinausgeht.[247] Maßgebend für die Interpretation der Bestimmungen der RL über die irreführende Werbung können daher nicht nur gemeinschaftsrechtliche Gesichtspunkte sein. Der Einfluss nationalen Gedankenguts bei der Handhabung der einschlägigen Rechtsproblematik bleibt nach der RL weiterhin möglich. Zu Richtlinie 84/450 über irreführende Werbung liegt kaum Rechtsprechung vor. Besondere Bedeutung hat hier die „Nissan"-Entscheidung gefunden.[248] Weit unfangreicher ist die Rechtsprechung des EuGH zu Art.30 und Art.36 EG-Vertrag.[249]

Während die Irreführungsrichtlinie, wie aus ihrem Art.7 ersichtlich, lediglich Minimalstandards vorgab, legt die geänderte Richtlinie zwecks Einbeziehung der vergleichenden Werbung [250] bindende Ober- und Untergrenzen fest. Die Verbindung dieser beiden Konzepte könnte Schwierigkeiten bereiten. Die Mitgliedstaaten dürfen die zulässige vergleichende Werbung nicht mehr untersagen.[251] Ob auch ein ausdrückliches Verbot der gemeinschaftsrechtlich unzulässigen vergleichenden Werbung eingeführt werden muss, ist aber unklar. Nach Art.3a (1) lit.a darf die vergleichende Werbung nicht irreführend sein. Für die irreführende Werbung erlaubt Art.7 (1) den Mitgliedstaaten ausdrücklich die Aufrechterhaltung und den Erlass von strengeren Bestimmungen. Andererseits wird diese Verschärfungsmöglichkeit durch Art.7 (2) eingeschränkt, wonach Art.7 (1) nicht für die vergleichende Werbung gilt, „soweit es sich um den Vergleich handelt". Der Widerspruch zwischen Art.3a (1) lit.a und Art.7 (2) sei zugunsten der Zulässigkeit der vergleichenden Werbung aufzulösen: Die Verschärfungsfreiheit des Art.7 (1) darf nicht für „schmückendes Beiwerk", sondern für den eigentlichen

---

247) Schmid G., GRUR Int.1998, S.478

248) EuGH, Rs.C-373/90, in GRUR Int.1993, S.951. Eine relevante Irreführung im Sinne der RL, so der Gerichtshof sei nur gegeben, wenn durch die fraglichen Angaben oder das Verschweigen von Informationen die Kaufentscheidung einer erheblichen Zahl von Verbraucher beeinflusst werde. Der EuGH gehe von einem im Vergleich zum deutschen Irreführungsverbot niedrigeren Schutzniveau aus. Die Entscheidung habe indes keine unmittelbaren Auswirkungen auf das deutsche Irreführungsverbot, da die RL gem-Art.7 nur Mindeststandards festlege.

249) z.B. „Keck"-Urteil, EuGH, verb.Rs.C-267/91 und C-268/91, in GRUR Int.1994, S.56; „GB-Inno-BM"-Entscheidung, „Yves Rocher"-Entscheidung, in GRUR Int.1993, S.763 mit Anm. Lehmann.

250) RL des Europäischen Parlamentes und des Rates zur Änderung der RL 84/450/EWG über irreführende Werbung zwecks Einbeziehung der vergleichenden Werbung vom 6.10.1997 (RL/97/55/EG)

251) Vergleichende Werbung gilt unter bestimmten Voraussetzungen als zulässig (Art.1 RL 97/55/EG, neuer Art.3a der RL 84/EWG)

Vergleich gelten.[252] Auch die Interpretation von Art.3a (1) lit.g, wonach kein unlauterer Vorteil aus dem Ruf einer Marke gezogen werden dürfte, bereitet Probleme: Wie kann die Nennung der fremden Marke unlauter sein, wenn der Vergleich selbst lauter ist? Auch ist fraglich, welche Bedeutung der Vorschrift neben Art.3a lit.c zukommt. Ein weiterer Problemkreis betrifft das Verhältnis der Richtlinie zum primären Gemeinschaftsrecht. Das sekundäre Gemeinschaftsrecht unterliegt der Kontrolle durch die Grundfreiheiten.

Es gibt eine Vielzahl von Richtlinien, die nicht expressis verbis als Werberichtlinien deklariert sind, aber doch wettbewerbsrechtlichen Gehalt aufweisen. Das trifft zum einen auf Richtlinien zum Verbraucherschutz sowie auf Richtlinien zu, die den Leistungsschutz im weiteren Sinne betreffen. Zu ersteren zählen die Pauschalreiserichtlinie,[253] die Richtlinie betreffend Verbraucherkredite [254] und die Time-Sharing-Richtlinie.[255] Gemeinsam ist diesen Regelungen die Statuierung bestimmter Verhaltens- und Informationspflichten und die Einführung von Widerrufsrechten. Die Richtlinie zum Schutz von Computerprogrammen, [256] die Datenbankenrichtlinie [257] und die Markenrechtsrichtlinie [258] haben dagegen den Leistungsschutz im weitersten Sinne zum Thema. Von Bedeutung für das Recht des unlauteren Wettbewerbs sind darüber hinaus die Fernsehrichtlinie von 1989 sowie die Änderungsrichtlinie von 1997.[259] Das sekundäre Gemeinschaftsrecht kennt eine Vielzahl spezifischer Werberegelungen für Produktbereiche, die sich durch Gemeinsamkeiten in der Herstellung, beim Vertrieb, bei der Darbietung und beim Konsum auszeichnen. Dieses Gebiet wird als produktspezifisches Werberecht bezeichnet. Es ist festzustellen, dass in Grenzbereichen des Wettbewerbsrechts Fortschritte der Rechtsvereinheitlichung zu verzeichnen sind.

Freilich sind die gemeinschaftsrechtlichen Bestimmungen ausschließlich auf dem Gebiet des Binnenmarktes anwendbar und eine Auswertung ihrer Geltung auf Außenverhältnisse der EG, die sich auf die Liberalisierungsabkommen mit Drittstaaten stützen, wird ohnehin nicht begründet.[260]

---

252) Gregor Schmidt, GRUR Int. 1998, S. 475 ff.

253) RL/90/314/EWG

254) RL 85/577/EWG, Abl.Nr.L372 v.31.12.85, S.31

255)RL 94/47/EG, Abl. Nr.Lv.29.10.94, S.83

256) RL 91/250/EWG, Abl.Nr.L122 v.17.5.91, S.42

257) RL 96/9/EWG, Abl.Nr.L77 v.27.3.96, S.20

258) RL 89/104/EWG, Abl. Nr.L40 v.11.2.89, S.1

259) Richtlinie des Rates über die Ausübung der Fernsehtätigkeit v. 3.10.1989 (RL/89/552/EWG) in der Fassung der Richtlinie zur Änderung der RL/89/552/EWG v. 30.6.1997 (RL/97/36/EG)

260) Gamm, Wettbewerbsrecht, 13.Kapitl, Rdnr.2, mit Nachweisen aus der Rspr. des EuGH.

Sie setzen aber den Wegweiser für eine rechtsangleichende Perspektive, da die Integrationsbestrebungen von aktuellen außen- wirtschaftlichen Interessen diktiert werden. Die Intensivierung der außenwirtschaftlichen Beziehungen mit der EG setzt eine Harmonisierung der Handelsbedingungen voraus, für die Wettbewerbspolitik der Übergangsländer Europas eine Anpassung an die geltenden Standardparameter des europäischen Marktes verlangt.[261] Die Kriterien, an die sich ein „vergleichbares Schutzniveau" im Bereich des Lauterkeitsrechts auszurichten hat, sind die gemeinschaftsrechtlichen RL über die irreführende und vergleichende Werbung und über die Etikettierung und Aufmachung von für den Verbraucher bestimmten Lebensmitteln sowie die Werbung hierfür zu entnehmen. Als Zielvorgabe für die Ausgestaltung eines wirksamen Lauterkeitsrechts bleibt in weitem Sinne aber Art.10bis PVÜ maßgeblich.[262]

---

261) Begründungserwägungen zur Verordnung EWG Nr.208/92 des Rates vom 14.7.1992 zum Schutz von geographischen Angaben und Ursprungsbezeichnungen für Agrarerzeugnisse und Lebensmittel, wo erwähnt wird, dass mit der Verordnungsregelung der Handelsverkehr mit Drittstaaten, die gleichwertige Garantien für die Vergabe und Kontrolle der in ihrem Hoheitsgebiet erteilten geographischen Angaben oder Ursprungsbezeichnungen bietet, ermöglicht werden sollte.

262) Beier, GRUR Int.1984, S.61: „Die gemeinsamen Klammer bildet Art.10bis PVÜ mit seiner Generalklausel, der alle Mitgliedstaaten zu einem wirksamen Schutz gegen den unlauteren Wettbewerb verpflichtet, den Begriff in klassischer Weise definiert und seine drei wichtigsten Erscheinungsformen .beispielhaft hervorhebt."

3. Kapitel

Das Recht gegen den unlauteren Wettbewerb in Bulgarien.

A. Dogmatik, System und Durchsetzung des Lauterkeitsschutzes.

I. Der Neuanfang des Wettbewerbsrechts in der Übergangsperiode.

Eine vorläufige Regelung des Wettbewerbsrechts gleich nach der Wende enthielt der Erlass Nr.56 über die wirtschaftliche Tätigkeit vom 9.1.1989 mit einem dem Art.19 Abs.2 der Verfassung entsprechenden Grundsatzregelung in Art.95 über Entfaltung des Wettbewerbs und Verhinderung von Monopolstellungen und unlauterem Wettbewerb (Abs.1) sowie über gerichtliche Schadensersatzmöglichkeiten bei unlauterem Wettbewerb (Abs.2).[1] Art.95 erklärte die Förderung des wirtschaftlichen Wettbewerbs zur Staatspflicht. Diese Vorschrift hatte aber lediglich programmatischen Charakter. Zudem trug das gesamte Gesetzeswerk noch überwiegend planwirtschaftliche Züge und blieb somit eine „rudimentäre“ Regelung.[2] Größere praktische Bedeutung war aber dem Gesetz über die Verpflichtungen und Verträge (VerpfVertG)[3] beizumessen. Die Art.45-54 dieses Gesetzes, welche die allgemeine Rechtsgrundlage des bulgarischen Deliktsrechts darstellen, waren auf wettbewerbswidrige Handlungen anwendbar. Eine Verordnung des Ministerrates Nr.71 über die zeitweiligen Maßnahmen zum Schutz des Wettbewerbs und der Verbraucher beim Übergang zur marktwirtschaftlichen Preisbildung [4] wurde am 16.7.1990 erlassen. Bevor diese Verordnung jedoch in der Praxis angewendet werden konnte, wurde sie durch das Gesetz zum Schutz des Wettbewerbs vom 2. Mai 1991 ersetzt.[5] Im Bereich des Rechts der Werbung wurde im November 1993 ein umfassendes Gesetz über Tabak und Tabakerzeugnisse erlassen.[6] Laut den gesetzlichen Vorschriften ist jede Form der Werbung für Tabakerzeugnisse, die außerhalb der Herstellungs- oder Verkaufsräume stattfindet, verboten (Art.32). Erfasst wird Fernseh-, Plakat sowie Pressewerbung.

---

1) D.V. Nr.4 v. 13. Januar 1989, S.1, mehrmals geändert. Dazu Bakardjieva, GRUR Int.1994, S.671; Stefanov, GRUR Int.1999, S.922

2) Dimitrov, Diss., S. 57-60; Gerdzikov, Kommentar des Handelsgesetzes, S.22

3) D.V. Nr.275/1951, mehrmals geändert

4) D.V. Nr.76 vom 21. September 1990

5) D.V. Nr.39 vom 17.Mai 1991,deutsche Übersetzung in Beier/Bastian/Kur, Köln 1992, S.203

6) D.V. Nr.101/30.11.1993

Die Volksversammlung Bulgariens trug der Notwendigkeit der gesetzlichen Festlegung des Wettbewerbsprinzips Rechnung und verabschiedete im Mai 1991 das Gesetz zum Schutz des Wettbewerbs.[7] Dieses Gesetz umfasste Vorschriften sowohl gegen Wettbewerbsbeschränkungen als auch gegen den unlauteren Wettbewerb und enthielt damit eine Gesamtregelung des wirtschaftlichen Wettbewerbs. Es war nach einem bestimmten Gesetzgebungsschema aufgebaut. Die allgemeinen Bestimmungen regelte Kapitel I. Die Vorschriften gegen Wettbewerbsbeschränkungen waren in zwei Abschnitte gegliedert: Kapitel II regelte die Monopolstellung, Kapitel III das Kartellrecht. Das Kapitel IV über den unlauteren Wettbewerb war vorwiegend nach dem Vorbild des schweizerischen Rechts aufgebaut.[8] Es ging von einer Generalklausel aus, die aus einem allgemeinen Verbot und einer Definition des unlauteren Wettbewerbs bestand (Art.11 und 12). Die Generalklausel wurde weiter durch einen langen und nicht erschöpfenden Katalog einzelner Verbotstatbestände ergänzt. Staatliche Maßnahmen gegen Missbrauch der Monopolstellung und gegen die Schaffung unlauteren Wettbewerbs waren in Abschnitt V geregelt. Abschnitt VI enthielt die Haftung bzw. die Sanktionen für Rechtsverletzungen. Der Verbraucherschutz war mittelbar durch wettbewerbs- und kartellrechtliche Bestimmungen betroffen. Offensichtlich war der Gesetzgeber davon ausgegangen, dass ein freier und lauterer Wettbewerb die beste Garantie für die Interessen der Verbraucher darstellt.[9]

Ansätze der vorsozialistischen wettbewerbsrechtlichen Tradition wurden nicht übernommen. Der Gesetzgeber ist davon ausgegangen, dass mit dem planwirtschaftlichen System die Brücken zum alten Recht abgebrochen wurden. Konsequent hat er sich für einen Neuanfang entschlossen. Unter Berücksichtigung der wirtschaftsstrukturellen Umwälzung im Lande hatte das neue Wettbewerbrecht betont marktregulierende Funktion. Seine primäre Aufgabe war zum einen die Sicherstellung freier Marktentwicklung durch die Auflösung zentralistischer Unternehmensverbindungen und marktbeherrschender Strukturen, zum anderen die Regulierung der durch die Freiheit ausgelösten, unkontrollierten Verhältnisse.[10]

Die in Art.1 WettbewG festgelegte Zielsetzung entsprach Art.19 der Verfassung und setzte die wirtschaftliche Handlungsfreiheit und die

---

7) D.V. Nr.39 v.17.5.1991

8) Allgemein zum schweizerischen UWG Troller, Immaterialgüterrecht I, 3.Aufl., Basel 1983

9) Bakardjieva A., Das Recht des unlauteren Wettbewerbs in Bulgarien, GRUR Int.1994, S.671

10) Dimitrov M., Dissertation, Halle-Wittenberg 1996, S.57-60

Interessen der Verbraucher in den Mittelpunkt. Die klassische Dreiteilung geschützter Interessen [11] (die Interessen der Mitbewerber an lauterem Wettbewerb, die Interessen der Verbraucher an freier Auswahl und die Interessen der Allgemeinheit an einem funktionsfähigen Wettbewerb) galt auch für das bulgarische Wettbewerbsrecht, wobei eine Interessenabwägung in jedem einzelnen Fall erforderlich war. Es liegt nahe, das deutsche Konzept des Leistungswettbewerbs auch zur Differenzierung zwischen erlaubtem und unerlaubtem Wettbewerb für die Anwendung des bulgarischen Gesetzes haranzuziehen.[12]

Der subjektive Geltungsbereich des Gesetzes erstreckte sich sowohl auf die horizontale als auch auf die vertikale Ebene der Marktverhältnisse. Der Schutz des Wettbewerbs als Marktinstitution spiegelte die grundsätzliche individuelle Freiheit aller Marktbeteiligten wider. Die soziale Komponente des Gesetzes zeigten sich im hohen Stellenwert des Verbraucherschutzes und in der Einschaltung öffentlich-rechtliche Organe zum Schutze der Interessen der Allgemeinheit.[13] Das Gesetz bevollmächtigte eine einzige selbständige, nur vom Parlament kontrollierte Behörde – die Kommission zum Schutz des Wettbewerbs (KSW) – die Marktentwicklung zu überwachen und für einen freien und fairen Wettbewerb zu sorgen (Art.2).

Die siebenjährige Anwendung des bulgarischen Wettbewerbsgesetzes hat gezeigt, dass es positive Ansätze enthält. Nicht alles ließ sich aber positiv bewerten. Einige Experte der EG, die das Gesetz analisiert haben, haben eine weitgehende Revision des Gesetzes befürwortet.[14] Im Schrifttum wurde auf die Lücken in dem kartellrechtlichen System hingewiesen und die verfahrensrechtlichen Aspekte des Gesetzes wurden scharf kritisiert.[15] Es wurde vorgebracht, das die Kommission zum Schutze des Wettbewerbs zwar mit vielen Aufgaben belastet, jedoch nur mit geringer tatsächlicher Macht ausgestattet gewesen sei. Die Entscheidungen der Kommission seien für die Streitparteien nicht bindend. Sie agiere als Vermittler zwischen privaten Marktakteuren und den Gerichten, was eine

---

11) Emmerich, Das Recht des unlauteren Wettbewerbs, München 1990, S.19

12) Baumbach/Hefermehl, Wettbewerbsrecht, 15.Auflage, 1988, Einl. UWG, Rdnr.96.

13) So Dimitrov M., Die Neuregelung des Wettbewerbsrecht in Bulgarien, GRUR Int.1944, S.678

14) z.B. Brault, La loi bulgare du 2 mai 1991 sur la protection de la concurrence, Commentaire, decembre 1992, unveröffentlicht.

15) Kritisch Kowal-Wolk T., Anmerkung zum Urteil der V.Zivilkammer des Obersten Gerichts der Republik Bulgarien, Nr.1730 vom 15.12.1994, GRUR Int.1997, S.552; Bakardjieva, GRUR Int.1999, S.396; auch Velickova, Übersicht über die Rechtsprechung über das Gesetz zum Schutz des Wettbewerbs, Suvremenno Pravo 1998/2, S.95 (in bulgarischer Sprache).

bedeutende Zeit- und Ressourcenverschwendung darstelle. Das entscheidende Wort hätten in fast allen Fällen die Gerichte. Das führe zu einer Doppelarbeit in den Verfahren vor der Kommission und vor den Gerichten.

Die wichtigsten Aspekte der kritischen Würdigung des Gesetzes können unter drei Punkten zusammengefasst werden: (1) Es scheint viel vernünftiger, den Entscheidungen der Kommission eine Rechtskraftwirkung zuzuerkennen. In diesem Fall würde das Verfahren vor der Kommission die erste Phase des wettbewerbsrechtlichen Verfahrens sein. Die Gerichte wären für die Berufung und die Revision zuständig. Den Parteien sollten in diesem Fall aber weitere Verfahrensrechte vor der Kommission eingeräumt werden. (2) Vorzuziehen wäre es *de lege ferenda*, eine klare Trennung zwischen Tatbeständen, die dem Schutz von Privatinteressen zentrale Bedeutung beimessen, und Tatbeständen, die überwiegend auf Verbraucher- oder Allgemeininteressen gerichtet sind, durchzuführen. Andererseits sollten Verletzungen der wesentlichen Interessen der Allgemeinheit oder der Verbraucher gesondert behandelt werden. Sie könnten mit strengeren verwaltungsrechtlichen Sanktionen verknüpft werden, deren Auferlegung öffentlichen Behörden überlassen wird. Eine solche Änderung würde es der Kommission ermöglichen mehr Zeit und Ressourcen auf die wesentlichen Verletzungen der öffentlichen Belange zu verwenden. (3) Schließlich schien es erforderlich, die Verbraucherverbände sowie Industrie– und Handelsorganisationen in einigen wesentlichen Fällen des unlauteren Wettbewerbs mit Klagebefugnissen auszustatten.[16]

Der Reformgesetzgeber hat die oft durch unlauteren Wettbewerb gekennzeichnete Situation in Bulgarien richtig erkannt und sich bemüht mit dem neuen Gesetz zum Schutz des Wettbewerbs vom 29. April 1998 [17] einige dieser Schwachpunkte des alten Gesetzes in einer radikalen Weise zu beseitigen. Die Änderung wurde im Rahmen des Gebots zur Harmonisierung der bulgarischen Gesetzgebung mit dem EU-Recht unter nommen und bald hat die Aufmerksamkeit der Legislative auf sich gezogen. Ähnlich wie der Wettbewerb selbst kann auch die wettbewerbsrechtliche Praxis als ein „Entdeckungsverfahren“[18] geschildert werden, wobei die Gerichte, die zuständigen Behörden, aber auch die Marktteil-

---

16) Kritische Würdigung des alten WettbewG von Bakardjieva A., GRUR Int.1994, S.674 und von Ivan Panev, in Zeitung „Standart“ von 27.10.1993 (in bulgarischer Sprache); Diese Überlegungen wurden auch von der Fachgruppe zur Änderung des Gesetzes geteilt (Interview mit Mitgliedern der Gruppe zur Bearbeitung der Änderung des GSW in Suvremenno Pravo 1994/5-6, S.97 ff.

17) D.V. Nr.52 vom 8.Mai 1998, S.1 ff., deutsche Übersetzung in Sofia Wirtschaftsblatt Nr.6/1998

18) Hayek, Der Wettbewerb als Entdeckungsverfahren, Vortrag, Kiel 1968

nehmer durch *trial und error* immer weiter lernen und den richtigen Weg zu finden versuchen. Das trifft besonders auf eine Wirtschaft im Übergang zu.[19]

Im Mittelpunkt des heute geltenden bulgarischen Wettbewerbsrechts steht das neue Gesetz zum Schutz des Wettbewerbs aus dem Jahre 1998. Als weitere Rechtsquellen sind das Gesetz über den Schutz der Verbraucher und die Regelung des Handels, die Regelung über die Organisation und Tätigkeit der KSW, sowie das Gesetz über Rundfunk und Fernsehen zu nennen. Das Gesetz über Rundfunk und Fernsehen,[20] das am 23.11.1998 verkündet wurde, enthält im Kapitel IV detaillierte Vorschriften über Werbung und Sponsoring in Rundfunk und Fernsehen. Im einzelnen geht es dabei um Begrenzungen für die Plazierung und Dauer der Werbespots, um Verbote von Werbeunterbrechungen in einzelnen Sendungen sowie Verbote der Werbung für bestimmte Waren und zum Schutze Minderjähriger.[21]

Das Gesetz über den Schutz der Verbraucher und die Regelung des Handels,[22] das am 30.3.1999 verkündet wurde, regelt den Verbraucherschutz, der bislang nur mittelbar durch wettbewerbsrechtliche und kartellrechtliche Bestimmungen betroffen war, in einem umfassenden Gesetz, das sowohl zivilrechtliche Vorschriften über Produkthaftung und Gewährleistung, als auch wettbewerbsrechtliche Vorschriften über Verbraucherinformationen, Preiskennzeichnung und irreführende und unehrenhafte Werbung, sowie Vorschriften über die gerichtliche Geltendmachung der Verbraucherschutzrechte und die Zulässigkeit von Verbraucherschutzvereinigungen enthält. Das Gesetz enthält – wie bereits die Überschrift des Gesetzes andeutet – in einem eigenen Abschnitt auch

---

19) Bakardjieva A., GRUR Int.1994, S.676; Ähnliche Analogie „Entdeckungsverfahren" benutzt von Joerges, Quallity Regulation in Consumer Goods Markets, 1986

20) D.V. Nr.138 vom 24.11.1998, S.1, vgl. Akt. Inf. in GRUR Int.1999, S.569

21) So darf Werbung grundsätzlich nur in Blockform gesendet werden und nur unter der Voraussetzung, dass durch die Werbung Urheberrechte an den durch die Werbung unterbrochenen Sendungen nicht beeinträchtigt werden. Ferner dürfen Nachrichtensendungen, Analysen, Dokumentationen und Kindersendungen überhaupt nicht unterbrochen werden. Die Werbezeit bei kommerziellen Sendern darf 15% des Sendevolumens im Laufe eines Tages und zwölf Minuten pro Stunde nicht übersteigen. Werbung für Tabakprodukte, Betäubungsmittel sowie für Arzneien und Heilmittel, die verschreibungspflichtig sind, ist gänzlich verboten. Bei der Werbung für alkoholische Getränke ist darauf zu achten, dass Minderjährige durch die Werbung nicht angesprochen oder für die Werbung benutzt werden. Gleichfalls darf die Werbung für alkoholische Getränke nicht im Zusammenhang mit Sportleistung oder mit dem Führen von Kraftfahrzeugen gezeigt werden; auch darf dem Alkohol keine positive Wirkung wie z.B. Beruhigung oder Lösung von Problemen zugeschrieben werden.

22) D.V. Nr.30 vom 2.4.1999

die Grundsätze des Handels, dazu zählen z.B. die freie wirtschaftliche Initiative und die Preisfreiheit, die Handelsbräuche und die Standesorganisationen der Händler. Die Zuständigkeit staatlicher Organe, insbesondere des Handelsministeriums, für die Kontrolle der Einhaltung dieses Gesetzes und die Errichtung eines Nationalrates zum Verbraucherschutz regeln die verwaltungsrechtliche Vorschriften des Gesetzes.[23]

Detaillierte Vorschriften über Funktionen und Tätigkeit der Wettbewerbsbehörde – der Kommission zum Schutz des Wettbewerbs (KSW) – sind in der Regelung über die Organisation und die Tätigkeit der KSW [24] vom 14.7.1998 zu finden, die am 6.7.2000 und erneut am 7.11.2000 jeweils durch eine Neufassung ersetzt wurde.[25] In Anlehnung an die Vorschriften des neuen Wettbewerbsgesetzes vom 29.4.1998, wurden Aufbau und Funktionen der Wettbewerbskommission bei der Beurteilung und Entscheidung von Wettbewerbssachen präzisiert und das Verfahren der Aktenbildung, Aktenführung, Entscheidungsfindung und -durchsetzung, sowie die Zuständigkeit des Präsidenten der Wettbewerbskommission und der übrigen Mitglieder im Detail geregelt. In der letzten Fassung enthält die Regelung ausführliche Vorschriften, die im wesentlichen den Verwaltungsapparat, der in eine allgemeine und in eine spezialisierte Verwaltung aufgeteilt ist, betreffen. Geändert wurde insbesondere die Organisation der spezialisierten Verwaltung mit ihren nunmehr fünf Direktionen. In der Zuständigkeit der Direktion für rechtlich-wirtschaftliche Analysen fallen jetzt auch die Vorbereitung von Gerichtsverfahren und die Vertretung vor den Gerichten. Die Direktion für europäische Integration und internationale Tätigkeit ist u.a. auch für die Vorbereitung Bulgariens auf die Integration in den Binnenmarkt der Europäischen Union speziell in wettbewerbspolitischer Hinsicht.

Das geltende bulgarische Wettbewerbsrecht besteht aber auch aus internationalen Regelungen. Auf Grund von Art.5 Abs.4 der neuen Verfassung ist die Pariser Verbandsübereinkunft, [26] wie auch alle von Bulgarien ratifizierten internationalen Verträge, als unmittelbar geltendes

---

23) Dazu die aktuelle Information in GRUR Int.1999, S.982; Das Gesetz ist drei Monate nach seiner Veröffentlichung im Amtsblatt in Kraft getreten; gleichzeitig wurden u.a. das Gesetz über Preise von 1995 und das Gesetz über den Kampf gegen Spekulationen von 1990 aufgehoben.

24) D.V. Nr. 80 vom 14.07. 1998, S.5; vgl. Akt. Inf. in GRUR Int.1998, S.737

25) abgedruckt in D.V. Nr.47 v. 6.6.2000, S.2; dazu die aktuelle Information in GRUR 2001, S.272; Geändert wurde insbesondere die Organisation der spezialisierten Verwaltung mit Ihren nunmehr fünf Direktionen: Direktion für rechtlich-wirtschaftliche Analysen, Direktion für Informatik, Kommunikation und Kapitalmarkt, Direktion für Industrie und Transport, Direktion für europäische Integration und internationale Tätigkeit und Direktion für staatliche Hilfe.

26) 1970 wurde die Stockholmer Fassung der PVÜ von Bulgarien ratifiziert.

Recht anerkannt und genießt Priorität vor widersprechenden Vorschriften des nationalen Rechts.[27] In den vergangenen vierzehn Jahren wurden die Reformen in der bulgarischen Gesetzgebung von den völkerrechtlichen Verpflichtungen Bulgariens bestimmt. Gemäß Art.69 des Europa-Abkommens ist die Angleichung der aktuellen und zukünftigen bulgarischen Gesetzgebung an die Gesetzgebung der EU eine wichtige Bedingung für die wirtschaftliche Integration Bulgariens in die EU. Nach Art.67 verpflichtet sich Bulgarien, den Schutz des intellektuellen und gewerblichen Eigentums weiter zu entwickeln. Im Rechtsgebiet des gewerblichen Rechtsschutzes ist neben dem Europa-Abkommen als wichtige Rechtsquelle auch das TRIPS-Abkommen [28] zu erwähnen. Die kontinuierlichen Bemühungen Bulgariens, den Angleichungsprozess durchzuführen, zeigen schon erste Ergebnisse. Als besonders erfolgreich wird der Angleichungsprozess im Gebiet des gewerblichen Rechtsschutzes bezeichnet. 1993 wurde ein modernes Patentgesetz, [39] das gleichzeitig Regelungen über Patente und Gebrauchmuster enthält, verabschiedet. Der Schutz für neue Pflanzensorten und Tierrassen, der von der Regelung im Patentgesetz ausgenommen worden war, wurde 1996 mit einem neuen Gesetz eingeführt.[30] Das bulgarische Urheberrechtsgesetz vom 16.6.1993 wurde durch das Änderungsgesetz vom 22.3.2000 [31] umfassend geändert worden. Die Änderungen zielen erkennbar darauf ab, die Vorgaben des europäisch harmonisierten Urheberrechts, aber auch der beiden WIPO-Verträge vom Dezember 1996 sowie des TRIPS-Abkommens ins bulgarische Urheberrechtsgesetz umzusetzen.

Im September 1999 wurden das Markenrecht (einschließlich des Rechts der geographischen Bezeichnungen) und das Geschmackmusterrecht modernisiert sowie zusätzlich ein Halbleiterschutzgesetz verabschiedet. Weitere Normativakte runden das Gebiet des gewerblichen Rechtsschutzes weiter ab. Das neue Gesetz über die Marken und die geographischen Bezeichnungen (MarkenG) vom 1.9.1999 [32] ersetzte die Regelung über die Marken und die Ursprungsbezeichnungen im Gesetz

---

27) Todorov, Extraterritoriale Wirkung des Gesetzes zum Schutz des Wettbewerbs, Suvremenno Pravo Nr.4/1991, S.36-44

28) Das Übereinkommen über handelsbezogene Aspekte des geistigen Eigentums – kurz TRIPS genannt. Das TRIPS Übereinkommen ist eine von mehreren Anlagen zum Übereinkommen über die Errichtung der World Trade Organisation.

29) D.V. Nr.27 v. 2.4.1993; dazu Kowal-Wolk/Chivarov, Das neue bulgarische Patentrecht, GRUR Int.1993, S.910

30) Gesetz zum Schutz neuer Pflanzensorten und Tierrassen, D.V. Nr.84 v. 4.10.1996

31) D.V.Nr.28 v. 4.4.2000; vgl. Akt. Inf. in GRUR Int.1994, S.180

32) D.V. Nr.81v.14.9.1999; dazu Dimov, GRUR Int.2000, S.129

über Warenzeichen und gewerbliche Muster von 1967 [33] und brachte die Rechtslage des gewerblichen Rechtsschutzes in Bulgarien auf den aktuellen Stand der europäischen Rechtsnormen. Das neue Halbleiterschutzgesetz vom 2.9.1999 [34] (Gesetz über die Topographie integrierter Schaltkreise) konnte auf keiner Vorgängerregelung aufbauen; es folgt jedoch der Halbleiterschutz-Richtlinie.[35] Das neue Geschmackmustergesetz (Gesetz über industrielles Design) vom 2.9.1999 [36] ist in der Zwischenzeit ebenfalls durch ein „Reglement über die Abfassung, Einreichung, und Prüfung von Anträgen auf Registrierung eines industriellen Designs“[37] ergänzt worden. Der Vollständigkeit halber ist auch darauf hinzuweisen, dass durch das bulgarische Parlament auch ein Organisationsreglement am 3.12.1999 [38] erlassen worden ist, in dem die unterschiedlichen Funktionen und Abteilungen des Patentamts als umfassende Erteilungs-, Prüfungs- und Registrierbehörde in allen Bereichen des gewerblichen Rechtsschutzes geregelt sind.

---

33) D.V. Nr.95 vom 5.12.1967

34) D.V. Nr.81 vom 14.9.1999

35) RL 87/54/EWG des Rates vom 16.12.1986

36) D.V. Nr.81 vom 14.9.1999

37) erlassen durch Ministerratverordnung Nr.268 vom 30.12.1999; D.V. Nr.9 vom 1.2.2000, S.12

38) D.V. Nr.44 vom 30.5.2000

II. Systematische Einheit und Komplexität des Wettbewerbsschutzgesetzes.

1. Die Grundsätze der wettbewerbsrechtlichen Regelung.

Wie schon das Vorgängergesetz stellt auch das neue Wettbewerbsgesetz eine umfassende Regelung dar, die sowohl den Bereich der Wettbewerbsbeschränkungen, wie auch den Bereich des unlauteren Wettbewerbs betrifft. Im ersten Kapitel werden Ziel und Anwendungsbereich des Gesetzes geregelt. Ziel des Gesetzes sei es, den Schutz des Wettbewerbs zu gewährleisten sowie Voraussetzungen für die Entfaltung von Wettbewerb und freier wirtschaftlicher Tätigkeit zu schaffen (Art.1 Abs.1). Im Unterschied zum alten Gesetz erscheint der Schutz der Verbraucher nicht mehr unter den Zielen des Gesetzes. Wie bereits erwähnt ist ein sehr weit gehendes Gesetz zum Schutz der Verbraucher [39] vom bulgarischen Parlament bereits gebilligt worden.

Der Anwendungsbereich des Gesetzes wird in subjektiver, objektiver und territorialer Hinsicht festgelegt.[40] Was den subjektiven Geltungsbereich betrifft, ist das Gesetz nicht nur auf alle Unternehmen im Sinne der Art.81, 82 und 86 des EG-Vertrages anwendbar (Art.2 Abs.1 Ziff. und 3 in Verbindung mit §1 Ziff.1 der Zusatzbestimmungen), sondern auch auf staatliche Organe (Art.2 Abs.1 Ziff.2) und auf natürliche Personen, „die zur Schaffung einer marktbeherrschenden Stellung oder zur Begehung unlauteren Wettbewerbs beitragen" (Art.2 Abs.1 Ziff.4).[41] Diese etwas unklare Bestimmung wurde während der zweiten Lesung ins Gesetz eingeführt und kann nur vor dem wirtschaftlichen und rechtpolitischen Hintergrund in Bulgarien verstanden werden. Gemäß den parlamentarischen Protokollen sei die Absicht gewesen, Fälle von Erpressung von Unternehmern seitens Gangsters vorzubeugen. Es bleibt jedoch fraglich, ob solche Konstellationen sich überhaupt durch wettbewerbsrechtliche Maßnahmen lösen lassen.

In objektiver Hinsicht ist das Gesetz allgemein anwendbar und stellt keinen Wirtschaftsbereich von dem Gebot eines unbehinderten und lauteren Wettbewerbs frei. Eine wichtige Ausnahme ist der Schutz des geistigen Eigentums. Rechtsverhältnisse, die in Gesetzen zum gewerbli-

---

39) D.V.(Dirzaven Vestnik) Nr.3 vom 2.4.1999, S.2 (in bulgarischer Sprache)

40) Bakardjieva A., GRUR Int.1999, S.397

41) Parlamentarische Protokolle, Sitzung vom 29.4.1998, Diskussion zum Art.2; dazu A. Bakardjieva, GRUR Int.1999, S.397 ff.

chen Rechtschutz und Urheberrecht geregelt sind, sind von der Anwendung des Wettbewerbsgesetzes freigestellt, soweit die Rechte nicht zur Verhinderung, Einschränkung oder Verfälschung des Wettbewerbs ausgeübt werden (Art.2 Abs.2). Hinsichtlich des territorialen Anwendungsbereiches wird das Auswirkungsprinzip in Art.2 ausdrücklich festgelegt. Die Rechtsvorschriften sind auf alle Unternehmen anwendbar, einerlei ob diese ihren Sitz außerhalb oder innerhalb des Landes haben, soweit die relevanten Vereinbarungen/Verhaltensweisen den Wettbewerb innerhalb des Landes bezwecken oder bewirken. Das entscheidende Kriterium bildet also die Inlandswirkung.[42] Man kann hier von einer extraterritorialen Anwendung des Gesetzes oder eher einem ausgedehnten Territorialitätsprinzip sprechen.

Der im zweiten Teil des Gesetzes geregelte Komplex der Wettbewerbsbeschränkungen regelt unter erkennbarer Anlehnung an Art.81 EG (Art.85 EGW a.F.) zunächst verbotene Vereinbarungen und abgestimmte Verhaltensweisen. Grund der gesetzlichen Änderungen ist die weitgehend uniform durchgeführte Anpassung an das Wettbewerbsrecht der EU. So findet sich z.B. das Verbot der Kartellbildung gemäß Art.81 EG in den Vorschriften des Art.9 und 14 des bulgarischen Wettbewerbsgesetzes wieder. Das Verbot des Missbrauchs einer marktbeherrschenden Stellung gemäß Art.82 EG entspricht Art.16-18 des Gesetzes. Zum ersten Mal wird im bulgarischen Wettbewerbsrecht zwischen einer Monopolstellung (Art.16) und einer marktbeherrschenden Stellung (Art.17) differenziert.[43]

Vorgesehen ist dabei die Möglichkeit der Befreiung einschließlich der Gruppenfreistellung vom Kartellverbot. Darüber hinaus ist der Missbrauch einer Monopolstellung bzw. einer marktbeherrschenden Stellung ebenfalls unter erkennbarer Anlehnung an Art.82 EG (Art.86 EGV a.F.) geregelt; als Monopole werden Unternehmen bezeichnet, die aufgrund der Verfassung in gewissen Bereichen (z.B. im Eisenbahn, Post- und Fernmeldewesen) ausschließliche Rechte auf Ausübung bestimmter Tätigkeit haben. Weitere Vorschriften betreffen die im Grundsatz verbotene Unternehmenskonzentration, die allerdings Ausnahmebereiche und die Möglichkeit der Erlaubnis, insbesondere zum Zwecke der Herbeiführung eines wirksamen Wettbewerbs vorsieht. Besondere Vorschriften in diesem Bereich betreffen die sogenannte staatliche Hilfe, die dann verboten wird, wenn sie zu einer

---

42) Dazu Entscheidung des EuGH vom 27.9.1988, Ahlström/Kommission, verbundene Rechtss. 1989, in GRUR Int.1989 mit Anmerkung von Georgiev.

43) Dazu Bakardjieva A., GRUR Int. 1994, S. 671 GRUR Int.1999, S. 397 ff.; Dimitrov M., GRUR Int.1994, S.568; ders. Dissertation, Halle-Wittenberg 1996, S.61 ff.; auch Tadjer V. in Zeitung „Pari“ vom 7.12. 1999 (in bulgarischer Sprache)

Wettbewerbsverletzung führt, doch werden auch hier eine Reihe von Ausnahmen insbesondere im Bereich der Förderung wirtschaftlich schwacher Regionen vorgesehen.[44]

Die systematisch ausdifferenzierte Regelung des Rechts gegen den unlauteren Wettbewerb ist nach dem traditionellen Modell eines Sondergesetzes zur Bekämpfung des unlauteren Wettbewerbs aufgebaut. Sie orientiert sich, ebenso wie die Regelung im alten WettbewG von 1991,[45] stark am schweizUWG von 1986. Diesem Gesetzeswerk wurden sowohl die Regelungsstruktur als auch die Generalklausel des Art.30 sowie die typischen Einzeltatbestände nachgebildet. Wichtige konzeptionelle Ähnlichkeiten ergeben sich auch dadurch, dass das bulgarische Lauterkeitsrecht ebenso wie das schweizUWG dem Zweck dient, Bestand und Funktionsfähigkeit des Wettbewerbs zu schützen.[46]

Das dem Bereich des unlauteren Wettbewerbs gewidmete Kapitel VII des Gesetzes weicht nur wenig von den bisherigen Vorschriften im Gesetz von 1991 ab.[47] Die Änderung in diesem Bereich liegt vielmehr eher in der Aufwertung der Entscheidungsbefugnisse der Wettbewerbskommission. Gesetzestechnisch sind jedoch die Einzeltatbestände des unlauteren Wettbewerbs von dem generalklauselartigen Verbot unlauteren Wettbewerbs stärker abgesetzt. Der Rechtsschutz gegen unlauteren Wettbewerb ist deutlicher formuliert und teilweise mit neuen Tatbeständen ergänzt worden. Die Gesetzesvorschriften wurden zudem systematischer gegliedert.

Die Regelung des Rechts gegen den unlauteren Wettbewerbs in Kapitel VII enthält am Anfang in prägnanter Form das Verbot des unlauteren Wettbewerbs (Art.30 Abs.2), sowie eine Legaldefinition des Rechtsbegriffs des unlauteren Wettbewerbs (Art.30 Abs.1). In ihrer Gesamtbetrachtung bilden die Bestimmungen des Art.30 Abs.1 und 2 die Generalklausel des bulgarischen Lauterkeitsrechts. Ergänzend zu dieser Generalklausel sind Einzeltatbestände geregelt, in denen der Gesetzgeber selbst typische Erscheinungsformen der Unlauterkeit konkretisiert. Kapitel VII ist in sechs Artikel eingeteilt, wobei jeder Artikel eine Gruppe zusammenhängender Tatbestände umfasst und mit einem schlagwortartigen Titel versehen ist, nämlich Art.30 „Definition", Art.31 „Verletzung

---

44) Dazu GRUR Int.1998, S.627 und Bakardjieva A., GRUR Int.1999, S.397

45) Dazu Dimitrov M., Dissertation, Halle-Wittenberg 1996, S. 60-64; Bakardjieva A., GRUR Int.1999, S.397 ff.

46) Zum schweizUWG von 1986 Baudenbacher, Das UWG auf neuer Grundlage, S.16

47) Dazu Bakardjieva A., GRUR Int.1999, S.397 und GRUR Int.1998, S.697; Tadjer, Die Verpflichtung der Arbeitnehmer zur Geheimniswahrung beim Wechsel der wirtschaftlichen Lage, in der Tageszeitung „Pari" vom 7.2.1999

des guten Rufs der Wettbewerber", Art.32 „Irreführung", Art.33 „Nachahmung", Art.34 „Unlautere Kundenanlockung" und Art.35 „Verbot des Verrats von Geschäfts- und Betriebsgeheimnissen". Einige Vorschriften des alten Gesetzes, die schwer mit seinem Ziele zu vereinbaren waren, sind aus dem neuen Gesetz herausgenommen worden. Es handelte sich hier um Vorschriften, die die Wettbewerbsverhältnisse zwischen Arbeitgebern und Mitarbeitern nach Beendigung des Arbeitsverhältnisses regelten (Art.14 Abs.5 und Art.15 des alten Wettbewerbsgesetzes). Dass das Wettbewerbsrecht von solchen fremden Elementen befreit wurde, ist nach h.M. im Schrifttum als positive Entwicklung zu beurteilen.[48]

Im Vergleich zur früheren Regelung wurde insbesondere die Position der Wettbewerbskommission erheblich aufgewertet und ausgeweitet. im Gegensatz zum bisherigen Recht wurde sie mit umfassenden Entscheidungsbefugnissen ausgestattet, wobei für den Regelfall eine Beschwerdemöglichkeit zum Obersten Verwaltungsgericht vorgesehen ist. Wie bisher, betrifft die Zuständigkeit der Wettbewerbskommission sowohl den Bereich der Wettbewerbsbeschränkungen, einschließlich der Unternehmenszusammenschlüsse (Fusionen), als auch den Bereich des unlauteren Wettbewerbs. Die Zusammensetzung der Kommission, ihre Rechtsstellung und Aufgaben sind im ersten Teil des Gesetzes, das Verfahren vor der Kommission im dritten Teil des Gesetzes eingehend geregelt. Neben den Erlaubnissen und Untersagung kann die Wettbewerbskommission auch Vermögenssanktionen bzw. Geldbußen verhängen; den Parteien sind umfangreiche Mitwirkungs- und Informationspflichten auferlegt. Schadenersatzklagen sind allerdings nach der Zivilprozessordnung zu erheben. Auffällig sind dabei die im Gesetz vorgegebenen teilweise sehr kurzen Fristen für einzelne Verfahrensschritte sowie für die Entscheidungsfindung.[49]

Das bulgarische Verfassungsgericht hat mit Entscheidung Nr.22 vom 24.9.1998 [50] auf Antrag von 48 Abgeordneten des Parlaments eine Reihe von Vorschriften des neuen Gesetzes zum Schutz des Wettbewerbs für verfassungswidrig erklärt, weil sie mit grundlegenden Prinzipien der Verfassung, etwa dem Gewalteinteilungsgrundsatz und der Unabhängigkeit der rechtsprechenden Gewalt nicht vereinbar sind. Dies betrifft zunächst Art.7 Abs.1 Ziff.6, der der Wettbewerbskommission die Kompe-

---

48) So Tadjer, Die Verpflichtung der Arbeitnehmer zur Geheimniswahrung beim Wechsel der wirtschaftlichen Lage, Zeitung „Pari" vom 7.2.1992; Dietz, GRUR Int.1994, S.685; Bakardjieva, GRUR Int.1994, S.674

49) Dazu GRUR Int.1998, S.627

50) Abgedrückt ohne Sondervoten in D.V. Nr.112 vom 29.9.1998, S.1 ff.

tenz zur Nichtigerklärung wettbewerbsbeschränkender Vereinbarungen oder Beschlüsse von Unternehmen gewährte; die an sich ex legeentstehende Nichtigkeit dürfte aber im Streitfall oder im Zweifel nur von einem Gericht festgestellt werden. Ebenfalls verfassungswidrig ist Art.13 Abs.5, der die Wettbewerbskommission im Falle der Schädigung der Interessen von Handelspartnern oder Verbrauchern zur Anordnung des unverzüglichen Nichtvollzugs oder der Änderung von Vereinbarungen oder Beschlüssen von Unternehmen ermächtigt, die eine Freistellung beantragt haben; diese Vorschrift ist allerdings nur insoweit verfassungswidrig, als sie die Anordnung von Änderungen erlaubt, da es sich dabei um einen Eingriff in die gesetzlich verankerte Vertragsfreiheit handle. Aus demselben Grund wurde Art.27 Abs.3 insoweit für verfassungswidrig erklärt, als er die Wettbewerbskommission unter ähnlichen Voraussetzungen wie Art.13 Abs.5 dazu ermächtigt, den Nichtvollzug oder die Änderung beantragter Unternehmenszusammenschlüsse anzuordnen.

Auch Art.36 Abs.2, der Schadenersatzklagen wegen Verletzung des Wettbewerbsschutzgesetzes zwar den Gerichten zuweist, die Entscheidungen der Wettbewerbskommission über das Bestehen einer Verletzung jedoch als für das Gericht verbindlich erklärt, wurde im letzteren Punkt wegen Verstoßes gegen die Grundsätze des Rechtstaats, der Gewalteinteilung und der Unabhängigkeit der rechtsprechenden Gewalt für verfassungswidrig erklärt. Schließlich wurde auch Art.55 Abs.1 Ziff.2 für verfassungswidrig erklärt, der es dem Vorsitzenden der Wettbewerbskommission erlaubte, auf Aufhebung einer Gerichtsentscheidung zu klagen, wenn die Kommission der Auffassung ist, dass die Entscheidung zustande kam, obwohl dem Sachverhalt eine Wettbewerbsverletzung zugrunde lag. Diese Vorschrift verstößt nach Auffassung des bulgarischen Verfassungsgerichts gegen die Grundsätze der Rechtssicherheit und der gerichtlichen Kontrolle von Verwaltungsakten.[51]

Infolge der tiefgreifenden Erneuerung des Gesetzes auf dem Gebiet des Kartellrechts ist die bisherige Praxis der Kommission und der Gerichte, die sich auf das alte Wettbewerbsgesetz stützte, nur mit Vorsicht anzuwenden. Demgegenüber ist das normative Regelwerk im Bereich des unlauteren Wettbewerbs im Großen und Ganzen unverändert geblieben, was es ermöglicht, die frühere Praxis der Wettbewerbskommission und die Rechtsprechung auch in Zukunft als Rechtschnur für Rechtstheorie und

---

51) Weitergehende Anträge auf Feststellung der Verfassungswidrigkeit der betroffenen Vorschriften wurden von der in bestimmten Punkten mit Sondervoten einzelner Richter versehenen Entscheidungen abgelehnt. (D.V. Nr.112 vom 29.9.1998, S.1 ff.); vgl die aktuelle Information in GRUR Int.1999, S.199. Dazu Bakardjieva A., GRUR Int.1999

Rechtspraxis in Anspruch zu nehmen. Es soll allerdings zugleich unterstrichen werden, dass auch hier an der Gesetzessystematik etwas geändert wurde, was seinerseits die Interpretation auf neue Bahnen leiten kann.[52]

2. Zum Verhältnis zwischen Generalklausel und Einzeltatbeständen.

Die Bestimmungen des Art.30 Abs.1 und 2 erfüllen in ihrer Gesamtbetrachtung, trotz ihres Titels „Definition", zweifellos die Funktion einer Generalklausel des unlauteren Wettbewerbs.[53] Gelesen in dieser Form lautet die Generalklausel: *Verboten ist jede Handlung oder jede Unterlassung bei der Verwirklichung einer Wirtschaftstätigkeit, die den guten Handelssitten widerspricht und die Interessen der Wettbewerber in ihren Beziehungen untereinander oder in ihren Beziehungen mit den Verbrauchern verletzt bzw. verletzen kann.*[54] Trotz des gleichartigen Wortlautes der alten und neuen Generalklausel, darf wohl behauptet werden, dass das alte Gesetz das Verhältnis zwischen Generalklausel und Einzeltatbeständen deutlicher bestimmte, da die Generalklausel in Art.12 Abs.1 und die Einzeltatbestände im Beispielkatalog des Art.12 Abs.2 des alten Gesetzes aufgelistet waren.

Die Aufzählung von Einzeltatbeständen übt die Funktion einer Veranschaulichung und Ergänzung der Generalklausel aus, schöpft sie aber nicht aus.[55] Die KSW betrachtet die Einzeltatbestände des unlauteren Wettbewerbs als Konkretisierung des Begriffs der gewissenhaften Handels- praxis.[56] Dadurch wird ein wechselseitiges Verhältnis zwischen Generalklausel und speziellen Tatbeständen konstruiert. Dabei herrscht in

---

52) So Bakardjieva A., GRUR Int.1999, S.396

53) Das Oberste Gericht ist bezüglich der gleichlautenden Bestimmung des alten Gesetzes zu dem Ergebnis gelangen, dass diese Bestimmung eine selbständige privatrechtliche Wirkung hat.

54) Nach Art.2 des schweizUWG von 1986 gelten als unlauter und widerrechtlich jedes täuschende oder in anderer Weise gegen die Grundsätze von Treu und Glauben verstoßende Verhalten oder Geschäftsgebaren, welches das Verhältnis zwischen Mitbewerbern oder zwischen Anbietern und Abnehmern beeinflusst.

55) So in der Entscheidung des Obersten Gerichts Nr.549 vom 17.6.1993, Fall „Terastio".

56) JbKSW 1993, S.67; JbKSW 1994, S.79

der Lehre und Rechtsprechung die Auffassung, dass die Einzeltatbestandsbestimmungen nicht abschließend aufgeführt sind.[57] Nach der Ansicht des Obersten Gerichts seien sie nur ein beispielhafter Teil der Formen des unlauteren Wettbewerbs, die der Verhaltenskontrolle des Art.30 Abs.1 unterworfen sind. Die denkbaren Praktiken unlauteren Wettbewerbs und die entsprechenden Herbeiführungsformen beschränken sich nicht auf die weitläufige Aufzählung von typischen Fällen im Kapitel VII, die Gründe für die Haftung wegen unlauteren Wettbewerbs seien da nicht erschöpft. Offensichtlich will das Oberste Gericht eine bestimmte Entwicklungsrichtung des Lauterkeitsrechts offen halten. Es hat auf dem Auslegungsweg die Grundlage für eine ergänzende Normbildung im Rahmen der Generalklausel geschaffen. Bei der Klärung der Frage nach dem Verhältnis zwischen der Generalklausel und den Einzeltatbeständen ist daher davon auszugehen, dass die Generalklausel des Art.30 primär in ihrer Funktion als lückenschließender Auffangtatbestand anzuwenden ist. Das bedeutet, dass Wettbewerbspraktiken, die nicht durch ein besonderes Tatbestand gedeckt sind, über Art.30 erfasst werden können, wenn alle Voraussetzungen der Definition für unlauteren Wettbewerb erfüllt sind.[58]

Die Kommission hat bisher nur selten von der Generalklausel selbständigen Gebrauch gemacht, und ist bei den Gerichten dann auch oft auf Ablehnung gestoßen.[59] Dies ist im Hinblick auf die Vielzahl von Sondertatbeständen nicht überraschend, ist aber auch für die liberale rechtspolitische Einstellung der Gerichte bezüglich Werbung kennzeichnend. Die lückenfüllende Funktion der Generalklausel wurde schrittweise anerkannt. Die Gerichte waren aber gleichzeitig nicht bereit, die Werbekontrolle durch eine ausdehnende Auslegung der Generalklausel zu verschärfen. Dementsprechend sind Anpreisungen wie z.B. „das beste", „meist verkaufte", Übertreibungen, aggressive Werbung und andere fragwürdige Werbemethoden bisher auf keine erheblichen Einwände gestoßen.[60] In einem Fall von Werbung für ein Schlankheitsmittel, das in stark übertriebener Weise als besonders wirkungsvoll präsentiert wurde, hat sowohl das erstinstanzliche Gericht, als auch das Berufungsgericht die Übertreibung als eine in der Werbepraxis weit verbreitete Methode

---

57) Oberstes Gericht/E Nr.549/17.6.1993, Fall „Terastio"; KSW/E Nr.61-19/18.10.1994

58) Dimitrov , Dissertation Halle-Wittenberg 1996, S.135-141; Bakardjieva , GRUR 1994, S. 671

59) KSW/E Nr.16/3.2.1992, Fall „Terastio", in KZK 1993, S.98; Entsch. des Stadtgerichts Sofia Nr.810/1992; Entsch. des obersten Gerichts Nr.549 v. 17.6.1993; dazu Dietz, GRUR Int.1994, S.674

60) KSW/E Nr.5/12.1.1993, Fall „Prosoft", in KZK 1994, S.137, wo die Anwendung von Superlativen in der Werbung als eine herkömmliche Handelsgewohnheit bezeichnet wurde.

beurteilt. Die erste Instanz hat diese Auffassung auch unter Bezugnahme auf die Verhaltensregeln für die Werbepraxis der Inter- nationalen Handelskammer verfochten.[61] Offenbar – und etwas wider Erwarten - geht die Judikatur von dem Leitbild eines mündigen und skeptischen Verbrauchers aus.[62] Diese Einstellung lässt sich wahrscheinlich einerseits mit einer für die südlichen Länder charakteristischen Toleranz in bezug auf Übertreibung in der Werbung, andererseits aber mit dem psychologischen Klima in einer Übergangswirtschaft erklären.[63]

Die Generalklausel kann auch bei jedem Einzeltatbestand die Position eines konkurrierenden Tatbestands erlangen, da alle speziellen Tatbestände des unlauteren Wettbewerbs auf die Konkretisierung der Generalklausel ausgerichtet sind. Die Rechtsvergleichung mit der Doktrin des strukturellen Vorbilds der Regelung im Kapitel VII WettbewG – das schweizUWG von 1986 – bestätigt die grundsätzliche Möglichkeit für die kumulative Anwendung der Generalklausel und Einzelverboten.[64] Die Berücksichtigung dieses Verhältnisses zwischen dem allgemeinen Rechtssatz und den konkreten Regeln im Rahmen des Kapitels VII führt in der Praxis der Kommission zum Schutz des Wettbewerbs (KSW) beim methodischen Bewertungsvorgang tendenziell dazu, dass die Bestimmung des Art.30 immer in den Vordergrund gestellt wird.[65] Die KSW stützt die Begründung ihrer Entscheidungen vor allem auf den Kriterien des allgemeinen Begriffs für unlauteren Wettbewerb. In jedem Einzelfall wird bewertet, inwieweit das beanstandete Verhalten die allgemeinen Merkmale des unlauteren Wettbewerbs trägt; erst dann kann dieses Verhalten unter Berücksichtigung der Tatumstände im Sinne eines konkreten Tatbestands qualifiziert werden. Die konsequente Befolgung dieser Bewertungsrichtlinie führt aber zu Schwierigkeiten bei dem Legitimieren von Methoden der Verbraucherbeeinflussung (unmittelbar vertikale Wirkung) als konkrete konkurrentenbezogene Delikte (mittelbar horizontale Wirkung).

Es ist unbestritten, dass die Generalklausel die allgemeinen begrifflichen Tatbestandsmerkmale und die Subjekte der Rechtsverletzung „unlauterer Wettbewerb“ definiert. Sie bestimmt aber zugleich, nach strikter grammatikalischer Auslegung, dass als Betroffene von Verstößen gegen die gewissenhafte Handelspraxis nur die Konkurrenten auftreten

---

61) Entsch. der KSW Nr.12/1992, Fall „Florela“, in KZK 1993, S.94; Entsch. des Stadtgerichts Sofia vom 18.6.1993; Entsch. des Obersten Gerichts Nr.1549 vom 13.1.1995

62) So Miklitz, Rechtseinheit oder Rechtsvielfalt in Europa?, 1996, S.56

63) Bakardjieva A., GRUR Int.1999, S.402

64) Baudenbacher, Das UWG auf neuer Grundlage, S.34, 35

65) JbKSW 1992, S.52; 1993, S.66; 1994, S.79; Velitschkova, Wettbewerbsschutz, S.19

können.[66] Dies ergibt sich schon daraus, dass die Verbraucher in der Generalklausel nur mittelbar erwähnt sind. In der Tat versucht die KSW in bestimmten Fällen der verbraucherbezogenen Unlauterkeit der beschränkenden Wirkung des Erfordernisses nach einem Wettbewerbsverhältnis im Sinne des Art.30 zu entgehen.[67] Sie geht von einem breiten Begriff des unlauteren Wettbewerbs aus, wonach, entgegen dem Wortlaut der Bestimmung des Art.30, als Tatbestandsmerkmal des unlauteren Wettbewerbs die Schädigung oder die Gefährdung der Interessen der Konkurrenten *oder* der Verbraucher zu gelten habe.[68] Praktisch übernimmt die KSW dadurch eine funktionale Modifikation der lauterkeitsrechtlichen Grundnorm, indem sie insbesondere in den Fällen der Irreführung und der Verwechslung auf das Erfordernis einer Handlung im Wettbewerbsverhältnis verzichtet und auf das Marktverhalten abstellt. Die Praxis der KSW zeigt somit, dass die These der Vorrangigkeit der Generalklausel, die ständig in den Jahresberichten der KSW als Bewertungsrichtlinie betont wird, in den Fällen der verbraucherbezogenen Unlauterkeit nicht konsequent eingehalten werden kann. Im Bereich der verbraucherbezogenen Unlauterkeit ist eine prinzipielle Zurückhaltung beim Rückgriff auf die Generalklausel geboten, denn es ist zu bedenken, dass die reale Situation in Bulgarien zahlreiche Beispiele für nicht kompetitive Märkte bietet. Marktbeherrschende Positionen bleiben trotz der andauernden Strukturreform erhalten, außerdem sind die Konkurrenten, wenn vorhanden, in vielen Fällen passiv. Diese Flexibilität der KSW ist daher begrüßenswert. Andererseits lassen aber die Leitsätze einiger Entscheidungen [69] den Schluss zu, dass sich die KSW bei der Anwendung der Sonder-

---

66) Bakardjieva leitet daraus das Erfordernis eines Wettbewerbsverhältnisses ab. Der Verbraucherschutz im WettbewG sei nur mittelbar durch wettbewerbsrechtliche Bestimmungen betroffen. „Offensichtlich ist der Gesetzgeber davon ausgegangen, dass ein freier und lauterer Wettbewerb die beste Garantie für die Interessen der Verbraucher darstellt."(GRUR Int.1994, S.671) Sie weist auf die Bemühungen der KSW um eine flexible Handhabung der Generalklausel, indem sie sich in den Fällen der Verletzung von Verhaltensverboten mit einem abstrakten Wettbewerbsverhältnis begnügt.

67) In den Jahresberichten der KSW wird immer wieder betont, dass sie verstärkt auch die Verbraucherinteressen berücksichtigt.

68) JbKSW 1993, S.67; JbKSW 1994, S.79, 80; JbKSW 1996, S.49,65

69) So ist in dem Leitsatz der KSW/E Nr.59-18/4.4.1994 zur Verwässerungsgefahr zu lesen, dass unlautere Handlungen nur gegenüber einem konkurrierenen Wirtschaftssubjekt begangen werden können. Dasselbe vertritt die KSW, wenn sie dem Schutz einer nicht rechtmäßig organisierten Privatschule gegen Irreführung der Verbraucher abgesprochen hat (KSW/E Nr.32-11/17.5.1994), mit der Begründung, Voraussetzung für die Anwendung der Generalklausel sei nicht nur das Vorliegen von unlautere Handlungen, notwendig sei auch, dass diese Handlungen die Verhältnisse der Konkurrenten untereinander oder zu den Verbrauchern schädigen oder schädigen könnten.

normen der Irreführung und der Verwechslung, wenn die Beschwerde von einem konkreten Konkurrenten eingereicht ist, strikt an das Erfordernis eines Wettbewerbsverhältnisses hält.

Als Preis für die erreichte Flexibilität in der Praxis der KSW lässt sich aber eine gewisse dogmatische Unsicherheit kaum verbergen. Der Hauptgrund für die nicht konstante Praxis der KSW liegt in die Konzipierung der Formel des unlauteren Wettbewerbs als eine eindeutig konkurrentenbezogene Rechtsverletzung. Auch in der Literatur sind Meinungen zu finden, die die Formulierung der Generalklausel als missverständlich betrachten und dies gerade im Hinblick auf das Außerachtlassen der Verbraucherinteressen.[70] Man geht dabei davon aus, dass die effektive Durchsetzung der Lauterkeitsnorm auf dem Markt nicht nur die verbale Gleichrangigkeit des Verbraucherschutzgedankens als Konkretisierungshilfe für das Lauterkeitskriterium neben dem Konkurrentenschutz erfordert, und befürwortet offensichtlich eine Formel des unlauteren Wettbewerbs, die die Verbraucherinteressen ausdrücklich mit einbezieht. Ein solcher Vorschlag wurde von Ulmer für eine gemeinschaftsrechtliche Generalklausel des lauteren Wettbewerbs gemacht.[71] Danach gelten als unzulässig Handlungen im geschäftlichen Verkehr, die den anständigen Gepflogenheiten zuwiderlaufen und die Interessen der Wettbewerber oder der Verbraucher verletzen. Mit ausdrücklicher Verbraucherschutzbezug sind die Grundbestimmungen des ungarischen (§3 Abs.2 GVUM) oder des tschechischen (§44 HGB) Lauterkeitsrechts konzipiert. Aus dieser rechtsvergleichenden Sicht erscheint die Formel der Generalklausel des Lauterkeitsrechts nach Art.30 WettbewG zu eng.[72]

Es handelt sich dabei jedoch nicht um eine konzeptionelle Restriktion. Die geschilderte Problematik betrifft vielmehr die Frage nach der Form und der Organisation des Interessenschutzes. Der Gesetzgeber erweitert selbst den persönlichen Schutzbereich bei den konkreten Tatbeständen der Irreführung und der Verwechslung über die Grenze eines materiellen Wettbewerbsverhältnisses hinaus, indem er an die Gefährdung von Verbraucherinteressen anknüpft. Der Rahmen eines konkreten Wettbewerbsverhältnisses wird auch auf prozessualer Ebene durchbrochen, wenn der Gesetzgeber Schutzansprüche nach Art.30 nicht nur den Konkurrenten gewährt.

Anzunehmen ist daher, dass der Gesetzgeber durch das Definieren des unlauteren Wettbewerbs nach Art.30 nur als konkurrentenbezogene

70) Velitschkova, Wettbewerbsschutz, S.20

71) Ulmer, GRUR Int.1973, S.135

72) Dimitrov M., Dissertation, Halle-Wittenberg 1996, S.103

Gesetzesverletzung, aufgrund der Wirkung der Generalklausel auf die Einzeltatbestände, im materiell-rechtlichen Bereich eine notwendige wettbewerbliche Relevanz der Handlungen unterstreichen wollte, die als unlautere Methoden der direkten Einwirkung auf die Marktgegenseite beanstanden werden. Außerdem wird dadurch ein unkontrollierter Verbraucherschutz im prozessualen Bereich verhindert, denn auch hier hat der Rechtsanwender mit einer offenen Bestimmung der Klageberechtigten zu arbeiten. Die Berücksichtigung dieser Aspekte der gegenseitigen Wechselwirkung zwischen der Generalklausel und den Einzeltatbeständen ermöglicht folgende Schlussfolgerung: Der Generalklausel des Art.30 Abs.1 und 2 WettbewG können auf dem Wege der Rechtsfortbildung nur dann neue Verhaltensregeln entnommen werden, wenn negative Auswirkungen auf den Wettbewerb durch das Schutzbedürfnis konkreter Konkurrenteninteressen hinreichend indiziert werden.

3. Das modifizierte Deliktskonzept im Lauterkeitsrecht.

Die dogmatische Einordnung des unlauteren Wettbewerbs in das Gefüge des Deliktsrechts ergibt sich aus der Definition des unlauteren Wettbewerbs.[73] Der Rechtsbegriff des unlauteren Wettbewerbs nach Art.30 WettbewG richtet sich nach der traditionellen Formel: Ausübung wirtschaftlicher Tätigkeit – Verstoß gegen ethisch fundiertes Kriterium – Interessenbeeinträchtigung. Auf eine Sonderregelung des wettbewerbsrechtlichen Schadensersatzanspruchs hat der Gesetzgeber zurecht verzichtet. Ein solcher Anspruch hätte im Verhältnis zum allgemeinen Schadensersatzanspruch nach Art.45 VerpfVertrG keine speziellen tatbestandlichten Voraussetzungen eingeführt, und bliebe deswegen lediglich bei seinem deklaratorischen Charakter. Die Klage auf Schadensersatz wegen unlauteren Wettbewerbs ist *de lege lata* subsidiär auf das allgemeine Deliktsrecht gestützt. Man darf in diesem Sinne den unlauteren Wettbewerb terminologisch als Wirtschaftsdelikt bezeichnen. Die theoretische Konsequenz hiervor ist, dass die allgemeinen Grundsätze der deliktischen Haftung mit gewissen, durch die Besonderheit des Regelungsgegenstandes bedingten, Modifikationen auch im Bereich des Wettbewerbsrechts gelten.[74]

---

73) Dimitrov M., Dissertation, Halle-Wittenberg 1996, S. 99-103

74) Dimitrov M., Dissertation, S. 99-103

Die Generalklausel des allgemeinen bulgarischen Deliktsrechts ist dem Art.1382 Code Civil nachgebildet [75] und statuiert für jedermann die Verpflichtung zur Wiedergutmachung der Schäden, die er schuldhaft einem anderen zugefügt hat (Art.45 Abs.1 VerpfVertrG).[76] In Lehre und Rechtsprechung besteht Einigkeit darüber, dass die Begründung der Zivilhaftung wegen unerlaubter Schädigung das Vorliegen folgender Voraussetzungen erfordert: 1) Schadenszufügung einer anderen Person, als hauptsächliches haftungsbegründendes Element; 2) Rechtswidrigkeit der beanstandeten Handlung; 3) Kausalitätszusammenhang zwischen der Schadenszufügung und der rechtswidrigen Handlung; 4) Verschulden als subjektives Element. [77]

Erst das objektive Eintreten von Schadenfolgen im Rechtskreis einer dritten Person begründet die Anwendung der Deliktsnormen (Erfolgsunwert). Das Erfordernis einer Schädigung nach dem allgemeinen Deliktsrecht hat sowohl Bedeutung als primäre haftungsbegründende als auch als haftungsausfüllende Voraussetzung. Verstöße gegen die absolute Pflicht *neminem laedere* begründen die Rechtswidrigkeit der ursächlichen Handlung und machen diese dem Schädigen vorwerfbar. Wegen der Geltung dieser absoluten Haftungsregel wird selbst aus der Tatsache, dass aus einem bestimmten Verhalten Schäden entstanden sind, auf die Rechtswidrigkeit geschlossen. Das Oberste Gericht Bulgariens hat sich konsequent an die Auffassung gehalten, dass die Haftung wegen unerlaubter Schädigung nicht nur bei Verletzung von gesetzlich festgelegten Rechtsnormen zu tragen ist, sondern auch durch die Verletzung des allgemeinen rechtlichen Grundsatzes, anderen Personen keinen Schaden zuzufügen, begründet wird.[78] Der Schadensbegriff umfasst all diejenigen Veränderungen im Rechtskreis der Betroffenen, die eine Störung, eine Beeinträchtigung und eine Vernichtung von materiellen und immateriellen Rechten und durch das Recht geschützte Rechtsgüter darstellt.

Es konnte aber nicht Sinn und Zweck des Wettbewerbsrechts sein, die Schadensverursachung im Wettbewerbskampf zu verbieten. Der Natur des wirtschaftlichen Wettbewerbs ist immanent, dass die Erfolge bestimmter

---

75) Dieser Gedanke war auch dem deutschen BGB-Gesetzgeber nicht fremd: §704 des Ersten BGB-Entwurfs.

76) Das VerpfVertrG von 1950 ist das grundlegende Regelungswerk des bulgarischen Schuld- rechts (in Bulgarien ist die Bezeichnung Obligationsrecht eingebürgert).

77) Dimitrov, Diss. , S. 102; Josifov/Balabanov, Unerlaubte Schädigung, S.5

78) Entsch. Nr.940-72-I, Sammlung aus der Gerichtspraxis des OG, Zivilkollegium, 5-72

Konkurrenten dialektisch anderen Mitstreitern in diesem Kampf Schaden zufügen. Im Hinblick auf die spezifischen Verhältnisse im wirtschaftlichen Wettbewerb, wurde daher das herkömmliche Erfolgsunrechtsmodell des Deliktsrechts im WettbewG modifiziert. Zum einen wurde durch die Konzipierung des unlauteren Wettbewerbs auch als Gefährdungsdelikt die Eingriffsschwelle im Lauterkeitsrecht deutlich gesenkt. Zum anderen wird durch die Akzentsetzung auf die Verletzung der objektiven Lauterkeitsnorm den kausalen Marktauswirkungen eine strenge Verhaltenskontrolle vorgeschaltet. Das hat zur Konsequenz, dass kein Unlauterkeitsurteil ausschließlich auf dem Schadenserfolg eines Marktverhaltens gestützt werden kann. Das WettbewG schützt nicht nur konkrete Interessenpositionen der Konkurrenten, es enthält auch Verhaltensverbote, deren Schutzzweck sich nicht nur mit der Verhinderung von Eingriffen in konkreten Interessenpositionen der Konkurrenten erklären lässt.[79]

Zunächst muss die zu beurteilende Handlung im Lauterkeitsrecht die Wesenszüge einer Markthandlung aufweisen. Als Abgrenzungskriterium für die Anwendung des Lauterkeitsrechts gilt nach Art.30 das Tatbestandsmerkmal „Verwirklichung einer Wirtschaftstätigkeit", auf dessen Basis die spezifischen Marktbeziehungen zwischen Konkurrenten zueinander und zwischen Konkurrenten und Verbrauchern entstehen. Im Unterschied zum allgemeinen Deliktsrecht („jedermann") kann somit nach dem Lauterkeitsrecht nur ein Wirtschaftssubjekt haften. Dagegen kann als geschädigt oder gefährdet jeder Marktteilnehmer in seiner Eigenschaft als Konkurrent oder Verbraucher auftreten. Darüber hinaus sind die KSW und die Staatsanwaltschaft befugt, Klagen gegen unlautere Markthandlungen im Allgemeininteresse geltend zu machen.

Das Rechtswidrigkeitsurteil im Lauterkeitsrecht orientiert sich im konkreten ausschließlich an einem besonderen objektiven Kriterium: die Anforderungen der guten Handelssitten. Des weiteren geht das Lauterkeitsrecht bezüglich des Schadenserfordernisses über das allgemeine Deliktsrecht erheblich hinaus, indem es nicht nur Verhaltensweisen sanktioniert, die eine konkrete Schädigung verursachen, sondern auch diejenigen miterfasst, die eine Schädigungsgefahr wahrscheinlichkeitsgemäß prognostizieren lassen. Der Haftungszweck des allgemeinen Deliktsrechts besteht primär in der Beseitigung bzw. Wiedergutmachung der Lücke in einem fremden Rechts kreis, die infolge der Nichterfüllung der generellen Pflicht *neminem laedere* entsteht.[80] Die Verpflichtung zur Wiedergutmachung des bewirkten Schadens stellt sich als sekundäre Ver-

---

79) Dimitrov M., Dissertation, Halle-Wittenberg 1996, S. 99-103

80) Nach herrschender Ansicht, Kojucharov/Gerdzikov, Obligationenrecht, 1.Buch, S.256

pflichtung dar, begründet durch die Verletzung vorbestimmter und nicht erfüllter primärer Verpflichtungen. Ausgehend von diesem vordefinierten Pflichtsatz und dem damit verfolgten Rechtszweck erkennt die Doktrin den Sanktionscharakter der Haftung wegen unerlaubter Schädigung an. Die repressiv-kompensatorischen Funktionen des allgemeinen Deliktsrechts treten daher in den Vordergrund, und lassen dessen Prävention vielmehr als bloße Nebenwirkung zur Geltung kommen. Das Lauterkeitsrecht, in seiner Ausgestaltung als spezielles Wirtschaftsdelikt, baut hingegen auf einer ausgeglichenen präventiv-repressiven Wirkung auf, ohne dabei die komplexen Funktionen des allgemeinen Deliktsrechts zu verdrängen.

a) Das Abgrenzungsmerkmal „Ausübung wirtschaftlicher Tätigkeit“.

Der objektive Anwendungsbereich des Lauterkeitsschutz wird gegenüber anderen Rechtsgebieten durch das Tatbestandsmerkmal „Verwirklichung einer Wirtschaftstätigkeit“ abgegrenzt.[81] Sofern die Definition des Art.30 WettbewG in der Literatur als Nachbildung der klassischen Bestimmung des Art.10bis Abs.2 PVÜ angesehen wird,[82] beschränkt es die Anwendung des Lauterkeitsschutzes „im Gewerbe und Handel“. Nicht erfasst sind andere, ebenfalls vom Wettbewerbsphänomen gekennzeichnete soziale Bereiche wie etwa Politik oder Sport. Die Anwendung des Wettbewerbsschutzgesetzes beschränkt sich nur auf die wirtschaftliche Sphäre.

Obwohl die KSW anhand einiger Entscheidungen[83] nach dem alten Wettbewerbsgesetz den Begriff der Wirtschaftstätigkeit zu klären versucht hatte, hat der Gesetzgeber es für nötig erachtet, diesem Begriff im neuen Gesetz eine Legaldefinition zu geben. Gemäß §1 Ziff.9 ist die Wirtschaftstätigkeit als Tätigkeit eines Unternehmens deren Ergebnisse zum Tausch auf dem Markt bestimmt sind, definiert. Auch das Oberste Gericht hat sich zu diesem Begriff geäußert. In seiner Entscheidung vom 21.01.1993 stellt das Gericht in seinem Leitsatz fest, dass die Tätigkeit eines im Wirtschaftsbereich machtbefugnisausübenden Verwaltungsorgans keine

---

81))Dimitrov M., Dissertation 1996, S. 103

82) Das Merkmal „Ausübung wirtschaftliche Tätigkeit nach Art.30 ist das Korrelat des Kriteriums „im Gewerbe und Handel“ nach Art.10bis Abs.2 PVÜ (Goleminov, WettbewR, S.15)

83) KSW/E Nr.32-33/28.2.1992; KSW/E Nr.22-8/5.4.1994; KSW/E Nr.101-62 v. 28.11.1992

Wirtschaftstätigkeit im Sinne der Generalklausel des Wettbewerbsgesetzes darstellt. Der in der Generalklausel benutzte genutzte Begriff „Wirtschaftstätigkeit“ ist, so das Gericht, als Tätigkeit mit wirtschaftlichem Charakter zu verstehen, die auf der Grundlage einer rechtlichen Gleichstellung organisiert und zivil- und handelsrechtlich geregelt ist. [84]

Die wirtschaftliche Tätigkeit wird in der Regel von Personen ausgeübt, die kaufmännische Eigenschaft besitzen. Sämtliche nach Art.1 HandelsG aufgezählten Tätigkeiten [85] sind wirtschaftlicher Natur, damit ist jedoch der wettbewerbsrechtliche Begriff für wirtschaftliche Tätigkeit nicht erschöpft. In der Wirtschaftsrealität entstehen Wettbewerbsverhältnisse auch zwischen Personen, die nicht Kaufleute sind, jedoch inzidentiell und nicht gewerblich unter einer oder anderen Form wirtschaftliche Aktivitäten unternehmen. Die Tätigkeit dieser Personen ist kraft Gesetzes zwar nicht kaufmännischer Natur, sie stellt sich jedoch als wirtschaftliche, gewinngerichtete Tätigkeit dar, mit der Konsequenz, dass auch für solche Personen das Verbot des unlauteren Wettbewerbs zu gelten hat. Man denkt hier an die kleinen landwirtschaftlichen oder handwerklichen Betriebe, die nach der Liberalisierung der Marktverhältnisse gegründet worden sind und deren Tätigkeit nach Art und Umfang einen in kaufmännischer Weise errichteten Geschäftsbetrieb nicht erfordert. Das bulgarische Lauterkeitsrecht betrifft Handlungen, die geeignet sind, die Marktverhältnisse zu beeinflussen, und von Unternehmern im weiten Sinne begangen werden.

Keine Privilegien genießen öffentliche Unternehmen; sie unterliegen ohne weiteres der lauterkeitsrechtlichen Kontrolle als gleichberechtigte Marktteilnehmer neben den privaten Wirtschaftssubjekten. Lehre und Rechtsprechung vertreten die Auffassung, dass als maßgebliche Kriterien für die Anwendung des Lauterkeitsrecht die Autonomie und die gleichberechtigte Stellung der Marktbeteiligten zu gelten haben.[86] Das Verfassungsgericht weist in seinem Urteil vom 21.12.1993 darauf hin, dass im wirtschaftlichen Verkehr eine privilegierte Sonderstellung des Staates und der Gemeinden gegenüber privatrechtlichen Wirtschaftssubjekten nicht zulässig sei. Die KSW hält bei der Einordnung der Handlungen der öffentlichen Hand an den Erforder nissen der „wirtschaftlichen Tätigkeit“ und „Gleichstellung der Wirtschaftssubjekte“ fest. [87] Eine prinzipiell gleiche Auffassung vertreten auch die Instanzgerichte.[88]

---

84) Entsch. Nr.5 v. 21.1.1993; in Gerichtspraxis des OG, Zivilkollegium 1993, S.239

85) Dimitrov M., Diss. 1996, S.101; Gerdzikov, Kommentar des HandelsG, S.41

86) Dimitrov M., Diss. , S. 106-108; Velitschova, Wettbewerbsschutz, S.10

87) KSW/E Nr.32/30.3.1992

Die Durchsetzung von organisatorischen Abgrenzungskriterien führt für die Anwendung des Lauterkeitsrechts auf die freien Berufe zu einer besonderen Rechtslage. Der Dienstleistungsverkehr, in dem hauptsächlich das Betätigungsfeld der Freiberuflichen liegt, ist vom Pluralismus der Verhaltensmaßstäbe gekennzeichnet. Größere Anwaltskanzleien beispielsweise hätten in ihren Beziehungen untereinander ihre Tätigkeit auf die Anforderungen der gewissenhaften Handelspraxis richten müssen, hingegen erweist sich dieser Maßstab nicht anwendbar in bezug auf ihre Beziehungen zu den selbständigen Anwälten, die in ihrer Existenz auf denselben Kundenkreis angewiesen sind. Hier bedarf es der Geltung anderer Kriterien wie etwa der beruflichen Korrektheit. Das bedeutet aber nicht schlechthin, dass berufsständige Regeln maßgeblich für das Kriterium der gewissenhaften Handelspraxis sind. Praktisch bedeutsame Unterschiede resultieren im haftungsrechtlichen Bereich. Die unternehmerisch tätigen Freiberuflichen sind im Unterschied zu den Selbständigen der strengeren Verhaltenskontrolle des WettbewG unterworfen, und wie in Fällen von kreditschädigenden Äußerungen seitens selbständiger Kollegen lediglich die schwerfälligen Instrumente des allgemeinen Deliktsrecht oder gar des Strafrechts zur Verfügung haben, denn nach dem WettbewG könnte ein selbständiger Freiberuflicher nicht passiv legitimiert werden. Die Freiberuflichen haften nach dem Lauterkeitsrecht nur dann, wenn ihre Tätigkeit als Unternehmen im Sinne der handelsrechtlichen Gesetzgebung organisiert ist.[89]

Für die Anwendung des bulgarischen Lauterkeitsrechts ist es unerheblich, ob der Täter spezifische Ziele verfolgt. Auf subjektive Elemente wurde beim Definieren des relevanten Verhaltens in Art.30 Abs.1 verzichtet. Eine Übersicht der neuen Wettbewerbsgesetze der Länder Mittel- und Osteuropas zeigt, dass auch alle diejenigen die objektive Verhaltensformel normativ aufgenommen haben.[90] Die ähnlichen Lösungen auch einiger westeuropäischer Neuregelungen [91] erlauben die Feststellung, dass es sich dabei um eine sich durchsetzende Tendenz in der

---

88) OG/E 915/21.1.1993 Es wurde die Anwendung des WettbewG auf die administrative Tätigkeit eines Staatsorgans abgelehnt, obwohl zu seiner Zuständigkeit Wirtschaftslenkungsfunktionen gehören.

89) Die KSW hat im Fall „Veterina V“ (KSW/E Nr.101-62/28.11.1992) entschieden, dass freiberufliche Tätigkeit, soweit sie persönlich ausgeübt wird, nicht als Wirtschaftstätigkeit betrachtet werden kann; Dimitrov M., Dissertation, Halle-Wittenberg 1996, S. 103-106; ders.GRUR Int.1994; auch Bakardjieva A., GRUR Int.1999

90) §3 Abs.2 ungGVUM; Art.10 russWettbewG; Art.2 rumUWG; §44 tschHGB

91) §2 des schwedMarktvertriebsG von 1975; Art.2 des schweizUWG von 1986; Art.93 des belgischen Gesetzes über die Handelspraktiken von 1991

Richtung der objektiven Auffassung des lauterkeitsrechtlich relevanten Verhaltens handelt.[92]

b) Der Wettbewerbsbegriff.

Der Wettbewerb ist aus soziologischer Sicht ein vielfältiges gemeinschaftliches Phänomen. Das Wettbewerbsgesetz selbst enthält aber keine Definition des Begriffs des wirtschaftlichen Wettbewerbs. Ebenso erklären die Gesetzesmotive nicht, was darunter zu verstehen ist. Offensichtlich ist der Gesetzgeber von der Selbstverständlichkeit dieses Titelbegriffs ausgegangen und lehnt sich dabei dem allgemeinen Sprachgebrauch an.[93] Für die Auslegung der abstrakten Grundbegriffe der gewissenhaften Handelspraxis und der Wettbewerbsbeschränkung kann die theoretische Erklärung des Objekts der rechtlichen Regelung im WettbewG hilfreich sein.

Im wirtschaftlichen Bereich entspricht der Begriff „Wettbewerb" einem Spannungsverhältnis zwischen mehreren voneinander unabhängigen, autonomen Wirtschaftssubjekten in bezug auf eine bestimmte Ware oder Dienstleistung. Zugleich wird damit aber auch das gesamtwirtschaftliche Prinzip der dezentralisierten Steuerung des Wirtschaftssystems bezeichnet. Eine Wettbewerbssituation stellt sich ein, wenn gleiche und/oder ähnliche Produkte auf dem Markt erscheinen. Mit diesem Begriff lassen sich daher sowohl Marktformen, als auch die Tätigkeit eines Unternehmens in bezug auf einen bestimmten Marktsektor, auf dem sich dieses Unternehmen betätigt, charakterisieren. Als Interaktionsprozess findet der Wettbewerb, wie dies aus der Definition des Missbrauchs einer Monopolstellung (Art.16) und des unlauteren Wettbewerbs (Art.30) zu entnehmen ist, auf zwei Ebenen statt. Es entsteht, wenn mindestens zwei Wirtschaftssubjekte sich um die Kaufkraft der Verbraucher hinsichtlich bestimmter Leistungen rivalisierend auf dem Markt bewerben, wobei die Entschließungsfreiheit der Verbraucher zur Leistungssteigerung nötigt.[94]

---

92) Im Gegensatz dazu hält sich die herrschende Meinung in Deutschland im Einklang mit dem Wortlaut des §1 deutUWG prinzipiell an dem Erfordernis fest, bei der Beurteilung einer Wettbewerbshandlung die subjektive Willensrichtung zu berücksichtigen.

93) Das in der bulgarischen Sprache eingebürgerte Wort „concurenzia" stammt aus dem französischen concurrence und weist all diejenigen semantischen Bedeutungen auf, die auch das deutsche Wort „Wettbewerb" hat.

94) Dimitrov M., Dissertation, Halle-Wittenberg 1996, S. 67-68

Der unerlaubte Wettbewerb ist ein verhaltensbezogener Begriff. Die Freiheit der handelnden Marktteilnehmer (Anbieter und Nachfrager) ist der wichtigste Antriebsfaktor des Marktmechanismus. Unter den Voraussetzungen Unternehmensfreiheit, freie Preisbildung und Entschließungsfreiheit der Verbraucher wird ein gesamtwirtschaftlicher Koordinationsprozess ermöglicht, bei dem alle Marktteilnehmer selbst ihre Handlungsziele und Bedürfnisse bestimmen und damit individuelle ökonomische Vorteile anstreben. Die allgemeine Marktfreiheit fungiert mithin als Oberbegriff zum einen für die Wettbewerbsfreiheit im weiten Sinne (Unternehmensfreiheit, Vertragsfreiheit), und zum anderen für die Konsumfreiheit der Nachfrager. Die Wettbewerbsbeschränkungen indizieren somit Beeinträchtigungen der individuellen Handlungs- und Entschließungsfreiheit aller Marktteilnehmer.

4. Qualifizierte Rechtswidrigkeit im Lauterkeitsrecht.

Die Lauterkeit bei der Verwirklichung einer Wirtschaftstätigkeit in der Definition des Art.30 wird mit Hilfe des Begriffs der guten Handelssitten bestimmt. Angesichts des langjährigen Fehlens eines freien, handelsrechtlichen Verkehrs unter den planwirtschaftlichen Bedingungen kann sie erst von jetzt an mit Inhalt ausgefüllt werden. Die handelsrechtliche Doktrin in Bulgarien fasst die Handelspraxis nicht als verbindliche Normen auf, sondern als Zweckmäßigkeitsregeln, die im Unterschied zu den Handelssitten ein subjektives Element innehaben.[95] Mit dem Verweis auf die guten Handelssitten als Bewertungsmaßstab im Wettbewerbsrecht will der Gesetzgeber offensichtlich eine Fortbildungsmöglichkeit eröffnen und dieses Verständnis steht durchaus im Einklang mit der Funktion einer lauterkeitsrechtlichen Generalklausel als Blankettnorm. Dieser Verweis deutet zwar auf eine gewisse Bewertungsrichtung, die konkrete Lösung bleibt aber durch die Unbestimmtheit dieses Begriffs offen. In der Tat tritt die Gewissenhaftigkeit in der Form eines Postulats in Erscheinung.

Die Gewissenhaftigkeit objektiviert im bulgarischen Zivilrecht den universalen *bona-fides*-Grundsatz, dessen rechtsgeschichtliche Reichweite zu den allgemeinen Gerechtigkeitsvorstellungen noch im alten römischen Recht führt.[96] Soweit dieser Grundsatz auf die vorrechtlichen Maximen

---

95) Dimitrov M., Dissertation, S. 117-130; Katzarov, Systematischer Kurs, S.23

96) Kiselov, Die Gewissenhaftigkeit, S.231

der Gerechtigkeit zurückreicht, ist er als juristische Implikation der allgemeinen Ethik zu begreifen. Versucht man eine nähere inhaltliche Bestimmung der Gewissenhaftigkeit anhand systematischer Zusammenhänge im bulgarischen Zivilrecht zu erreichen, so lässt sich feststellen, dass sie in sich sowohl in sprachlicher Hinsicht als auch sachgemäß die Gutgläubigkeit im Sachen- recht, wie auch eine gesollte Redlichkeit und Pflichttreue im Geschäftsverkehr [97] vereinigt. Angesichts der allgemeinen zivilrechtlichen Geltung, erscheint die Entscheidung des Gesetzgebers, ihn auch dem neuen Lauterkeitsrecht zugrunde zulegen, nicht verwunderlich. Die Aufnahme dieses Grundsatzes verlangt jedoch die Erschließung seiner Eigenart für die Aufgaben des Wettbewerbsrechts. Diese Erweiterung dessen Geltungsbereichs führt nunmehr dazu, dass die Gewissenhaftigkeitsmaxime ihrer normativen Wirkung sowohl auf die Verhältnisse zwischen Kontrahenten, als auch zwischen Konkurrenten entfaltet. Auch im Wettbewerbsrecht bleibt die Gewissenhaftigkeit in ihrem vor allem ethischen Inhalt vorbestimmt.[98] Im Sinne der Anforderungen der Handelsmoral versteht die gewissenhafte Handelspraxis auch die KSW.[99]

Es bleibt allerdings die Frage offen, wer die erforderlichen Wertvorstellungen zu überliefern hat. Tatsächlich ausgeübte Verkehrssitten und autonome Moralvorstellun- gen dürfen es nicht sein, wenn man sich vergewissern lässt, was sich gegenwärtig auf dem Markt abspielt. Unter den Bedingungen eines wilden Überlebenskampfes bedeutete dies schlicht einen Rückgriff auf Werte aus dem Feld einer blühenden Wirtschaftskriminalität. Man muss prinzipiell darauf abzielen, im Einklang mit der Zielrichtung der gesamten WettbewG-Regelung, das Grundverständnis des zentralen Lauterkeitskriteriums auf sozial-ethische Sollensmaximen [100] auszurichten. Die Aufgabe zum gerechten Interessenausgleich nach den objektiven Anforderungen der Handelsmoral (im Sinne einer Sollensordnung) verlangt somit nach Kompromisslösungen, immer mit einem

---

97) Diese Vorschrift entspricht der des §242 deutBGB. Im deutschen Schuldrecht ist der Schuldner verpflichtet, die Leistung so zu bewirken, wie Treu und Glaube mit Rücksicht auf die Verkehrssitte es erfordern. Hieraus ist ein allgemeiner Grundsatz entwickelt worden, der für das gesamte Recht Bedeutung hat. (Dimitrov M., Diss. 1996, S.118)

98) Dimitrov M., Dissertation 1996, S. 125-127; Einer verbreiteten Auffassung in der Literatur zufolge ist im Widerspruch einer Wettbewerbshandlung mit der gewissenhaften Handelspraxis ein Verstoß gegen die Regeln einer ehrlichen Konkurrenz zu erblicken. Velitschkova, Wettbewerbsschutz, S.19, Goleminov, Rechtsschutz des Wettbewerbs, S.16, 17

99) z.B. JbKSW 1994, S.79

100) Sack, GRUR 1970, S.493, 496 spricht von der sogenannten „heteronom bestimmten Moral“ und versteht die guten Sitten als gesollte Sitten im Sinne der Reinen Rechtslehre von Kelsen.

prioritäten Blick auf den Verfassungsentscheid für einen freien Wettbewerb.[101] Die juristische Geltung der guten Handelssitten als rechtsethische Bewertungsgrundlage für Wettbewerbsunrecht ist mithin, und wird unausweichlich immer, den zeitgeschichtlichen Wandlungen unterworfen. In diesem Punkt hängt die Wirksamkeit eines konkreten Lauterkeitsschutzes in entscheidendem Maße von den subjektiven Erfahrungen des Richters und der Anpassungsfähigkeit der Rechtsprechung in der jeweiligen historischen Situation ab; ein Befund, der auch die Rechtsvergleichung belegt und wenig Optimismus stiftet. Dies ist der notwendig realistische Standpunkt für die Konkretisierung eines abstrakten zentralen Lauterkeitskriteriums.

Ein rechtsvergleichender Überblick macht deutlich, dass die Schwierigkeiten, die mit der Auslegung der abstrakten Anstandsformel verbunden sind, kein typisches Problem nur für das bulgarische Wettbewerbsrecht darstellen. Die einzelnen Gesetzesregelungen beruhen i.d.R. zwar auf ethisch-fundierten Kriterien, jedoch ist dabei eine Differenzierung der Formulierungen zu verzeichnen. Dies kann sowohl auf eine Besinnung auf nationale Rechtstraditionen, wie auch auf die unterschiedlichen internationalen Einflüsse zurückgeführt werden. Das Beispiel des deutUWG, dessen klassische Formel auf den Maßstab der guten Sitten verweist, wird in einer Vielzahl von Ländern nachgebildet. In einem anderen Länderkreis bilden die Normen von Treu und Glaube die Grundlage für die rechtliche Würdigung des wirtschaftlichen Wettbewerbs. Das schweizUWG von 1986 stützt seine Generalklausel in Art.2 auf dem Grundsatz von Treu und Glauben. Das Kriterium der Gutgläubigkeit liegt dem spanischen Lauterkeitsrecht zugrunde.[102] Ein in seinem Inhalt verwandtes Kriterium, nämlich der beruflichen Korrektheit, beherrscht das italienische Lauterkeitsrecht.[103] Mit dem Verweis auf die gute Handelssitten hat auch der bulgarische Gesetzgeber als maßgebliche Wertungsgrundlage das Gebot von Treu und Glauben herangezogen.

Rechtsvergleichend steht die Frage, welche Bewertungsrichtung im Bereich des wirtschaftlichen Wettbewerbsverhältnisses die Kriterien der guten Sitten einerseits und von Treu und Glaube andererseits gelten lassen und inwieweit daraus unterschiedliche konzeptionelle Lösungen[104] resulti-

---

101) Dimitrov M., Diss., S. 117-125: Es fehlt schwer den genauen Inhalt dieses Postulats zu bestimmen, da dieser in Abhängigkeit von der juristischen Rolle der Gewissenhaftigkeit variiert. Ihre rechtliche Rolle ist in erster Linie auf die praktischen Bedürfnisse einer effektiven Ausgestaltung von Rechtsverhältnisse und daher konkret auf die Form bezogen; Tpoller, Immaterialgüterrecht, S.902

102) Art.5 des UWG von 1991, abgedrückt in GRUR Int.1991, S.553

103) Art.2598 Abs.2 Codice civile

104) Kraft, Interessenabwägung und gute Sitten; Dimitrov, Diss., S. 117-130

eren könnten. Eine vergleichende Betrachtung der zentralen Lauterkeitskriterien der guten Sitten einerseits und des Gebots von Treu und Glauben anderseits zeigt, dass letztendlich das Problem, ob ein Verstoß gegen Treu und Glauben oder ein sittenwidriger Handel das Kennzeichen des unlauteren Wettbewerbs sein sollte, mehr eine Frage der Konstruktion oder der Formulierung zu sein scheine. Wesentliche Unterschiede bestünden nicht, die Praxis zeige, dass mit dem Maßstab „Treu und Glauben" die gleichen Ergebnisse erzielt werden können wie mit der Generalklausel der guten Sitten in §1 des deutUWG. Es ist daher grundsätzlich der These zuzustimmen, dass in bezug auf das zentrale Lauterkeitskriterium entscheidend bleibt, wie die Gerichte die Generalklausel handhaben werden.[105] Auszugehen ist demnach von einer funktionsäquivalenten Wirkung der Lauterkeitsmaßstäbe von Treu und Glauben und guten Sitten. Die Wirksamkeit des Lauterkeitsschutzes bleibt von der normativen Auswahl des einen oder anderen Zentralkriteriums unberührt.

a) Bedeutung von subjektiven Unrechtselementen.

Diskutabel im Lauterkeitsrecht ist die Frage, ob die Ansprüche nach WettbewG subjektive, dem Täter als Schuld zuzurechnende Momente, verlangen. Das Deliktsrecht, dessen spezielle Form das Lauterkeitsrecht ist, ist grundsätzlich vom Verschuldensprinzip beherrscht. Eine Besonderheit des bulgarischen Deliktsrechtssystems ist die Abschwächung der Wirkung des Verschuldensprinzips durch die Vermutungsregelung in Art.45 Abs.2 VerpfVertG. In allen Fällen von unerlaubter Schädigung wird die Schuld des Delinquenten vermutet, besagt diese Vorschrift. Die rechtspolitischen Erwägungen des Gesetzgebers, die dieser Regelung zugrunde liegen, gehen dahin, dass dem Geschädigten die Schwierigkeiten beim Beweis von psychologischen Verhältnissen des Täters erspart werden sollten.[106]

Die Geltung der gesetzlichen Verschuldensvermutung nach Art.45 Abs.2 VerpfVertrG erstreckt sich auch auf die zivilrechtliche Haftung wegen unlauteren Wettbewerbs nach WettbewG als spezielle Haftung für Wirtschaftsdelikte. Die Definition des unlauteren Wettbewerbs setzt aber explizit kein Verschulden voraus. Für die Haftungsbegründung ist es nicht erforderlich, dass im Bewusstsein des Täters ein psychologisches Verhält-

---

105) Nordemann, Wettbewerbsrecht, Rdnr.41:"...gegen die guten Sitten im Wettbewerb verstößt, was dem Anstandsgefühl des zuständigen BGH-Senats zuwiderläuft."

106) Dimitrov M., Dissertation, Halle-Wittenberg 1996, S. 125-130

nis zu dem Widerspruch mit der objektiven Marktverhaltensnorm der guten Handelsitten besteht. Die WettbewG-Sanktionen knüpfen an das objektiv-rechtswidrige Verhalten der Wirtschaftssubjekte.

Man kann aber daraus nicht den Schluss ziehen, dass der Widerspruch mit den guten Handelssitten begrifflich keine subjektiven Momente innehat. In verschiedenen zivilrechtlichen Vorschriften taucht die Gewissenhaftigkeit als Verschuldensindiz mit unterschiedlichen Deutungen auf. In Art.82 VerpfVertrG wird mit der Ungewissenhaftigkeit der Vorsatz des Vertragsschuldners bezeichnet. Als Indiz für *dolus direktus* gilt auch das spezifische Ziel „ungewissenhafter Wettbewerb" im einzigen wettbewerbsrechtlichen Straftatbestand nach Art.227 StrafGB. Den Beklagten trifft im Wettbewerbsrecht der Verschuldensvorwurf zugleich mit der Feststellung eines objektiven Widerspruchs mit den guten Handelssitten. Der Begriff der guten Handelssitten nach Art.30 fingiert daher als Korrelat des objektiven zivilrechtlichen Verschuldenskriteriums der erforderlichen Sorgfalt (Art.63 Abs.2 VerpfVertrG); der Widerspruch hiergegen bringt sowohl den objektiven Unrechtsgehalt einer unlauteren Wettbewerbshandlung als auch ihre subjektive Vorwerfbarkeit zum Ausdruck.

Wichtig für die Frage nach dem zumutbaren Sorgfaltsniveau im Lauterkeitsrecht ist, dass dem Täter schon das fahrlässige Nichterkennen derjenigen Tatumstände, die einen objektiven Widerspruch seines Verhaltens mit den Anforderungen der gewissenhaften Handelspraxis begründen, für das Unlauterkeitsurteil ausreichend ist. Praktisch relevant sind insbesondere die Fälle der Benutzung fremder Kennzeichen. Keine Schwierigkeiten bereitet dabei das Unlauterkeitsurteil, wenn der Täter mit offensichtlicher Nachahmungsabsicht gehandelt hat. Problematischer ist aber in Grenzfällen die Frage, ob und unter welchen Umständen man sich mit dem Einwand der Gutgläubigkeit nach Art.45 Abs.2 VerpfVertrG exculpieren darf? Das Argument, man kannte nicht, und konnte die Verkehrsgeltung einer nicht eingetragenen Marke nicht wissen, scheitert, denn das WettbewG setzt voraus, dass die Benutzung fremder Kennzeichen falsche Vorstellungen oder Irreführung hervorrufen kann, was nicht möglich wäre, wenn die fremde Marke dem Verbraucher nicht bekannt ist und besondere Qualitäten und Eigenschaften der Ware oder Dienstleistung nicht verbürgte.[107]

---

107) KSW/E 79/22.11.1994:"Die unbefugte Benutzung einer Handelsmarke stellt kein unlauterer Wettbewerb dar, wenn die Verbraucher diese Marke nicht mit der Firma-Eigentümer verbinden, und die Kennzeichnung von Erzeugnissen mit derselben Marke die Verbraucher nicht irreführen kann"

Dem objektiven Lauterkeitsmaßstab der guten Handelssitten steht allerdings nicht entgegen, dass die Gewissenhaftigkeit zugleich immer ein psychologischer Zustand bleibt. Daraus ist vielmehr zu folgen, dass dadurch in jedem Einzelfall die Notwendigkeit für eine konkrete Bewertung besteht.[108] Auf dem Gebiet der allgemeinen zivilrechtlichen Deliktshaftung bleibt die Differenzierung zwischen fahrlässigem und vorsätzlichem Verhalten praktisch ohne Bedeutung, da es sich dabei um den Ersatz aller Schadensfolgen handelt. Diese nach Art.45 ff. VerpfVertrG charakteristische Irrelevanz der Verschuldensformen für die Haftungsausfüllung ist und kann nicht mit den spezifischen Verhältnissen im wirtschaftlichen Wettbewerb und der Erweiterung des Erfolgsunrechtsansatzes im Lauterkeitsrecht vereinbar sein. Bösgläubigkeit im Sinne etwa einer systematischen Verfolgung vom Schädigungszweck durch individuelle Behinderung oder anfängliche Gutgläubigkeit auf dem Gebiet des lauterkeitsrechtlichen Kennzeichenschutzes gegen Verwechslungs- oder Irreführungspraktiken, können bei der gerichtlichen Beurteilung nicht unbeachtet bleiben. Dies sind aber Umstände, die die Intensität der schon begangenen Rechtsverletzung charakterisieren und speziell für die Art und Höhe der Sanktion von Bedeutung sein können.[109]

b) Berücksichtigung der Handlungsfolgen.

Da die Besonderheit der Wettbewerbshandlungen ihre Ambivalenz ist, lässt sich deshalb ihr Unrechtscharakter oft schwer ermitteln. In diesem Sinne benötigt der Rechtsanwender klare gesetzgeberische Bewertungsrichtlinien. Jegliche Wettbewerbshandlungen führen i.d.R. zu Interessenkollisionen, deren juristische Qualifikation die Berücksichtigung sowohl der Verhaltensweisen als auch der daraus entstehenden Folgen notwendig macht. Der Gesetzgeber hat den Rechtsbegriff des unlauteren Wettbewerbs so gestaltet, dass das Unlauterkeitsurteil grundsätzlich erst nach einer Gesamtbetrachtung von Handlung und kausalem Resultat gefällt werden darf (Art.30 Abs.1 und 2 WettbewG).[110]

Den Handlungsfolgen ist nicht ein selbständiges Gewicht zuzumessen. Die Betroffenheit bestimmter einzelner Marktteilnehmer oder Personengruppen bzw. die schädlichen Auswirkungen für den Markt – nach abstraktem Ermessen zugesprochen bzw. konkret nachgewiesen – erweist

---

108) Dimitrov M., Diss., S. 125-130; Kiselov, Die Gewissenhaftigkeit, S.232
109) Bodenhausen, Pariser Verbandsübereinkunft, S.125
110) Dimitrov M., Dissertation, Halle-Wittenberg 1996, S. 117-130

sich nicht als zentrale Eingriffsvoraussetzung, es reicht auch die abstrakte Gefährdung von Konkurrenten oder Verbraucherinteressen. Die Voraussetzung der Schadensgefahr hilft insofern nur zur Feststellung der Rechtswidrigkeit einer Wettbewerbshandlung und dient vielmehr als sekundäres Indiz für die materielle Tatbestandsmäßigkeit einer Gesetzesverletzung. Ihre Wirkung entfaltet sich erst auf prozessualer Ebene für die Bestimmung der Klageberechtigung, aber auch für das Auferlegen materieller wirtschaftsverwaltungsrechtlicher Sanktionen.[111]

In der Tat ist in der Struktur der verschiedenen Einzeltatbestände in Kapitel VII das Verhältnis zwischen Handlung und Folgen unterschiedlich gestaltet. Bei bestimmten Einzeltatbeständen erlaubt bereits das Begehen der gesetzlich umschriebenen Handlung den Rückschluss auf die Rechtswidrigkeit (Handlungsunrecht). Hierzu gehören vor allem Normen über Verbraucherinformationen wie das Verschweigen oder das Verheimlichen wesentlicher Unzugänglichkeiten oder gefährlicher Eigenschaften der angebotenen Waren oder Dienstleistungen (Art.32 Abs.1); die Werbung für Waren oder Dienstleistungen, die nicht vorrätig oder nur in ungenügender Menge vorhanden sind, so das die Nachfrage nach ihnen nicht bedient werden kann (Art.32 Abs.3), die Ausübung von Kundenzwang (Art.34 Abs.2).

Problematisch ist der Bewertungsvorgang bei den Wettbewerbspraktiken, die tatbestandsmäßig eine Gesamtanalyse einerseits der Eignung von Verhaltensweisen zur Wettbewerbsverfälschungen und andererseits der kausalen negativen Folgen in der Form von Gefährdung oder tatsächlicher resultativer Schädigung erfordern. Die Rechtsprechung hat bisher keine Kriterien ausgearbeitet, nach denen der Wahrscheinlichkeitsgrad der Irreführungsgefahr zu prognostizieren bzw. eine reale Irreführung festzustellen ist.[112] Die Feststellung des Tatbestandsmerkmals „Irreführung" bereitet erhebliche Schwierigkeiten in zahlreichen Fällen. In die Literatur ist diese besonders wichtigen Frage kaum Aufmerksamkeit gewidmet worden.[113] Bei näherer Betrachtung des strukturellen Aufbaus der Einzeltatbestände gelingt man zu der Einsicht, dass klare Bewertungsrichtlinien daraus kaum herzuleiten sind. Nach der derzeitigen Rechtslage bleibt es im Ermessen der KSW, in jedem Einzelfall die konkreten Markt umstände auszuwerten und in Abwägung der beteiligten Interessen zu entscheiden.

---

111) Goleminov, Rechtsschutz des Wettbewerbs, S.17

112) Dimitrov M., Dissertation 1996, S. 125-130; Hierzu greift man in Deutschland u.a. oft auf das Mittel der Meinungsumfrage zurück. In Bulgarien ist bislang das Mittel der demoskopischen Untersuchung bei der Beurteilung der Frage, ob eine Werbung irreführend ist, nicht angewendet worden und das darf angesichts der Kostspieligkeit von Meinungsumfragen verständlich sein.

113) Lediglich Dülgerov, Lauterer Wettbewerb in der Handelskommunikation

Nach dieser Darstellung ist daran festzuhalten, dass die Modifizierung des allgemeinen Deliktskonzepts zu einer Erhöhung des Haftungsrisikos für die Wirtschaftssubjekte führt. Es ist aber zu einseitig, daraus ohne weiteres einen Rückschluss auf die Wirksamkeit des Lauterkeitsschutzes zu ziehen. Viel wichtiger für einen auf die Marktfreiheit ausgerichteten Lauterkeitsschutz ist es, klare Unrechtskriterien aufzustellen. Denn nur auf diese Grundlage kann man einerseits übermäßiger Wettbewerbssensibilität entgegentreten, und andererseits die Gefahr vor einer Instrumentalisierung des Lauterkeitsrechts als Marktpolizeirecht eindämmen. Der im folgenden zu unternehmende Versuch einer Typologie der einzelnen Formen unlauteren Wettbewerbs gilt daher auch dem Ziel, die gesetzlich angelegten Wertungen herauszugreifen.

III. Typisierung der Formen des unlauteren Wettbewerbs, dargestellt im Zusammenhang mit ausgewählten Fall-Entscheidungen.

1. Verletzung des guten Rufs der Wettbewerber.

Das Wahrheitsgebot findet seine Konkretisierung in dem Grundsatz, dass es keinem erlaubt ist, in bezug auf seine Wettbewerber falsche Tatsachen zu behaupten und zu verbreiten. Herabwürdigende und falsche Äußerungen in bezug auf die Konkurrenten sind das klassische Beispiel für unlauteren Wettbewerb und werden in allen lauterkeitsrechtlichen Gesetzeswerken geregelt. Auch Rechtssysteme, die keine Sonderregelung des Lauterkeitsschutzes kennen, haben gegen die „Anschwärzung“ eine feste Praxis entwickelt. Die maßgebliche Norm im bulgarischen Wettbewerbsrecht (Art.31 Abs.1 und 2 WettbewG) umfasst sowohl die reine Anschwärzung konkurrierender Unternehmen, als auch die vergleichende Werbung. Für die beiden Tatbestände ist entscheidend, ob die herabsetzenden Behauptungen bzw. der Vergleich auf unwahre oder irreführende Tatsachen zurückzuführen sind.

Die herabwürdigenden Angriffe können sich sowohl auf die Person eines Konkurrenten als auch auf das betriebene Unternehmen und die angebotenen Waren oder Dienstleistungen beziehen. Verboten nach Art.31 ist die Behauptung oder Verbreitung unwahrer Tatsachen sowie die Darstellung wahrer Tatsachen in entstellter Form. Grundsätzlich genügt jede kritische Äußerung über die Konkurrenten oder ihre Leistungen, die nach objektiver Betrachtung den Äußerungsempfänger beeinflussen kann.

Die Äußerungen beruhen meistens auf eigenen subjektiven Werturteilen, die erst wenn sie als Tatsachen qualifiziert werden können, eine Bedeutung für das Lauterkeitsrecht erlangen. Erforderlich ist, dass die Wahrhaftigkeit der Aussagen objektiv und inhaltlich nachprüfbar ist. Die Rechtsprechung bietet einige Beispiele ausgewogener Anwendung dieser Bestimmungen. So wurde in einem Fall [114] die Verbreitung von Information, die geeignet war, die Zahlungsfähigkeit eines Mitbewerbers in Zweifel zu ziehen als wettbewerbswidriges Verhalten beurteilt, auch wenn die Information in Form eines Interviews mit dem Juristen des Unternehmens in Rundfunk verbreitet wurde.

Anders als im Falle allgemeiner Anpreisungen setzt die vergleichende Werbung einen konkreten Vergleich mit den Erzeugnissen eines anderen Anbieters voraus. [115] Die KSW hat den Standpunkt eingenommen, dass im Vordergrund der Bewertung das Interesse der Verbraucher an sachliche und wahre Information zu stellen sind, so dass ein Warenvergleich objektiv sein muss und sich auf relevante, überprüfbare und typische Eigenschaften und Tatsachen beziehen muss. In dieser Hinsicht kommt die Rechtsprechung den Grundsätzen der Richtlinie 97/55/EG über irreführende und vergleichbare Werbung nahe.[116] In einer Entscheidung [117] aus dem Bereich der kritisierend-vergleichende Werbung führt die KSW aus, dass es an einer Wettbewerbsverletzung fehlt, wenn die verbreitete Behauptung, die Ware entspräche nicht dem maßgeblichen Standard, tatsächlich nicht der Wahrheit zuwiderläuft. Die Schlussfolgerung in einem Zeitungsartikel, die sich auf die Stellungsnahme von Experten berufe, dass die Erzeugnisse eines Herstellers besser und zuverlässiger als diese eines anderen Herstellers seien, könne die Verbraucher nicht irreführen, wenn die in der Zeitungsartikel dargelegten Angaben der Wahrheit entsprächen.

Praktisch wichtig ist die Frage nach der Beweislast. Die maßgebliche Norm der Ruf- und Kreditschädigung im deutschen Wettbewerbsrecht (§14 UWG) sieht eine volle Beweislastumkehr vor. Durch die Worte „nicht erweislich wahrer“ wird die Last nachzuweisen, dass die aufgestellten Behauptungen der Wahrheit entsprechen, dem Beklagten (dem Äußernden)

---

114) Fall „Sofia Ins.“ KSW/E Nr.80/93, Das Stadtgericht Sofia sprach eine Sanktion von 100 000 Leva aus, die auch vom Obersten Gericht bestätigt wurde.

113) Bakardjiva A., GRUR Int.1999, S.402

115) Entsch. der KSW Nr.85/92, Fall „Pleyady Company“ in KZK 1993, S.75; Entsch. des Bezirkgerichts Plovdiv vom 24.6.1994; Entsch. des Obersten Gerichts Nr.618 vom 18.7.1996

116) RL des Rates v. 10.9.1984, geändert am 6.10.1997, in GRUR Int.1997, S.985; Es ist zu bedauern, dass der Gesetzgeber nicht die Gelegenheit ergriffen hat, eine weitergehende Angleichung in diesem Bereich vorzunehmen.

117) KSW/E Nr.47-15/12.1.1994, JbKSW 1994, S.232

aufgebürdet.[118] Der Satzbau und der Wortlaut des Art.31 bulgWettbewG lassen auf eine ähnliche Rechtslage im bulgarischen Wettbewerbsrecht wie nach §14 deutUWG schließen. Erweislich wahre Äußerungen sind *per argumentum a contrario* nach Art.31 zulässig.[119] Somit steht dem Beklagten die *exceptio veritatis* zur Verfügung. Das Gesetz gibt ihm die Möglichkeit, die Wahrheit der Äußerungen nachzuweisen und somit den Vorwurf, im Widerspruch mit der gewissenhaften Handelspraxis gehandelt zu haben, zu widerlegen.

Die unmittelbaren und drastischen Fälle der Rufschädigung kommen heutzutage sehr selten vor. Die KSW bezeichnet die Rufschädigung in ihren Jahresberichten als untypische Erscheinungsform des unlauteren Wettbewerbs. Tatsächlich sind in der Wirtschaftsrealität eher als Ausnahme Werbepraktiken zu finden, die eine ausdrückliche Bezugnahme auf einen Konkurrenten enthalten. Vielmehr stößt man auf verschiedene Formen von komparativer und superlativer Werbung, die der vergleichenden Werbung ganz nahe liegen. Die Gerichte sind, wie bereits oben dargestellt,[120] zurückhaltend beim Rückgriff auf die Generalklausel.[121] In den Begründungserwägungen des Obersten Gerichts zu der bezugnehmenden vergleichenden Werbung wurde ausgeführt, dass diese zu der „üblichen" Handelspraxis gehört.[122] Dieses Motiv taucht nun auch in der Argumentation der KSW zu der Alleinstellungswerbung auf.[123] In Deutschland wird die Alleinstellungswerbung unter dem Gesichtspunkt der Irreführung nach §3 UWG geprüft und ist grundsätzlich erlaubt, wenn sie wahr ist. Gewisse Bestrebungen, die Alleinstellungswerbung auch den Regeln über die vergleichende Werbung zu unterstellen, hat es in der Rechtsprechung und Lehre gegeben.[124] Eine solche Tendenz kann man im

---

118) Baumbach/Hefermehl, Wettbewerbsrecht, Rdnr.26; von Gamm, Wettbewerbsrecht, Rdnr.26

119) Dimitrov M., Diss. 1996, S. 143 bemerkt, dass die Verbreitung und Behauptung wahrer Tatsachen, auch wenn diese unnötig verletzend für den Konkurrenten seien, im Unterschied zum Art.3 lit. Des schweizUWG, nach dem Art.31 nicht verboten zu sein scheine.

120) Zum Verhältnis zwischen Generalklausel und Einzeltatbeständen, S.87-88

121) Entsch. des Sofioter Stadtgerichts als erste Instanz in dem Fall „Terastio", Nr.810/1992, nicht veröffentlicht. Das Gericht wollte der Generalklausel die Eigenschaft als materielle Anspruchsgrundlage nicht anerkennen. Freilich handelt es sich dabei um eine extreme Interpretation der Regelungsstruktur der Generalklausel, die vom Obersten Gericht verworfen worden ist.

122) Entsch. des Obesten Gerichts Nr.549/17.6.1993, Fall „Terastio"

123) KSW/E Nr.5/12.1.1993, Fall „Prosoft": Die Superlativen in der Werbung wurden als eine herkömmliche Handelsgewohnheit bezeichnet

124) Tetzner, NJW 1956, S.1900; Baumbach/Hefermehl, §3 UWG, Rdnr.75

„Pfiffikus-Dose"-Urteil des BGH erkennen.[125] Die bisherige Gerichtspraxis in Bulgarien erlaubt noch keine definitive Stellungsnahme zu der Frage, ob die liberale Einstellung der Judikatur und der KSW zu der Alleinstellungswerbung positive Effekte für die Aufklärung der Verbraucher verspricht. Es fällt aber nicht schwer anhand der bisherigen Praxis festzustellen, dass der häufige Rückgriff auf die Zauberformel der „üblichen" bzw. „traditionellen" Handelspraxis zu einer Abschwächung des Sachlichkeitsgebots im Werberecht führt.[126]

a/ Der Fall „Verlagsmarke"

Unter dem Gesichtspunkt der Anschwärzung hatte die KSW interessante Fälle aus dem Bereich des Pressewesens zu entscheiden. Dieser Entscheidung der KSW [127] lag folgender Sachverhalt zugrunde: In der Tageszeitung einer Parteienkoalition erschienen eine Reihe redaktioneller Artikel mit politischer Thematik, die in der Weise gestaltet wurden, dass der jeweilige redaktionelle Text durch eine Karikatur ergänzt war, die als Element auch die als graphisches Kennzeichen rechtmäßig eingetragene Handelsmarke der Tageszeitung eines politischen Rivalen enthielt. Der Verleger der betroffenen Zeitung machte vor die KSW die Verletzung des Ausschließlichkeitsrechts nach dem Handelsmarkengesetz und nach dem Wettbewerbsgesetz geltend.

Die KSW lehnte die Anwendung des Wettbewerbsgesetzes, unter anderem auf folgende Begründungserwägungen gestützt, ab: Die Karikaturen in der politischen Presse seien in erster Linie eine polemisch angewandte Kunstform, die als spezifisches Mittel der künstlerischen Ausdrucksweise und der politischen Satire eingesetzt sei. Sie seien Ausdruck der schöpferischen Entfaltungsfreiheit ihrer Urheber. Eine Karikatur werde zum Mittel des wirtschaftlichen Wettbewerbs erst dann, wenn sie wirtschaftlichen Interessen diene und die wirtschaftlichen Interessen des Antragstellers schädige, und dadurch als Werbeträger erscheine. Die Allgemeinheit betrachte die Benutzung der Handelsmarke in Karikaturen als eine Form der politischen Polemik, dadurch seien bei den Lesern keine Assoziation auf die Verlagstätigkeit des Betroffenen hervorgerufen worden.

---

125) BGH/E v. 15.11.1960, abgedruckt in GRUR Int.1961, S.85
126) Dimitrov M., Dissertation, Halle-Wittenberg 1996, S.154
127) KSW/E Nr.43-44/11.5.192, JbKSW 1991-1992,S.95

2. Irreführung.

Der Irreführungstatbestand umfasst eine Vielzahl von Tatbeständen, wo versucht wird, die freie Wahl des Verbrauchers mit Hilfe unwahrer oder irreführender Behauptungen oder durch Verschweigen wesentlicher Mängel oder gefährlicher Eigenschaften der Waren einzuschränken (Art.32 Abs.1 und 2). Das Irreführungsverbot im bulgarischen Lauterkeitsrecht geht im Vergleich zum Katalog in Art.10bis PVÜ weiter und hat dabei beispielhaften Charakter.[128] Deutlich sichtbar wird der Einfluss der kleinen Generalklausel in §3 deutUWG bei der Aufzählung von Irreführungsformen Diese Aufzählung deckt in weitem Umfang auch die Bestimmung des Art.3 der gemeinschaftsrechtlichen RL über die irreführende Werbung. Ähnlich wie die gemeinschaftsrechtliche Definition für irreführende Werbung nach Art.1 Ziff.2 der RL lässt auch Art.32 bereits die Eignung zur Irreführung genügen. Der Schutz gegen Irreführung beginnt schon bei der Bildung von Vorurteilen und Ausbeutung vorhandener Verbrauchervorstellungen.

Nicht ausdrücklich erwähnt in Art.32 sind die geografische oder kommerzielle Herkunft [129] oder die von der Verwendung zu erwartenden Ergebnisse oder die Ergebnisse und wesentliche Bestandteile von Test der Waren oder Dienstleistungen (Art.3 lit.a RL) und die Angaben über persönliche Verhältnisse (im Sinne des Art.3c RL). In Anbetracht der erheblichen Bedeutung, die den geografischen Herkunftsangaben als Garantie für Qualität auf dem Markt zukommt, können diese im Rahmen des Art.32 geschützt werden. Dieser Schutz dient vielen einheimlichen Herstellern landwirtschaftlicher Güter z.B. in der Wein- oder Milchproduktion. Zudem ist der Irreführungstatbestand nach Art.32 offen für die Erfassung weiterer wettbewerbswidriger Methoden der Kundenbeeinflussung.

Der Irreführungsschutz nach bulgarischem WettbewG wird durch Verbotstatbestände bestärkt, die lediglich vom Handlungsunwert ausgehen und die Feststellung einer Irreführungsgefahr nicht erfordern.[130] Der Gesetzgeber wollte damit dem Gedanken Geltung verschaffen, dass es der gewissenhaften Handelspraxis widerspricht, eine unvollständige oder unsachgerechte Werbebehauptung aufzustellen, die die erhebliche Gefahr einer Irreführung mit sich bringt. Verboten ist nach Art.32 (1) das Ver-

---

128) Dazu KSW/E Nr.61-19/18.10.1993, JbKSW 1993, S.252

129) Anders z.B. die spezielle Regelung in Art.8 polnUWG.

130) Dimitrov M., Diss. 1996, S. 160-161

schweigen oder Verheimlichen wesentlicher Unzulänglichkeiten oder gefährlicher Eigenschaften der angebotenen Waren oder Dienstleistungen, das Irreführen bezüglich wesentlicher Eigenschaften oder der Nutzung von Waren durch die Verbreitung unwahrer Angaben oder verzerrender Tatsachen (Abs.2), das Werben für Waren, die nicht vorrätig sind, so dass die Nachfrage nach ihnen nicht bedingt werden kann (Abs.3), sowie irreführende Bekanntmachungen über Preissenkungen und andere Handelskonditionen beim Anbieten von Waren oder Dienstleistungen (Abs.4). Allerdings ist die Praxis der KSW in diesem Bereich äußerst gering.

Fraglich bleibt jedoch, inwieweit die passive Irreführung durch Verschweigen oder Verheimlichen wesentlicher Unzulänglichkeiten oder gefährlicher Eigenschaften der angebotenen Waren oder Dienstleistungen positive Verpflichtungen zum Erbringen von sachgerechter Information statuiert. Aus der Sicht eines wirksamen Gesundheitsschutzes wäre eine solche Verpflichtung im Bereich der Werbung für Lebensmittel [131] von außerordentlicher Bedeutung. Bei der Gestaltung des Irreführungsschutzes hat der Gesetzgeber selbst den Schwerpunkt auf das Unterlassen des Hinweises auf die Gefährlichkeit bzw. auf die Mängel gelegt und wollte offensichtlich erreichen, dass die informative Komponente gesundheitsbezogener Werbeangaben verstärkt zum Tragen kommt. Auszugehen ist dabei vom engen Zusammenhang zwischen der positiven Behauptung und der vorenthaltenen Information, die ein wesentliches Charakteristikum des angebotenen Produkts darstellt. In dem besonders wichtigen Bereich des Gesundheitsschutzes wird durch eine unzureichende Aufklärung die Irreführungsgefahr erhöht. Das Argument, solche Verpflichtungen könne man nicht begründen, wenn es sich um gefährliche Eigenschaften oder Mängel handele, die einer ganzen Warensorte eigen seien (z.B. Tabakerzeugnisse) und in der Regel allgemein bekannt seien, [132] scheitert, weil der Gesetzgeber selbst in vielen Risikobereichen solche Verpflichtungen aufgestellt hat, die von jedem Wirtschaftssubjekt zu beachten sind. Aus diesem Blickwinkel gesehen erscheint es möglich, die Verurteilung

---

131) Vgl. im deutschen Recht §17 Abs.1 Nr.5a LMBG. Danach ist grundsätzlich jede gesundheitsbezogene Werbung für Lebensmittel verboten; sie ist nur ausnahmsweise dann erlaubt, wenn die Werbeaussage wissenschaftlich hinreichend gesichert ist. Der Werbende trägt die volle Verantwortung für die Richtigkeit seiner gesundheitsbezogenen Angaben.

132) Dülgerov, Lauterer Wettbewerb und Glaubwürdigkeit in der Handelskommunikation, S

133) Anders die Neuregelungen des Wettbewerbsrechts in einigen EG-Mitgliedstaaten: Art.7 Ziff.4 der Gesetzesverordnung Nr.74 v. 25.1.1992 in Italien, GRUR Int.1992, 825 ff.; Art.29b des Gesetzes Nr.34/1988 v. 11.11.1988 in Spanien, GRUR Int.1989, 908 ff.; Art.1416 b des Burgerlijk Wotboek in den Niederlanden, GRUR Int.1981, 437

nach Art.32 Abs.1 an die Nichterfüllung einer materiellen Aufklärungspflicht anzuknüpfen.

Das WettbewG enthält keine spezielle Regelung hinsichtlich der Beweisführung am Beispiel des Art.6 der RL über die irreführende Werbung. Ziel dieser gemeinschaftsrechtlichen Vorschrift ist es, dass die EG-Mitgliedstaaten im Zuge der Umsetzung der RL dem Kläger im Wettbewerbsprozess wegen irreführender Werbung ein Minimum an Beweiserleichterungen gewähren. Bei der Feststellung, ob eine Behauptung irreführend ist, werden keine demoskopischen Untersuchungen und Meinungsumfragen als Beweismittel herangezogen. Die Frage wird vielmehr von der KSW bzw. von den Gerichten in eigener Sachkunde entschieden. Die Auffassung der KSW hierzu wird im folgenden anhand einer Fall-Entscheidung illustriert.

a/ Der Fall „Super Zdrave"

Die Kommission zum Schutz des Wettbewerbs hat die Beschwerde des bulgarischen Roten Kreuzes (Bulg. RK) behandelt, in der behauptet wurde, das Verlagshaus „Stedon-Komers" GmbH begehe unlauteren Wettbewerb, indem es die vom Bulg.RK herausgegebene Zeitschrift „Zdrave" (Gesundheit) nachmacht.[134] Die Unlauterkeit des Verlegers bestehe in der Übernahme des Titels mit einem unwesentlichen Zusatz, sowie im Kopieren der Form und der farblichen und grafischen Gestaltung der ersten Seite, was die Verbraucher hinsichtlich der Herkunft, des Herstellers und anderer wesentlicher Merkmale der Zeitschrift irreführen könne. Die KSW führte Ermittlungen durch und stellte Folgendes fest: Das Bulg.RK gibt die Zeitschrift „Zdrave" seit 38 Jahren heraus; sie ist den Lesern gut bekannt. Im Monat April 1994 hat „Stedon-Komers" GmbH das erste Heft seiner neuen Zeitschrift „Super Zdrave" herausgegeben. Zwischen den beiden Zeitschriften besteht eine gewisse Ähnlichkeit im Titel sowie in der äußeren Gestaltung der ersten Seite und in der behandelten Thematik. „Super Zdrave" weist im Impressum auf S.3 korrekt auf den Verleger, die Firma und ihren Inhaber hin. Der Titelseite ist zu entnehmen, dass die Zeitschrift ein „Magazin" ist, während die Zeitschrift „Zdrave" ein „Familienjournal" ist. Auch die Schriftzüge, in denen der Titel „Zdrave" jeweils geschrieben ist, unterscheiden sich. Dies sind die wesentlichen äußeren Merkmale der beiden Zeitschriften.

---

134) KSW/E Nr.44-14 vom 28.6.1994; leicht gekürzte Übersetzung in GRUR Int.1996, S.1055

Nach Auffassung der KSW könnte bei dieser Sachlage nicht angenommen werden, dass das Verlagshaus „Stedon-Komers“ GmbH die Vorschrift in Art.32 Abs.2 WettbewG verletzt hat, denn „Super Zdrave“ enthält keine unwahren Tatsachen, mit denen die Leser hinsichtlich der wesentlichen Merkmale der Zeitschrift oder der Art und Weise ihrer Benutzung irregeführt würden. Es liegt auch keine unbefugte Benutzung einer fremden Marke, da die Marke „Zdrave“ mit dem charakteristischen Schriftzug nur zur Eintragung angemeldet worden war und das Patentamt darüber noch nicht entschieden hat. Darüber hinaus wurden auch keine besonderen Symbole oder Merkmale der langjährig herausgegebenen Zeitschrift benutzt. Es ist richtig, dass Format und Preis der beiden Zeitschriften gleich sind. Es handelt sich aber um das gewöhnliche und am meisten vorkommende Zeitschriftformat auf dem bulgarischen Markt, das durch das angebotene Papierformat bestimmt ist. Der Preis wird von den Verlegern frei bestimmt und hängt von den Kosten, vom Markt und von der Auflage ab, ist aber kein spezifisches Merkmal der Ware, um die Leser hinsichtlich des ausdrücklich angegebenen Verlegers irreführen zu können. Was die benutzte äußere Gestaltung der Titelseite anbelangt, so ist diese nicht nur für die Zeitschrift "Zdrave“ charakteristisch. Sie ist vielmehr heute die am meisten vorkommende Art und Weise der Titelseitengestaltung, und zwar durch Hervorhebung von Titeln einiger der interessantesten Artikel, um die Leser auf den Zeitschrifteninhalt aufmerksam zu machen. Aufgrund dieser Erwägungen wurde die Beschwerde abgelehnt.

Der Markt ist am Eintritt neuer Wettbewerber, einer neuen Art und Weise der Behandlung bekannter und etablierter Themen aus unterschiedlichen Bereichen des Lebens interessiert. Die Entscheidung der KSW zeigt, dass es keinen Schonbezirk für eine bestimmte Thematik gibt. Gefordert ist vielmehr eine lautere Konkurrenz unter Einhaltung der Regeln über die genaue und wahre Informierung der Leser. Verletzungen in dieser Richtung wurden aber in diesem Fall nicht nachgewiesen.

Statistisch bildet die Fälle unlauterer Nachahmung eine der umfangsreichsten Gruppen in der bisherigen Praxis der KSW.[135] Die Kommission weist mit Besorgnis auf die konstant hohe Zahl der Verwechslungsfälle hin.[136] Hier sind auch, soweit bekannt, einige der höchsten Geldbußen verhängt worden, obwohl auch diese dem westlichen Beobachter lächerlich niedrig erscheinen mögen.

---

135) Statistische Angaben in der Tätigkeitsberichten der KSW, KZK 1997/98, S.172 ff.

136) JbKSW 1998, S.46; JbKSW 1999, S.57

3. Nachahmung.

Das neue Gesetz unterscheidet zwischen zwei Fallgruppen von Nachahmungstatbeständen. Der erste Fallgruppe betrifft das Anbieten von und die Werbung für Waren und Dienstleistungen mit einem äußeren Erscheinungsbild, einer Verpackung, Markierung, Benennung oder anderen Merkmalen, die die Verbraucher hinsichtlich der Herkunft, des Herstellers, des Verkäufers, Herstellungsart und –ort, der Quelle und der Art des Bezugs oder der Benutzung, der Quantität, der Qualität, des Wesens, der Verbraucheseigenschaften oder anderer wesentlicher Merkmale der Ware oder Dienstleistung irreführen oder irreführen können (Art.33 Abs.1). Freilich ist diese Bestimmung so weit gefasst, dass sie sich mit dem Tatbestand der Irreführung (Art.32 Abs.2) weitgehend überschneidet. Eine Abgrenzung gegenüber dem Tatbestand der irreführenden Werbung ist dabei kaum durchführbar. Die KSW hat aber bisher ganz konsequent diese Vorschrift überwiegend auf Situationen der Verwechslung angewandt, d.h. wenn die Irreführung durch eine unlautere Nachahmung der Leistungen eines Wettbewerbers hervorgerufen wurde.[137]

Die zweite Fallgruppe der Nachahmungstatbestände bezieht sich konkreter auf die unbefugte Nutzung identischer oder ähnlicher Firmennamen, Handelsmarken oder besonderer Kennzeichen und Symbole. Diese Nutzung ist als wettbewerbswidrig zu verbieten, wenn die Interessen der Wettbewerber und/oder der Verbraucher beeinträchtigt werden können (Art.33 Abs.2). Während das alte Gesetz die Nutzung fremder Kennzeichen nur dann verbot, wenn diese Nutzung eine Verwechslung bei den Verbrauchern hervorrufen könnte, macht das neue Gesetz von einem vageren Schutzmaßstab Gebrauch, nämlich der Gefährdung der Interessen der Wettbewerber und der Verbraucher. Diese Änderung bewirkt in der Praxis einen großzügigeren wettbewerbsrechtlichen Kennzeichenschutz, wie etwa in Fällen von Rufausbeutung und Verwässerungsgefahr.[138]

Gegenstand dieses Schutzes sind individualisierende Unternehmensbezeichnungen wie die Firma (Namensfunktion gemäß Art.7 Abs.1 HandelsG), die Handelsmarke oder andere besondere Bezeichnungen und Symbole. Unter dem Schutz des Art.33 fallen somit auch Embleme und andere bildliche Darstellungen, Werbeslogans, besondere Gestaltungsformen der Produkte oder Farbkombinationen. Der wettbewerbsrechtliche Schutz nach Art.33 findet dabei unabhängig davon Anwendung, ob eine

---

137) So Bakardjieva A., GRUR Int.1999, S.403
138) So Bakardjieva A., GRUR Int.1999, S.403

formale Verletzung des UrheberG oder des MarkenG vorliegen.[139] Ergänzend zum Schutz von Handels- und Dienstleistungsmarken, Herkunftsangaben und gewerblichen Mustern, d.h. von den nach dem MarkenG geschützten immateriellen Gütern, greift der strafrechtliche Tatbestand des Art.227 StrafGB ein. Die Firma ist außerhalb des WettbewG auch nach Art.11 HandelsG geschützt (Unterlassungs- und Schadensersatzanspruch nach Abs.2). Das HandelsG stellt dabei bestimmte Anforderungen hinsichtlich der Handelsfirma. Gemäß Art.7 (2) muss jede Firmenbenennung der Wahrheit entsprechen, nicht irreführen und die Gesellschaftsordnung und die Moral nicht verletzen. Das HandelsG enthält indes keine Bestimmung betreffend der regionalen oder nationalen Ausschließlichkeit der Firmenbenennung.[140] Das hat zur Folge, dass die Frage nach der Neuheit der Firma im bulgarischen Recht offen bleibt.[141] Der wettbewerbrechtliche Schutz kann allerdings nicht in örtlichem Rahmen eingeschränkt bleiben, da eine Vielzahl von Unternehmen überregional und international tätig und bekannt sind. Diesem Umstand trägt das Wettbewerbsschutzgesetz Rechnung. Berühmte Handelsmarken genießen wettbewerbsrechtlichen Schutz gegen Verwässerungsgefahr unter dem Aspekt der Irreführung durch Ausbeutung des fremden Rufs (Art.31).

Grundvoraussetzung für die Gewährung des Schutzes gegen Nachahmung nach dem Art.33 Abs.1 WettbewG ist dabei die Bekanntheit der individualisierenden Kennzeichen und –symbole bei den angesprochenen Abnehmerkreisen, womit eine Verwechslungsgefahr begründet werden könnte. Die KSW hat ausdrücklich hervorgehoben, dass die Benutzung eines fremden Individualisierungsmerkmal von einem Konkurrenten nur dann als unlauterer Wettbewerb bewertet werden kann, wenn diese auf eine Weise geschieht, bei der die Verbraucher getäuscht werden können.[142] Nach WettbewG genügt die abstrakte Irreführungs- bzw. Verwechslungsgefahr.[143] Die Verwechslung kann auf unterschiedli-

---

139) KSW/E Nr.16-7/1.1.1993, JbKSW 1993, S.145 und Nr.14-6/1.3.1994

140) Der Entwurf des HandelG sah das Erfordernis der lokalen Ausschließlichkeit vor, jedoch wurde eine solche Bestimmung in der endgültigen Fassung nicht übernommen.

141) Dazu Gerdjikov, Kommentar des HandelsG, S.75. Der Autor vertritt die Ansicht, es sei zu erwarten, dass sich in der Praxis das Erfordernis der nationalen Ausschließlichkeit durchsetzen würde. Dieser Auffassung schließen wir uns an.

142) KSW/E Nr.59-18/4.10.1993, JbKSW 1993, S.249 ff.

143) In diesem Zusammenhang entschied die KSW im Fall „Bulgarplodexport" (KSW/E Nr.39-40/22.4.1992), das Auferlegen von Geldbußen für ein Außenhandelsunternehmen zu beantragen, dessen Exportproduktion statt mit der zugehörigen Firmenbenennung „Bulintertrade" mit der im Ausland bekannten Firmenbenennung „Bulgarplodexport" gekennzeichnet wurde.

chen Wegen herbeigeführt werden. Praktisch geschieht das am häufigsten durch die Anlehnung an fremde Leistung, durch Benutzung von ähnlichen Kennzeichen, oder etwa durch Zuschreiben von nicht vorhandenen Qualitäten der eigenen Waren oder Dienstleistungen, mit dem Ziel die Verbraucher über die Herkunft irrezuführen und seine Qualitätsvorstellungen missbräuchlich auszunutzen. Erforderlich ist dabei eine tatsächliche Benutzung des Kennzeichens, unlauterer Wettbewerb liegt nicht vor, wenn der Benutzer der Marke keine Wirtschaftstätigkeit ausübt.[144]

Nach Auffassung von KSW ist in jedem konkreten Fall eine Differenzierung bei der Ermittlung der einschlägigen Verbraucher nach der Besonderheit der angebotenen Waren oder Dienstleistungen erforderlich. Diejenigen Kriterien, die an die Werbung für Massenwaren zu stellen sind, können hinsichtlich gewerblichen Gebrauchs bestimmter Waren unter Umständen zu streng erscheinen. In ihrer Amtpraxis hatte die KSW Anlass gehabt, über einen naheliegenden Sachverhalt Stellung zu nehmen.[145] Mit Regierungsverfügung wurde ein Unternehmen in der Maschinenbaubranche gegründet und beim zuständigen Bezirksgericht unter der Firma „Tschavdar“ GmbH eingetragen. Diese Firmenbezeichnung ist völlig identisch mit der weitbekannten Firma des größten bulgarischen Busherstellers „Tschavdar“ AG. Zum Tätigkeitsgegenstand des neugegründeten Unternehmens gehörte auch die Produktion von Servobremsen für Gabelstapler und Elektrofahrzeuge. Für diese Erzeugnisse wurde in den Zeitungen geworben. Die KSW erwog die eventuelle Verwechslungsgefahr und gelangte zum Ergebnis, dass die zusätzlichen Angaben über die unterschiedlichen Gesellschaftsarten der beiden Firmen, trotz vollständiger Identität der Firmenbenennung, hinreichende Unterscheidungskraft gewähren. Denn es sei davon auszugehen, dass unter gewerblichen Abnehmern kaum eine Verwechslung zwischen Bremssystemen für Busse und Gabelstapler zu befürchten sei. Üblicherweise unterliegen Fachleute schwieriger einer Irreführung als Verbraucher von Massenkonsumgütern.

Betreffend den Kennzeichenschutz haben sich in der bisherigen Praxis und Rechtssprechung einige relativ deutliche Wertungsmaßstäbe durchgesetzt. In einer Vielzahl von Fällen reiner Piraterie, häufig Nachahmung berühmter oder bekannter Marken (z.B.„Coca-Cola“, „Milka“ von Jacobs Suchard, „Johnny Walker“, „Tuborg“, „Carevec“) haben die Gerichte solches Verhalten als völlig unzulässig verurteilt und in einigen Fällen verhältnismäßig hohe Sanktionen auferlegt. In den oben erwähnten Fällen der Markenpiraterie wurde die Verwendung des fremden

---

144) KSW/E Nr.92-92/2.11.1993, JbKSW 1993, S.210 ff.

145) KSW/E Nr.36-37/6.4.1992

Warenzeichens auch von einer Nachahmung der äußeren Form des Produktes, der Verpackung, der Markierung usw. begleitet. [146] Unbedeutende Abweichungen vom Originalkennzeichen („Cola-Cola" statt „Coca-Cola"; „Milk" statt „Milka") wurden dabei als irrelevant beurteilt. Dagegen wird in der Regel eine Übereinstimmung nur einzelner Bestandteilen eines Warenzeichens nicht als hinreichend angesehen, um eine Verwechslungsgefahr – und dementsprechend die Untersagung - zu begründen.[147] Wenn es um relativ neue und weniger bekannte Warenzeichen geht, werden strengere Anforderungen an die Ähnlichkeit der Kennzeichen und der Waren gestellt als bei bekannten Marken.[148]

Der Schutz gegen unlautere Nachahmung erstreckt sich nicht nur auf unerlaubte und unlautere Nachahmung von Kennzeichen, sondern auch auf andere Imitationen, soweit geeignet sind, die Verbraucher irrezuführen (Art.33 (1)). So hat die KSW in einigen Fällen [149] Verwechslung durch Nachahmung der äußeren Gestaltung von Zeitschriften festgestellt, was auch seitens der Gerichte bestätigt wurde. Im Fall „Trimata glupaci"[150] wurde eine Sanktion von 500,000 Lewa verhängt. Die sklavische Nachahmung der gesamten äußeren Gestaltung, der Titel der einzelnen Aufsätze, der Nummernreihe, usw. - so das Oberste Gericht - konnte bei den Verbrauchern eine Verwechslung hervorrufen, was auch als eine unlautere Wettbewerbshandlung zu bezeichnen sei. Im Fall „Romeks" hat die Kommission die Nachahmung eines Werbekatalogs als verwechslungs-

---

146) Die beiden Fälle „Coca-Cola", KSW/E Nr.98 v. 16.11.1992; Entsch. des Bezirkgerichts Vidin vom 2.6.1994; KSW/E Nr.98 v. 16.11.1992; In dieser Gerichtsentscheidung wurde der Antrag der KSW gutgeheißen, aber es wurden nur geringe Sanktionen ausgesprochen. Der Fall „Milka", KSW/E Nr.81 v. 12.10.1993; Entsch. des Stadtgerichts Sofia in der Sache 31/94; Der Fall „Johnny Walker", KSW/E Nr.84 v. 1.7.1994; Entsch. des Obersten Gerichts Nr.1430 vom 19.7.1995; Der Fall „Carevec", KSW/E Nr.14 v. 15.2. 1993; Entsch. des Stadtgerichts Sofia 28.7.1995; Entsch. des Obersten Kassationsgerichts Nr.544 vom 1.4.1997. Eine Geldbuße von 600,000 Lewa wurde vom Stadtgericht Sofia auferlegt und vom Obersten Gerichts bestätigt. Der Fall „Tuborg", KSW/E Nr.25 v. 19.4.1994; Entsch. des Bezirksgerichts Plovdiv vom 13.6.1995 und Entsch. des Stadtgerichts Sofia vom 13.7.1995. Die höchste Sanktion, die 1 Mln. Lewa betrug, wurde im Fall „Deutsche Grammophon" auferlegt, KZW/E Nr.31 v. 25.4.1995, abgedrückt in GRUR Int.1997

147) So hat die KZW Kennzeichen wie „Kola A+B/Koka-Kola" (KSW/E Nr.98 vom 16.11.1992, in KSK 1993 S.77) als nicht verwechslungsfähig angesehen.

148) „Kalagija L/Kalagija A" (KSW/E Nr.57/15.6.1993, in KZK 1995, S.170); „Tenatos - Pepa Daneva Sliven/Tenatos" (KSW/E v. 17.10.1996, in KZK 1997, S. 298)

149) KSW/E Nr.8/17.1.1995, „Trimata glupaci", Entsch. Des Stadtgerichts Sofia v. 3.4.1996; Entsch. des Obersten Kassationsgerichts Nr.667 v. 15.5.1997

150) KSW/E Nr.8 vom 17.1.1995; Entsch. Des Stadtgerichts Sofia vom 3.4.1996; Entsch. Des Obersten Kassationsgerichts Nr.667 vom 15.5.1997

fähig beurteilt. Diese Beurteilung wurde vom Bezirksgericht bestätigt und es wurde eine Sanktion von 100,000 Lewa verhängt.[151]

Auch der Schutz geographischer Bezeichnungen wird von den Gerichten sehr ernst genommen. In drei verschiedenen Fällen handelte es sich um Mineralwasser von den in Bulgarien hochgeschätzten „Hissar"-Mineralquellen. Drei verschiedene Unternehmen hatten die Bezeichnung „Hissar"-Wasser, die als Ursprungsbezeichnung im Sinne des Art.38 des Gesetzes über Handelsmarken und Geschmackmuster [152] in dem einschlägigen Register des bulgarischen Patentamtes eingetragen worden war, für Mineralwasser von einer Nachbarquelle mit vergleichbarer Qualität genutzt. Das wurde ihnen aber untersagt, auch wenn die genaue Bezeichnung der Originalquelle auf den Etiketten angeführt wurde. [153] Aus einigen Entscheidungen der KSW geht hervor, dass sie subjektive Unrechtselemente als wesentliches Tatbestandsmerkmal annimmt. Diese Auffassung bringt sie unmissverständlich in dem Leitsatz einer Entscheidung [154] zum Ausdruck. In einer weiteren Entscheidung [155] ist zu dieser Frage zu lesen: Die Benutzung eines ähnlichen Symbols mit gleicher maßstäblicher und sehr naheliegender graphischer und geometrischer Gestaltung, was eine große Aufmerksamkeit bei der Erkennung der Unterschiede erfordere, wie auch die Benutzung eines Namens mit geringer Änderung und ähnlicher Aussprache, wobei der Unterschied nur in der letzten Silbe des zweiten Wortes der Firmenbenennung bestehe, stelle eine Objektivierung der Absicht und Möglichkeit für Irreführung im Sinne des Wettbewerbsgesetzes dar.

Bei der Beurteilung, ob eine Verwechslungsgefahr vorliegt, werden eine Reihe von Faktoren in Erwägung gezogen: die Ähnlichkeit, das Unterscheidungsvermögen der Verbraucher und der Bekanntheitsgrad der Kennzeichen, die Branchennähe, die Gleichartigkeit der Waren oder Leistungen usw. Entscheidend ist dabei, wie der unter dargestellten Fall zeigt, der Gesamteindruck.

---

151) KSW/E Nr.26 vom 14.5.1996, in KZK 1997, S.183; Entsch. Des Bezirksgerichts Plovdiv vom 4.7.1997 in der Sache 3461/96; Dazu Bakardjieva, Das neue Wettbewerbsgesetz in Bulgarien, GRUR Int.1999, S.395

152) D.V. Nr.95 vom 5.12.1967, zuletzt geändert D.V. Nr.27 vom 2.4.1999; Dazu Dimitrov M., Dissertation, Halle-Wittenberg 996, S.170, auch Baardjieva, GRUR Int.1999, S.402

153) Der Fall „Bena-Stoat", KSW/E Nr.55/15.6.1993, in KZK 1994, S.166; Entsch. des Stadtgerichts v. 28.12.1994, mit der der Antrag der KSW zurückgewiesen wurde; Entsch. des Obersten Gerichts Nr.146 v. 5.5.1996, worin die Entsch. des Stadtgerichts aufgehoben wurde; KSW/E Nr.54-15/14.8.96, JbKSW 1997, S.78; Dazu Bakardjieva, Das neue Wettbewerbsgesetz in Bulgarien GRUR Int.1999, S. 395

154) KSW/E 17-7/15.3.1994, JbKSW 1994, S.204

155) KSW/E Nr.29-10/3.4.1994, JbKSW 1994, S.217

a/ Der Fall „Klostergelüste“

In diesem Fall [156] hat die Kommission zum Schutz des Wettbewerbs die Beschwerde der „Vinzavod“ Einmann-GmbH, Asenovgrad wegen Handlungen unlauteren Wettbewerbs von seiten der „Vinprom-Ruse“ Einmann-GmbH geprüft. Im Schreiben von „Vinzavod“ Einmann-GmbH wurde vorgebracht, die Gesellschaft besitze eine eingetragene Handelsmarke, die aus einem Wort „Klostergeflüster“ und einer farbigen Abbildung mit vier Mönchen. Es wurde dabei unterstrichen, dass die „Vinprom-Ruse“ Einmann-GmbH Weinflaschen mit ähnlichen Etikett, auf dem zwei Mönche und die Bezeichnung „Klostergelüste“ abgebildet sind, auf den bulgarischen Markt gebracht hat. In den durchgeführten Untersuchungen wurde festgestellt, dass Rotweinflaschen mit dem strittigen Etikett „Klostergelüste“ tatsächlich auf dem Markt erhältlich waren. Die „Vinprom-Ruse“ Einmann-GmbH hat in der Tat ein Etikett benutzt, das dem auch als Handelsmarke eingetragenen Etikett der „Vinzavod“ Einmann-GmbH, Asenovgrad, sehr ähnlich war. Auf beiden Etiketten sind Mönche dargestellt, die Rotwein trinken. Ähnlich sind auch die Bildelemente der Trauben im unteren Teil des Etiketts. Die Worte „Klostergelüste“ und „Klostergeflüster“ sind mit gleicher Schrift in Latein geschrieben. Der bulgarische Käufer würde, selbst wenn er Kenntnisse der deutschen Sprache hätte, den unbedeutenden Unterschied durch das bloße Fehlen der Buchstaben „f“ und „r“ auf dem Etikett kaum merken. Es ist zwar richtig, dass auf dem einen Etikett vier Mönche, auf dem anderen dagegen nur zwei Mönche abgebildet sind. Ein gewisser Unterschied besteht auch im Hintergrund der beiden Etiketten; der eine ist heller, der andere dagegen dunkler. Doch kann nach Auffassung der KSW der Gesamteindruck aller Bild- und Wortelement in den beiden verglichenen Etiketten die Verbraucher hinsichtlich des Herstellers, der Herstellungsart und -ort, der Qualität, der ordnungsgemäß eingetragenen Handelsmarke täuschen, was eine Wettbewerbsverletzung nach Art.33 Abs.1 WettbewG darstellt.

b) Der Fall „Ljubovta e Ludost“

Im Fall „Ljubovta e ludost“[157] (Die Liebe ist Wahnsinn) hat die Kommission zum Schutz des Wettbewerbs die über die Urheberrechtsagentur „Arete“ eingereichte Beschwerde von Z. Dragostinova geprüft, in der verlangt wurde, dem Internationalen Filmfestival „Ljubovta e ludost“

---

156) KSW/E Nr.52-16 v. 6.9.1994, Übersetzung im GRUR Int. 1996, S.1055

157) Deutsche Übersetzung der Entscheidung in GRUR Int.1999, S. 74

in Varna Sanktionen wegen Wettbewerbsverletzung nach Art.33 Abs.2 WettbewG aufzuerlegen. In der Beschwerde von Frau Dragostinova wird ausgeführt, die Idee, am Ende des Sommers in der Stadt Varna ein internationales Filmfestival durchzuführen, gehöre ihr als Filmkritikerin und Journalistin sowie dem Filmkritiker A.Grozev. Das Motto des Festivals sei ein schöpferischer Einfall von Dragostinova. Um ihre Rechte zu schützen habe sie die Wortmarke „Ljubovta e ludost“ für Dienstleistungen mit Priorität vom 7.9.1994 beim Patentamt eintragen lassen. Der Direktor des Internationalen Filmfestivals in Varna sei benachrichtigt worden, dass die Durchführung des Festivals unter dem Motto „Ljubovta e Ludost“ ohne Erlaubnis der Inhaberin der Dienstleistungsmarke eine Form des unlauteren Wettbewerbs sei.

Die Analyse der Tatsachen des umstrittenen Falles ermöglichte folgende Schlussfolgerungen: Eine Verletzung von Art.33 Abs.2 liegt vor, wenn eine Handelsmarke in der Weise benutzt wird, dass die Interessen der Wettbewerber und/oder der Verbraucher verletzt werden können. Die Vorschrift verlangt die Benutzung der Marke für die Kennzeichnung von Waren, für die sie eingetragen wurde. Das bedeutet, dass die Marke den Verbrauchern entweder durch die auf den Markt gebrachten Waren selbst oder durch Werbung bekannt geworden ist. Nur in eine solchen Situation könnte eine Verletzung entstehen, nämlich dass der Mitbewerber im Widerspruch zur lauteren Handelspraxis eine fremde Marke auf eine Weise benutzt, die die Verbraucher irreführen kann. Die Vorschrift des Art.33 Abs.2, die den Begriff „Handelsmarke“ benutzt, ist zweifellos auch auf Dienstleistungsmarken anzuwenden, die derselben rechtlichen Regelung unterliegen. Es konnte nicht festgestellt werden, dass Dragostinova vor der Markeneintragung und danach eine Dienstleistungstätigkeit, für die die Marke eingetragen ist, ausgeübt hat. In diesem Fall liegt die erste Voraussetzungeiner Verletzung gemäß Art.33 Abs.2 WettbewG nicht vor, nämlich das Vorhandensein eines Wettbewerbsverhältnisses zwischen den Streitparteien auf dem Markt der Dienstleistung, für die die Marke eingetragen. Unter diesen Umständen kann keine Verletzung des Art.33 Abs.2 WettbewG vorhanden sein. Angesichts der dargestellten Erwägungen hat die KSW die Beschwerde abgewiesen.[158]

158) KSW/E Nr. 24-12 v. 14.5.1998; deutsche Übersetzung der Entscheidung in GRUR Int.1999, S.74

4. Verbot des Verrats von Geschäfts- und Betriebsgeheimnissen.

Nach Art.35 Abs.1 ist verboten, Produktions- oder Geschäftsgeheimnisse im Widerspruch zur fairen Geschäftspraxis auszukundschaften, zu benutzen oder preiszu- geben. Die Missachtung dieses Verbotes führt zur verwaltungsstrafrechtlichen Haftung gemäß Art.58, die sich gemäß Art.59 und Art.60 bei Unternehmen in Vermögenssanktionen bzw. bei natürlichen Personen in Geldbußen äußert.[159] Der Schutzgegenstand dieser Vorschriften ist das Geheimhaltungsinteresse des Geheimnisträgers, was sich auch aus der Begriffsbestimmung des Produktions- und Geschäftsgeheimnisses herleiten lässt. Das Titelverbot ist in der Bestimmung des Art.35 Abs.2 und Abs.3 erweitert. Offensichtlich meinte man, dass ein praktisches Bedürfnis nach Klarstellung des Inhalts unzulässiger Praktiken besteht und darauf ist die weitläufige Aufzählung in diesem Artikel zurückzuführen. Der Schutz des Produktions- oder Geschäftsgeheimnisses wird somit in dreierlei Hinsicht erreicht: Schutz gegen unredliche Kenntniserlangung, Schutz gegen Geschäftspartner, Schutz gegen untreue Mitarbeiter.

Problematisch ist die Erfassung des rechtswidrigen Erfahrens von Geschäfts- und Betriebsgeheimnissen nach Art. 35 Abs. 2. Danach widerspricht das Erfahren von Geheimnissen den guten Handelssitten auch dann, wenn dies durch Lauschen, Korrespondenzverletzung, Spionage von vertraulichen Unterlagen, Betrug oder Bestechung erfolgt. Die Wendung „auch dann“ verleitet zu der Schlussfolgerung, dass es Unlauterkeit auch unterhalb dieser Schwelle geben kann. Wegen des Fehlens von ausführlichen Materialien bezüglich der Ausarbeitung des WettbewG sind die Vorstellungen des Gesetzgebers diesbezüglich sind sehr unklar. Nach h.M ist eine restriktive Auslegung dieser Definition geboten.[160] Hierbei sind vorwiegend kriminelle Handlungen angeführt; doch auf deren strafrechtlichen Verfolgung nach WettbewG wurde verzichtet.

Art.35 Abs.3 stellt eine vertragsunabhängige Grundlage des Schutzes des Produktions- und Geschäftsgeheimnisses dar. Danach ist die Ausnutzung und Preisgabe eines fremden Geheimnisses dann verboten,

---

159) Das WettbewG berechtig die KSW zur Auferlegung von Vermögenssanktionen in einer Höhe von 5 000 bis 300 000 Leva bei Unternehmen und Geldstrafen in der Höhe von 1 000 bis 10 000 Leva bei natürlichen Personen, sofern die Handlung keine Straftat darstellt. Nach der Einführung des Currency Board im April 1997 in Bulgarien wurde die bulgarische Währung (Lev) zu DM in einem Verhältnis 1000 Leva:1 DM. Nach der Deniminierung des Levs am 5.7.1999 ist dieses Verhältnis 1 Lev:1 DM. Die obigen Zahlen sind an die Denominierung angepasst.

160) Stefanov S., Der Know-how-Schutz nach bulgarischem Wettbewerbsrecht, GRUR Int.1999,S.921

wenn es unter der Bedingung erlangt oder mitgeteilt wurde, dass es nicht ausgenutzt oder preisgegeben wird. Die Bedeutung dieser Vorschrift liegt vor allem in der Anwendbarkeit auf Außenstehende, die im Unterschied zu Art.35 Abs.2 die fremden Geheiminformationen auf redliche Weise erlangt oder mitgeteilt bekommen haben. Als Adressaten dieser Regelung sind selbständige Unternehmen oder Endabnehmer gemeint, die mit dem Geheimnisinhaber in geschäftlichen Beziehungen stehen. Dabei ist gleichgültig, ob diese Beziehung auf der Grundlage eines Vertrages beruhen, die Parteien sind noch in vorvertraglichen Verhandlungen befinden oder die Verhältnisse außervertraglich sind. Ein möglicher Anwendungsfall ist die Überlassung von Produktions- und Geschäftsgeheimnissen im Rahmen von Know-how-Verträgen. Auch Personen, denen das Geheimnis vermöge ihrer dienstlichen oder vertraglichen Verhältnisse zugänglich geworden ist, wie bei beauftragten Wirtschaftsprüfern oder Anwälten fallen darunter.[161] Eine Anwendung des Art.35 Abs.3 auf untreue Angestellte des Geschäftspartners ist ebenfalls möglich. Nicht darunter fallen jedoch die Beschäftigten des Geheimnisinhabers. Für sie sind arbeitsrechtliche Vorschriften maßgeblich.

Nach Art.14 Abs.5 des alten WettbewG von 1991 waren die Mitarbeiter jeglicher Unternehmen, Organisationen und Behörden auch nach Beendigung ihres Arbeitsverhältnisses verpflichtet, Produktions- und Geschäftsgeheimnisse, die ihnen dienstlich bekannt geworden sind, für eine Frist von fünf Jahren zu wahren, es sei denn, im Arbeitsvertrag oder in einem sonstigen Vertrag eine längere Frist festgelegt war. Als Mitarbeiter gelten dabei alle Beschäftigten (Arbeiter, Angestellten, Lehrlinge etc.) ohne Rücksicht auf die Art und Bedeutung ihrer Tätigkeit. Die damalige KSW hat zwei Entscheidungen zu dieser Vorschrift erlassen. Nach einer dieser Entscheidungen[162] wird diese Vorschrift nicht verletzt, wenn die von einem ehemaligen Mitarbeiter genutzten Informationen nicht in besonderer Weise geschützt waren und von außenstehenden Personen mit erlaubten Mittel erworben werden konnten. In der zweiten Entscheidung[163] stellte die KSW fest, dass der oben erwähnte Artikel nicht verletzt wird, wenn die aus dem Unternehmen ausgeschiedene Person, den Zugang zu den Informationen über die Technologie zur Herstellung eines bestimmten Produktes hatte, diese Information im neuen Betrieb preisgegeben hat, wo dieses Produkt jedoch nicht hergestellt wird. Ein Wettbewerbsverhältnis ist

161) Der Begriff des Dienstverhältnisses ist hier weit auszulegen und bezieht sich funktional auf eine Vertrauensbeziehung (Stefanov, GRUR Int.1999, S.927)

162) KSW/E Nr.114-31/28.12.1993 „Technoimportexport/Gevesova“

163) KSW/E Nr.27-9/29.3.1993 „Volov/Pujkov“

demnach zwischen den beiden Unternehmen nicht entstanden, so dass auch kein unlauterer Wettbewerb gegeben ist. Die Bestimmung des Art.14 Abs.5 stellte nach h.M. eine harte Beschränkung der Berufstätigkeit der Arbeitnehmer dar und behinderte wesentlich ihr Fortkommen bei Arbeitsplatzwechsel, besonders in der heutigen Situation wachsender Arbeitslosigkeit.[164] Aus diesem Grund wurde diese Vorschrift im neuen Gesetz nicht übernommen. Außerdem ist die Problematik der Geheimhaltung betriebsinterner vertraulicher Informationen längst im Arbeitsrecht berücksichtigt worden. Gemäß Art.126 Ziff.9 des Arbeitsgesetzbuches[165] ist der Arbeiter (Angestellte) bei der Verrichtung der vereinbarten Arbeit verpflichtet, keine für ihn vertraulichen Informationen zu verbreiten. Die Nichterfüllung dieser Verpflichtung wird als Verletzung der Arbeitsdisziplin nach Art.187 Ziff.8 angesehen und führt nach Art.190 Ziff.4 zur Verhängung der schwersten Disziplinarstrafe, nämlich zur disziplinarischen Entlassung des untreuen Arbeitnehmers. Ferner haftet er vermögensrechtlich auf dem Zivilrechtswege für den Schaden, den er vorsätzlich und als Ergebnis einer Straftat verursacht hat.[166]

Als gewisse Anpassung an die Anforderungen des TRIPS-Abkommens kann die neugefasste Definition des Geschäftsgeheimnisses angesehen werden, die in §1 Ziff.7 der Zusatzbestimmungen erscheint. Danach sind unter Produktions- und Geschäftsgeheimnis die mit der Wirtschaftstätigkeit verbundenen Tatsachen, Informationen, Beschlüsse und Angaben zu verstehen, deren Geheimhaltung im Interesse der Berechtigten steht, wofür sie die notwendigen Maßnahmen getroffen haben. Dabei fällt auf, dass die neue Definition umfassender ist. Der frühere Geheimnisgegenstand „Beschlüsse und Angaben“ ist um „Tatsachen und Informationen“ ergänzt worden. Dass diese vier Begriffe sich vom Inhalt her völlig oder teilweise decken, liegt auf der Hand; diese Geheimnisdefinition ist daher nicht umstritten.[167]

Nach der bisherigen Praxis versteht man unter Produktionsgeheimnis geheime Tatsachen oder Informationen technischer Art, die für die Her-

---

164) Die KSW vertritt die Auffassung, dass die Vorschriften des WettbewG keine Einschränkungen für die Berufsausübung nach der Beendigung eines Arbeitsverhältnisses einführen. Die Einschränkungen des Art.35 (2) sind daher restriktiv auszulegen und anzuwenden. (Stefanov, GRUR Int.1999, S.927)

165) Bulgarisches Arbeitsgesetzbuch vom 24.3.1986, veröffentlicht in D.V. Nr.26/1986, S.1,wesentlich geändert durch Gesetz vom 29.5.1996 (D.V. Nr.28/1996).

166) Die vermögensrechtliche Haftung des Arbeitsnehmers tritt unabhängig von der disziplinarischen, verwaltungsstrafrechtlichen und strafrechtlichen Verantwortlichkeit für dieselbe Handlung ein (Art.203 des Arbeitsgesetzbuches).

167) Was sich aber die neue Kommission künftig in ihren Entscheidungen unter Produktions- und Geschäftsgeheimnis konkret vorstellen wird, bleibt abzuwarten.

stellung von Gütern angewendet werden. Man darf dabei den Begriff der Produktion nicht mit einem Herstellungsverfahren gleichsetzen. Sein breiter Inhalt umfasst auch die Zusammensetzung von Stoffen, [168] die räumliche Anordnung der Teile einer Maschine, Kontroll- und Massenverfahren usw., so dass alle Gebiete der Technik für ihn offen bleiben. Wie die Erfindung, ist das Produktionsgeheimnis „eine Anweisung zum technischen Handeln“ [169], wobei durch den Einsatz von Naturkräften die Herbeiführung eines technischen Erfolgs, z.B. die Herstellung eines Erzeugnisses, erzielt wird. Nicht als technisch zu bezeichnen ist aber die geheime Tatsache, dass man ein im Prinzip bekanntes Herstellungsverfahren in einem Unternehmen verwendet oder mit der Herstellung eines schon längst bekannten Produktes erneut beginnt. In diesem Fall handelt es sich hauptsächlich um ein Geschäftsgeheimnis. Als solche werden z.B. in Deutschland angesehen: Kosten- und Preisberechnungen, Kalkulationsunterlagen, Vorverhandlungen zu einem Vertrag, Kundenverzeichnisse, Einräumung von Vorzugspreisen für bestimmte Lieferanten, Unterlagen für die Betriebs-, Absatz- oder Vertriebsorganisation, Marketingkonzepte, Werbemethoden etc.[170]

Für Geschäftsgeheimnisse ist auch in Bulgarien der kaufmännische und kommerzielle Charakter des Geheimnisgegenstandes kennzeichnend. Der Gesetzgeber nimmt jedoch keine Konkretisierung des Geheimnisgegenstandes vor. Auch die Wettbewerbskommission hat sich bislang zur Gegenstandsbestimmung des Produktions- und Geschäftsgeheimnisses ungenügend und zum Teil sogar verwirrend geäußert.[171] Im Fall „Zossi GmbH/Orion-3“[172] behandelte die Kommission die Kenntnis der innerbetrieblichen Produktionskosten, die für den Endpreis eines Produktes bestimmend sind, als Produktionsgeheimnis. Dem kann nach h.M.[173] nicht zugestimmt werden. Die Produktionskosten sind Geheimnisse kaufmännischer Art. Sie bestimmen, ob ein Erzeugnis verkaufsfähig sein kann und aus Rentabilitätsgründen überhaupt zur Herstellung zugelassen

---

168) KSW/E Nr.96-26/2.11.1993; KSW/E Nr.101-26/23.11.1993; KSW/E Nr.97/16.1.1993, “ABL-List/Valab”. In diesem Fall handelte es sich um die chemische Zusammensetzung eines Lösungs- mittels als Produktgeheimnis.

169) KSW/E Nr.114-31/28.12.1993

170) Troller, GRUR 1958, S.386; Baumbach/Hefermehl, Wettbewerbsrecht 15.Aufl., S.1257

171) KSW/E Nr.101/23.11.1993, „Pharmachim AG/Dobrev“. Es handelte sich um eine als Geschäftsgeheimnis bezeichnete Kundenliste des Unternehmens „Pharmachim AG“, die angeblich von den ehemaligen Mitarbeitern des Unternehmens Dobrev für seine Privatfirma genutzt worden ist.

172) KSW/E Nr.64/29.6.1993, „Zossi GmbH/Orion-3“

173) Stefanov S., GRUR Int.1999, S.925

werden soll, aber nicht, wie es produziert werden kann. Solche kaufmännischen Informationen sind also keine Lehre zum technischen Handeln und können somit keine Produktionsgeheimnisse sein, sondern gehören zu den Geschäftsgeheimnissen eines Unternehmens.

Die neue Geheimnisdefinition enthält drei wesentliche Voraussetzungen, deren kumulatives Vorhandensein die Qualifizierung von Tatsachen, Informationen, Beschlüssen und Angaben (im folgenden: nur Tatsachen und Informationen) als Produktions- oder Geschäftsgeheimnisse ermöglicht. Die erste Voraussetzung betrifft solche Tatsachen und Informationen, die mit der Ausübung einer Wirtschaftstätigkeit im Zusammenhang stehen. Zweitens, kommen für die Geheimhaltung nur solche Tatsachen und Informationen in Betracht, die für die „Berechtigten" von Interesse sind. Drittens, zeigt der aus der Geheimnisdefinition zu entnehmende Ausdruck „wofür die Berechtigten die entsprechenden Geheimhaltungsmaßnahmen getroffen haben" deutlich, dass die Geheimhaltung auf den Willen der Berechtigten abgestellt ist.[174] Das Erfordernis von subjektiven Merkmalen, etwa der Willen des Rechtsinhabers auf Geheimhaltung, ist auch aus dem Merkmal „Geheimnis" selbst abzuleiten; darüber hinaus geben die weiteren begriffsbestimmenden Vorschriften der Abs.2 und 3 genügend Anhaltspunkte für diese Annahme. Es ist nicht erforderlich, dass der Gegenstand des Geheimnisses absolute Neuheit hat. Es genügt, dass er aus der Sicht des Inhabers eine relative Bedeutung für das erfolgreiche Auftreten dessen Unternehmens auf dem Markt hat. Wichtig ist es aber, in jedem konkreten Fall zu beurteilen, ob und inwieweit bestimmte Unternehmensbeschlüsse oder –daten, Tatsachen und Informationen schützwürdig erscheinen.[175] Der hier weit zu interpretierende Know-how-Begriff umfasst patentierte und nicht patentierte Erfindungen, Produktionsrationalisierungen, Gebrauchsmodelle oder –entwürfe, Zeichnungen, Abnehmer- und Lieferantenlisten, spezifische Marketingstrategie in der Form etwa von speziellen Vertragskonditionen oder Berechnungsmethoden, EDV-Programme und dgl.

---

174) Dazu Stefanov S., GRUR Int.1999, S.925

175) Keine Handels- oder Berufsgeheimnisse enthalten die offiziellen Akten der staatlichen Finanzprüfer nach dem Gesetz über die Finanzkontrolle. Um Handelsgeheimnisse handelt es sich auch dort nicht, wo die Information öffentlich ist oder mit erlaubten Mitteln von den Personen erhalten werden kann, die über diese Information verfügen können. Ein Verstoß gegen Art.35 (2) setzt nach der Auffassung der KSW voraus, dass die benutzte Information auf besondere Weise geschützt wurde und von außenstehenden Personen mit erlaubten Mitteln nicht erfahren werden konnte.

a) Der Know-how-Schutz nach bulgarischem Wettbewerbsrecht.

Der Schutz von Produktions- und Geschäftsgeheimnissen, einschließlich des Schutzes und der Überlassung von Know-how gewinnt in Bulgarien erst im Zuge des Wandels zur Marktwirtschaft an Bedeutung. Die Unternehmen greifen in der nach der Wende entstandenen Wettbewerbssituation mehr denn je zum Know-how als Wettbewerbsfaktor und versuchen es sorgfältig geheim zuhalten. Je schärfer der Wettbewerb ist, desto stärker wird die Versuchung der Mitbewerber, den fremden Vorsprung mit allen Mitteln einzuholen. Wegen finanzieller Schwierigkeiten sind die Unternehmen meist nicht in der Lage, eigene Forschung und Entwicklung auf erfinderischem Niveau zu betreiben und teuere Patente zu erwerben. Im Hinblick auf seine technisch-ökonomische Aufgabe ist das geheimgehaltene Know-how der patentierten Erfindung nahe verwandt und stellt genauso wie die Erfindung ein Immaterialgut dar.[176] Dabei kann ein betriebliches Know-how oft wertvoller als ein zeitlich und territorial begrenztes gewerbliches Schutzrecht sein, zumal es wegen der tatsächlichen Unzugänglichkeit weniger der Nachahmung ausgesetzt ist. Die industrielle Praxis hat die Rolle des Know-how als wichtiges Wirtschaftsgut schon längst erkannt und erwartet dafür einen angemessenen Rechtsschutz.

Der in anglo-amerikanischen Rechtskreis von der Praxis entwickelte Know-how-Begriff hat sich Ende der 60. Jahre auch in Bulgarien eingebürgert. Dies geht vor allem auf die Teilnehme Bulgariens am internationalen Technologietransfer in erster Linie als Technologieempfänger zurück.[177] In der Zeit der Planwirtschaft konnte man das eigene Know-how nicht gesetzlich schützen. Es fehlte nicht nur die erforderliche nationale Gesetzgebung [178] sondern, was viel wichtiger war, wegen Mangel an Wettbewerb auch die Notwendigkeit dafür. Im Falle einer Kooperation oder eines Technologietransfers mit westlichen Partnern hatte sich der vertragliche Know-how-Schutz bewährt. Im Übrigen könnte man den zivilrechtlichen Schutz zu Hilfe nehmen, indem man das Rechtsinstitut der unerlaubten Handlung, geregelt in Art.45 ff. des VerpfVertrG, als Anspruchsgrundlage für Schadenersatz und Unterlassung wegen Handlungen des unlauteren Wettbewerbs heranzog. Die Verabschiedung

---

176) Troller, GRUR 1958, 386

177)Die erste Lizenz hat Bulgarien im Jahre 1967 erworben, wobei es sich um eine Know-how-Lizenz für die Herstellung von Traktoren handelte. Die meisten von den bulgarischen Betrieben erhaltenen Lizenzen waren solche mit Patent- oder Markenüberlassung.

178) Zu denken ist aber an Art.10bis PVÜ. Bulgarien ist seit 1921 PVÜ-Mitglied und 1970 hat die Stockholmer Fassung vom 14.7.1967 ratifiziert (D.V. 5 v. 16.1.1970)

des Gesetzes zum Schutz des Wettbewerbs vom 1998 wurde auch zum Anlass genommen zu prüfen, inwieweit sich die Situation in Hinblick auf den Know-how-Schutz in Bulgarien geändert hat.[179] Dies auch deshalb, weil der Know-how-Schutz nicht nur im Geheimhaltungsinteresse des betroffenen Unternehmens, sondern auch im Interesse der Verbraucher und der Gesellschaft an der Erhaltung eines freien und lauteren Wettbewerbs liegt.

Im Gegensatz etwa zum deutschen und europäischen Wettbewerbsrecht enthält das bulgarische Wettbewerbsrecht keine Definition des Know-how-Begriffes, die die Beurteilung der Zulässigkeit von wettbewerbsbeschränkenden Klauseln in Know-how-Verträgen erleichtern könnte. Im deutschen Recht ist gemäß §18 Nr.1 GWB [180] der Begriff des Know-how auf das technische Wissen begrenzt, nämlich auf gesetzlich nicht geschützte Erfindungsleistungen, Fabrikationsverfahren, Konstruktionen, sonstige die Technik bereichernde Leistungen, sowie solche der Pflanzenzüchtung, soweit sie Betriebsgeheimnisse darstellen, obwohl der Begriff des Betriebsgeheimnisses nach den Grundsätzen des GWB einen breiten Inhalt hat und sowohl technische wie auch kaufmännische Erkenntnisse und Erfahrungen erfasst.[181] Insoweit besteht Übereinstimmung des deutschen GWB mit dem EU-Wettbewerbsrecht, wonach das Know-how eine Gesamtheit technischer Kenntnisse ist, die geheim, wesentlich und in einer geeigneten Form identifiziert sein sollen.[182] Nicht in den Anwendungsbereich der Technologietransfer-GVO fallen jedoch die Vereinbarungen über kaufmännisches Wissen oder über das sog. Vermarktungs-Know-how, wenn es nicht in untrennbarem Zusammenhang mit dem technischen Wissen steht. Die wettbewerbsrechtliche Beurteilung solcher Vereinbarungen erfolgt dann nach der GVO über Franchisevereinbarungen.[183] Die für die kartellrechtliche Beurteilung von Know-how-Vereinbarungen notwendige Beschränkung auf die technische Seite des Know-how-Begriffes ist jedoch nicht mehr relevant, wenn es um den Schutz des Know-how als Geschäfts- oder Betriebsgeheimnis geht. Nach §17 UWG [184] werden Geheimnisse technischen Inhalts als Betriebsgeheimnisse ebenso wie Geheimnisse kommerzieller Natur als Geschäftsgeheimnisse geschützt. Diese Auffassung teilt auch der

179) Stefanov S., Vortrag „Geistiges Eigentum im vereinten Europa“ (10.-13.10.1996, Sofia)

180) GWB in der Neufassung vom 26.8.1998

181) Baumbach/Hefermehl, Wettbewerbsrecht, Kommentar UWG, S.1255

182) Art.10 Nr.1-4 der Verordnung (EG) Nr.240/96 (Technologietransfer-GVO), GRUR 1996, S.642

183) Verordnung EWG Nr.4087/88, GRUR Int.1989, S.196

184) UWG vom 7.1.1909 (RGBl.S.499) mit späteren Änderungen (BGBl.III 43).

bulgarische Gesetzgeber, indem er den Schutz von Produktions- und Geschäftsgeheimnissen im WettbewG regelt.

Da das Know-how nicht den Rang eines subjektiven gewerblichen Schutzrechtes mit entsprechender Ausschlusswirkung einnimmt,[185] gibt es im bulgarischen Recht keinen auf Know-how zugeschnittenen gesetzlichen *numerus clasus*-Schutz, wie etwa dies bei einem Patent für Erfindungen oder Gebrauchsmuster der Fall ist. Regeln, die unmittelbar an den Know-how-Begriff anknüpfen, existieren ebenfalls nicht. Dennoch finden sich wenigstens mittelbare gesetzliche Abwehrmöglichkeiten gegen die unbefugte Nutzung fremden Know-how, solange dieses Know-how nicht überholt und auch nicht durch Offenkundigkeit zum Allgemeingut geworden ist, was auch bedeutet, dass der Schutz von Know-how nur solange relevant ist, als es für seinen Inhaber und den potentiellen Empfänger noch von Wert[186] und Gegenstand der Geheimhaltung ist. Also, nicht Know-how als solches, sondern nur geheimes Know-how kann Gegenstand eines mittelbaren Rechtsschutzes sein. Der Know-how-Besitzer verfügt daher nicht über ein selbständig übertragbares Recht, wie dies beim Patentinhaber der Fall ist. Er kann sich nur auf Grund der Regel über den unlauteren Wettbewerb gegen unerlaubte Handlungen Dritter zur Wehr setzen.

Als sicherer Weg, Know-how zu schützen, ist dem Know-how-Inhaber zu empfehlen, seine Kenntnisse und Erfahrungen für sich allein zu behalten, und zwar so geheim, dass Außenstehende keinen Zugang haben. Denn nur als Produktions- oder Geschäftsgeheimnis genießt das Know-how einen gesetzlichen Schutz nach Art.35 WettbewG, dessen Verletzung zivilrechtliche Ansprüche auf Unterlassung und Schadensersatz begründet. Nicht immer jedoch ist der Know-how-Inhaber auf eigene Verwertung angewiesen. Aus verschiedenen Gründen kommt es oft zu einer Know-how- Überlassung an eine andere Person. Dabei kann sich der Know-how-Geber auch durch Vereinbarungen schützen, die den Know-how-Nehmer verpflichten, das Know-how vertraulich zu behandeln, nur zu Vertragszwecken zu nutzen und eine Weitergabe an Dritte zu unterlassen. Für das nichtgeheime Know-how, das sich für den Know-how- Nehmer dennoch

---

185) Stumpf, Der Know-how-Vertrag, 3.Aufl., Heidelberg 1997, S.27

186) In dieser Hinsicht kann auch gesagt werden, dass das Know-how ein dem Unternehmen anhaltendes, aber auch übertragbares immaterielles Rechtsgut ist, das einen selbständigen Vermögenswert aufweist, sofern damit eine wirtschaftliche Verwertung beabsichtigt und ermöglicht wird. Wenn es aber um den wirtschaftlichen Wert von Know-how als Schutzvoraussetzung geht, muss man die Meinung von Krasser im Auge behalten, dass „der höhere Wert des geheimen Know-how schon durch die tatsächliche Geheimhaltung bedingt ist und nicht erst durch einen besonderen Geheimnisschutz geschaffen wird." (Krasser, Der Schutz des Know-how nach Deutschem Recht, GRUR Int.1970, S.589).

als wertvoll erweist, ist dies oft die einzige Schutzmöglichkeit, die sich in der Regel nur gegen den jeweiligen Vertragspartner richtet. Nur in Ausnahmefällen kann gegen dritte Personen vorgegangen werden und zwar dann, wenn ein Verstoß gegen die gewissenhafte Handelspraxis vorliegt.

5. Neue Einzeltatbestände.

Die wichtigste Neuerung in wettbewerbsrechtlicher Hinsicht sind die ausdrücklichen und verhältnismäßig strengen Verbotstatbestände betreffend aggressive Methoden der Kundenanlockerung. Laut Art.34 sind sieben verschiedene Formen der unlauteren Kundenanlockerung verboten. Hierzu gehören: Verleiten zum Vertragsbruch (Abs.1); Anwendung von Erpressung oder anderen rechtswidrigen Methoden, um Verkäufer oder Kunden zu einem Geschäftsabschluss zu zwingen oder einen Geschäftsabschluss zu verhindern (Abs.2 und 3); Abzahlungsgeschäfte ohne Angabe des Firmennamens, des Teilbetrags und der Gesamtsumme der Abzahlungen, der Zinsen sowie des Gesamtpreises (Abs.4); Zugaben (Abs.5); Gewinnspielwerbung (Abs.6). Letztlich ist auch der Verkauf einer Ware oder Leistung unter dem Selbstkostenpreis verboten, wenn der Verkauf mit der Absicht erfolgt, Kunden unlauter zu ködern, und es sich um den Verkauf von größeren Mengen über eine längere Zeitspanne handelt (Abs.7).

Die Verbotstatbestände bezüglich Zugaben, Gewinn- und Glücksspielen und Rabatten (Preisnachlässen) scheinen hier von besonderem Interesse zu sein. Da die Gerichte in mehreren Rechtssachen eine äußerst liberale Haltung bezüglich Glücksspielen und sonstigen aggressiven Methoden der Kundenwerbung vertreten und es abgelehnt hatten, solche Handelspraktiken unter der Generalklausel des lauteren Wettbewerbs zu subsumieren, wurde diese Neuerung als notwendig angesehen. In dem extremsten Fall handelte sich um eine Werbekampagne von „Snacks", mit der man Kunden – überwiegend Kinder – mit der Möglichkeit, Geldscheine in der Produktverpackung zu finden, anzulocken versuchte.[187] Ein von der KSW von Amts wegen geltend gemachter und auf die Generalklausel des alten Wettbewerbsgesetz geschützter Unterlassungsanspruch fand beim Stadtgericht Sofia kein Gehör. Das Gericht war der Meinung, dass ein solcher Werbefeldzug den guten Sitten im geschäftlichen Verkehr nicht widerspreche und deshalb unter dem alten WettbewG als erlaubt anzusehen sei.

---

187) Der Fall „Starfoods", KSW/E Nr.26/21.3.1995, in KZK 1996, S.235; Entsch. des Stadtgerichts Sofia vom 24.1.1996; Entsch. des Obersten Kassationsgerichts Nr.373 vom 16.5.1997

Diese Auffassung wird durch das neue Gesetz ausgeschlossen. Art.34 lautet: „Es ist verboten, neben einer Ware oder einer Leistung eine Zugabe unentgeltlich oder eine andere Ware oder Leistung gegen ein nur scheinbar verlangtes Entgelt anzubieten oder zu gewähren, es sei denn es handelt sich um folgendes: Werbegegenstände von geringem Werte, die mit einer deutlichen Bezeichnung des werbetreibenden Unternehmens versehen sind; Zugaben, die nur in handelsüblichem Zubehör zur Ware oder in handelsüblichen Nebenleistungen bestehen; Waren oder Leistungen, die als Mengenrabatte gewährt werden, oder Druckerzeugnisse im Verkauf oder Abonnement von Zeitschriften." Ferner verbietet Abs.6 desselben Artikels Verkäufe, wenn gemeinsam mit dem Verkauf etwas angeboten wird, dessen Erwerb von Gutscheinsammlungen, Rätsellösungen, Beteiligung an Glücksspielen (Gewinnspielen oder Lotterien) oder dergleichen abhängig ist. Das Verbot gilt nur für den Fall, dass der Wert der Geld- oder Sachpreise den Verkaufspreis der Waren oder Leistungen erheblich übersteigt.

Diese neuen Vorschriften über Zugaben und Gewinnspielwerbung haben eine intensive Diskussion ausgelöst und wurden vor allem seitens betroffener Geschäftskreise scharfer Kritik unterworfen. Die Kritik richtete sich meistens gegen die Unklarheit der gesetzlichen Anwendungskriterien, besonders wenn man die Höhe der vorgesehenen Sanktionen für die Übertretung des Verbotes in Betracht zieht. Anlässlich der Kritik seitens der interessierten Geschäftskreise hat die Kommission eine Entscheidung über die Auslegung und Anwendung der Bestimmungen getroffen.[188] Hinsichtlich der Streitfrage über die Höhe der erlaubten Zugaben und Gewinnpreise, hat die Kommission klare quantitative Kriterien festgelegt. Nach der Bekanntmachung der KSW ist eine Zugabe als „unerheblich" im Sinne des Art.34 Abs.5 anzusehen, wenn diese Zugabe nicht mehr als 5% des Produktwertes beträgt. Gleichzeitig ist eine Prämie „von unerheblichem Wert", wenn sie den Verkaufspreis nicht um das zehnfache übersteigt und sich in jedem Fall nicht auf mehr als 5 staatliche Minimallöhne beläuft. Es ist noch abzuwarten, ob diese Auslegung der gerichtlichen Prüfung standhält und sich für die betroffenen Geschäftskreise als hinreichend wegweisend erwiesen wird.[189]

---

188) KSW/E Nr.85/13.7.1998, unveröffentlicht, Information dazu in der Tageszeitung „Sega" vom 16.7.1998, S.2

189) Bakardjieva A., GRUR Int.1999, S.404

B. Kartellrechtliche Bestimmungen.

I. Das Antimonopolrecht im Überblick.

Ausgangspunkt im kartellrechtlichen Teil des Gesetzes (Teil II, Wettbewerbsbeschränkungen) ist eindeutig das Recht der EG, aber auch eine vorsichtige Auswertung der bisher gesammelten praktischen Erfahrungen der KSW. Dieser Teil des Gesetzes enthält vier Kapitel, die sich jeweils mit wettbewerbsbeschränkenden Vereinbarungen, Beschlüssen und Verhaltensweisen, mit Monopol- bzw. beherrschenden Stellungen, mit staatlicher Einwirkung auf die Wirtschaft sowie mit wirtschaftlichen Konzentrationen beschäftigen. Ähnlich dem europäischen Kartellrecht unterliegen die wettbewerbsbeschränkenden Vereinbarungen dem Verbotsprinzip, während Machtstellungen auf Grund des Missbrauchsprinzips überprüft werden.

Angesichts der begrenzten Erfahrung sowohl der Gerichte als auch der Marktakteure hat sich der Gesetzgeber dafür entschieden, einige für das gesamte Kartellrecht zentrale Begriffe im ergänzenden Teil des Gesetzes zu definieren. In erkennbarer Anlehnung an die Praxis des Europäischen Gerichtshofs ist der Begriff des Unternehmens in §1 der Zusatzbestimmungen definiert. Danach ist „jede natürliche oder juristische Person oder Vereinigung, ohne Rücksicht auf ihre Rechts- oder Organisationsform, die eine gewerbliche Tätigkeit auf dem relevanten Markt ausübt“ als Unternehmen anzusehen. Dieser Begriff wird von der Wettbewerbsbehörde und den Gerichten sehr weit ausgelegt.[190]

Der Begriff des relevanten Marktes ist in §5 der Zusatzbestimmungen unter Bezugnahme sowohl auf sachliche, als auch auf räumliche Kriterien definiert. Mit der Betonung von Merkmalen wie „Nachfragesubstitution“ bei der Abgrenzung des Produktmarktes und „gleiche Wettbewerbsvoraussetzungen“ bei der Abgrenzung des räumlich relevanten Marktes hat der Gesetzgeber eine in der bulgarischen Literatur und Praxis viel diskutierte Unzulässigkeit des alten Wettbewerbsgesetzes beseitigt. Das alte Gesetz bezog sich nämlich auf Unternehmen mit Monopolstellung auf dem nationalen Markt und hat sich gegen regionale Dominanz als völlig machtlos erwiesen. Diese missglückte gesetzliche Lösung wurde von der Rechtsprechung mittels einer erweiternden Interpretation sogar auf die

---

190) Entsch. der KSW Nr.78 vom 4.6.1996 über die Abgrenzung und Analyse des Begriffes.

wettbewerbsrechtliche Beurteilung von Vereinbarungen erstreckt.[191] Dies hat viele ernsthafte und beinahe absurde Konsequenten für die Durchsetzung des Wettbewerbsrechts gezeitigt.[192] Die bisherige einschlägige Rechtsprechung kann damit erfreulicherweise *ad acta* gelegt werden.

Die Kommission hat, gestützt auf die neue Definition des relevanten Marktes, eine sogenannte „Methodik zur Ermittlung und Beurteilung der Marktposition von Unternehmen bei der Durchsetzung des Wettbewerbsgesetzes“ [193] erlassen, in der der Einfluss der Bekanntmachung der EG-Kommission über die Definition des relevanten Marktes im Sinne des Wettbewerbsrechts der Gemeinschaft [194] deutlich zu spüren ist. Das primäre und sekundäre Gemeinschaftsrecht sowie die Rechtsprechung des Europäischen Gerichtshofes haben die Entscheidungen der bulgarischen Wettbewerbsbehörde bereits zur Zeit des alten unzureichenden Gesetzes beeinflusst und werden sicherlich auch in Zukunft eine wichtige Rolle bei der Auslegung und Durchsetzung des neuen Gesetzes spielen.[195]

II. Wettbewerbsbeschränkende Vereinbarungen.

Das Verbot wettbewerbsbeschränkender Vereinbarungen ist weit gefasst und folgt dabei Art.81 EG (Art.85 EGV a.F.). Nicht nur Vereinbarungen, sondern auch Beschlüsse verbundener und zusammengeschlossener Unternehmen, wie auch aufeinander abgestimmte Verhaltensweisen werden vom Verbot erfasst. Der Begriff „verbundene und zusammengeschlossene Unternehmen“ stimmt mit dem für das europäische Recht herkömmlichen Begriff der Unternehmensvereinigungen nicht überein. Es entsteht der Eindruck, dass auch Beschlüsse von Unternehmen, die über ihr Marktverhalten nicht selbständig bestimmen

---

191) In folgenden Entscheidungen des KSW bezüglich Missbrauch einer Monopolstellung wurde den Antrag wegen fehlender nationaler Dominanz abgelehnt: Entsch. Nr.84 v. 12.10.1993 „Parkingi i garazi“ und Entsch. Nr.85 v. 20.12.1994 „Traurni obredi“. In den beiden Fällen handelte es sich um kommunale Unternehmen, die eine dominierende Stellung auf dem betroffenen regionalen Markt innehatten. Entsch. der KSW Nr.70 v. 15.11.1994, Entsch. des Bezirksgerichts Haskovo Nr.318 v. 21.9.1995, Entsch. des Obersten Kassationsgerichts Nr.1414 v. 22.1.1997. Das Bezirksgericht vertritt die Auffassung, die auch vom Obersten Gericht unbestritten blieb, dass eine wettbewerbsbeschränkende Vereinbarung, die sich nur auf eine Region des Landes, sog. zollfreie Zone, erstreckt, vom alten Gesetz nicht verboten war; Entsch. der KSW Nr.67 v. 29.6.1993

192) Kritische Würdigung der Rechtsprechung bei Velitschkova/Stojanov, Der Schutz des Wettbewerbs und die Durchsetzung des Kartellrechts 1996, S.35 ff.

193) v. 10.12.1998

194) ABl.C 372 v. 9.12.1997, S.5 ff.

195) Anweisungen der ehemaligen KSW in KZK 1996, S.297 ff.

können, unter das Verbot fallen, was kaum mit der Praxis des EuGH vereinbar ist.[196]

Laut Art.9 Abs.1 ist das wesentliche Kriterium für die wettbewerbsrechtliche Beurteilung einer Vereinbarung oder eines Verhaltens deren Zweck und deren Wirkung auf dem relevanten Markt. Die Gerichte haben bereits auf der Grundlage des alten Gesetzes auch Vereinbarungen mit lediglich potentiell wettbewerbsbeschränkender Wirkung als verboten angesehen.[197] Ähnlich wie Art.81 Abs.1 EG-Vertrag enthält auch Art.9 einen Beispielkatalog verbotener wettbewerbsbeschränkender Vereinbarungen, der allerdings nicht abschließend ist. Vereinbarungen und Praktiken, die die Kriterien des Art.9 erfüllen, sind nichtig und jeder kann sich auf diese Nichtigkeit berufen. Die Bestimmung, die der KSW die Kompetenz zu Nichtigerklärung solcher Vereinbarungen gewährte, wurde für verfassungswidrig erklärt, da die an sich *ex lege* entstehende Nichtigkeit im Streitfall nur von einem Gericht festgestellt werden darf.[198]

Die Verbotsvorschriften des Art.10 Abs.1 beziehen sich nur auf Vereinbarungen und Praktiken mit spürbarer Wirkung. Solche Vereinbarungen, die ihrer Natur nach nicht geeignet sind, den Wettbewerb zu beschränken, werden als Vereinbarungen von geringerer Bedeutung angesehen. Dies ist der Fall, wenn die Marktanteile aller beteiligten Unternehmen auf dem betroffenen Markt zusammen eine Schwelle von 5% nicht überschreiten. Der bulgarische Gesetzgeber unterscheidet nicht zwischen horizontalen und vertikalen Vereinbarungen.[199] Es wäre deshalb geeigneter gewesen, den Bewertungsmaßstab im Gesetz großzügiger festzulegen. Generell wäre es wünschenswert, innerhalb des gesamten kartellrechtlichen Teils des Gesetzes eine differenziertere Position gegenüber vertikalen Vereinbarungen einzunehmen. Solche Tendenzen zur getrennten Beurteilung dieser zwei Kategorien von Vereinbarungen, die das amerikanische Kartellrecht seit langem kennzeichnen, sind auch im Kartellrecht der Gemeinschaft ersichtlich.[200]

---

196) Vorbemerkungen der Expertengruppe, welche auf Antrag der EG im Rahmen des PFARE-Programms die Übereinstimmung des GSW-Entwurfes mit dem Europarecht überprüfe, PHARE v. 29.4.1998. Zur europäischen Praxis die Entsch. des EuGH v. 12.1.1995 und v. 24.10.1996.

197) Entsch. des Bezirksgerichts Montana v. 31.12.1993 in der Sache Nr.424/93

198) Entsch. des bulgarischen Verfassungsgerichts Nr.22 v. 24.9.1998, in Verfassungssache Nr.18/1998; vgl. die aktuelle Information in GRUR Int.1999, S.199

199) Im Gegensatz zu den Kriterien, die von der EG-Kommission in ihrer revidierten Bekanntmachung über Vereinbarungen von geringer Bedeutung, die nicht unter Art.85 Abs.1 des Vertrages zur Gründung der EG fallen, verwendet werden. (ABl.C 372 v.9.12.1997, S.13)

200) Grünbuch über die EU-Politik gegenüber vertikalen Wettbewerbsbeschränkungen, KOM (96)

Unternehmen, die eine in Art. 9 vorgesehene Vereinbarung eingehen, sind nach Art.11 Abs.1 verpflichtet, diese Verträge oder Beschlüsse innerhalb einer Frist von 30 Tagen nach Vertragsabschluss bei der KSW anzumelden. Sie können gleichzeitig mit der Anmeldung eine auf Art.13 gegründete individuelle Freistellung vom gesetzlichen Verbot beantragen. Diese allgemeine Meldepflicht ist nur schwer mit dem vom Gesetz zugrundegelegten Prinzip des unmittelbar wirkenden Verbots zu vereinbaren. Wenn es um eine eindeutig verbotene Vereinbarung geht, so kann eine Anmeldung bei der KSW die rechtliche Beurteilung kaum beeinflussen. Nur in Fällen, wo eine Freistellung vom gesetzlichen Verbot als realistisch eingeschätzt werden kann, wäre auch eine Anmeldung bei der Kommission sinnvoll.[201] In der Praxis wird die Anmeldung wettbewerbsbeschränkender Vereinbarungen so gut wie immer von einem Antrag auf Freistellung begleitet sein.[202] Die Kommission muss innerhalb zweier Monate nach Anmeldung die Vereinbarung entweder für verboten oder für nicht unter Art.9 fallend erklären. Einige erste Entscheidungen seit dem Inkrafttreten des neuen Gesetzes sind bereits ergangen, wobei in einem Fall die gemeinsame Werbestrategie zweier Tageszeitungen untersagt wurde. Es handelte sich um eine gemeinsame Organisation der Werbetätigkeit zweier Tageszeitungen mit bedeutenden Auflagen auf dem bulgarischen Tageszeitungsmarkt mit der Folge, dass die Werbetreibenden dazu gezwungen waren, etwas höhere Preise zu bezahlen, um ihre Annoncen in beiden Zeitungen erscheinen zu lassen. Die KSW hat diese Strategie untersagt. Sanktionen wurden nicht verhängt, weil die Zeitungen die Vereinbarung bei der Kommission angemeldet haben. Zu vermerken wäre, dass beiden Zeitungen von dem deutschen Medienkonzern WAZ (Westdeutsche Allgemeine Zeitung) – ein häufiger Kunde der deutschen Wettbewerbsbehörde – kontrolliert wurden.[203]

Das bulgarische Gesetz sieht ähnlich wie das europäische Kartellrecht Möglichkeiten sowohl für individuelle, als auch für Gruppenfreistellungen vom Verbot des Art.9 vor. Die Kriterien für eine Freistellung stimmen mit denen in Art.81 des EG-Vertrages überein und stellen auf eine Verbesserung der Warenproduktion oder – verteilung,

---

201) So Bakardjieva A., GRUR Int.1999, S.399

202) Die Vorschrift über die Meldepflicht wurde von der bis vor kurzem geltenden Fassung des deutschen GWB beeinflusst, wo aber nicht der Abschluss von Kartellverträgen als solchen sondern nur die Anwendung solcher Verträge verboten war. Mit der 6.Novelle zum GWB hat jedoch auch der deutsche Gesetzgeber das unmittelbar wirkende Verbot des Art.81 Abs.1 EG-Vertrag übernommen. (Wolf, Vortrag im Rahmen des XVII. Forums EG-Kartellrecht am 15-16.5.1997 in Brüssel)

203) KSW/E Nr.124/1998 unveröffentlicht, Information in der Tageszeitung „Pari“ v. 10.12.1998.

auf eine Förderung des technischen oder wirtschaftlichen Fortschritts und auf eine angemessene Beteiligung der Verbraucher an dem entstehenden Gewinn ab. Die Wettbewerbsbeschränkungen sollen außerdem in einem vernünftigen Verhältnis zu dem Vereinbarungsziel stehen und dürfen den Wettbewerb nicht ausschalten.[204]

Das bulgarische Recht geht aber ein Stück weiter als das europäische Kartellrecht. Den interessierten Unternehmen stehen einige zusätzliche Begründungen für eine Freistellung zur Verfügung, die schlagwortartig als Ausfuhrkartelle (Art.13 Abs.1), Konditionenkartelle (Art.15) [205] und Mittelstandskartelle (Art.13 Abs.2) bezeichnet werden können. Rechtspolitisch sind die ersten zwei Kategorien nicht unbedenklich. Eine Übergangswirtschaft bedarf gewiss nuanciertere und großzügigere Beurteilungskriterien. Gleichzeitig ist es für labile, heranwachende Märkte äußerst wichtig, die Wettbewerbsfreiheit nicht zu gefährden. Es ist deshalb von außerordentlicher Bedeutung, dass die grundlegenden Prinzipien ernst genommen werden, nämlich dass Vereinbarungen die freie Preisstellung nicht begrenzen und dass die Interessen der Verbraucher nicht beeinträchtigt werden.[206] Im Falle von Exportkartellen, wo die beteiligten Unternehmen sich auf einen eventuellen Beitrag zur wachenden Wettbewerbsfähigkeit auf Außenmärkten berufen können, sollten insbesondere die Verpflichtungen Bulgariens innerhalb des Europa-Abkommens berücksichtigt werden.

Was die Mittelstandskartelle betrifft (Art.13 Abs.2), ist zu vermerken, dass die EG-Kommission Vereinbarungen zwischen kleineren und mittleren Unternehmen in der Regel nicht als unter das Verbot des Art.85 des Rom-Vertrages fallend ansieht.[207] Das bulgarische Gesetzgeber geht dagegen von einem allgemeinen Verbotsprinzip aus, dass aber durch eine Freistellungsmöglichkeit gemildert wird. Die Kommission ist bevollmächtigt, Vereinbarungen zwischen kleineren und mittleren Unternehmen zu erlauben, wenn diese die Wettbewerbsfähigkeit der beteiligten Unternehmen zu fördern geeignet sind. Der Unterschied im Ansatz ist möglicherweise nur von begrenzter Bedeutung, da viele Verträge und Beschlüsse zwischen kleineren und mittleren Unternehmen

---

204) Bakardjieva A., GRUR Int.1999, S.399

205) Diese Bestimmung ist mit §2 des deutschen GWB vergleichbar. Kritisch zu Konditionenkartellen Fox, Competition Policy and Eastern Europe: The Bulgarian Project as a Case Study, Antitrust Law Journal 1991, vol.60, S.243, S.265

206) Bakardjieva A., GRUR Int.1999, S.400-402; Dimitrov M., Dissertation, Halle-Witemberg 1996

207) Bekanntmachung der Kommission über Vereinbarungen von geringerer Bedeutung, die nicht unter Art.85 Abs.1 des Vertrages zur Gründung der EG fallen, ABl.C 372 vom 9.12.1997, S.13

Unternehmen ohnehin unter der „Spürbarkeitsschwelle“ verblieben. Außerdem ist die Kommission nach h.M.[208] nicht daran gehindert, eine weitere, eher qualitative Auslegung des Begriffs „spürbare Beeinträchtigung des Wettbewerbs“ vorzunehmen, die auch Vereinbarungen zwischen kleineren und mittleren Unternehmen über der 5%-Schwelle erfasst. Die Empfehlung der Kommission vom 3.4.1996 [209] kann bei der Definition der kleinen und mittleren Unternehmen von Bedeutung sein.

Das Gesetz sieht auch die Möglichkeit von Gruppenfreistellungen vor, legt aber die erforderlichen Voraussetzungen im Gesetz nicht fest, sondern ermächtigt die Kommission, Beschlüsse darüber zu erlassen. Diese quasigesetzgeberische Befugnisse der KSW sind ein Hinweis für die Stärkung der Position und Unabhängigkeit der Wettbewerbsbehörde nach der Novellierung.[210] Wenn auch noch keine derartige Beschlüsse veröffentlicht worden sind, ist es klar, dass das Vorbild im EG-Recht gesucht werden muss. Bei den Angleichungsbestrebungen ist vielleicht mehr Bescheidenheit und Geduld zu empfehlen, da die hochentwickelten Systeme der gemeinschaftsrechtlichen Gruppenfreistellungen unter anderen wirtschaftlichen und sozialen Umständen entstanden sind.[211]

III. Missbrauch einer beherrschenden Stellung.

In einer Übergangswirtschaft, in der die Märkte nicht ausreichend liberalisiert sind und die alten staatlichen Betriebe auf einer Reihe von Märkten immer noch eine beherrschende Stellung einnehmen, sind Vorkehrungen gegen die missbräuchliche Ausübung wirtschaftlicher Macht ein primäres Anliegen. Das neue bulgarische Gesetz unterscheidet zwischen Monopol und beherrschender Stellung. Mit Monopol wird nur die Position solcher Unternehmen bezeichnet, denen in gewissen wirtschaftlichen Bereichen ausschließliche Rechte gewährt worden sind. Eine Monopolstellung darf nur innerhalb der engen Grenzen von Art.18 Abs.4 der bulgarischen Verfassung von 1991 gestattet werden.

Die neue Definition einer beherrschenden Stellung stützt sich auf die Rechtsprechung des EuGH betreffend Art.86 des Romvertrages und misst

---

208) Velitschkova/Stojanov, Der Schutz des Wettbewerbs und die Durchsetzung des Kartellrechts

209) ABl.L 107 v. 30.4.1996, S4 ff.

210) z.B. in Ungarn wurde mit dieser Funktion die Regierung betraut. (Boytha, GRUR Int.1996, S.25)

211) Bakardjieva A., GRUR Int.1999, S.400

demgemäss dem volkswirtschaftlichen Kriterium der Unabhängigkeit eines Unternehmens von seinen Konkurrenten, Lieferanten und Kunden, eine zentrale Bedeutung bei.[212] Andere in Art.17 Abs.2 aufgenommene Faktoren sind: Marktanteil, finanzielle Ressourcen, Marktzugang, technologisches Niveau, Wirtschaftsbeziehungen mit anderen Unternehmen. Ein Marktanteil von über 35% begründet die Vermutung für das Bestehen einer beherrschenden Stellung auf dem relevanten Markt. Diese Vermutung kann unter Hinweis auf die anderen in Art.17 aufgezählten Faktoren widerlegt werden. Der Prozentsatz stellt keine absolute Schwelle dar und wird nur als ein Orientierungspunkt angewandt.[213] Dennoch kann befürchtet werden, dass ein solches quantitatives Kriterium die Praxis und Rechtsprechung zu einer formalistischen Beurteilung führen wird. Obwohl der Ansatz, eine beherrschende Stellung mit Hilfe eines im Gesetz festgelegten Prozentsatzes zu definieren, von einigen Verfassern kritisiert wurde, [214] hat sich beim Gesetzgeber auf Grund seiner Klarheit durchgesetzt. Auch das deutsche GWB hat hier einen entscheidenden Einfluss ausgeübt.[215] Es ist jedenfalls wichtig, dass die KSW und die Gerichte einen komplexeren Beurteilungsmaßstab zur Anwendung gelangen lassen.

Als missbräuchliche Ausnutzung einer beherrschenden Stellung wird ein Verhalten betrachtet, wenn es die Verhinderung, Einschränkung oder Verfälschung des Wettbewerbs bezweckt oder bewirkt (Art.18 Abs.1). Die Beispiele im zweiten Absatz desselben Artikels ähneln denen in Art.86 Rom-Vertrag, ohne aber ihnen völlig zu entsprechen. Wenn ein Unternehmen mit beherrschender Stellung missbräuchlich Preise festsetzt, kann der Ministerrat auf Vorschlag der Kommission verbindliche Mindest-, Höchst- oder Festpreise festlegen (Art.19). Es ist aber zu bezweifeln, ob einerseits ein staatliches Organ in der Lage ist, den freien Markt zu ersetzen und realistische Preise festzustellen und andererseits die KSW die am besten geeignete Behörde ist, sich mit Fragen der Preisfeststellung zu beschäftigen.[216]

---

212) Vgl. die Definition in Art.3, Kapitel II des alten Gesetzes: „Monopol ist die Stellung jeder juristischen und natürlichen Person, die auf dem nationalen Markt auf Grund eines Gesetzes das ausschließliche Recht auf Ausübung einer gewissen wirtschaftlichen Tätigkeit genießt; selbständig oder zusammen mit anderen von ihr abhängigen Personen einen Marktanteil von mehr als 35% hat."

213) „wenn die Voraussetzungen gemäß Abs.1 erfüllt sind"

214) Fox, The Bulgarian Projekt as a Case Study, Antitrust Law Journal 1991, vol.60, S.257

215) §19 des GWB gemäß der 6.GWB-Novelle

216) Korah, EG Competition Law and Practice 1997, S.111; A. Bakardjieva, GRUR 1999, S.401

IV. Zusammenschlusskontrolle. Staatliche Beihilfen.

Im Gesetz sind auch ausführliche Vorschriften über die Kontrolle der Zusammenschlüsse von Unternehmen (Kapitel VI, Konzentration wirtschaftlicher Tätigkeit) und über die staatliche Beihilfe (Kapitel V, Staatliche Einwirkung) enthalten. Erwähnenswert ist, dass die Hauptzüge der Fusionskontrolle – Beurteilungsmaßstab, Schwellen und Verfahren – unter Anlehnung an die EG-Verordnung 4064/89 formuliert wurden.[217] Die Kommission zum Schutz des Wettbewerbs ist auch für das Verbot und die Zulassung von Fusionen die einzig zuständige Behörde. Was die staatlichen Beihilfen betrifft, scheint das Gesetz im Vergleich zu denen des Gemeinschaftsrechts etwas weichere Maßstäbe anzuwenden. Die staatlichen Beihilfen werden nicht ausdrücklich für verboten erklärt und die Befugnisse der Wettbewerbsbehörde sind etwas begrenzter. Zwar ist die Kommission befugt, sich über die Zulässigkeit staatlicher Hilfen zu äußern. Wenn aber eine staatliche Maßnahme mit den gesetzlichen Kriterien nicht vereinbar ist, kann die KSW dem zuständigen staatlichen Organ nur die Aufhebung oder Änderung der einschlägigen staatlichen Hilfe vorschlagen.[218]

Die Analyse des WettbewG-Verhaltensmechanismus zeigt, dass der bulgarische Gesetzgeber auf die Problematik der Marktmacht spezifische Akzente setzte. Die Bekämpfung von Marktmacht, die auf nicht kompetitiven Wegen zustande gekommen ist, durchzieht als Leitgedanke die gesamte Regelung in Abschnitt II. Die meisten Verbottatbestände zielen darauf hin, die Entstehung von Monopolstrukturen zu verhindern sowie übermäßige Marktmacht unter Kontrolle zu halten. Als schädlich bezeichnet der Gesetzgeber Verhaltensweisen, die zur Missbrauch der Monopolstellung bzw. der marktbeherrschenden Stellung führen, nicht die Unternehmensgröße als solche. Der Gesetzgeber hat nur den Vorgang des Zustandekommens wirtschaftlicher Macht einer strengeren Kontrolle unterworfen, nicht die Marktmacht schlechthin. In den Vordergrund der Bewertung rückt die Kompetivität des Verhaltens, die Art und Weise der Entstehung von Monopolstellung bzw. der marktbeherrschenden Stellung im Sinne der quantitativen Kriterien nach Art.17 und 18 WettbewG. Es ist den Konkurrenten eigens Überlassen, ihre autonomen Pläne auf dem Abbau dieses Vorsprungs auszurichten, damit sie im Wettbewerb Schritt halten können.

---

217) Verordnung des Rates 4064/1989, ABl.L Nr.395/1 vom 30.12.1989

218) Kritisch dazu die Expertengruppe im Rahmen des PFARE-Programms, 1. Zwischenbericht

C. Grundfragen der Sanktionspolitik.

I. Behördliche Lauterkeitsaufsicht durch die Kommission zum Schutz des Wettbewerbs (KSW).

Das neue Wettbewerbsrecht regelt nun die Verhältnisse die sich auf der Grundlage der Gleichberechtigung der Wirtschaftssubjekte entwickeln. In einer chaotischen Übergangssituation ist es jedoch unrealistisch zu erwarten, dass ein wirksamer Rechtsschutz gegen unlauteren Wettbewerb eigens durch Selbstkontrolle der privaten Interessenträger erreicht werden kann. Im Hinblick auf die vorgefundenen strukturellen Daten des vor kurzem liberalisierten Marktes war eine verstärkte staatliche Kontrolle unerlässlich. Deswegen wurde bei der Ausgestaltung des einheitlichen Sanktionssystems des WettbewG das (mäßige) Vertrauen in die autonomen Kräfte des Marktes mit Aufsichtsfunktionen des Staates kombiniert.

Der bulgarische Gesetzgeber folgt mit der Konstituierung der Kommission zum Schutz des Wettbewerbs gemäß Art.3 WettbewG dem Systemmodell einer zentralisierten Wettbewerbsbehörde. Die Funktionsfähigkeit dieses Modells im Bereich des Lauterkeitsschutzes beweisen die Institutionen des Ombudsmannes in Schweden oder in Dänemark, aber auch der Federal Trade Commission in den USA. Eine solche Konzentration von Kontrollfunktionen erleichtert die Sammlung von Kenntnissen und Erfahrungen. Ferner erregt allein das Bestehen einer Kommission, die alle Beschwerden sammelt und untersucht, leichter die Aufmerksamkeit der betroffenen Geschäfts- und Verbraucherkreise. Indessen ist dem bulgarischen Gesetzgeber der Gedanke der Verstärkung des privaten Lauterkeitsschutzes durch öffentlich-rechtliche Aufsicht nicht fremd. Darauf beruhte das Konzept auch des alten bulgUWG von 1941.[219]

Die KSW ist eine juristische Person mit staatlicher Finanzierung (Art.3) mit Sitz in der Hauptstadt Sofia. Ihre Tätigkeit der richtet sich ausschließlich nach der Durchsetzung und der Einhaltung des WettbewG. Das neue Gesetz enthält detaillierte Erläuterungen über Zusammensetzung und Zuständigkeit der Wettbewerbsbehörde, Ernennung und Entlassung der einzelnen Mitglieder, sowie über die Befugnisse des Vorsitzenden und sorgt für erweiterte Garantien der Unabhängigkeit und fachlichen Kompetenz der Kommission. Die Kommission besteht aus 11 Mitgliedern, die alle führende Rechtswissenschaftler und Ökonomen sein sollen.[220] Die

---

219) Dazu oben , Kapitel I, II.1., S.21

220) verglichen mit 10 gemäß dem alten Gesetz

Anzahl der Juristen wurde auf 7 erhöht,[221] wobei der Vorsitzende der Kommission Jurist mit mindestens 10jähriger Berufserfahrung sein muss.[222] Die Kommissionsmitglieder werden vom Parlamente gewählt und abberufen; sie sind sachlich unabhängig und nicht an Weisungen „von oben", wie z.B. eines Ministers unterworfen. Auf der Grundlage des Art.6 des WettbewG hat die Kommission ein Reglement über ihre Organisation und Tätigkeit erlassen, das ausführliche Vorschriften über interne Arbeitsverteilung, Ermittlungen und Verfahren der Kommission beinhaltet.[223] Das Ziel war, den Aufbau und die Funktionen der Kommission ihrer erweiterten Zuständigkeit anzupassen.

Mit dem neuen WettbewG hat sich hinsichtlich Rechtsbehelfen und Durchsetzung vieles verändert. Angesichts der Kritik beinahe aller Experten, die sich gegen die Machtlosigkeit der Wettbewerbsbehörde und die Schwerfälligkeit des Wettbewerbsverfahrens unter der alten gesetzlichen Regelung richtete, hat sich der Gesetzgeber diesmal entschlossen, mit dem neuen Gesetz ein wirkungsvolles Instrument zum Schutz des Wettbewerbs zu schaffen. Durch die Erweiterung ihrer selbständigen Entscheidungsbefugnisse wurde die Machtstellung der Wettbewerbsbehörde wesentlich gestärkt. Ihren Entscheidungen wird nunmehr eine Rechtskraftwirkung zuerkannt. Der Schwerpunkt der Rechtdurchsetzung im GWB-, wie im UWG-Bereich liegt bei der Kommission. Das Verfahren vor der KSW ist faktisch als die erste Phase des wettbewerbsrechtlichen Verfahrens anzusehen. Sie ist als einziges Organ für die erste Phase des gesamten wettbewerbsrechtlichen Verfahrens zuständig und ihre Entscheidungen unterliegen der Berufung zum Obersten Verwaltungsgericht. In diesem Zusammenhang besonders beachtenswert ist die Tatsache, dass auch der Schutz gegen unlauteren Wettbewerb fast ausschließlich mit Hilfe verwaltungsrechtlicher Mittel und Sanktionen gewährleistet wird. Die bisherige Möglichkeit privater Kläger, eine Unterlassungs- oder Feststellungsklage, wie auch Klageanträge auf Auferlegung vermögensrechtlicher Sanktionen direkt vor die Zivilgerichte zu bringen, ist durch das neue Gesetz beseitigt worden. Schadensersatzklagen sind allerdings gemäß der Zivilprozessordnung zu erheben.

Der Kommission wird nicht nur die Ermittlung gegen Rechtsverletzungen anvertraut; sie verhängt Strafen, kann über die Aufhebung von wettbewerbsbeschränkenden Vereinbarungen entscheiden, wird

---

221) vergleichen mit 5 gemäß dem alten Gesetz

222) Unter den Kommissionsmitgliedern ragt der Name eines der berühmtesten Zivilrechtler Bulgariens, Prof. Dr. V. Tadzer, hervor.

223) KSW-Reglement. D.V. Nr.80/1998; vgl.die aktuelle Information in GRUR Int.1998, S.737

vor Vertragsabschlüssen angehört und erteilt Genehmigungen für Unternehmenszusammenschlüsse und Übernahmeverträge. Wie bereits am Anfang dieses Kapitels hervorgehoben, haben die weitgehenden und im Gesetz bisweilen unklar definierten Befugnisse der Kommission eine Gruppe von Abgeordneten veranlasst, die Überprüfung des Gesetzes beim Verfassungsgericht zu beantragen. Die meisten Einwände richteten sich gegen die angebliche Unvereinbarkeit einiger verfahrensrechtlichen Bestimmungen mit den verfassungsrechtlichen Grundsätzen der Gewaltenteilung und der gerichtlichen Unabhängigkeit. Das Verfassungsgericht hat den Antrag teilweise gutgeheißen und einige Vorschriften als mit der Verfassung unvereinbar außer Kraft gesetzt.[224]

Das Kapitel IX des Gesetzes enthält ausführliche Bestimmungen über Ermittlungen und Nachprüfungen, die von der Kommission angestellt werden können. Die Kommission kann Zugang zu Geschäftsräumen der betroffenen Unternehmen und Unternehmensvereinigungen verlangen, wie auch Geschäftsunterlagen, zusätzliche Dokumente und mündliche oder schriftliche Erklärungen anfordern. Die jeweiligen Amtspersonen [225] sind hierbei verpflichtet, der KSW in der Durchführung ihrer Aufgaben jegliche Mitwirkung zu erweisen (Art.41 Abs.1). Die Bedeutung und Wirkungskraft dieser Norm ist dadurch gestärkt, dass man im Fall der Verweigerung die Staatsanwaltschaft und das Ministerium des Innern um Mitwirkung ersuchen kann (Art.41 Abs.2). Die Untersuchungen müssen innerhalb von 60 Tagen durchgeführt werden, welche Frist unter sachlich oder rechtlich besonders komplizierten Umständen um weitere 30 Tage verlängert werden kann. Dieses Streben nach Effektivität und Dringlichkeit ist begrüßenswert, wenn nicht dadurch die Qualität der Untersuchung oder der Rechtssicherheit beeinträchtigt werden.

Die Kommission darf die von ihr im Laufe der Untersuchung erhaltenen Geschäftsunterlagen und Auskünfte einzig für die Ziele der Untersuchung verwenden (Art.42). Weiter sind die Informationen und Tatsachen, die Gegenstand eines Geschäftsgeheimnisses oder anderer vom Gesetz geschützter Geheimnisse der Parteien sind, als vertraulich zu behandeln (Art.51 Abs.3). Den Parteien wird die Möglichkeit gewährt, sich mit allen anlässlich der Untersuchung gesammelten oder geschaffenen Unterlagen vertraut zu machen (Art.51 Abs.5). Gemäß der Rechtsprechung des EuGH ist die Vertraulichkeit des Schriftverkehrs zwischen Rechtsanwalt und Mandant geschützt, wenn der Schriftwechsel einerseits

---

224) Entsch. des bulgarischen Verfassungsgerichts Nr.22 vom 24.9.1998 in der Sache Nr.18/1998, D.V. Nr.112 vom 29.9.1998, S.1, aktuelle Information in GRUR Int.1999, S.199

225) Die Inhaber oder die Vertreter der untersuchten Unternehmen.

im Rahmen und im Interesse des Rechts des Mandanten auf Verteidigung gewährt wird und andererseits von einem unabhängigen Rechtsanwalt ausgeht.[226] Es wäre wünschenswert, diesen Grundsatz der Vertraulichkeit, der sich aus den gemeinsamen Rechtstraditionen der Mitgliedstaaten-herleiten lässt, auch in der Rechtsprechung der KSW zu verankern.

Die KSW ist verpflichtet, über jeden Antrag, der den einschlägigen Sachverhalt klar umschreibt und hinreichende Indizien und Beweise für die Gesetzesverletzung enthält, Stellung zu nehmen. Sie kann auch zu Fragen Stellung nehmen, die im Antrag des Betroffenen nicht behandelt wurden. Die KSW leitet Ermittlungen ein, sie kann auf eigene Initiative, von Amts wegen, in verschiedenen Richtungen ermitteln. Nach der Feststellung der Gesetzesverletzung steht allerdings zur Disposition der KSW frei, darüber zu entscheiden, von welchen der ihr zugeteilten Befugnisse sie Gebrauch macht. Die Entscheidungsbefugnisse der Kommission sind in Art.55 Abs.1 des Gesetzes aufgezählt. Die KSW kann eine Wettbewerbsverletzung feststellen und entsprechende Sanktionen auferlegen (Ziff.1); Vereinbarungen, Beschlüsse und abgestimmte Verhaltensweisen für außerhalb des Verbotes des Art.9 stehend erklären (Ziff.4), vom Verbot des Art.9 freistellen (Ziff.5); Konditionenkartelle zulassen oder verbieten (Ziff.7); staatliche Beihilfe zulassen oder dem zuständigen staatlichen Organ ihre Aufhebung oder Änderung vorschlagen (Ziff.8); eine Konzentration zulassen oder verbieten (Ziff.9). Es verwundert einwenig, dass das Gebot zur Unterlassung einer Gesetzesverletzung innerhalb der Entscheidungsmöglichkeiten der KSW nicht erwähnt wird. Nach h.M.[227] geht es hier um ein Versäumnis des Gesetzgebers, das mit der Auslegung der Vorschrift i.V.m. Art.7 Abs.1 Ziff.5 kompensiert werden sollte.

Ihre Befugnisse nach WettbewG nimmt die KSW durch Beschlüsse wahr. Die Beschlüsse werden von der gesamten Kommission und nicht von einzelnen Abteilungen getroffen. Die KSW ist beschussfähig, wenn 7 der 11 Mitglieder der Kommission der Sitzung beiwohnen. Die Beschlüsse werden mit einer Mehrheit von mindestens 6 Stimmen gefasst (Art.38). Die Entscheidungen der KSW sind begründet und sollen innerhalb gewisser, von der Art der Gesetzesverletzung abhängiger und oft ziemlich kurzer Fristen erfolgen. Vorbehaltlich der möglichen Berufung zum Obersten Verwaltungsgericht haben die Entscheidungen der Kommission endgültigen Charakter.

---

226) Entsch. des EuGH vom 18.5.1982, AM&S/Kommission, 155/79, Slg.1982, 1575

227) So Tadzer, Suvremenno Pravo, 1998, Nr.10, S.89; auch Bakardjieva, GRUR Int.1999, S.405

Im Falle der Untersuchung einer wettbewerbsbeschränkenden Vereinbarung anlässlich eines Antrages auf Freistellung (Art.13 Abs.5) oder im Falle der Untersuchung einer Konzentration anlässlich eines Antrages auf Zulassung (Art.27 Abs.3) ist die Möglichkeit des Erlassens einer einstweiligen Verfügung vorgesehen. Stößt die Kommission im Laufe ihrer Ermittlungen auf Informationen, die auf ernsthafte Risiken einer Verletzung oder Gefährdung der Interessen der Mitbewerber oder der Verbraucher hinweisen, ist sie ermächtigt, die unmittelbare Einstellung der Vereinbarung (resp. der Konzentration) zu beschließen. Diese Entscheidungen unterliegen keiner Berufung. Angesichts des nicht definitiven Charakters dieser Maßnahmen und des Art.120 Abs.2 der Verfassung, der in Ausnahmefällen die Unanfechtbarkeit verwaltungsrechtlicher Beschlüsse gestattet, hat das Verfassungsgericht dies als durchaus zulässig angesehen. Eine andere im Gesetz vorgesehene Befugnis der Kommission, nämlich unter denselben Voraussetzungen die Vereinbarung (die Konzentration) ändern zu können, wurde dagegen für verfassungswidrig erklärt.[228]

Ausgenommen die oben erwähnten zwei Fälle einstweiliger Verfügung, unterliegen alle Entscheidungen der KSW der Berufung zum Obersten Verwaltungsgericht. Das Oberste Verwaltungsgericht handelt in der Besetzung mit drei Richtern (Art.22 Abs.2 Gesetz über das Oberste Verwaltungsgericht).[229] Das Gericht kann die Entscheidung der KSW als gesetzwidrig oder unrichtig aufheben und über die jeweiligen Ansprüche sogar selbst entscheiden.

Der Schwerpunkt des Sanktionssystems liegt bei der Verhängung vermögensrechtlicher Sanktionen (Geldbußen und Zwangsgelder), die sowohl in Fällen wettbewerbsbeschränkender Vereinbarungen und Verhaltensweisen, als auch unlauteren Wettbewerbs in Betracht kommen können. Diese Verschärfung der Sanktionsmöglichkeiten bewirkt zwar eine Steigerung der präventiven Wirkung des Gesetzes. Trotzdem aber ist zu hoffen, dass die Kommission von diesen Befugnissen nur mit Vorsicht Gebrauch machen wird. Unter dem Gesichtspunkt der Rechtssicherheit müsste ein so schwerwiegender Eingriff in die Privatrechtssphäre der Wirtschaftssubjekte mit strengen Anforderungen an die Klarheit der materiellen Vorschriften und an die Vorhersehbarkeit der Rechtsanwendung verbunden werden.

Die Geldbußen für Wettbewerbsverletzungen können zwischen 5,000 und 300,000 bulgarische Leva betragen. Bei wiederholten Verstößen kann die Sanktion 100,000 bis 500,000 Leva betragen (Art.59 Abs.1 und 2).

---

228) Entsch. des Verfassungsgerichts Nr.22 vom 24.9.1998

229) D.V. Nr.122 vom 19.12.1997

Wenn die Verletzung von einer natürlichen Person begangen wird, sind die Geldbußen wesentlich niedriger. In solchen Fällen ist die Kommission berechtigt, Vermögenssanktionen in einer Höhe von 1,000 bis 10,000 Leva aufzuerlegen (Art.60).[230] Bedauerlicherweise gibt das Gesetz keine ausdrücklichen Hinweise hinsichtlich der Kriterien, auf die sich die Kommission bei der Festlegung der Höhe der Sanktionen im konkreten Fall stützen soll. Als ein Kriterium zur Bewertung der Höhe der verwaltungsrechtlichen Vermögenssanktionen hat die KSW die Auswirkung der Gesetzesverletzung auf den Markt und auf die gesellschaftlichen Interessen angenommen. Diese Formel eröffnet einen breiten Ermessensspielraum.

Bei schuldhafter Verletzung der gesetzlichen Vorschriften können die Betroffenen vor den Zivilgerichten Schadenersatz geltend machen. Das Gesetz enthielt auch eine Vorschrift, wonach Entscheidungen der KSW, die einen Verstoß gegen das Wettbewerbsgesetz feststellen, für die Zivilgerichte bindend sind (Art.36 Abs.5). Diese verfahrensrechtliche Neuerung wurde vom Verfassungsgericht allerdings für mit dem Prinzip der Unabhängigkeit der Gerichte unvereinbar erklärt und als verfassungswidrig aufgehoben.[231]

Das bulgarische Wettbewerbsschutzgesetz kennt keinen strafrechtlichen Schutz. Dieser Verzicht ist auf die seit Jahren konsequent verfolgte Linie des Gesetzgebers zurückzuführen, strafrechtliche Tatbestände ausschließlich in das StrafGB systematisch einzuordnen. Wie bereits dargestellt, sieht Art.227 StrafGB für Verletzungen von fremden gewerblichen Schutzrechten zum Zwecke des unlauteren Wettbewerbs eine Freiheitsstrafe bis zu einem Jahr vor.

Der Gesetzgeber könnte eine künftige WettbewG-Novelle zum Anlass nehmen, die Konzentration der KSW als zentralisierte Wettbewerbsbehörde zu durchdenken. Die KSW ist zurzeit nur teilweise in der Lage, die kritische Marktsituation in entfernten Regionen effektiv zu kontrollieren. Die erfolgreiche Wahrnehmung der Funktionen der KSW zur Sicherung der Wettbewerbsordnung bedarf freilich der engen Zusammenarbeit mit anderen öffentlichen und privaten Institutionen und Körperschaften. In den Jahresberichten der KSW sind unter dem Titel „Schaffung der Bedingungen für Anwendung des Gesetzes zum Schutz des

---

230) Nach der Einführung des Currency Board im April 1997 in Bulgarien wurde die bulgarische Währung (Lev) zu DM in einem Verhältnis 1 000 Leva: 1 DM. Nach der Denominierung des Levs am 5. Juli 1999 ist dieses Verhältnis I Lev: 1 DM. Die obigen Zahlen sind an die Denominierung angepasst.

231) Entsch. des Verfassungsgerichts Nr.22 vom 24.9.1998, D.V. Nr.112 v. 24.9.1998, vgl die aktuele Information in GRUR Int.1999, S.199

Wettbewerbs“ ausführliche Informationen über ihre Aktivitäten hinsichtlich der Zusammenarbeit mit den Massenmedien, ihrer Tätigkeit im Bereich der Rechtsschöpfung oder ihrer internationalen Kontakte enthalten.[232] Im Bereich des Informationsaustausches bestehen enge Beziehungen zu der Regierung. Die Zusammenarbeit der KSW mit den Organen der Staatsverwaltung, wie z.B. mit dem Nationalen Institut für Statistik oder mit dem Komitee für Standardisierung und Messwesen, richtet sich nach konkreten spezifischen Zielen. Die Ineffektivität der Lauterkeitsaufsicht durch der KSW ist dadurch bedingt, dass sie keine Außenstellen oder regionalen Büros hat, mit deren Hilfe ein geographisch umfassendes System zur Feststellung und rechtzeitigen, wirksamen Begegnung unlauterer Wettbewerbspraktiken auf dem Binnenmarkt funktionieren konnte. Als zentralisierte Behörde hat sie kaum die praktische Möglichkeit kurzfristig auf gesetzwidrige Werbeaktionen im Lande von Amts wegen zu reagieren. [233] Ihre Aktivitäten finden oft statt erst nachdem die Wirkung unlauterer Verhaltensweisen auf die Verbraucher ausgeübt ist. Diese Situation kann nicht als befriedigend bewertet werden.

2. Prozessführungsrecht.

Das Verfahren vor der Kommission wird entweder von Amts wegen oder auf Antrag in Gang gesetzt (Art.48 Abs.1). Vor allem den betroffenen Mitbewerbern steht eine Antragsmöglichkeit zu. Antragsberechtigt sind „alle Personen, deren Interessen durch einen Verstoß gegen die gesetzlichen Vorschriften verletzt oder gefährdet worden sind.“ (Art.36 Abs.1 Ziff.1). Unproblematisch ist dabei die Bestimmung der Aktivlegitimation in den Fällen, in denen der Angriff gegen konkrete Marktteilnehmer gerichtet ist und eine spezielle Schutznorm des Wettbewerbsrechts den Individualschutz dieser Marktteilnehmer zum Zweck hat.[234] Anders ist die Rechtslage in den Fällen, in denen die rechtswidrige Hand-

---

232) JbKSW 1998, S.318; JbKSW 1999, S.358; JbKSW 2000, S.123

233) Kritische Bemerkungen dazu bei Tadzer, Suvremenno Pravo 1998, Nr.10, S.89 ff; Rechtsvergleichend sei auf die Kritik zur Konzeption der Federal Trade Kommission in den USA als zentralisierte Wettbewerbsbehörde bei Grimes, GRUR 1973, 643 hingewiesen.

234) Das sind die Fälle der Herabwürdigung durch Rufschädigung oder unlauteren Warenvergleich, des wettbewerbswidrigen Vertragsbruchs, der Geheimnispreisgabe. Unmittelbar geschädigt durch Irreführung oder Zwang kann auch der einzelne Abnehmer sein.

lung gegen einen unbestimmten Kreis von Marktteilnehmer gerichtet ist und negative Auswirkungen in verschiedene Richtungen hat. Das sind die Fälle der Irreführung der Verbraucher. Ob ein formelles Antragsrecht dem einzelnen Verbraucher steht ist diskutabel. Der Wegfall des Verbraucherschutzgedankens aus den Gesetzeszielen weist möglicherweise auf einen Ausschluss dieser Auslegungsalternative hin. Es sind in der Rechtsprechung, soweit ersichtlich, keine Fälle bekannt, in denen irreführende Werbeangaben durch Verbraucher im Wettbewerbsprozess eingeklagt worden sind. Aus den Jahresberichten der KSW ist nicht zu entnehmen, ob einzelne Verbraucher durch Beschwerden oder Signale wegen unlauteren Wettbewerbs aktiv sind. Andererseits ist eine Vielzahl von Tatbestand des unlauteren Wettbewerbs überwiegend an den Interessen der Verbraucher orientiert. Die Verfolgung der irreführenden Werbung im kollektiven Interesse gehört ohnehin zum Aufgabenbereich der KSW und der Staatsanwaltschaft.

Unerklärlich ist, warum der bulgarische Gesetzgeber auf eine ausdrückliche Regelung über Antragsbefugnisse der Verbraucherschutzverbände oder der Verbände zur Förderung gewerblicher Interessen verzichtet hat.[235] Die Kommission ist zwar den Beschwerden der Verbraucherverbände von Amts wegen nachgegangen. Aber selbst wenn man die Auffassung vertreten wollte, dass während der Übergangsperiode eine wirksame Marktaufsicht ohne staatliche Eingriffe nicht erfolgen kann, gibt es keine Rechtfertigung für die Nichtzulassung einer Selbstkontrolle durch Kollektivvertreter. Es ist sicherlich nicht übertrieben, wenn man den Standpunkt vertreten würde, dass darin der erhebliche Schwachpunkt des bulgarischen Lauterkeitsrechts zutage tritt. In Bulgarien existieren bereits einflussreiche Branchenverbände und andere private Organisationen, wie z.B. der Verband für private Initiative der Bürger oder der Förderung der Verbraucher, deren regionale Strukturen ein durchaus zuverlässigerer Garant für die wirksame Bekämpfung unlauterer Wettbewerbspraktiken sein könnten, als die ohnehin unter den Bedingungen einer blühenden Kriminalität überforderte Staatsanwaltschaft. Dem denkbaren rechtsvergleichenden Einwand, die Erfahrungen aus der Praxis in Deutschland könnten beweisen, dass es eine nicht zu unterschätzende Gefahr von Missbräuchen der Verbandsklagen im Wettbewerbsrecht bestehe, ist entgegenzuhalten, dass der deutsche Gesetzgeber durch die Änderung des UWG von 1994,[236] wonach der Unterlassungsanspruch der Verbände nach §13 Abs.2 Nr.2 UWG neuen eingeschränkten Voraussetzungen unter-

---

235) Der Regierungsentwurf sah diese Möglichkeit für die Bulgarische Industrie- und Handelskammer und für die Verbraucherverbände vor.

236) Änderungsgesetz vom 25.7.1994, Bundesgesetzblatt 1994, Teil I, 1738

liegen, gezeigt hat, dass diese Gefahr verhindert werden kann. Bei der aktuellen Rechtslage WettbewG bleibt den Branchen- oder Verbraucherverbänden, der Industrie- und Handelskammern nur die Möglichkeit, auf der Grundlage von Rahmenvereinbarungen für Zusammenarbeit mit der KSW, mittelbar bei der Durchsetzung des Lauterkeitsrechts mitzuwirken. Diese Rechtslage in Bulgarien ist als unbefriedigend zu bewerten.

Den staatlichen Organen und der Staatsanwaltschaft steht ebenfalls eine Antragsmöglichkeit zur Verfügung (Art.36 Abs.1 Ziff.2 und 4). Das Verfahren wird auch von Amts wegen, wenn ein Beschluss der Kommission vorliegt, eingeleitet (Art.36 Abs.1 Ziff.3). Die KSW und die Staatsanwaltschaft konstituieren sich im Wettbewerbsprozess nicht als prozessualer Vertreter oder als Beistand des Betroffenen, sondern handeln als Hauptpartei im eigenen Namen.[237] Sie machen ihre Antragsrechte aufgrund ihrer eigenen Entscheidung nach eigenem Ermessen geltend, wobei die Teilnahme der durch die Gesetzesverletzung unmittelbar betroffenen Person am eingeleiteten Verfahren nicht erforderlich ist. Das Ziel der Gesetzgeber war es nicht nur den Individualschutz zu ergänzen, sondern vielmehr die Möglichkeit des Staates zu garantieren, zwecks institutionellen Wettbewerbsschutzes auch dann intensivieren zu können, wenn schutzwürdige Gruppeninteressen gefährdet oder geschädigt werden und die Marktteilnehmer passiv bleiben. Im Unterschied zum alten Gesetz ist das Verfahren vor der KSW nach der neuen gesetzlichen Regelung mit Kosten verknüpft, was vielleicht auf die Prozessfreudigkeit einigermaßen dämpfend wirken könnte.[238]

Der allgemeine Überblick der Sanktionsmechanismen im bulgarischen Wettbewerbsrecht zeigt, dass man ein rationales Haftungssystem gesucht hat, das den zeitgeschichtlichen Erfordernissen entspricht. Ein Haftungsmodell mit Primat des zivilrechtlichen Regelungsansatzes, wie z.B. dieses des deutUWG, das die Verfolgung von Wettbewerbsverstößen ausschließlich der privaten Initiative überlässt, wäre nach der hier vertretenen Auffassung in Bulgarien nicht nur in der Übergangsperiode wenig wirksam. Im südöstlichen und im westlichen Teil Europas sind die Marktkultur und –mentalität nicht vergleichbar, es herrschen teilweise diametral voneinander abweichende Geschäftssitten vor. Der große Unterschied in der Kaufkraft des bulgarischen und des westeuropäischen Durchschnittsverbrauchers bedingt unterschiedliche Qualitätserwartungen und –ansprüche und prägt maßgeblich das hier und da unterschiedliche Marktbild. Außerdem hat das Wettbewerbsrecht in den westeuropäischen Ländern eine lange und reiche Tradition. Unter Berücksichtigung dieser

---

237) Dazu Velitschkova, Wettbewerbsschutz, S.34

238) Verordnung Nr.180/10.8.98 mit Gebührenverzeichnis, D.V. Nr.95/14.8.98

Unterschiede in den sozial-ökonomischen und rechtlichen Rahmenbedingungen wäre es spekulativ auf einer rechtsvergleichenden Basis darüber nachzudenken, welche Lösung die bessere ist; diese mit Primat des zivilrechtlichen Ansatzes, oder diejenige mit akzentuiert öffentlich-rechtlichen Regelungselementen.[239] In Bulgarien sichert bislang das Modell des WettbewG ein funktionierendes und wirksames System zur Bekämpfung des unlauteren Wettbewerbs. Eine andere und dabei sehr wichtige Frage bleibt jedoch, ob dieses System, bereichert durch das dringend notwendige höhere Vertrauen in die „Selbstreinigungskräfte" des Marktes nicht effektiver funktioniert hätte.

D. Problembereiche des bulgarischen Wettbewerbsrechts.

Das neue bulgarische Gesetz zum Schutz des Wettbewerbs ist vor fünf Jahren in Kraft getreten und kann als ein erforderlicher Schritt in Richtung auf eine Modernisierung des bulgarischen Kartell- und Wettbewerbsrecht bewertet werden. Das Recht der Europäischen Gemeinschaft war hier, wie auch in vielen anderen Bereichen, die Kraftquelle der gesetzlichen Reform, was mehrfache rechtstechnische und rechtspolitische Vorteile bietet. Das gemeinschaftsrechtliche Kartellrecht stellt ein modernes Regelungssystem dar, das die gesammelten Erfahrungen der Mitgliedstaaten widerspiegelt und sich durch eine dynamische Rechtsprechung ständig entwickelt. Im Hinblick auf die Integrationsbestrebungen Bulgariens erscheint es praktischer, dem europäischen Vorbild von Anfang an zu folgen, um eine langsame, schrittweise Angleichung zu vermeiden und um staatliche Behörden, wie auch die privaten Marktteilnehmer, mit dem europäischen Regelwerk schneller vertraut zu machen.

Bezüglich einzelner Aspekte dieser Rechtsangleichung können jedoch gewisse Bedenken geäußert werden. Das europäische Kartellrecht, das Ende der 50er Jahre unter der Berücksichtigung der Bedürfnisse einer entwickelten sozialen Marktwirtschaft mit zuverlässiger Verwaltung und funktionsfähigem Gerichtssystem geschaffen wurde, vermag nicht immer, den Anforderungen des Übergangs von der Planwirtschaft und totalitären

239) h.M. So Dimitrov M, GRUR Int.1994, S.568; Bakardjieva A., GRUR Int.1999, S.401; Dülgerov, Lauterer Wettbewerb und Glaubwürdigkeit in der Handelskommunikation, S.S.45; Goleminov, Rechtschutz des Wettbewerbs, S.240; Kamenova, in Materialienband, S.114

Gesellschaft zu freier Marktwirtschaft und Demokratie, gerecht zu werden.[240] Die Bemühungen des bulgarischen Gesetzgebers waren vorwiegend auf die Frage der Angleichung gerichtet, während die rechtspolitische Diskussion über aktuelle und spezifische Bedürfnisse der Wirtschaft, die Interessenabwägung und die systematischen Zusammenhänge des gesamten Regelwerkes nur unterordnete Bedeutung hatten.[241] In der Tat ist das Beschränkungsrecht auf die Regelung komplizierter Marktverhältnisse zugeschnitten, die sich erst von jetzt an in Bulgarien entwickeln werden.

Der Erfolg eines Gesetzes beruht vor allem auf der Effizienz und Gerechtigkeit seiner verfahrensrechtlichen Regelungen. Die Konzentration der ersten Phase des wettbewerbsrechtlichen Verfahrens in einer einzigen Behörde sorgt sicherlich für die Beschleunigung der Rechtsdurchsetzung und die Einheitlichkeit der Entscheidungen. Problematisch ist jedoch die unzureichend vorhandene juristische Infrastruktur. Es fehlt immer noch an menschlichen und materiellen Ressourcen, die für die effektive Durchsetzung des Gesetzes erforderlich sind. Die Wettbewerbsbehörde ist für alle landesweit begangenen Verstöße gegen kartellrechtliche und lauterkeitsrechtliche Vorschriften des Wettbewerbsgesetzes zuständig, was eine große Arbeitsbelastung der KSW bedeutet, insbesondere wenn die Auskunftsverpflichtung der KSW gegenüber anderen staatlichen Behörden und Personen in Betracht gezogen wird. Für die Wettbewerbsbehörde in ihrer gegenwärtigen haushaltsmäßigen Begrenzung und bescheidenen Belegschaft wird es immer schwieriger, ihre immensen Aufgaben zu bewältigen. Deshalb ist es bedauerlich, dass die bisherige Möglichkeit private Unterlassungsklagen vor die Zivilgerichte zu bringen, entfallen ist. Was an Dringlichkeit und Effektivität gewonnen worden ist, könnte in Form verminderter Qualität und Ausgewogenheit der Entscheidungen verloren gehen.

Unabhängig von diesen Bedenken, ist ein weitaus bedeutender Fortschritt im Vergleich zur alten Regelung zu konstatieren. Das neue Gesetz ändert wenig an den Hauptprinzipien der alten gesetzlichen Regelung; die materiellen Vorschriften im Bereich des unlauteren Wettbe-

---

240) Buxbaum, Modernisation, Codifikation and Harmonisation: The Influence of the Economic Law of the European Union on Law Reform in the Former Socialist Block, in Buxbaum/Hertig/Hirsch/Hopt (Hrsg.) European Economic and Business Law, 1996, S.125

241) Dies wurde besonders durch die Vorarbeiten zum neuen GSW deutlich gemacht. Im Gesetzesentwurf und in den parlamentarischen Protokollen stößt man auf zahlreiche Beispiele, wo Argumente der Rechtsangleichung der sachlichen Debatte vorgegriffen und sie überlagert haben (Parlamentarische Protokolle, Sitzung vom 8.4.1998); Dazu Bakardjieva A., GRUR Int.1999, S.406

werbs sind weitgehend in die neue Regelung übernommen worden. Im Vergleich zum alten Gesetz bedeutet das neue bulgarische Wettbewerbsgesetz ein stärker verfeinertes und systematisiertes Regelungswerk; Überschneidungen und Widerholungen werden weitgehend vermieden; die Durchsetzung der materiellen Vorschriften wird mittels eines effektiven Verfahrenssystems gewährleistet. Noch erhebliche Probleme bestehen jedoch hinsichtlich der Durchsetzungskraft bei der praktischen Umsetzung des bulgarischen Wettbewerbsrechts.[242]

Von der Rechtsprechung sind hinsichtlich der Feststellung der Irreführungsgefahr keine festen Maßstäbe aufgestellt worden. Die Entscheidungen der Kommission zum Schutz des Wettbewerbs ergehen ohne Ermittlung von werberechtlich relevanten demoskopischen Daten. Nicht geregelt ist die wettbewerbsrechtliche Stellung von Testinstitutionen und Werbeagenturen. Angesichts der Tatsache, dass in der Praxis die Fälle der irreführenden Werbung und der Nachahmung statistisch deutlich überwiegen, sind diese Fragen dringend klärungsbedürftig. Auch im Bereich der Selbstkontrolle durch Kollektivvertreter erscheinen Reformmaßnahmen des Gesetzgebers mehr als angebracht. Die Antragsberechtigung für Verbraucherschutzorganisationen oder für gewerbliche Verbände im Wettbewerbsrecht hätte bestimmt positive Förderungswirkungen auf die Konsolidierung von Gruppeninteressen ausüben können; ein sozial-ökonomischer Prozess, der dringend Impulse braucht. Zudem könnten die regionalen Strukturen der einflussreichen Branchenverbände ein zuverlässiger Garant für die wirksame Bekämpfung unlauterer Wettbewerbspraktiken sein.

Es fehlt an einer schnellen Handlungsfähigkeit der Verwaltung, aber auch an neuem Rechtsbewusstsein bei allen Teilnehmern des Wirtschaftslebens. Die Tatsache, dass das Bedürfnis nach einer wirkungsvollen Überwachung der Freiheit und Lauterkeit des wirtschaftlichen Wettbewerbs nicht als abstrakt und lebensfremd empfunden wird, sondern im Gegenteil als ein Erfordernis des alltäglichen Marktgeschehens, stellt die wichtigste Voraussetzung für eine erfolgreiche Gesetzgebung und Gesetzesanwendung. Breite Teile der bulgarischen Gesellschaft sind immer noch nicht zu der Überzeugung gelangen, dass die Marktwirtschaft nur in einer festen rechtsstaatlichen Umgebung funktionieren kann.

Die Transformation des Rechtes und die Transformation der Wirtschaft in Bulgarien sind eng miteinander verbunden und voneinander

---

242) So Stalev, Die Transformation der Rechts- und Wirtschaftsordnung in Bulgarien, ROW 4/1995, S.97 und 100; Bakardjieva, Das neue Wettbewerbsgesetz in Bulgarien, GRUR Int.1999, S.406, 407; Tadzer, Suvremenno Pravo Nr.9/1998, S.118; Velickova, Suvremenno Pravo Nr.10/1999, S.124

abhängig. Trotzdem verlaufen beide Transformationsprozesse nicht parallel und nicht unbedingt immer in der gleichen Richtung. Maßstab für die Demokratie einer Gesellschaft ist aber gerade das erreichte Maß an Übereinstimmung zwischen dem Rechtsziel und dem faktischen wirtschaftlichen und gesellschaftlichen Leben. In Bulgarien, wie auch in anderen postkommunistischen osteuropäischen Ländern, ist der Diskrepanz zwischen Rechtsreform und ihrer wirtschaftlichen Umsetzung deutlich zu bemerken. Aus diesem Grund kann man relativ leicht die Rechtsreform schildern, aber ist es viel schwieriger, die praktische Umsetzung zu verfolgen. Zurzeit machen sich gefährliche Tendenzen zum Missbrauch der freien Wirtschaft bemerkbar.[243] An erster Stelle steht dabei die Tatsache, dass die Privatisierung des Handels und des Exports viel schneller vorangeht als die Privatisierung in den Produktionsbereichen. Es findet eine Verlagerung des Gewinns von noch staatlichen Unternehmen zu den bereits privaten Export- unternehmen statt. Weiterhin sind gewisse Tendenzen ersichtlich, private Monopole zu errichten, was große soziale und politische Gefahren nach sich ziehen könnte. Die KSW als unabhängiges öffentlich-rechtliches Organ muss darum von Anfang an sehr darauf achten, dass ein fairer Wettbewerb zustande kommt. Ein wirksamer Schutz gegen den unlauteren Wettbewerb erfordert besonders in der gegenwärtigen Übergangsphase eine verstärkte Kontrolle der wirtschaftlichen Tätigkeit.

---

243) Dazu Tadzer, Suvremenno Pravo Nr.10/2001, S.115; Kazarov, Wirksamer Rechtsschutz gegen unlauteren Wettbewerb, 1999, S.212

4.Kapitel

Der aktuelle Entwicklungstand des Rechts gegen den unlauteren Wettbewerb in der Russischen Föderation.

A. System und Dogmatik des materiellen Lauterkeitsrechts.

I. Die Einführung von Gesetzen gegen den unlauteren Wettbewerb.

Die ehemals sozialistischen Länder Mittel- und Osteuropas orientieren sich beim Abschied vom Sozialismus und beim Übergang zur Marktwirtschaft ganz natürlicherweise an denjenigen Ländern im Westen, speziell in Westeuropa, die bewährte Regelungsmodelle zur Verfügung hatten. Dies gilt auch für das Gebiet des unlauteren Wettbewerbs, speziell in seiner kontinentaleuropäischen Ausprägung. Vielfach geschah und geschieht dies jedoch auf dem Umweg über die Anknüpfung an eigene Gesetzgebungstraditionen dieser Länder aus der Vorkriegszeit, soweit solche vorhanden waren, was – mit Ausnahme der ehemaligen Sowjetunion und ihren Nachfolgestaaten – durchwegs der Fall war. Die Schaffung neuer rechtlichen Grundlagen für die Entfaltung des Wettbewerbs in der ehemaligen Sowjetunion ist daher eine Aufgabe von historischem Rang und kaum zu überschätzender Bedeutung.[1] Mit der notwendigen Einführung eines Wettbewerbs- und Kartellrechts soll die Gewerbefreiheit in geregelten Bahnen gelenkt werden. Ziel der neuen Wettbewerbsgesetze ist der Schutz des Wettbewerbs, die Verbesserung der Wirtschaftslage und die Steigerung der Effizienz. Die Reformgesetzgebung zum Wettbewerbsrecht muss zugleich im Zusammenhang mit einer außergewöhnlichen Reformdynamik gesehen werden, die fast alle Gebiete des gewerblichen Rechtsschutzes (Patent-, Gebrauchsmuster-, Geschmacks musterschutz, Schutz integrierter Halbleiter, Warenzeichenschutz) sowie das Urheberrecht umfasst.[2] Dies alles umreißt den wirtschafts- und rechtspolitischen Hintergrund, vor dem die Neuregelung des UWG-Bereichs verstanden und dargestellt werden soll.

---

1) So Boguslawskij M./Knieper R., Wege zu neuem Recht, 1998

2)Patent-, Warenzeichen-, Computerprogramm-, Datenbankschutz-, Halbleiterschutzgesetz jeweils vom 23.9.1992 und Urheberrechtsgesetz vom 9.7.1993, abgedrückt in GRUR 1993.

Erstmalige Erwähnung in der russischen Gesetzgebung fand der unlautere Wettbewerb in dem Gesetz über die Unternehmen und die Unternehmenstätigkeiten vom 25.12.1990 in der Fassung der Änderung vom 24.07.1992, dessen Art.20 sich mit der Garantie der Unternehmensaktivitäten befasste und sich ausdrücklich gegen die Zulassung von Monopolstellungen und gegen unlauteren Wettbewerb wendet. Diese Bestimmung war jedoch nicht mit einer unmittelbaren Klagemöglichkeit versehen und hatte daher lediglich deklaratorischen Charakter. Sie stellte aber einen Wendepunkt in der Haltung Russlands gegen den unlauteren Wettbewerb dar.[3]

In den Grundlagen der Zivilgesetzgebung der UdSSR und der Republiken, die am 31. Mai 1991 verabschiedet wurden,[4] wird unmittelbar gegen die Zulassung unlauteren Wettbewerbs Stellung genommen. Darüber hinaus erläutert der Gesetzestext hier (Art.5 Abs.III) ausdrücklich den Begriff des unlauteren Wettbewerbs, so dass das Konzept nunmehr praktisch umsetzbar ist.[5] Ferner sieht er Sanktionen vor. Art.6 gibt ein Recht auf Ersatz des durch eine Verletzung der betreffenden Vorschriften erwachsenen Schadens und nennt im einzelnen dessen Umfang. Art.7 lässt in Fällen der Schädigung der Geschäftsehre auch den Ersatz immaterieller Schäden zu. Diese Regelungen geben die Grundlage zur Bekämpfung unlauterer Geschäftspraktiken auch für die verselbständigten Republiken. Gemäß Art.3 sind die Wettbewerbsdelikte durch spezielle Lauterkeitsschutzgesetze zu unterbinden.

Man sieht, wie dramatisch sich die Gesetzgebung verändert hat, wenn man sich Art.5 des 1964 erlassenen Zivilgesetzbuches der UdSSR ansieht. Auch diese Vorschrift war der „Wahrnehmung bürgerlicher Rechte" gewidmet. Sind jedoch die Grundsätze der Zivilgesetzgebung nun dem Verbot von Monopolen und des unlauteren Wettbewerbs gewidmet, so hatte die frühere Gesetzgebung gegensätzliche Absichten: „Die bürgerlichen Rechte werden vom Gesetz geschützt mit Ausnahme der Fälle, in denen sie in Widerspruch zu ihrem Zweck in einer sozialistischen Gesellschaft in der kommunistischen Aufbauphase stehen."[6] Ferner wurde den Bürgern in dieser Vorschrift auferlegt, die Regeln des sozialistischen

---

3) Dazu Malkov L., GRUR 1994, S.694

4) Die Grundlagen der Zivilgesetzgebung der UdSSR und der Republiken sind nach dem Auseinanderfallen der UdSSR in Frage gestellt worden. Mit Dekret des russischen Parlaments vom 14. 04.992 ist ihre Anwendbarkeit auf die Zivilgesetzgebung bestätigt worden, soweit sie nicht den Gesetzen der RF, die nach dem 12. Juni 1990 (dem Datum der Erklärung der Unabhängigkeit innerhalb der UdSSR) erlassen wurden widersprechen. Dazu Gavrilov, GRUR Int.1992, S.893-895

5) Hierzu im einzelnen die Übersetzung der Vorschrift bei Beier/Bastian/Kur, Wettbewerbsrecht und Verbraucherschutz in Mittel- und Osteuropa, Köln 1992, S.277

6) Malkov L., GRUR Int.1994, S.695

Gemeinwohls und die moralischen Grundsätze der in der kommunistischen Aufbauphase befindlichen Gesellschaft zu beachten. Die meisten Vorschriften des alten Zivilgesetzbuches mit diesem Charakter wurden nunmehr reformiert.

Im Zivilgesetzbuch der Russischen Föderation [7] findet sich eine Verankerung des Bekenntnisses zum Kampf gegen den unlauteren Wettbewerb. Diese Verankerung ist, ähnlich wie in der neuen Verfassung Russlands, als Einschränkung von Rechten formuliert. Art.10 Abs.I ZGB verbietet die Ausnutzung der zivilrechtlichen Rechte mit dem Ziel einer Einschränkung des Wettbewerbs oder des Missbrauchs einer marktbeherrschenden Stellung. Unlauterer Wettbewerb ist als Einschränkung des Wettbewerbs zu qualifizieren.[8] Sollten Rechte in Form von unlauteren Wettbewerbshandlungen ausgeübt werden, dann haben die Gerichte dem Betreffenden die Durchsetzung zu verweigern. Diese Bestimmung kann folglich als „zivilrechtliche Wettbewerbseinrede" bezeichnet werden.[9]

Ein Gesetz über den Schutz von Verbraucherrechten trat am 7.04.1992 in Kraft und enthält Vorschriften über die Bekämpfung des unlauteren Wettbewerbs. Das wichtigste im Bereich der den unlauteren Wettbewerb betreffenden Regelungen ist aber das Gesetz über den Wettbewerb und die Eindämmung monopolistischer Tätigkeit auf den Warenmärkten (Antimonopolgesetz) vom 22.03.1991. Anders als die übrigen Reformgesetze der ersten Stunde, hat dieses Gesetz jedoch nicht nur das Auf und Ab der Reformpolitik des Präsidenten Boris Jelzin unbeschadet überstanden, sondern ist durch die Novellierungen vom 25. Mai 1995 [10] und vom 12.5.1998 [11] noch wesentlich weiterentwickelt worden. Am 18. Juli 1995 wurde ein Gesetz über die Werbung verabschiedet, das auch wettbewerbsrechtliche Bestimmungen enthält.[12]

Dass der Gedanke des Verbraucherschutzes auch außerhalb des Wettbewerbsgesetzes zum Tragen kommt, zeigt das russische Verbraucherschutzgesetz vom 1992. In seiner Präambel nennt es die wichtigsten Regelungsziele, nämlich die Rechte der Verbraucher auf Erwerb qualitätsvoller Waren, auf Schutz von Leben und Gesundheit, auf

---

7) Zivilgesetzbuch der RF, Erster Teil (in Kraft getreten am 1.1.1995), Zweiter Teil (in Kraft getreten am 13.1.1996)

8) So Dillen O., GRUR Int.1997, S.23

9) Klein in Okunkov, Kommentarij k Konstituciu, Moskau 1994, S.109

10) Deutsche Übersetzung in Handbuch Wirtschaft und Recht in Osteuropa, München 1996

11) Gesetz über Änderungen und Ergänzungen des Antimonopolgesetzes vom 12.5.1998

12) Gesetz über die Werbung vom 18.7.1995, deutsche Übersetzung in GRUR Int.1996, S.1206

Information sowie Aufklärung, aber auch auf staatlichen und gesellschaftlichen Schutz ihrer Interessen und auf Organisation in Verbrauchervereinigungen. Als Verbraucher gilt nur, wer zum eigenen Gebrauch Waren erwirbt bzw. Dienstleistungen in Anspruch nimmt.[13] Im einzelnen sieht das Gesetz insbesondere auch Vorschriften über die Produkthaftung vor (Art.12). Auch nach der Novellierung vom 5.12.1995 [14] ist das Gesetz, das Rechte und Pflichten beim Kauf-, Arbeits- und Dienstvertrag im Sinne einer Produzentenhaftung regelt, in seiner Grundstruktur erhalten geblieben; es hat aber in einigen Bereichen eine Verbesserung der Stellung des Verbrauchers gebracht.[15] Erweitert wurden insbesondere in dem neu eingeführten Art.5 die Rechte des Verbrauchers im Hinblick auf den Verkauf bestimmter Waren [16] bzw. auf die Erbringung bestimmter Dienstleistungen mit Verfallsdatum und entsprechender Garantie.[17] Diese Waren und Dienstleistungen sollen in einem gesonderten Verzeichnis, das von der Regierung der Russischen Föderation erlassen wird, aufgelistet werden.[18] Der Hersteller wird insoweit verpflichtet, Haltbarkeitsgrenzen entweder zeitlich oder auf eine andere Art festzulegen, innerhalb deren die Nutzung unbeschadet erfolgen kann. Umfassender geregelt sind die Informationspflichten der Hersteller und Dienstleistungserbringer in den Art. 8 ff.[19] Der Verbraucher muss z.B. über die staatliche Registrierung bzw. Lizenzierung informiert werden. Dem föderativen Antimonopolorgan und seinen territorialen Behörden werden entsprechende Überwachungs-, Kontroll- und Eingriffsbefugnisse zugewiesen, wobei ausdrücklich ihre Aufgabe erwähnt wird, unlauteren Wettbewerb auf den Verbrauchermärkten zu unterbinden bzw. bei Rechtsverstößen Geldbußen aufzuerlegen (Art.39 und 41).

---

13) Erläuterungen des Staatskomitee der RF für Antimonopolpolitik (Antimonopolkomitee) über die Anwendung des Verbraucherschutzgesetzes vom 1992, in Bjuletin NAM RF v. 15.8.1994 Nr.1, S.16; vgl. Akt. Inf. in GRUR Int.1996, S.169

14) Die Staatsduma (Parlament) der Russische Föderation hat am 5.12.1995 die Novelle des VerbraucherschutzG vom 7.2.1992 (Akt. Inf. in GRUR 1992) erlassen.

15) Heidemann, Produkthaftung nach dem russischen Verbraucherschutzgesetz, WiRO 1993, S.364; vgl auch die aktuelle Information in GRUR Int.1996, S.169

16) z.B. lagelebiger Konsumartikel

17) Bei der Festlegung des Schutzstandards sind die fundamentalen Verbraucherschutzrechte, wie das Recht auf Gesundheit und Sicherheit, Schutz der wirtschaftlichen Interesse, sowie das Recht auf Information zwingend zu berücksichtigen. Diese Standards sind in Sanitärvorschriften, Bauvorschriften, Qualitätsvorschriften u.ä. festgeschrieben. (Erläuterungen über die Anwendung des Verbraucherschutzgesetzes v. 15.8.1994)

18) Ferner enthalten die Erläuterungen detaillierte Bestimmungen über die Angaben von Verfallsdaten und Fristen, die Beschriftung von Waren mit Verbraucherinformationen sowie mit Herkunftsangaben, über die Warentauschbedingungen u. dgl.

19) vgl. Akt. Inf. in GRUR Int. 1996; dazu auch Heidemann, WiRO 1993, S.364

Das Gesamtgebiet der Werbung auf den Waren- und Dienstleistungsmärkten, u.z. bezüglich Herstellung, Plazierung und Verbreitung von Werbung regelt das Gesetz über die Werbung (WerbeG) vom 18.7.1995.[20] Insbesondere enthält das Gesetz allgemeine Regeln für die Werbung. Danach hat die Werbung grundsätzlich in russischer Sprache zu erfolgen, ausgenommen regionalsprachliche Werbung und Warenzeichen. Ferner wird festgelegt, dass Werbung für Waren und Dienstleistungen verboten ist, deren Verkauf oder deren Anbieten ungesetzlich ist. Dies gilt auch für Werbung für genehmigungspflichtige Tätigkeiten oder Waren, für die keine Genehmigung erteilt wurde.[21] Unterliegen Waren oder Dienstlistungen einer besonderen Zertifizierung, so muss ein entsprechender Hinweis gegeben werden. Die Werbung muss zudem als solche erkennbar sein. Redaktionelle Werbung gegen Entgelt durch Organe der Masseninformation ist grundsätzlich nicht zulässig. Die Werbung darf auch nicht Gewalt oder Aggression propagieren und darf nicht geeignet sein, Panik hervorzurufen.[22]

Es folgen die besonderen Tatbestände wie das Verbot der irreführenden Werbung (einschließlich des unrichtigen Warenvergleichs), der unrichtigen und verdeckten Werbung, sowie der Werbung, die den ethischen Grundsätzen widerspricht. Verboten ist dabei insbesondere Werbung, die die Ehrgefühle, die nationalen oder religiösen Gefühle verletzt. Besondere Vorschriften gelten für die Werbung in Rundfunk und Fernsehen. [23] Ab dem 1.1.1996 ist die Werbung im Fernsehen für Tabak und Alkohol ganz verboten.[24] Für medizinische Hilfsmittel und Heilverfahren, die nicht in Russland genehmigt wurden, darf nicht geworben werden.[25] Besondere Vorschriften enthält das Gesetz für die Werbung der Dienstleistungen von Banken, Versicherungen und für Wert-

---

20) unterzeichnet vom Präsidenten der RF am 18.7.1995; abgedrückt in Zakonodatelstva RF (Gesetzgebung der Russischen Föderation) 1995 Nr.30 Pos.2864)

21) vgl. die aktuelle Information in GRUR Int.1996, S.1069

22) Werbung für Waffen ist lediglich zulässig, soweit es sich um Sport- oder Jagdwaffen handelt und nur insoweit, als die Werbung in speziellen Werbeblättern, auf entsprechenden Sportplätzen und in den Medien erst nach 22.00 Uhr erfolgt.

23) Kinderprogramme und religiöse Sendungen dürfen durch Werbung nicht unterbrochen werden. Für andere Programme gelten Begrenzungen der Dauer und Anzahl von Werbespots. Besonderheiten sind auch für die Werbung innerhalb von Filmaufführungen vorgesehen sowie im Rahmen von Computerdienstleistungen als auch für die Werbung an öffentlichen Plätzen und auf Transportmitteln.

24) Im übrigen ist Tabak- und Alkoholwerbung beispielsweise im Hörfunk zwischen 7.00 und 22.00 Uhr sowie jeweils auf der ersten und letzten Seite von Zeitungen und Zeitschriften verboten; beispielsweise darf sie auch im Umkreis von 100 Metern von Kinderspielplätzen, Schul- und Heilzentren nicht angebracht werden.

25) Dies gilt ebenso, wenn sie zwar genehmigt, aber auf Rezept erhältlich sind oder speziell zubereitet werden, außer die Werbung erfolgt in Fachpublikationen.

papiere sowie über die Rechte und Pflichten von Werbeauftraggebern, Werbeagenturen und Medien. Die Einhaltung dieses Gesetzes unterliegt der Kontrolle durch das zuständige Antimonopolorgan, das auch das Recht hat, im Interesse eines unbestimmten Verbraucherkreises gegen den Verletzer von Vorschriften des Werbegesetzes vor dem zuständigen Gericht oder dem Schiedsgericht zu klagen.[26]

1. Strukturmerkmale des russischen Wettbewerbsgesetzes.

Das Gesetz über Konkurrenz und Beschränkung der Monopoltätigkeit auf den Warenmärkten vom 22.3.1991 [27] war eines der ersten Wirtschaftsgesetze, mit denen der Übergang von der Plan- zur Marktwirtschaft eingeleitet wurde, weil die Sicherung der Wettbewerbsfreiheit zu den unverzichtbaren Anforderungen an eine marktkonforme Rechtordnung gehört. Das russische Wettbewerbsgesetz [28] ist ebenso wie die zahlreichen ihm nachgebildeten Regelungen anderer Nachfolgestaaten der Sowjetunion in der Grundstruktur dem Regelungstypus Ungarns, Bulgariens und Sloweniens zuzuordnen, jedenfalls insofern, als es sich um umfassende Gesetze zum Schutz des Wettbewerbs handelt. Bereits die jeweilige Präambel oder der programmatischen Charakter aufweisende Art.1 nennen in der Regel die übergreifende Zielsetzung des Schutzes von Freiheit und Lauterkeit des Wettbewerbs.[29] An dieser Stelle wird meist (mit der bemerkenswerten Ausnahme von Russland, Moldawien aber auch

---

26) Das Antimonopolkomitee hatte bereits durch Anweisung (Prikaz) Nr.83 v 1994 eine Verfahrensordnung der Prüfung von Fällen der Verletzung des lauteren Wettbewerbs und der Rechte des Verbrauchers auf wahrheitsgetreue Information bei der Werbung erlassen. Die Anweisung beruhte ihrerseits auf dem Erlass (Ukaz) Nr.1183 des Präsidenten der RF v. 10.6.1994. Inwieweit diese Vorschriften trotz der im WerbeG vorgesehenen Ermächtigung zum Erlass von Durchführungsvorschriften weiter anzuwenden sind, ist dem Gesetz nicht unmittelbar zu entnehmen. Es verpflichtet Präsident und Regierung vielmehr ganz generell zur Anpassung bestehender Rechtsvorschriften an die Vorschriften des neuen Werbegesetzes.

27) Zakonodatelstva RF (Gesetzgebung der RF) 1995 Nr.22

28) Die Staatsduma (Parlament) der RF hat am 21.4.1995 ein Gesetz zur Änderung und Ergänzung des WettbewG v. 1991 erlassen. Die Änderungen betreffen zunächst eine sachliche Anpassung an die verfassungsrechtlichen Gegebenheiten. So wurde insbesondere jeweils der Begriff der RSFSR durch den Begriff Russische Föderation (RF) ersetzt und das föderative Prinzip betont.(vgl. Akt. Inf. in GRUR 1996)

29) Art.10 russ.WettbewG, Art.9 kasach.WettbewG, Art.7 mold.WettbewG, Art.7 ukr.WettbewG, Art.10 lett.WettbewG, Art.7 lit.WettbewG; eine Ausnahme macht das weissruss.WettbewG, das den Begriff „unlauterer Wettbewerb" nicht direkt erwähnt, vielmehr in der Präambel sowie in Art.5 ganz unspezifisch nur vom Schutz bzw. Beeinträchtigung der Verbraucherinteressen spricht.

Bulgarien) auch der Schutz der Verbraucherinteressen als Gesetzesziel genannt. Die Entscheidung der Gesetzgeber in Russland und Bulgarien, den Schutz der Verbraucher nicht unter den Zielen des Gesetzes zu erwähnen, lässt sich mit der Verabschiedung von umfassenden Gesetzen zum Schutze der Verbraucher erklären.[30]

Das gemeinsame Schicksal der beiden Rechtsgebiete, die in Westeuropa und den USA aufgrund der unterschiedlichen u.a. zeitlichen Genese separat reguliert werden, erklärt sich in Russland durch die politische und wirtschaftliche Entwicklung. Plötzlich wurde wirtschaftlicher Wettbewerb zugelassen und gefördert und andererseits sollte der gerade entstehende Wettbewerb fair verlaufen. Es war also naheliegend, diese beiden Bereiche in einem Gesetz zu regeln.[31] Der Umstand, dass einfach nicht genug Zeit für die Ausarbeitung eines eigenen Gesetzes gegen den unlauteren Wettbewerb gegeben war, spielte sicherlich auch eine Rolle.[32]

Die Gesamtregelung des russischen Wettbewerbsgesetzes ist aber so sehr auf die staatliche Bekämpfung der monopolistischen Tätigkeit durch das föderative Antimonopolsamt und seinen territorialen Behörden[33] ausgerichtet, dass unlauterer Wettbewerb nur als ein wenig hervorgehobener Unterfall monopolistischer Tätigkeit erscheint, der in gleicher Weise vom Antimonopolsamt verhindert, eingedämmt oder beseitigt werden muss.[34] Vor allem muss aber die vernachlässigte Regelung eines UWG-spezifischen Sanktionssystems als unbefriedigend bezeichnet werden.[35] Nur die Schadenersatzklage wird in den genannten Regelungen ausdrücklich dem Zivilrechtsweg überlassen. Insgesamt kann man sagen, dass das Lauterkeitsrecht nur bruchstückhaft geregelt ist.

---

30) Ähnliche VerbraucherschutzG bestehen auch in Kasachstan (v. 5.6.1991) und Kyrgistan (v. 28.2.1992) sowie verwandte Regelungen mit verbraucherschutzrechtlichem Inhalt auch in Estland, Litauen, der Ukraine, Usbekistan und Weißrussland.

31) Dillenz, Das russische Wettbewerbsrecht, S.12

32) Dillenz, Das russische Wettbewerbsrecht, S.13; Eremenko, Die Regulierung der Wettbewerbsverhältnisse in der RF

33) Der Begriff Antimonopolorgan der RSFSR wurde am 21.4.1995 durch „föderatives Antimonopolorgan der Russischen Föderation (RF) und seinen territorialen Behörden" ersetzt; vgl. die Akt. Inf. in GRUR Int.1996; Ziff.1,3,4 des Statuts des föderalen Organs der RF lautet: „Das föderale Antimonopolamt ist zentrales Organ der Exekutivmacht der RF bei der Durchführung der staatlichen Politik zur Entwicklung des Wettbewerbs, Eindämmung monopolistischer Tätigkeit, Unterbindung unlauteren Wettbewerbs und zum Schutz der Rechte der Verbraucher."

34) Dietz A., GRUR Int.1994, S.657

35) Art.11 (1) des russischen, Art.11 des kasachischen, Art.13 des moldawischen, Art.11 des ukrainischen, Art.4 des lettischen sowie Art.9 des litauischen WettbewG.

2. Anwendungsbereich.

Seit der Novelle 1995 ist im russischen WettbewG das Wirkungsprinzip normiert. Das bedeutet, dass auch Handlungen, die im Ausland stattfinden, nach russischem Recht beurteilt werden, sofern diese den Wettbewerb einschränken oder andere negative Auswirkungen auf die Märkte der Russischen Föderation haben.[36] Vermutet man, dass das Wirkungsprinzip im WettbewG vor allem wegen der Junktimierung mit dem Kartellrecht eingeführt wurde, so zeigt die fast wortgleiche Übernahme der Bestimmung in das Gesetz über die Werbung, dass auch für den unlauteren Wettbewerb das Wirkungsprinzip beabsichtigt ist.[37] Der persönliche Anwendungsbereich umfasst russische und ausländische, natürliche und juristische Personen. Auch Verwaltungsorgane und Organe der lokalen Selbstverwaltung sind einbezogen.[38]

Der sachliche Anwendungsbereich des WettbewG bezieht sich sehr allgemein auf Verhältnisse, die den Wettbewerb auf den Warenmärkten beeinflussen. Das WebeG stellt auf Verhältnisse im Prozess der Produktion, der Plazierung und Verbreitung von Werbung ab. [39] Unter „Wettbewerb" im Sinne des russWettbewG ist seit der Novelle 1995 die „Konkurrenz von Wirtschaftssubjekten, wenn deren selbständige Handlungen die Möglichkeit des einzelnen, einseitig auf die allgemeinen Bedingungen des Verkehrs von Waren auf dem entsprechenden Warenmarkt Einfluss zu nehmen, effektiv beschränken" zu verstehen. „Werbung" im Sinne des WerbeG ist „im jedweder Art, durch jegliche Mittel verbreitete Information über natürliche und juristische Personen, Waren, Ideen und Projekte, die sich an einen unbestimmten Personenkreis richtet und dazu dient, das Interesse für die genannten Inhalte zu wecken oder zu steigern oder die Realisierung von Waren, Ideen und Projekte zu fördern."

Anhand dieser sachlichen Abgrenzung wird zu beurteilen sein, ob eine unlautere Wettbewerbshandlung unter das allgemeine WettbewG oder das Gesetz über die Werbung als *lex spezialis* zu subsumieren ist.[40] Dies ist unter anderem deshalb von Bedeutung, da das WettbewG im sachlichen Anwendungsbereich zwei Einschränkungen unterliegt. Einerseits sind die Wertpapier- und Finanzdienstleistungsmärkte vom Wettbewerbsgesetz ausdrücklich ausgenommen, im Gesetz über die

---

36) Art.2 Abs.1 WettbewG; Art.1 Abs.2 WerbeG

37) So Dillenz O., GRUR Int.1997,S.16

38) Art.1 Abs.1 WettbewG; Art.1 Abs.2 und 3 WerbeG

39) Art.1 Abs.1 WerbeG; Art.1 Abs.1 WettbewG

40) Zum Konkurrenzverhältnis zwischen WerbeG und WettbewG O.Dillenz, GRUR Int.1997, S.16; anderer Ansicht Totev, Chozeistvo i Pravo 1996/1, S.54

Werbung hingegen ausdrücklich eingeschlossen. Eingeschränkt wurde diese kritisierte Ausnahme [41] dadurch, dass Handlungen auf den ausgenommenen Märkten, die auch Auswirkungen auf die Warenmärkte haben, durch die Novelle 1995 in den Anwendungsbereich einbezogen wurden. Andererseits sind Lizenzvereinbarungen über ausschließliche Rechte von der Anwendung des WettbewG ausgenommen (Art.2 Abs.2 WettbewG).[42]

Durch die Verschmelzung des Lauterkeitsrechts mit dem Kartellrecht im WettbewG ergeben sich einige Unzulänglichkeiten. Die Ausgrenzung der Wertpapier- und Finanzdienstleistungsmärkte (Art.2 Abs.3 WettbewG) ist im Lauterkeitsrecht nicht sinnvoll, da im Gegensatz zum Kartellrecht Sonderregelungen für einzelne Märkte nicht vorgenommen wurden.[43] Die Ausnahme von Wettbewerbsbeschränkungen durch Lizenzvereinbarungen über Immaterialgüterrecht (Art.2 Abs.2 WettbewG) ist nicht notwendig, da dies in den einzelnen unlauteren Wettbewerbshandlungen meist gar nicht releviert wird, wo dies jedoch der Fall ist, erscheint der Begriff der Unlauterkeit ausreichend, um mit dem Problem von Lizenzvereinbarungen zurechtzukommen.[44]

Problematisch scheint, dass nach dem russischen WettbewG durch Verweisungen auf die Rechtslage im Schadenersatzrecht, im Verwaltungsstrafrecht etc. die Ansprüche nach den Kollisionsbestimmungen in den einzelnen Rechtsgebieten unter Umständen zersplittert werden können, was zu sehr komplexen Rechtsfolgen führen kann. Der Vorrang von direkt anwendbaren völkerrechtlichen Rechtsquellen nach dem WettbewG (Art.2 Abs.4) sei ein zweischneidiges Schwert.[45] Automatische Konformität mit internationalen Rechtsquellen wird um den Preis einer etwaigen mangelnden Harmonisierung von nationalem und internationalem Recht erkauft.[46]

---

41) Generalov, im Bericht zur ersten internationalen Wettbewerbskonferenz 26-28.9.1995 in Moskau, S.62

42) Der Anwendungsbereich des Gesetzes bleibt nach der Novellierung v. 1995 unverändert. Ausdrücklich betont wird nunmehr jedoch, dass Ausschließlichkeitsrechte nicht von diesem Gesetz berührt werden und internationale Vereinbarungen den Vorrang vor diesem Gesetz haben.

43) Dillenz, Das russische Wettbewerbsrecht, S.123

44) Dillenz, Das russische Wettbewerbsrecht, S.123

45) So Dillenz, Das russische Wettbewerbsrecht, S.123

46) Dillen, Das russische Wettbewerbsrecht, S.123

II. Tatbestandsmerkmale der russischen Generalklausel.

Das WettbewG verfügt im Gegensatz zum WerbeG, das sich mit einer taxativen Aufzählung verbotener Tatbestände begnügt, über eine Generalklausel zur Erfassung unlauterer Verhaltensweisen. Diese Generalklausel (Art.10 WettbewG) war vor der Novelle 1995 so allgemein, dass zur Konkretisierung ausschließlich die Wertungen des nachfolgenden Tatbestandskatalogs heranbezogen werden konnten. Sie ordnete lediglich global an, dass Handlungen des unlauteren Wettbewerbs verboten sind. Deshalb wurde diese äußerst lakonische Bestimmung [47] durch die Begriffsbestimmungen im Art.4 WettbewG ergänzt, so dass in Zukunft Fälle, die nicht unter einen der Spezialtatbestände fallen, besser beurteilt werden können. Unlauterer Wettbewerb wird dort als *„...alle Handlungen von Wirtschaftssubjekten, die auf die Erzielung von Vorteilen in der unternehmerischen Tätigkeit gerichtet sind und die den geltenden gesetzlichen Bestimmungen, den Gewohnheiten des Geschäftsverkehrs und den Anforderungen der Ordentlichkeit, Vernunft und Gerechtigkeit widersprechen und anderen konkurrierenden Wirtschaftssubjekten einen Schaden verursacht haben oder verursachen können oder deren geschäftlichen Ruf schädigen können"* definiert. Aus dieser Definition lassen sich einzelne Elemente herauslesen.

Neben den Handlungen werden Unterlassungen in der Generalklausel nicht erwähnt. Die Judikatur zeigt jedoch, dass dies nicht als Einschränkung zu sehen ist.[48] Zu den Wirtschaftssubjekten findet sich eine Legaldefinition im WettbewG. Diese Definition erfasst kommerzielle Organisationen, deren Vereinigungen und nichtkommerzielle Organisationen, die sich mit unternehmerischer Tätigkeit befassen, sowie Individualunternehmer. Kommerzielle Organisationen sind gemäß Art.50 des ZGB solche, deren Hauptzweck die Gewinnerzielung ist; im Gegensatz zu den nicht kommerziellen, bei welchen die Erzielung von Gewinn nicht den Zweck der Gesellschaft darstellt und der Gewinn nicht an die Gesellschafter verteilt werden darf. Individualunternehmer sind natürliche Personen, die sich mit unternehmerischer Tätigkeit befassen. Zusammenfassend kann gesagt werden, dass Wirtschaftssubjekte alle juristischen und natürlichen Personen sind, die sich mit unternehmerischer Tätigkeit befassen [49] und juristische Personen, deren Zweck in der Gewinnerzielung besteht.

---

47) Die Generalklausel lautet in der kürzest möglichen Form: „Unlauterer Wettbewerb ist nicht zulässig."(Art.10 erster Satz); dazu Dietz, GRUR Int.1994, S.695

48) Dazu Parasuk, Pravo i Ekonomika (Recht und Wirtschaft) 1995/17, S.19 ff.

49) Dazu ausführlich Dillenz O., Das russische Wettbewerbsrecht, S.42ff.

Dennoch fordert die Generalklausel weiters, dass durch die Handlungen Vorteile in der unternehmerischen Tätigkeit angestrebt werden müssen. Dies ist insofern sinnvoll, als auch Wirtschaftssubjekte Vorteile außerhalb der unternehmerischen Tätigkeit anstreben können. Im Art.2 Abs.1 des ZGB wird festlegt, dass unternehmerische Tätigkeit „eine selbständige, auf eigenes Risiko ausgeführte Tätigkeit darstellt, die auf die systematische Erzielung von Gewinn aus der Nutzung von Vermögen, dem Verkehr von Waren, der Ausführung von Arbeiten oder Dienstleistungen gerichtet ist und von Personen, die in dieser Eigenschaft nach dem gesetzlichen Verfahren registriert sind, durchgeführt wird.“ Für die Zielrichtung des unlauteren Wettbewerbs scheint das Erfordernis einer Registrierung als Unternehmen doch etwas formalistisch, eine speziell wettbewerbsrechtliche Definition der unternehmerischen Tätigkeit ist hingegen aufgrund der zur Zeit der Anführung der Definition des unlauteren Wettbewerbs durch die Novelle 1995 schon geltenden zivilrechtlichen Begriffsbestimmungen nur schwer denkbar. [50] Unter dem Begriff des „Vorteils“ sind alle auch nur indirekt günstigen Umstände in der unternehmerischen Tätigkeit zu verstehen. Die Handlungen müssen auf Vorteile gerichtet sein. Der Vorteil muss also letztendlich nicht notwendigerweise eintreten.

Der Unwert des Verhaltens liegt in dem Verstoß gegen geschützte Rechtsgüter. An erster Stelle stehen hier gesetzliche Vorschriften. Die ansonsten nicht unproblematische Frage, welche Gesetzesverstöße zugleich auch gegen den Leistungswettbewerb verstoßen, wird im WettbewG irrelevant, da Gesetze ausdrücklich genannt sind. Die Gefahr einer grenzenlosen Ausweitung des Wettbewerbsrechts auf Gesetze, die in keiner Weise den Wettbewerb schützen sollen, wird durch die übrigen Tatbestandselemente hinreichend vorgebeugt.[51]

Die Gewohnheiten des Geschäftsverkehrs sind gemäß Art.5 des ZGB „in irgendeinem Bereich unternehmerischer Tätigkeit herausgebildete, weitläufig angewendete Verhaltensregeln, die gesetzlich nicht vorgesehen sind.“[52] Denkbar ist eine Ergänzung des Gewohnheitsbegriffs durch Elemente aus internationalen Rechtsquellen, sofern Russland diese ratifiziert hat.[53] Die Generalklausel nennt neben den Gewohnheiten des Geschäftsverkehrs die Anforderungen der Ordentlichkeit, Vernunft und Gerechtigkeit. .Die Ursache für .die Aufnahme dieser .drei weiteren .Krite-

50) Dillen O., in GRUR Int.1997, S.17

51) Dillenz O., GRUR Int.1997, S.17

52) Ausführlich dazu Braginskij in Kommentar zum russischen ZGB), Moskau 1995, S.49

53) Dillenz, Das russische Wettbewerbsrecht, S.43

rien liegt nicht in einem naturrechtlichen Versuch, sondern vielmehr darin, dass der Begriff der Geschäftsgewohnheiten hinsichtlich einer allgemeinen Sittenwidrigkeit zweifellos zu eng ist. Dieser Verweis auf eher dem natürlichen Rechtsempfinden zuzuordnende Kriterien ist sicher nicht unproblematisch, da insbesondere in Russland die Rechtsicherheit durch derartige Formulierungen nicht gefordert wird. Die Anforderungen der Ordentlichkeit, Vernunft und Gerechtigkeit sind aufgrund ihrer Unbestimmtheit ohne Präzisierung durch die Judikatur noch bedeutungslos. Diese unspezifische Umschreibung der Sittenwidrigkeit in der Generalklausel des WettbewG kann daher nicht als sehr geglückt bezeichnet werden.[54] Die Aufzählung von mehreren Elementen im Vergleich zur Generalklausel z.B. des deutUWG, dass sich auf die Erwähnung der „guten Sitten“ beschränkt, ist vielleicht durch die mangelnden Publikationen von Entscheidungen erklärbar.[55]

Eine Handlung ist als unlauter zu qualifizieren, wenn dieser eine Schaden verursacht hat oder verursachen kann. Unter einem Schaden sind gemäß Art.15 Abs.2 ZGB folgende Umstände zu verstehen: Ausgaben, die eine Person, deren Recht verletzt wurde, hatte oder für die Wiederherstellung des verletzten Rechtes haben wird, der Verlust oder die Beschädigung von Vermögen (realer Schaden) und auch entgangene Einnahmen, die diese Person unter gewöhnlichen Verhältnissen erhalten hätte, wenn ihr Recht nicht verletzt worden wäre (entgangener Gewinn). Nicht nur ein bestehender Schaden, sondern auch die Gefahr eines Schadens löst die Rechtsfolgen des WettbewG aus.[56] Es erscheint unklar, inwieweit die Verursachung des Schadens schuldhaft erfolgen muss. Für die Ziele des Wettbewerbs ist das allgemeine Erfordernis einer schuldhaften Schadensverursachung eher abzulehnen. Eine zivil- oder verwaltungsstrafrechtliche Haftung wird hingegen gemäß Art.22 (1) WettbewG[57] nur durch schuldhaftes Handeln begründet. Der zivilrechtliche Schadensersatzanspruch besteht gemäß Art.1064 Abs.2 ZGB nicht, wenn der Schädiger nachweist, dass ihn an der Verursachung des Schadens keine Schuld trifft. Im Ergebnis löst eine schuldlose Schadensverursachung zwar keine Haftung, aber die übrigen Rechtsfolgen des WettbewG aus.[58] Als

---

54) Dieser Verweis ist nicht unproblematisch, da insbesondere in Russland die Rechtssicherheit durch derartige Formulierungen nicht gefördert wird.(Parasuk, Pravo i Ekonomika 1995/17, S.19)

55) Dillenz, Das russische Wettbewerbsrecht, S.124

56) Korrespondierend dazu kennt der Art.1065des ZGB allgemeinen Unterlassungsanspruch im Falle einer Schädigungsgefahr. Dazu Parasuk , Pravo i Ekonomika (Recht und Wirtschaft) 1995/18, S.14

57) Art.22-1 WettbewG wurde durch die Novelle 1995 eingeführt.

58) Dillenz, GRUR Int.1997, S.18

Geschädigter kommt nur ein konkurrierendes Wirtschaftssubjekt in Frage. Die Generalklausel verlangt demnach ein Wettbewerbsverhältnis zwischen Schädiger und Geschädigtem. Für eine Klarstellung des Begriffs soll hier auf den Begriff des Warenmarktes eingegangen werden, der Bestandteil des Wettbewerbsbegriffs ist. Der Warenmarkt ist der Bereich des Verkehrs einer Ware, die keinen Ersatz oder substitutionsfähige Waren hat, dabei erfolgt eine territoriale Abgrenzung des Marktes ausgehend von den wirtschaftlichen Möglichkeiten der Käufer. Angesichts der Größe und der mangelhaften Infrastruktur Russlands kommt man durch diese Definition auf relativ viele kleinere Märkte, wodurch ein Wettbewerbsverhältnis oft nicht gegeben sein wird.[59]

Eine Analyse der einzelnen Elemente der russischen Generalklausel zeigt auf, dass die wesentlichen Komponenten (geschäftlicher Verkehr, Sittenwidrigkeit, Wettbewerbsverhältnis, Interessenbeeinträchtigung) vorhanden sind. Der Rechtsbegriff des unlauteren Wettbewerbs entspricht den Anforderungen des Art.10bis PVÜ nach quantitativen und qualitativen Kriterien. Es verwundert ein wenig, dass der geschäftliche Ruf neben der allgemeinen Schädigung in der Generalklausel erwähnt wird. Dies lässt sich dadurch erklären, dass immaterielle Güter in der Art.150 ZGB besonders geschützt sind. Bei Verletzung immaterieller Güter kann neben dem allgemeinen Schadensersatz ein Ersatz des moralischen Schadens,[60] ein Widerruf oder eine Gegendarstellung in den Massenmedien gefordert werden. Einige offene Fragen wird die Entscheidungspraxis zu lösen haben.

III. Typisierung der einzelnen Formen unlauteren Wettbewerbs.

Die russische Generalklausel steht nicht neben selbständigen Sondertatbeständen, sondern umfasst diese.[61] Wegen der legistischen Struktur des Art.10 ("Unlauterer Wettbewerb ist nicht zulässig. Dazu gehören:...." es folgt im selben Satz eine Aufzählung der fünf Sondertatbestände) erscheinen die Einzeltatbestände als spezielle Ausprägungen

---

59) Dillenz, GRUR 1997, S.17

60) Der Ersatz für den moralischen Schaden ist im Falle der Verbreitung von Informationen, die den geschäftlichen Ruf schädigen. Gemäß Art.1100 ZGB verschuldensunabhängig.

61) Das Verhältnis der Generalklausel zu den Sondertatbestände unterscheidet sich ganz gravie- rend von der diesbezüglichen Problematik in Deutschland oder Österreich.(Greuner, WettbewerbsR, §4)

der Generalklausel. Seit der Novelle 1995, die den Begriffsbestimmungen in Art.4 WettbewG den unlauteren Wettbewerb hinzufügte, ergeben sich daraus einige Probleme. War es vorher möglich, aus den Sondertatbeständen Wertungsgesichtspunkte für die Generalklausel zu gewinnen, so ist es nun erforderlich die einzelnen Elemente der Generalklausel in die Sondertatbestände zu integrieren, da diese nur als Spezialfall der Generalklausel gestaltet sind. Dies ist bei einigen Tatbeständen schwierig bzw. nicht sinnvoll. Als pragmatische Lösung des Problems ist es vorstellbar, die einzelnen Elemente der Generalklausel dann heranzuziehen, wenn dies sinnvoll ist. Andernfalls ist davon auszugehen, dass durch den Sondertatbestand als spezieller Fall einzelner Teile der Generalklausel verdrängt werden.[62] Ob im Einzelfall eine Mitberücksichtigung der Generalklausel sinnvoll wäre ist aus dem Zweck des Gesetzes zu ermitteln. Gemäß Art.1 WettbewG liegt dieser Zweck in der Vorbeugung und Unterbindung des unlauteren Wettbewerbs mit dem Ziel der Gewährleistung von Bedingungen für das effektive Funktionieren der Warenmärkte. Ähnliche Überlegungen ließen sich auch für die Regelungen der übrigen Nachfolgestaaten der ehemaligen Sowjetunion anstellen. Charakteristisch für sie ist eine ähnliche Verklammerung von Generalklausel und Einzeltatbeständen in der Form, dass letztere als bloße Anwendungsfälle des von der Generalklausel angesprochenen allgemeinen Verbots erscheinen.[63]

Wenn man nach einem konsequent verfolgten System der speziellen Einzeltatbestände im russischen Wettbewerbsgesetz sucht, sieht man sich genötigt resignativ nachzudenken, da die enumerative Aufzählung in Art.10 sich kaum einem Einordnungskriterium unterwerfen lässt. Vorzuziehen sei *de lege ferenda* eine klare Abgrenzung zwischen Tatbeständen, die dem Schutz von Privatinteressen zentrale Bedeutung beimessen, und Tatbeständen, die überwiegend auf Verbraucher- und Allgemeininteressen gerichtet seien, durchzuführen. Nahe liegt der Gedanke, dass im Katalog des Art.10 diejenige unlauteren Wettbewerbshandlungen systematisiert sind, die sowohl horizontale als auch vertikale Verzerrungen der Handlungs- und Entschließungsfreiheit bewirken und einen breiten Kreis von Marktteilnehmern schädigen oder gefährden können. Interessant ist der Vorschlag, die Einzeltatbestände nach Art.10 WettbewG unter den Nenner des Wahrhaftigkeitsgebots zu bringen.[64] Doch bleibt die Wirksamkeit des Lauterkeitsschutzes im russischen Wettbewerbs

---

62) Dillenz, GRUR Int.1997, S.18

63) Mit Ausnahme der lettischen Regelung und der den UWG-Bereich kaum einbeziehenden weißrussischen Regelung. Dazu Dietz, GRUR Int.1994, S.658

64) Parasuk, in Recht und Wirtschaft, 17/1995, S.19; Dillenz, GRUR Int.1997

gesetz nach sachlichen Kriterien von diesen kritischen Bemerkungen unberührt. Der Eindruck allerdings, dass man beim Durchforschen der Regelung eine gewisse *elegantia juris* vermisst, lässt sich in mancher Hinsicht kaum vertuschen.

1. Anschwärzung.

Ein Verbot der Geschäftsschädigung enthält Art.10 erster Fall russ.WettbewG. Inbegriff für den guten Namen, die Vertrauens- und Kreditwürdigkeit eines Konkurrenten ist seine geschäftliche Reputation, sein Renommee. Ein schlechter Ruf kann zum Ruin eines Unternehmens führen. Daher sind den Wettbewerbern bei der Verbreitung von Tatsachen bezüglich eines Konkurrenten enge Grenzen gesetzt. Untersagt ist die Verbreitung unwahrer, ungenauer oder verfälschter Informationen, die geeignet sind einem anderen Wirtschaftssubjekt oder dessen Ruf Schaden zuzufügen. Der Unrechtskern dieses Tatbestands besteht in der verleumderischen Weise, auf die ein Unternehmer seine Konkurrenten wirtschaftlich zu schwächen versucht, um sich dadurch ungehörige Vorteile im Kampf um die Kundschaft zu verschaffen. Der Tatbestand weist gleichermaßen einen persönlichkeits- und unternehmensschützenden Einschlag auf. Objekt der herabwürdigenden Angriffe können sowohl die Person eines Konkurrenten als auch das betriebene Unternehmen und die angebotenen Waren oder Dienstleistungen sein.[65]

Unter Verbreitung ist die Mitteilung von Informationen an einen uneingeschränkten Personenkreis zu verstehen und auf eine Weise, die diese Informationen dem Publikum zugänglich macht. Dies kann praktisch in verschiedenen Formen erfolgen, etwa durch Benutzung von technischen Geräten, schriftlich oder mündlich, am häufigsten handelt es sich dabei um Werbepraktiken. Oft beruhen Werbesprüche und Slogans auf Andeutungen, in ihrem Kontext enthalten sie verschleierte Hinweise oder Bezugnahmen. Die Abgrenzung gegenüber Äußerungen, die tendenziös und entstellt wahre Tatsachen darstellen erfordert eine umfassende Prüfung aller Begleitumstände, wobei in erster Linie die sachliche Beeinflussung der Verbraucher zu beachten ist.[66] Informationen sind objektiv nachprüfbare Äußerungen. Es werden also nur solche Äußerungen erfasst, deren Wahrheitsgehalt durch Beweisaufnahme überprüft werden kann. Aus den

---

65) Eine Sonderregelung über vertrauliche Mitteilungen, wie z.B. diese nach §14 Abs.2 des deutschen UWG, kennt das russische WettbewG nicht.

66) Dillenz O., GRUR Int.1997, S.23

zivilrechtlichen Bestimmungen über den Schutz des geschäftlichen Rufes ergibt sich, dass bloße Werturteile oder Meinungen nicht als Informationen zu betrachten sind. Gemäß Art.152 ZGB kann ein Widerruf von rufschädigenden Informationen nur dann begehrt werden, wenn derjenige, der die Information verbreitet, nicht nachweisen kann, dass diese nicht der Wirklichkeit entspricht. Die einzelnen Formen der Fehlerhaftigkeit einer Information lassen sich durch sprachliche Interpretation ermitteln.[67] So ist eine falsche Information eine solche, die nicht den wahren Verhältnissen entspricht, eine ungenaue eine solche, die nur teilweise entspricht, eine verfälschte oder verzerrte Information entsteht durch eine Verkürzung der Informationen oder durch den Kontext.

Ein konkreter Schaden braucht durch die Verbreitung noch nicht eingetreten zu sein. Bei dem als konkreter Gefährdungsdelikt formulierten Tatbestand genügt es, wenn die Behauptung oder Verbreitung der Tatsachenäußerung objektiv geeignet ist, einen Schaden am Konkurrenten oder dessen Ruf[68] zu verursachen, eine konkrete Schädigung wird nicht gefordert. Ähnlich wie bei der Generalklausel ist auch hier unklar, nach welchen Maßstäben eine Schädigungseignung zu beurteilen ist. Zivilrechtlich ist der geschäftliche Ruf zusätzlich geschützt.[69] Es wäre sinnvoll, den Anschwärzungstatbestand durch das Wettbewerbsverhältnis aus der Generalklausel zu ergänzen, um eine Differenzierung von der zivilrechtlichen Rufschädigung im Sinne des Wettbewerbs vorzunehmen.[70] Auch die in der Generalklausel normierte Absicht, durch die Anschwärzung Vorteile in der unternehmerischen Tätigkeit zu erlangen, könnte herangezogen werden, um den Tatbestand nicht grenzenlos weit zu gestalten.

---

67) Dillenz, Der aktuelle Stand des Rechts gegen den unlauteren Wettbewerbs in der Russischen Föderation, GRUR Int.1997, S.18

68) „Der geschäftliche Ruf ist die Gesamtheit der Charakteristika und Meinungen, mit denen der Träger in den Augen seiner Konkurrenten, Kunden, Konsumenten, Arbeitskollegen, Anhänger (im Showgeschäft) und Wähler (bei Wahlämtern) assoziiert wird." (Maleina, Zakonodatelstvo i Ekonomika, 3/1993 (Gesetzgebung und Wirtschaft).

69) Man kann einen Widerruf, in der Form, in der die Schädigung erfolgte, die Publikation einer eigenen Stellungsnahme bei einem Widerruf in den Massenmedien, Schadenersatz und Ersatz des moralischen Schadens verlangen. Der Schadenersatz erfasst auch immaterielle Schäden. Der moralische Schaden, der im Gegensatz zum immateriellen Schaden nicht messbar ist, wird unter der Berücksichtigung der Schuld des Rechtsverletzers und der körperlichen und moralischen Leiden entsprechend den Besonderheiten der geschädigten Person festgesetzt, wobei Anforderungen der Vernunft und Gerechtigkeit zu berücksichtigen sind. Der moralische Schaden setzt anders als der Schadenersatz bei einer Schädigung des geschäftlichen Rufes keine Schuld des Rechtsverletzers voraus (Dillenz, Das russische Wettbewerbsrechts, S.46)

70) Dillenz, GRUR Int.1997, S.18

Art.6 erster Fall zweiter Halbsatz des Gesetzes über die Werbung verbietet als Form unlauterer Werbung solche, die Aussagen oder Abbildungen enthält, die die Ehre, die Würde oder den geschäftlichen Ruf eines Konkurrenten schädigen. Im Vergleich zur Anschwärzung nach dem WettbewG fällt hier auf, dass die Aussagen oder Abbildungen in keiner Weise fehlerhaft sein, d.h. sogar wahr sein dürfen. Weiteres sind die Ehre und Würde [71] zusätzlich Schutzobjekte. Damit entfernt man sich ein wenig aus dem Wettbewerbsrecht in den Bereich des allgemeinen Persönlichkeitsschutzes. Die ausdrückliche Erwähnung von Konkurrenten zeigt jedoch, dass der faire Wettbewerb das Schutzziel der Bestimmung ausmacht. Nicht ganz klar ist der *telos* und deshalb auch die Einordnung des Art.6 erster Fall WerbeG, der die Diskreditierung von juristischen und natürlichen Personen, die die beworbene Ware nicht verwenden, verbietet.

2. Irreführung

Eine zutreffende Information der Verbraucher über die ihnen gegenüberstehenden konkurrierenden Angebote stellt eine unverzichtbare Funktionsbedingung des freien und fairen Wettbewerbs dar. Daher müssen die Kunden über den Ursprung und die Eigenschaften der Ware, den Namen des Herstellers oder der Erfindungspatente in sachlich richtiger Weise informiert werden. Art.10 zweiter Fall WettbewG gewährleistet den Konsumenten [72] Schutz vor irreführenden Angaben bezüglich des Charakters, des Verfahrens und Ort der Erzeugung, sowie hinsichtlich der Konsumeigenschaften oder der Qualität einer Ware.[73] In der gegenwärtigen Situation nehmen derartige Versuche schwächerer Wirtschaftssubjekte in der Realität immer mehr zu und werden zudem immer drastischer. Besonders häufig kommen in der Wirtschaftsrealität der Übergangsperiode Fälle vor, in denen mit Hilfe von täuschenden Verwechslungspraktiken Konsumgüter angeboten werden, die Abweichungen von den standardisierten staatlichen Parametern aufweisen. Die Produktion „Mente“ ist zum

---

71) „Die Ehre ist die positive soziale Einschätzung einer Person od. einer Organisation, die Würde dagegen die Selbsteinschätzung der Persönlichkeit.“ (Juridiceskij Enciklopideckij Slovar (Juristisches Wörterbuch), Moskau 1987)

72) Eine Person ist gem. den einleitenden Begriffsbestimmungen des russ. VerbraucherschutzG dann Konsument, wenn sie Waren (Arbeiten, Dienstleistungen) für persönliche Lebensbedürfnisse ohne Gewinnerzielung erwirbt, bestellt oder zu erwerben oder zu bestellen beabsichtigt.

73) Eine Ware ist nach der Legaldefinition des WettbewG das Produkt einer Tätigkeit (einschließlich Arbeiten und Dienstleistungen), das zum Verkauf oder Tausch bestimmt ist.

Alltag des russischen Marktes geworden.[74] Die Medien berichten ununterbrochen über drastische Verfälschungen. Äußerst beunruhigend ist, dass es sich dabei meistens um Lebensmittelproduktion handelt.

Die Irreführung kann als die Erweckung falscher Vorstellungen durch jegliches Verhalten gedeutet werden. Die Eignung einer Irreführung ist nach der Formulierung nicht ausreichend, es muss tatsächlich zu einer Irreführung kommen.[75] Die falschen Vorstellungen müssen sich auf gewisse Aspekte eine Ware beziehen.[76] Die Kennzeichnung von Waren, Verpackungen, Preislisten und anderen geschäftsüblichen Requisiten ist wegen der Eignung zur Beeinflussung des Kaufentschlusses mit dem Ziel, den Absatz zu fördern, mit schriftlicher Werbung gleichzustellen. Aber auch die irreführenden Handlungen (Anbieten oder Werbung) werden erfasst. Im Dreieckmodell der Marktverhältnisse lässt sich eine irreführende Werbeangabe sowohl als Irreführung oder Verwechslung entlang der vertikalen Achse der Marktbeziehungen als auch als Ausbeutung des guten Rufes eines Konkurrenten durch Nachahmung oder offene Anlehnung entlang der horizontalen Achse qualifizieren.[77] Dies ergibt Anhaltspunkte für eine komplexe und wirksame Erfassung von wettbewerbswidrigen Durchsetzungsmethoden, die auf die Fehlleitung der Abnehmer abzielen.

Eine detaillierte Bestimmung für den Bereich der Werbung enthält Art.6 dritter Fall WerbeG. Es liegt ein Akt unlauterer Werbung vor, wenn Konsumenten bezüglich der beworbenen Ware mittels einer Imitation (Kopie oder Nachahmung) des gesamten Entwurfs, des Textes, der Reklamesprüche, der Abbildungen musikalischer oder akustischer Effekte, die für die Werbung für andere Waren verwendet wurden, in die Irre geführt wird. Gleichfalls unlauter ist eine Irreführung durch den Missbrauch des Vertrauens, der mangelnden Erfahrung und des mangelnden Wissens, u.a. durch das Fehlen wesentlicher Informationen in

---

74) Diese im allgemeinen Sprachgebrauch bereits fest eingebürgerte Bezeichnung für nicht standardisierte und in vielen Fällen gesundheitsschädliche Produktion weist alle Bedeutungen der Worte „falsch“ und „Lüge“ auf.

75) Dillenz, Das russische Wettbewerbsgesetz, S.47: In der Praxis ist daher eine Irreführung nicht anders als durch empirische Erhebungen festzustellen.

76) Dillenz, Das russische Wettbewerbsrecht, S.47: Der Charakter einer Ware wird wohl ganz grundlegende Informationen über eine Ware betreffen, z.B. ob es sich um ein funktionstaugliches technisches Gerät oder eine Attrappe handelt. Unter dem Ort der Erzeugung sind alle Orte, an denen das Produkt selbst verändert wurde, also auch Veredlungen, Mischungen etc. zu verstehen. Unter Konsumeigenschaften sind spezifische Produktinformationen wie Dosierungen, Anwendungsmöglichkeiten, Gefahrenhinweise, Haltbarkeitsdauer etc. zu verstehen. Die Qualität erfasst u.a. sicher die staatlichen Qualitätsklassen, darüber hinaus aber auch andere Beschaffenheitseigenschaften wie die verwendeten Rohmaterialien, deren quantitative Korrelation etc.

77) Dimitrov M., Diss. 1996, S.108

der Werbung. Obgleich der Tatbestand auch das Schmarotzen an fremden Werbeanstrengungen verhindern soll, steht, was insbesondere auch aus der zweiten Tatbestandsalternative hervorgeht, der Schutz des Konsumenten vor Irreführung eher im Vordergrund. [78]

Das WerbeG verbietet neben dieser Form der unlauteren Werbung im Art.7 unwahre Werbung und im Art.9 vorsätzlich falsche Werbung. Unwahre Werbung liegt dann vor, wenn Informationen bezüglich eines in dem Katalog des Art.7 aufgezählten Umstandes, nicht der Wirklichkeit entsprechen. Der Katalog des Art.7 umfasst in verkürzter Form: Eigenschaften, Herkunft etc. einer Ware, Warenvorrat und –verfügbarkeit, Preis, Zahlungsmodalitäten, Service, Gewährleistungs- und Haltbarkeitsfristen, Immaterialgüterrechte, staatliche Symbole, Auszeichnungen, Serie einer Ware, Ergebnisse von Untersuchungen, statistische Daten, Empfehlungen, Vergleiche, Garantien, Nachfrage nach der Ware, Informationen über den Auftraggeber der Werbung und schließlich marktschreierische nicht belegbare Anpreisungen. Die Sinnhaftigkeit einer derart kasuistischen Regelung erscheint zweifelhaft. [79] Vorsätzlich falsche Werbung ist solche, mit deren Hilfe der Auftraggeber (oder der Produzent oder der Vertreiber) der Werbung den Konsumenten der Werbung vorsätzlich in die Irre führen will. Insgesamt besteht damit ein sehr differenziertes Regelwerk bezüglich der irreführenden Werbung.[80] In Verbindung mit dem relativ umfassenden Werbebegriff wird der Irreführungstatbestand des WettbewG auf wenige Fälle reduzierrt.[81]

3. Unkorrekter Vergleich.

Das Föderale Antimonopolorgan definiert die Werbung allgemein als ein öffentliches Angebot, adressiert an einen unbeschränkten Kreis von Verbrauchern, in dem die wesentlichen quantitativen und qualitativen Parameter der angesprochenen Waren (Dienstleistungen) dargestellt werden.[82] Daraus ist zu entnehmen, dass die Werbung aus wettbewerbsrechtlicher Sicht als eine Maßnahme zur Präferenzbildung bei den Verbrauchern zu betrachten ist. Die produktindividualisierenden Werbeangaben, die die Auswahl der Verbraucher unter Alternativen

---

78) Dillenz, GRUR Int.1997, S.19
79) Dillenz, GRUR Int.1997, S.19, Fußn. 32
80) Dillenz, GRUR Int.1997, S.19
81) Dillenz, GRUR Int.1997, S.19
82) Pecerskij, Das GKAP schafft Ordnung.

unterstützen, spielen eine entscheidende Rolle für den Kaufentschluss. Im typischen Dreieckmodell der Marktbeziehungen begegnen sich das wirtschaftliche Interesse der Anbieter, die Aufmerksamkeit der Umworbenen auf die empfohlenen Waren oder Dienstleistungen zu lenken, und das wirtschaftliche Interesse der Nachfrager für einen kostengünstigen Kauf. Der Unrechtskern der anlehnend-vergleichenden Werbung besteht darin, dass bei den Verbrauchern eine Gleichstellung mit dem guten Ruf des in den Vergleich einbezogenen Angebots suggeriert wird. [83] Der Regelung liegt die Idee zugrunde, dass die Vorzüge des eigenen Angebots nur in sachlich richtiger Weise herausgestellt werden dürfen.

Das russische WettbewG verbietet nicht die vergleichende Werbung, qualifiziert aber den unkorrekten Vergleich als unlauterer Wettbewerbsakt.[84] Nach Art.10 dritter Fall ist ein unkorrekter Vergleich durch ein Wirtschaftssubjekt von Waren, die von ihm erzeugt oder vertrieben werden, mit Waren anderer Wirtschaftssubjekte verboten. Unter Waren anderer Wirtschaftssubjekte sind naheliegenderweise Waren, die von anderen Wirtschaftssubjekten erzeugt oder vertrieben werden zu verstehen.[85] Ein Vergleich kann einfach als die Gegenüberstellung von Eigenschaften, Qualitäten und anderen Informationen verstanden werden. Nach dem Zweck der Vorschrift ist es nicht erforderlich, dass konkret einzelne Eigenschaften von Waren gegenübergestellt werden, es ist ausreichend, wenn der Empfänger der Vergleichsinformation zu einem bestimmten Vergleich direkt angeregt wird.[86]

Der Begriff des unkorrekten Vergleichs ist ausgehend von der Überlegung zu bestimmen, dass hier ein über die Irreführung und die Anschwärzung hinausgehende Regelung getroffen werden sollte, da der eher spezielle Fall des unkorrekten Vergleichs sonst nicht als selbständiger Tatbestand normiert worden wäre. Unkorrekt ist also jedenfalls ein Vergleich, der mit falschen, ungenauen oder verzerrten Informationen operiert, bzw. der selbst falsch, ungenau oder verzerrt ist.[87] Darüber hinaus beinhaltet der Begriff auch moralische Kriterien wie Ehrlichkeit, Ordentlichkeit etc. Was letztendlich darunter zu verstehen ist, muss durch die Judikatur klargestellt werden.[88]

Das WerbeG verbietet im Art.6 zweiter Fall erster Halbsatz einen unkorrekten Vergleich der beworbenen Ware mit einer Ware anderer juri-

---

83) Dimitrov M., Dissertation, Halle-Wittenberg 1996, S.114

84) Antimonopolbehörde/E Nr.47-15/12.7.1994, Jb 1994, S.236

85) Pecerskij, Zakon (Gesetz)1995, S.26

86) Nach Ansicht von Dillenz, Das russische Wettbewerbsrecht, S.49

87) Dillenz, Das russische Wettbewerbsrecht, S. 49

88) Dillenz., Das russische Wettbewerbsrecht, S.49

stischer oder natürlicher Personen. Versteht man unter Waren anderer Personen in Anlehnung an den korrespondierenden Tatbestand des WettbewG solche, die von anderen Personen erzeugt oder vertrieben werden, dann besteht nur ein marginaler Unterschied zwischen den beiden Bestimmungen. Das WerbeG verlangt im Gegensatz zum WettbewG nicht, dass der unkorrekte Vergleich durch ein Wirtschaftssubjekt erfolgt, dessen Waren an dem Vergleich beteiligt sind. Es ist auch möglich, dass ein Dritter den Vergleich vornimmt.

Angesichts der Tatsache, dass ein unkorrekter Vergleich vor allem in der Werbung stattfinden wird, bleibt für den Verbotstatbestand des WettbewG nur ein sehr geringer Anwendungsbereich. Da die Rechtsfolgen für WettbewG und WerbeG weitgehend identisch sind, könnte der unkorrekte Vergleich ohne weiteres aus dem WettbewG entfernt werden. [89]

4. Kennzeichenmissbrauch und Verletzung von Immaterialgüterrechten.

Der vierte Fall des Art.10 WettbewG wurde durch die Novelle 1995 neu formuliert. Zuvor befanden sich an dieser Stelle ein sehr weitgehendes Verbot der sklavischen Nachahmung und ein Verbot des Kennzeichenmissbrauchs. Nach dem Wortlaut der neuen Bestimmung ist der Verkauf einer Ware unter ungesetzlicher Nutzung von Ergebnissen intellektueller Tätigkeit und ihnen gleichgestellter Individualisierungsmittel juristischer Personen, Individualisierungen von Produkten, Arbeiten und Dienstleistungen verboten. Der Tatbestand wurde also noch weiter und umfasst neben dem Kennzeichenmissbrauch alle Bereiche des geistigen Eigentums. Man kann hier von einer kleinen russischen Generalklausel sprechen. [90] In der neuen Fassung des Art.10 WettbewG fehlt die sklavische Nachahmung vollständig. Fälle der sklavischen Nachahmung müssen folglich nach dem Irreführungstatbestand oder der Generalklausel beurteilt werden.

Von wesentlicher Bedeutung ist die Auslegung des Begriffes „ungesetzlich“.[91] Einerseits könnte dies bedeuten, dass der Verstoß gegen ein Gesetz, das geistige Leistungen schützt, als unlautere Wettbewerbshandlung eingestuft wird. Diese Regelungstechnik entspräche der des Schadenersatzes *ex delicto*, wo ein Schadensersatz, dann bejaht wird, wenn

89) Dillenz, GRUR Int.1997, 20; ders. Das russische Wettbewerbsrecht, S.57
90) Dillenz, GRUR Int. 1997, S.20; ; ders. Das russische Wettbewerbsrecht, S.57
91) Dillenz, GRUR Int.1997, S.20

gegen ein sogenanntes Schutzgesetz verstoßen würde.[92] Andererseits könnte dies heißen, dass allgemein eine rechtswidrige Nutzung im Sinne des WettbewG verboten ist. Daraus wäre dann der Schluss zu ziehen, dass aus dem WettbewG Kriterien zu entwickeln sind, die eine Nutzung als ungesetzlich qualifizieren. Art.138 ZGB schafft hier die notwendige Klarheit. „In den Fällen und gemäß dem Verfahren, die durch das ZGB und andere Gesetze festgelegt sind, wird ein ausschließliches Recht (geistiges Eigentum) [93] einer natürlichen oder juristischen Person auf Ergebnisse intellektueller Tätigkeit und ihnen gleichgestellter Individualisierungsmittel von juristischen Personen, Individualisierungen von Arbeiten und Dienstleistungen anerkannt.“ Das WettbewG lehnt sich eindeutig an die zivilrechtliche Definition des geistigen Eigentums an. Daraus wäre dann der Schluss zu ziehen, dass nur Verstöße gegen konkrete Gesetze im Bereich des geistigen Eigentums durch den vorliegenden Tatbestand erfasst sind.

Daneben lässt sich der Vertrieb von Raubkopien auch unter eine andere Tatbestandsalternative von Art.10 des Gesetzes subsumieren, nämlich die der Irreführung des Verbrauchers. Da i.d.R. der angegebene Herstellungsort nicht mit dem tatsächlichen übereinstimmt und die Qualität einer Raubkopie hinter der Qualität des Originals zurückbleibt, wird der Verbraucher hinsichtlich Art und Ort der Herstellung, der Gebrauchseigenschaften und der Qualität in der Irre geführt.

Unter Ergebnissen intellektueller Tätigkeit sind nach der russischen Gesetzeslage Urheberrechte und verwandte Schutzrechte,[94] Computerprogramme und Datenbanken,[95] Selektionsergebnisse,[96] Patente und Gebrauchmuster [97] und Halbleitertopographien [98] zu verstehen. Mit dem Begriff der Individualisierungsmittel juristischer Personen wird auf den Firmennamen verwiesen.[99] Individualisierungen von Produkten, Anbieten Anbieten und Dienstleistungen sind in der Form von Marken und geographischen Ursprungsbezeichnungen in Russland geschützt.[100] Der

---

92) Koziol/Welser, Grundriss des bürgerlichen Rechts, Wien 1995, S.471

93) Zum wissenschaftlichen Begriff des geistigen Eigentums in Russland Boguslavskij, Juridiceskij Enciklopediceskij Slovar, (Juristisches Wörterbuch) Moskau 1987,S.161

94) Gesetz über Urheberrecht und verwandte Schutzrechte vom 9.7.1993, GRUR Int.1993, S.857

95) Gesetz über den rechtlichen Schutz von Computerprogrammen, GRUR Int.1993, S.756

96) Gesetz über Selektionsergebnisse vom 6.8.1993

97) Patentgesetz der RF vom 23.9.1992, GRUR Int.1993, S.670

98) Gesetz über den rechtlichen Schutz von Halbleitertopographien vom 23.9.1992

99) Art.54 Abs.4 ZGB

Inhaber einer Marke hat das ausschließliche Nutzungs- und Verfügungsrecht, ohne seine Zustimmung darf die Marke nicht benutzt werden. Unter anderem sind die unerlaubte Produktion, der Import, der Verkauf und die Lagerung verboten. Registrierte Ursprungsbezeichnungen sind geschützt. Das Recht der Nutzung ein und derselben Ursprungsbezeichnung wird allen Personen eingeräumt, die im selben geographischen Raum gelegen sind und mit denselben Stoffen Waren erzeugen.[101] Es ist darauf hinzuweisen, dass nur der Verkauf von Waren unter Verletzung von Immaterialgüterrechten untersagt ist. Vom Standpunkt dieses Tatbestands des WettbewG sind daher der Besitz, die Verwendung, die Lagerung, der Import und die Bewerbung erlaubt.

Russland nimmt derzeit bei Verletzungen des geistigen Eigentums hinter China den wenig ruhmvollen zweiten Platz ein. Es gibt für die praktische Anwendung des Gesetzes über Urheberrecht und verwandte Schutzrechte keine offizielle Statistik, jedoch kann man beispielshalber anführen, dass, dass vom Augenblick des Inkrafttretens des Gesetzes (9.7.1993) bis zum Mai 2000 die allgemeinen Gerichte ungefähr 1 000 Urheberrechtsfälle und die Arbitragegerichte ungefähr 200 Fälle behandelt haben. [102] Nach Angaben des Innenministeriums [103] beträgt der jährliche Schaden, der den ausländischen Urhebern durch Verletzung ihrer Rechte entsteht, mehr als eine Milliarde Dollar. Die negativen Folgen für Russland sind unübersehbar. So behindert der unbefriedigende Schutz des geistigen Eigentums in der Russischen Föderation den Beitritt zur WTO. Leidtragende sind auch die einheimlichen Kulturschaffenden, die um die Früchte ihrer Arbeit gebracht werden. Zudem dienen die Gewinne aus dem Geschäft mit Raubkopien zur Finanzierung anderer Straftaten im Bereich der organisierten Kriminalität.

Gemäß Art.27 WettbewG sind Anträge auf Einstellung von Verstößen gegen das Wettbewerbsrecht schriftlich an das zuständige Antimonopolorgan zu stellen. Hierbei sind nur gewerbliche Verwerter von Urheberrechten und verwandten Schutzrechten (Mitbewerber) zur Antragstellung berechtigt. Dies sind in der Regel nicht die Urheber selbst, sondern Nutzer der Werke und Objekte verwandter Schutzrechte, die entsprechende

---

100) Gesetz über Marken, Dienstleistungsmarken und Ursprungsbezeichnungen von Waren vom 23.9.1992

101) Art.4 und Art.31 MarkenG

102) Gurevitsch, Einige Probleme der Gesetzgebung und der Rechtsanwendungspraxis im Bereich des Schutzes von Ergebnissen geistiger Tätigkeit in Tschernuscheva, Aktuelle Probleme des Rechts des geistigen Eigentums, Kazan 1998, S.83

103) Bliznec/Leontjev, Es bedarf wirksamer Mechanismen zum Schutz der Urheberrechte, Rossijskaja Justizija 1999, Nr.11, S.17

Rechte entweder durch Gesetz (z.B. Arbeitgeber, Art.14 UrhG der RF) oder durch Vertrag erworben haben. Über einen Antrag entscheidet eine eigens zu diesem Zweck eingerichtete Kommission im Laufe von drei Monaten ab Entscheidung über die Eröffnung eines Antimonopolverfahrens. Auf Grundlage der Entscheidung der Kommission wird eine Anweisung auf Einstellung der dem Antimonopolgesetz widersprechenden Tätigkeit gem. Art12 des Gesetzes erlassen, die dem Betroffenen zuzustellen ist. Sowohl die Anweisung als auch eine etwaige Geldbuße können innerhalb von sechs Monaten ab dem Tag des Erlasses der jeweiligen Entscheidung vor dem Gericht oder Arbitragegericht angefochten werden. Die gerichtliche Anfechtung hat aufschiebende Wirkung bis zur Rechtskraft der gerichtlichen Entscheidung.[104]

Art.7 WerbeG untersagt unwahre Werbung bezüglich einer Reihe von Informationen. Der siebte Fall betrifft Informationen in der Werbung, die nicht der Wirklichkeit entsprechen, über ausschließliche Rechte auf Ergebnisse intellektueller Tätigkeit und ihnen gleichgestellter Individualisierungsmittel juristischer Personen, Individualisierungen von Produkten, Arbeiten und Dienstleistungen. Abgesehen von der Einführung des Begriffs des „ausschließlichen Rechten“ ist die Formulierung gleichlautend mit jener des WettbewG. Positiv zu vermerken ist daher die wechselseitige Abstimmung verschiedener Gesetze im Bereich des Wettbewerbrechts.

5. Geheimnisverrat.

Die Regelung der unlauteren Ausnutzung von Betriebsgeheimnissen und Dienstverhältnissen sollte ein wettbewerbsrechtliches Korrektiv auf die chaosartige Situation von Zerstreuung von Führungskräften und Angestellten aufstellen, die durch die Prozesse der Auflösung und Privatisierung bewirkt wurde. Prinzipiell ist der Rechtsschutz gegen wirtschaftliche Spionage da von besonderer Bedeutung, wo Innovation und hochentwickelte Technik gewichtige Wettbewerbsparameter sind. In einem Land jedoch, dessen Wirtschaftssystem sich wegen jahrzehntelang mangelndem Konkurrenzdruck und andauernder Umstrukturierung in einer äußerst schweren Lage befindet, ist die Ausgestaltung des Know-how-Schutzes auch unter nachdrücklicher Berücksichtigung wettbewerbspolitischer Gesichtspunkte unter Beweis zu stellen. Bei der Ausgestaltung

104) Burian, Schutz des Urheberrechts und der verwandten Schutzrechte, GRUR Int.2001, S720

eines intensiven Arbeitgeberschutzes im Rahmen eines Wettbewerbsschutzgesetzes ergibt sich zwangsläufig ein Spannungsverhältnis zwischen individuellem Rechtsschutz und der Förderung der Wettbewerbsintensität.

Gemäß Art.10 fünfter Fall WettbewG ist Erwerb, Nutzung und Weitergabe von wissenschaftlich-technischen, produktionsbezogenen oder kommerziellen Informationen, unter anderem des Geschäftsgeheimnisses, ohne Zustimmung des Inhabers verboten. Hier macht sich störend bemerkbar, dass eine Wettbewerbsabsicht nicht erforderlich ist. Eine kurze Erwähnung des Wettbewerbs könnte die Situation deutlich verbessern.[105] Insgesamt ist eine präzise Abgrenzung der wettbewerbsrechtlich geschützten Informationen notwendig. Der Begriff „wissenschaftlich-technisch" ist im Russischen allgemein gebräuchlich. Ob sich aus diesem Begriff das Erfordernis einer gewissen Wissenschaftlichkeit der technischen Information ergibt, ist fraglich.[106] Da produktionsbezogene Informationen gesondert angeführt sind, ist zu schließen, dass Informationen über die Produktion nicht auf den technischen Bereich eingeschränkt sind.[107] Der Begriff der kommerziellen Information ist als Überbegriff zum Geschäftsgeheimnis, das einen sehr großen Bereich abdeckt, unklar.[108] Der Begriff „Geschäftsgeheimnis" wird gegenwärtig in mindestens 70 Rechtsvorschriften erwähnt, darunter auch im ZGB Russlands vom 30.11.1994. Das Geschäftsgeheimnis wird vom ZGB als Objekt bürgerlicher Rechte betrachtet und im Art.139 Abs.1 ZGB definiert. Eine Information stellt ein Betriebs- oder Geschäftsgeheimnis dar, wenn die Information tatsächlich oder potenziell, dadurch dass sie Dritten nicht bekannt ist, einen kommerziellen Wert hat, auf gesetzlicher Grundlage kein freier Zugang besteht und der Inhaber der Information Maßnahmen zum Schutz ihrer Geheimhaltung ergreift. Informationen, die nicht Gegenstand eines Geschäfts- oder Betriebsgeheimnisses sein können, werden durch Gesetz und andere Rechtsakte festgelegt.[109]

Der Tatbestand ist ungenau auch hinsichtlich der betroffenen Personen. Im Falle der Preisgabe von Informationen sind nicht nur Angestellte, sondern alle Personen erfasst. Der Kreis der Verbotsadressaten könnte eingeschränkt werden. Die Grenze der Geheimhaltung muss das Unternehmen mit seinen Mitarbeitern sein. Erfahren Dritte eine Information, dann ist eben diese öffentlich geworden; man kann den

---

105) Dillenz, Das russische Wettbewerbsrecht, S.126

106) Rivinius, Geschäftsgeheimnis in Russland, ROW 2/1996, S.62

107) Rivinius, ROW 2/1996, S.22)

108). Dillenz, GRUR, Int.1997, S.21

109) Vgl. einen diesbezüglichen Ausnahmekatalog im Erlass des Präsidenten vom 5.12.1991, Sobranje Postanovlenij RSFSR 1992/1-2, Pos.7

Dritten aber nicht in Pflicht nehmen, fremde Geheimnisse zu wahren, dies würde die Freiheit des einzelnen zu weit einschränken.[110] An dieser Stelle ist auch zu bemerken, dass man deutlicher formulieren könnte, dass das Verbot sich nur auf geheime Information bezieht. So könnte auch das eben angeschnittene Problem gelöst werden, wenn man davon ausgeht, dass eine geheime Information dann nicht mehr geheim ist, wenn ein Dritter von ihr Kenntnis erlangt.[111] Auch das Verbot der Verwendung und Entgegennahme von Informationen sollte etwas präziser formuliert werden. Zwar ergibt sich schon aus dem Tatbestand selbst, dass nur die ungesetzliche Verwendung und Entgegennahme von entsprechenden Informationen untersagt ist, doch sollte man dies besser explizit erwähnen.[112] Ein kritisches Durchdenken dieses Tatbestandes ist daher nach h.M. dringend notwendig.[113]

Der Aspekt des Schutzes des Inhabers des Geschäftsgeheimnisses gegenüber der Konkurrenz nimmt inzwischen an Bedeutung zu, obwohl der andere – Schutz des Unternehmers vor den verschiedenen staatlichen Organen und Einrichtungen – immer noch eine vorrangige Bedeutung hat. Analysiert man die russische Gesetzgebung, so bemerkt man sofort, dass – wenn es um Geschäftsgeheimnisse geht – zumeist Beziehungen zwischen Unternehmen und staatlichen Einrichtungen im Spiel sind.[114]
Zusammenfassend lässt sich feststellen, dass für die Generalklausel und die demonstrativen Einzelfälle mit ihren nicht ganz eindeutigen Tatbestandselementen eine Ausgestaltung durch die Judikatur unbedingt notwendig ist. Die zuständigen Behörden lassen jedoch diese Einsicht vermissen, indem sie Entscheidungen nicht publizieren.[115] Gerichtliche Entscheidungen im Wettbewerbsrecht sind spärlich bis nicht existent und werden auf unterer Ebene zudem nicht systematisch veröffentlicht. Somit hängt im Wettbewerbsrecht viel von der Auslegung durch den einzelnen Beamten ab, eine *carte blanche* für behördliche Willkür.[116] Angesichts der Tatsache, dass in eine Fortentwicklung der Judikatur keine allzu große Hoffnung gesetzt werden darf, [117] sollten die Sondertatbestände noch erweitert werden. Besonders wichtig wäre etwa die Qualifizierung der Bestechung als unlautere Wettbewerbshandlung.

---

110) Dillenz, Das russische Wettbewerbsrecht, S.126; Rivinius, ROW 2/1996

111) Dillenz, Das Russische Wettbewerbsrecht, S.126; ders.,GRUR Int.1997

112) Dillenz, Das russische Wettbewerbsrecht, S.126

113) Kuzmin, Der Rechtsschutz des Geschäftsgeheimnisses, S.45-53

114) Dazu Rivinius, Geschäftsgeheimnis in Russland, ROW 2/1996, S.62-63

115) Dazu Dietz, Die Einführung von Gesetzen gegen den unlauteren Wettbewerb in ehemals sozialistischen Ländern Mittel- und Osteuropas.

116) So Hyden, R. Competition Law: A Brief Analysis

B. Praktische Umsetzung der Gesetzgebung im Sanktionsbereich.

I. Behörden und Verfahren nach dem Wettbewerbsgesetz.

1. Zuständige Behörden im Wettbewerbsverfahren.

Die zentrale Behörde ist das „Föderale Antimonopolorgan“ (Antimonopolsamt) mit Sitz in Moskau.[118] Die Behörde erhielt per Erlass des Präsidenten der Russischen Föderation vom 27.2.1995 Ministeriumsstatus und wird monokratisch vom Vorsitzenden geleitet. Der Präsident ernennt auf Vorschlag des Regierungschefs den Vorsitzenden der Zentralbehörde und erließ ein Status für diese.[119] Auch im Wettbewerbsrecht folgte man somit der typischen russischen Verwaltungsstruktur, eine zentrale Behörde, die direkt dem Präsidenten untersteht. Von einer politischen Unabhängigkeit oder gar einer gerichtsähnlichen Antimonopolbehörde kann nicht die Rede sein.

Das Föderale Antimonopolorgan errichtet gemäß Art.3 Abs.4 WettbewG zur Ausführung seiner Aufgaben „Territoriale Organe“.[120] Es wurden insgesamt 82 territoriale Organe, die die gesamte Fläche Russlands abdecken, eingerichtet. Sie agieren aufgrund eines Status, das durch eine Anordnung des Föderalen Antimonopolorgans erlassen wurde. Entsprechend diesem Status werden die Vorsitzenden der territorialen Organe vom Vorsitzenden des Föderalen Antimonopolorgans ernannt und abberufen; sie sind diesem persönlich für die Tätigkeit der territorialen Dienststellen verantwortlich und im Gegensatz dafür berechtigt, die Mitarbeiter des territorialen Organs zu ernennen, abzuberufen und ihnen Anweisungen zu erteilen.

Das Verfahren ist durch eine Anordnung der Föderalen Antimonopolbehörde für alle Antimonopolbehörden einheitlich festgelegt. Diese Verfahrensordnung [121] grenzt auch die Kompetenzen zwischen der föderalen und den territorialen Antimonopolbehörden ab. Primär sind die

---

117) Dillenz, Das russische Wettbewerbsrecht, S. 53

118) vgl. die aktuelle Information in GRUR Int.1996, S.755

119) Erlass des Präsidenten vom 24.8.1991 über das staatliche Komitee der Russischen Föderation für Antimonopolpolitik und Unterstützung der neuen wirtschaftlichen Strukturen.

120) vgl. die aktuelle Information in GRUR Int.1996, S.755

121) Anordnung vom 12.5.1994, Nr.53, „Regeln bei der Untersuchung von Verstößen gegen die Wettbewerbsvorschriften.“

territorialen Organe für Wettbewerbsverletzungen in ihrem Sprengel zuständig. Das Föderale Antimonopolorgan hat aber die Möglichkeit, einzelne Verfahren an sich zu ziehen. Da die Verfahrensordnung auch wesentliche Bestimmungen über die Parteien und Verfahrensgrundsätze enthält, ist die Regelung durch einen Behördenakt nicht zufriedenstellend.

Die Antimonopolbehörden untersuchen Verstößen gegen die Wettbewerbsvorschriften, treffen entsprechende Entscheidungen und erteilen Anordnungen innerhalb ihrer Kompetenz. Zur Antragstellung für die Einleitung eines Verfahrens sind gemäß Art.27 WettbewG kommerzielle und nichtkommerzielle Organisationen, Exekutivorgane der Föderation und die Subjekte der Russischen Föderation, Organe der lokalen Selbstverwaltung und die Staatsanwaltschaft befugt. Eine Verbandsklage ist also zulässig, sofern der Verband als kommerzielle oder nichtkommerzielle Organisation konstituiert ist. Es fällt auf, dass die anzeigeberechtigten (privaten) Personen nicht in einem Wettbewerbsverhältnis zu dem Rechtsverletzer stehen müssen und auch nicht selbst verletzt sein müssen. Die Aktivlegitimation ist sehr weit und schließt nur Privatpersonen und wenige Gesellschaftsarten aus.[122] Seit der Novelle 1995 sind Anträge ausschließlich an das Föderale Antimonopolorgan zu richten. Somit ist die Möglichkeit des föderalen Organs, Fälle an sich zu ziehen praktisch abgesichert. Das Föderale Antimonopolsamt kann auch auf eigene Initiative ein Verfahren aufnehmen.

Die Behörden sind straff durchorganisiert. Diese Organisationsform hat die Wirkung, dass sich im großen Russland ein einheitliches Wettbewerbsrechts entwickeln kann und lokale Interessen weniger Berücksichtigung finden. Dies ist einerseits positiv, da das Gerichtssystem in der Russischen Föderation noch nicht sehr gut funktioniert und traditionell mehr Effektivität durch einen straff organisierten Behördenapparat gegeben ist. Andererseits ist die Unabhängigkeit oder Objektivität der Antimonopolorgane in manchen Situationen nicht garantiert. Der gesamte Behördeapparat im Wettbewerbsrecht ist dem Präsidenten unterworfen und deshalb im Bedarfsfall ein politisches Steuerungselement.

122) Dillenz, Das russische Wettbewerbsrecht, S.127

2. Sanktionen und Verfahren.

Das russische Wettbewerbsrecht umfasst Sanktionen im Zivil-, Verwaltungs- und Strafrecht. Im WettbewG dominieren die verwaltungsrechtlichen Sanktionen, die aber einer gerichtlichen Kontrolle unterliegen. Die sogenannten Anordnungen der Antimonopolbehörden sind primäres Eingriffsinstrument. Diese Anordnungen beziehen sich auf die Einstellung einer Verletzung der Wettbewerbsvorschriften, die Beseitigung von deren Folgen, die Wiederherstellung des ursprünglichen Zustandes, die Kündigung oder Änderung von Verträgen, den Abschluss von Verträgen und die Abschöpfung des Gewinns. Bemerkenswert ist, dass alle Entscheidungen der Antimonopolbehörden freiwillig zu erfüllen sind, sie sind also nicht direkt exekutierbar, sondern müssen von den Antimonopolbehörden erst gerichtlich durchgesetzt werden.[123] Die Freiwilligkeit der Befolgung der Anordnungen wird insofern relativiert, als dafür Verwaltungsstrafen ausgesprochen werden können.

Verwaltungsstrafen werden außerdem für die Behinderung der Tätigkeit der Antimonopolorgane, u.a. durch die Unterlassung der Vorlage oder durch die Vorlage falscher Unterlagen ausgesprochen. Es wird dabei zwischen juristischen Personen, Geschäftsführern von juristischen Personen und anderen natürlichen Personen differenziert.[124] Die Verwaltungsstrafe besteht entweder in einer Verwarnung [125] oder einer Geldstrafe.[126] Durch die Novelle 1995 wurden die Geldstrafen aufgrund der hohen Inflation in Russland mit dem Mindestgehalt indexiert. Zu kritisieren ist aber weiterhin, dass die verwaltungsstrafrechtlichen Bestimmungen des Verwaltungsstrafgesetzbuches auch nach der Novelle 1995 nicht mit dem WettbewG übereinstimmen. Nach dem Prinzip der Posteriorität wurde den verwaltungsstrafrechtlichen Strafrahmen derogiert.

---

123) Dazu ausführlich Dillenz, Das russische Wettbewerbsrecht, S.33 ff.

124) Bei der Strafbemessung ist die wirtschaftliche Lage der kommerziellen oder nicht kommerziellen Organisationen zu berücksichtigen. Prima vista scheint eine Bevorzugung kleiner Unternehmen ungerecht, jedoch korreliert die wirtschaftliche Größe eines Unternehmens sicher mit der Möglichkeit, den Wettbewerb zu beeinträchtigen (Dillenz, Das russische Wettbewerbsrecht, S.65)

125) Die Verwatnung soll angemessene Fristen und konkrete Vorschläge zur Einstellung der Handlung und Beseitigung der Folgen beinhalten.

126) Wird die Anweisung nicht, nur teilweise oder nicht fristgemäß befolgt, wird eine Geldbuße in Höhe von 100 Mindestlöhnen pro Tag des Verzuges, maximal 25 000 Mindestlöhne, fällig. Im Falle der Rechtsverletzung durch ein Unternehmen können die Geschäftsführer daneben persönlich zur Verantwortung gezogen werden, indem sie entweder verwarnt oder zur Zahlung einer Geldbuße in Höhe von maximal 8 Mindestlöhnen verpflichtet werden (Art.10 AntimonopolG i.V.m. Art.157 KoAP)

Alle Anordnungen und Verwaltungsstrafen der Antimonopolorgane können gemäß Art.28 Abs.1 vor einem allgemeinen Gericht oder Arbitragegericht [127] angefochten werden. Die Anfechtung hat aufschiebende Wirkung für die verwaltungsbehördliche Entscheidung.[128]

Die Rechtsfolgen für Verletzungen der lauterkeitsrechtlichen Vorschriften sind gemeinsam mit den Vorschriften für das Kartellrecht normiert und eher auf letztere abzielend. Dennoch sind sie aufgrund einer mangelnden Differenzierung auch im Lauterkeitsrecht anwendbar. Auch das Verfahren ist eher auf kartellrechtliche Fälle eingestellt. In der Praxis wird die bürokratische Vorgangsweise der Antimonopolorgane beklagt.[129] Für jeden noch so unbedeutenden Antrag sind spezielle Formulare und Unterlagen erforderlich, wobei oft nicht genau bekannt ist, welche. Das Fehlen eines Dokuments führt nicht zu einem informellen Verbesserungsauftrag, die Eingabe wird jedes Mal formell zurückgewiesen. Zu bemängeln sind auch die Fristen, die zwar für das Kartellrecht sehr kurz, für das Lauterkeitsrecht aber zu lang erscheinen.[130]

a/ Exekutierung des VerbraucherschutzG und des WerbeG.

Das Antimonopolorgan [131] hat auch über die Einhaltung der Bestimmungen des Gesetzes über den Schutz von Verbraucherrechten zu wachen. Art.10 VerbraucherG regelt die Haftung für missverständliche oder unzureichende Produktinformationen, die dem Käufer ein Recht zur Vertragslösung und auf Schadensersatz verschaffen können. Das föderative Antimonopolorgan ist berechtigt, Klage nicht nur zum Schutze einzelner Verbraucher, sondern auch eines unbestimmten Verbraucherkreises zu führen.[132] Die Rechte der Allgemeinheit haben durch die Einführung des Art.46 gleichfalls eine Stärkung erfahren. Ist das Interesse der Allgemeinheit der Verbraucher berührt, so räumt Art.46 den Verbraucherschutzorganisationen (neben anderen Organen, etwa dem Antimonopols-

---

127) Zur Wirtschaftsgerichtsbarkeit in Russland Lippott, RIW 1996, Nr.2, S.106

128) Die Frist für eine gerichtliche Anfechtung beträgt 6 Monate ab dem Tag der Erlassung der Entscheidung; davon nicht betroffen sind unverjährbare Ansprüche (Punkt 4.2. VerfO)

129) Dillenz, Das russische Wettbewerbsrecht, S.126; auch Dietz, GRUR 1997

130) Dazu Dillenz, Das russische Wettbewerbsrecht, S.126

131) Der Name der Behörde wird im Gesetz etwas abweichend als Antimonopolpolizei bezeichnet.

132) Heidemann, Produkthaftung nach dem russischen Verbraucherschutzgesetz, WiRO 1993, S.364; Erläuterungen über die Anwendung des Verbraucherschutzgesetzes vom 1992, erlassen durch Anweisung (Prikaz) des Staatskomitees der RF für Antimonopolpolitik (Antimonopolkomitee) vom 15.8.1994

amt) auch insoweit ein Klagerecht im Interesse nicht bei ihnen organisierter Verbraucher ein. Das Gericht hat in diesem Fall in seinem Urteil auch über die Erstattung der Kosten einschließlich notwendiger Sachverständigenkosten, die der Verbraucherorganisation entstanden sind, zu entscheiden. Der Verletzer hat gemäß Art.46 das Urteil durch Veröffentlichung in den Massenmedien dem Verbraucher zur Kenntnis zu bringen. Klargestellt wird nunmehr auch in Art.15, dass der immaterielle Schaden neben dem Vermögensschaden zu ersetzen ist.

Auch die Exekutierung des WerbeG gemäß Art. 26 leg.cit. wurde in die Kompetenz dieser Behörde übertragen. Für den Bereich der Werbung besteht ein weitgehend analoges System.[133] Das Verfahren wird entweder von Amts wegen oder auf Antrag verletzter juristischer oder natürlicher Personen eingeleitet. Zuständig sind in der Regel die territorialen Organe, in deren Einflussbereich der Verletzer seinen Sitz hat. Das föderale Antimonopolsamt hat jedoch das Recht, nach eigenem Ermessen den Verletzungsfall an sich zu ziehen. Das zuständige Antimonopolorgan hat auch das Recht, im Interesse eines unbestimmten Verbraucherkreises gegen den Verletzer von Vorschriften des Werbegesetzes vor dem zuständigen Gericht oder dem Schiedsgericht zu klagen. Für jeden Verletzungsfall wird beim entsprechenden Antimonopolorgan eine *ad hoc*-Kommission aus mindestens drei Mitgliedern gebildet, sofern die eingereichten Unterlagen für die Einleitung eines Verfahrens aufgrund einer vorläufigen Prüfung ausreichen. Die Mitglieder der Kommission werden vom Präsidenten des Antimonopolsamts bzw. dem Leiter des Territorialorgans ernannt, der den Vorsitzt führt. Das Hauptverfahren vor der Kommission hat innerhalb einer Frist von drei Monaten seit Einleitung des Verfahrens aufgrund vorläufiger Prüfung zu erfolgen, die nur in Ausnahmefällen um weitere drei Monate verlängert werden kann. Die mündliche Verhandlung, in Anwesenheit der Betroffenen, wird protokolliert, auch können Experten angehört werden. Die Entscheidung ergeht aufgrund geheimer Beratung mit einfacher Mehrheit. Sie enthält Tenor und Entscheidungsgründe und kann gerichtlich angefochten werden. Die Einlegung des Rechtsmittels hat keine aufschiebende Wirkung, sofern diese nicht vom Gericht ausdrücklich ausgesprochen wird. Die Anordnungen können sich hier gemäß Art.26 WerbeG auf die Einstellung einer Rechtsverletzung oder eine Gegendarstellung [134] in der Form der

---

133) Das föderale Antimonopolsamt hat am 13.11.1995 durch Anweisung Nr.147 eine Ordnung des Verfahrens der Prüfung von Fällen der Verletzung der Gesetzgebung der RF über die Werbung erlassen; vgl. die aktuelle Information in GRUR Int. 1996

134)Eine Gegendarstellung hat in der gleichen Weise zu erfolgen wie die verletzende Werbung. (vgl. die akt. Inf. in GRUR Int. 1996, S.169) wettbewerbswidrigen Werbung beziehen. Die Missachtung von Anordnungen, wettbewerbswidrige Werbung *per se* und Rechtsverletzungen bezüglich der Informationspflichten werden mit Verwaltungsstrafen geahndet.[135]

b/ Strafrechtliche Haftung

Der strafrechtliche Schutz des Rechts gegen den unlauteren Wettbewerb ist eher als unbefriedigend zu bezeichnen.[136] Das neue StGB[137] stellt einerseits eine Verbesserung dar, als nun einzelne Wettbewerbshandlungen direkt unter Strafe gestellt wurden. Andererseits ist zu bemängeln, dass der Art.178 StGB überhaupt nicht mit der verweisenden Bestimmung des WettbewG übereinstimmt. Weiters fällt auf, dass nun der strafrechtliche Schutz vor unlauteren Wettbewerbshandlungen gänzlich weggefallen ist. War nach der alten Rechtslage durch wiederholte Verstöße gegen Anweisungen anlässlich von wettbewerbswidrigen Handlungen eine strafrechtliche Haftung möglich, so erwähnt der direkt formulierte Tatbestand des StGB unlautere Wettbewerbshandlungen mit keinem Wort. Es verbleiben somit nur einige Bestimmungen im Bereich des geistigen Eigentums, die indirekt auch gegen unlautere Wettbewerbshandlungen eingesetzt werden können. Urheberrechte und verwandte Schutzrechte [138] sind ebenso geschützt wie Patentrechte [139] und Marken.[140]

Die Bestechung von Angestellten, die im Katalog der unlauteren Wettbewerbspraktiken fehlt, wird durch das StGB rudimentär erfasst.[141] Die Straffunktion richtet sich nut gegen Personen, die Verwaltungsfunktionen in kommerziellen oder anderen Organisationen ausüben. Damit fallen Angestellte, die nur geringfügige Kompetenzen haben, deren Handlungen aber dennoch zu unlauteren Wettbewerbshandlungen führen können, nicht unter den Straftatbestand. Der Verrat von Geschäftsgeheimnissen ist zwar strafrechtlich sanktioniert, aber nicht auf das WettbewG abgestimmt. Die ungesetzliche Preisgabe oder Verwendung von

---

135)Bei Missachtung seiner Verfügung kann das Antimonopolorgan Geldbußen verhängen, die der Überprüfung durch die Verwaltungsgerichte unterliegen.

136) So Dillenz, Das russische Wettbewerbsrecht, S.68

137)Das neue StGB trat am 1.1.1997 in Kraft und ersetzte das alte StGB der RSFSR v. 1960. (SZ RF Nr.25/1926, Pos.2954, S.6001)

138) Art.146 StGB

139) Art.147 StGB. Patente werden für Erfindungen, Gebrauchsmuster und industrielles Design erteilt.

140) Art.180 StGB

141) Art.204 StGB

Informationen, die ein Geschäfts- oder Bankgeheimnis darstellen, ohne Zustimmung des Inhabers aus eigennützigen oder anderen persönlichen Interessen, wenn dadurch schwerer Schaden entsteht, wird mit einer Geldstrafe in der Höhe von 200 bis 500 Mindestlöhnen oder dem realen Einkommen von 2 bis 5 Monaten [142] oder mit Freiheits- strafe bis zu 5 Monaten bestraft.[143] Ein weiterer Straftatbestand, der im Wettbewerbsrecht eingesetzt werden kann, ist der Konsumentenbetrug.[144] Diese wenigen Bestimmun gen, die wettbewerbsrechtliche Aspekte aufweisen, richten sich aber nicht gegen die Verzerrung des Wettbewerbs selbst, sondern gegen anderes Unrecht. Aus diesem Grund ist ein Wettbewerbsverhältnis bei keinem der Tatbestände Voraussetzung. Zudem werden diese strafrechtlichen Normen in der Praxis kaum angewendet.[145]

c./ Zivilrechtliche Haftung

Die zivilrechtlichen Rechtsfolgen sind nach westeuropäischem Verständnis im Wettbewerbsrecht vorrangig, nach dem russischen Recht aber nur rudimentär ausgebildet.[146] Art.26 WettbewG besagt, dass „ein durch Handlungen (Unterlassungen) eines Wirtschaftssubjekts unter Verletzung des WettbewG einem anderen Wirtschaftssubjekt oder einer anderen Person zugefügter Schaden durch das sie verursachende Wirtschaftssubjekt gemäß der zivilrechtlichen Gesetzeslage zur ersetzen ist.“ Art.31 WerbeG erklärt, dass Personen, deren Rechte und Interessen infolge rechtswidriger Werbung verletzt wurden, berechtigt sind, bei einem Gericht oder Arbitragegericht Schadenersatz inklusive des entgangenen Gewinns, Ersatz für eine Schädigung von Vermögen oder der Gesundheit, Entschädigung für moralische Schäden und einen öffentlichen Widerruf zu verlangen.

Durch diesen Verweis auf das allgemeine Schadenersatzrecht können

---

142) Die Hyper-Inflation in der Russischen Föderation hat die Schärfe der Geldstrafen entnommen. Seit der Preisfreigabe am 2.1.1992 haben sich die Preise mehr als vertausendfacht. Ende Februar 1994 entsprach ein Mindestmonatssatz dem Gegenwert von 10 US-Dollar und war damit so gering, dass er kaum als Hindernis gegenüber einer Gesetzesverletzung taugte. Ende Februar 1994 entsprach 1 US-Dollar einem Geldwert von 1.5000 Rubeln. Durch die Novelle 1995 wurde die Geldstrafe aufgrund der hohen Inflation mit dem Mindestgehalt indexiert. Nach der Finanzkrise 1998 ist eine weitere Abwertung des Rubels zu betrachten.

143) Art.183 StGB

144) Art.200 StGB

145)Dillenz, GRUR Int.1997, S.22, auch Malkov L., GRUR Int.1994, S.696

146) Dazu Dillenz, GRUR Int.1997, S.22

daher für wettbewerbswidrige Handlungen und Werbung im Falle des Vorliegens der zivilrechtlichen Voraussetzungen entsprechende Ansprüche geltend gemacht werden. Die zivilrechtlichen Sanktionen nach dem WettbewG sind keinesfalls komplett.[147] Zwar gibt es die Möglichkeit, Schadenersatz und Widerruf zu verlangen, doch fehlt ein zivilrechtlicher Beseitigungsanspruch. Der Unterlassungsanspruch ist ganz neu und erst die Praxis wird zeigen, ob die Gerichte diesen ausreichend großzügig gewähren.[148] Zu beachten ist, dass ein Wirtschaftssubjekt sich nur auf die zivilrechtlichen Behelfe zurückziehen kann und so die Antimonopolbehörden nicht eingeschaltet werden müssen. Die Antimonopolbehörden können nicht mehr eingeschaltet werden, sobald ein Gerichtsurteil ergangen ist, da alle wettbewerbsbehördlichen Entscheidungen gerichtlich überprüfbar sind und somit eine justizielle Superiorität gegeben ist.

Das gravierendste Problem des russischen Wettbewerbsrechts liegt darin, dass das Recht gegen den unlauteren Wettbewerb als Beiwerk zum Kartellrecht normiert wurde. Das Sanktionssystem ist für den Bereich des unlauteren Wettbewerbs zu stark aufsichtsbehördlich orientiert. Dies hat sich für eine Übergangszeit, in der wirtschaftliches Chaos herrscht, als praktisch erwiesen. Es kann sich aber auf Dauer nicht bewähren.[149] Hinzu kommt, dass in Russland an „juristischer Infrastruktur“ fehlt. Problematisch ist insbesondere die aktuelle Situation der Gerichtsbarkeit. Die jeweils zuständigen Richter sind in marktwirtschaftlichen Streitigkeiten nicht erfahren genug. Sie müssen sich mit einer Vielzahl von neuen Rechtsvorschriften auseinandersetzen, die zudem kontinuierlich novelliert werden. Die Folge davon ist, dass die Streitfälle nur relativ langsam entschieden werden können. Im Bereich des Lauterkeitsrechts fehlt es bislang an einer umfangreichen Rechtsprechung, welche die Normen konkretisiert.[150]Andererseits sind die Antimonopolbehörden mit vergleichsweise wichtigeren Fällen im Kartellrecht befasst.[151]

---

147) Dillenz, Das russische Wettbewerbsrecht, S.69 ff.

148) Dillenz, Das russische Wettbewerbsrecht, S.127

149) Dillenz , Der aktuelle Entwicklungsstand des Rechts gegen den unlauteren Wettbewerb in der Russische Föderation, GRUR Int.1997, S.23

150) 1994 fanden vor allen Antimonopolbehörden Russland insgesamt nur 175 Verfahren wegen unlauteren Wettbewerb statt. (Staatlicher Wettbewerbsbericht 1995, S.29) Dies ist angesichts der Größe des Landes und der wettbewerbsrechtlich ungeordneten Verhältnisse äußerst wenig.

151) Novikov, Konkurencija vigodna vsem, Moskau 1993

II. Allgemeiner Überblick über die Abwehr unlauteren Wettbewerbs in der russischen Praxis.

Russland verfügt nunmehr über eine durchaus feste gesetzgeberische Basis zur Bekämpfung unlauteren Wettbewerbs. Das Gesetz „über den Wettbewerb und die Eindämmung monopolistischer Tätigkeit auf den Warenmärkten" genügt auch den internationalen Standards, Art.10bis der Pariser Verbandsübereinkunft inbegriffen.[152] Die Rechtslage wurde mit der Novelle 1995 verbessert, sicherlich wurden aber nicht alle Schwächen ausgeräumt. Die Fortschritte zeugen jedenfalls davon, dass der unlautere Wettbewerb zunehmend von Interesse ist, nicht zuletzt deshalb, da auf dem Weg zu einer geordneten Marktwirtschaft noch einige „Kinderkrankheiten" [153] der russischen Wirtschaft kuriert werden müssen, wie beispielsweise die weitgehende Missachtung des geistigen Eigentums und Irreführung der Konsumenten.

Die Tatsache, dass in Russland nur wenig ernsthafte juristische Verfahren im Bereich des unlauteren Wettbewerbs gibt, bedeutet freilich nicht, dass die Situation erfreulich ist. Russland hat vielmehr keine Tradition in der Lösung dieser Art von Problemen unter Zuhilfenahme rechtlicher Mittel. Als Ergebnis der niedrigen Unternehmenskultur finden häufig leichtfertige Betrügereien statt. Seit Beginn der wirtschaftlichen Reformen verkaufen viele Geschäfte ausländische Produkte in ausländischen Verpackungen ohne irgendwelche Bezeichnungen in russischer Sprache; sie fügen eigene Auszeichnungen hinzu, um ihre Produkte zu kennzeichnen.[154] Unlautere Wettbewerbsbedingungen gehören zur allgemeinen, täglich anzutreffenden Wirklichkeit im russischen Alltagsleben. Sogar offen ausgeführte Geschäftshandlungen in den Großstädten – wie der Straßenverkauf von Alkohol, Büchern und Videofilmen – sind Teil unlauterer Wettbewerbspraxis.[155]

Die Privatwirtschaft begann Ende der achtziger Jahre mit einem Ein-Mann - Unternehmen, das Audiokassetten illegal kopierte. Alleine in

---

152) So Eremenko, in: Voprosi Izobretatelstva (Fragen der Erfindungen) 1992/1

153) Dillenz, GRUR Int. 1997, S.25

154) Malkov bezeichnet die Situation in Russland als unprofessioneller und unvorsätzlicher unlauterer Wettbewerb (GRUR Int.1994, S.699) Bei der Verwendung eines russischen Labels, das „Saft" für Limonade oder „Butter" für Margarine verwendet handelt es sich nicht um unmittelbar unlauteren Wettbewerb, da es keinen direkten Mitbewerber gibt. Der juristische Boden, von dem aus solche Täuschungen bekämpft werden müssen, ist der des Verbraucherschutzrechts.

155) Hinsichtlich einiger typischer unlauteren Verhaltensweisen Boguslavskij in Wettbewerbsrecht und Verbraucherschutz in Mittel- und Osteuropa, Köln 1992, S.152

Moskau finden sich Hunderte von Stellen, an denen raubkopierte Videofilme erworben oder gemietet werden können.[156] Das Fehlen offizieller Vertriebsnetze für Videofilme hat eine Situation heraus-beschworen, in der weder Verbraucher noch Vertreiber sich überhaupt noch Gedanken darüber machen, was erlaubt und was illegal ist. Aber selbst wenn die Bevölkerung ein Bewusstsein davon erlangt, dass es sich hier um Verletzungen handelt, gibt es keine an einer Klageweisen Verfolgung wirtschaftlich interessierten Kreise, es gibt sogar zahlreiche Personen, denen diese Situation sympathisch ist. Bedeutsam sind die Gesetze freilich für die offiziellen Bereiche der russischen Wirtschaft. Diese Charakteristik der Unterscheidung in eine offizielle und eine Schattenwirtschaft ist von großer Bedeutung.[157] Obwohl Russland über ein internationalen Standards genügendes Urheberrecht verfügt, bleibt dies in weiten Teilen der russischen Wirtschaft ohne Einfluss.[158]

Eine vergleichbare Lage findet sich auf dem Markt für Computer-Software.[159] Die Verbreitung illegaler Programme begann zur Zeit der Massenverbreitung von Computern, als noch keine Softwarefirmen auf dem russischen Markt operierten.[160] In den zurückliegenden ein bis zwei Jahren hat sich die Lage verbessert aufgrund der aktiven Politik der großen internationalen Softwarehäuser, die Tochter und Joint-Ventures gründeten und die Verbraucher nun mit der ganzen Bandbreite international anerkannter Dienstleistungen versorgen. Es gab aber keine bedeutsamen Rechtsstreite im Bereich der Computer-Software-Verletzung. Ebenso wenig gab es Fälle von Urheberrechtsverletzungen im Verlagsbereich.

---

156) Novikov V., Konkurentsija vygodna vsem, Moskau 1996, S.29

157) Sie gibt Aufschluss darüber, in welchen Bereichen, nämlich den offiziellen Wirtschaftssektoren, Gesetze beachtet werden. (Malkov, GRUR Int.1994, S.697)

158) Das Moskauer Kabelfernsehen zeigt zwei- bis dreimal täglich illegale Filme. Es sind Fälle bekannt, in denen in Moskau neueste amerikanische Videobänder (in illegalen Versionen) früher als in den USA selbst erschienen, zumal Kopien von jeder geeigneten Quelle, nicht nur von legalen Büchern, gezogen werden. Im Jahr 1993 war lediglich ein Fall der Videopiraterie zu berichten. In Jekaterinenburg strahlte ein lokaler Fernsehsender illegal einen amerikanischen Film aus, den eine andere Lokalstation für die Kinovorführung erworben hatte. Auf dem Buchmarkt existieren keine offiziellen Statistiken, nach einer groben Schätzung stellen jedoch bis zur Hälfte der Übersetzungen aus anderen Sprachen, die dem Massenpublikum in den Großstädten angeboten werden, Piraterieprodukte dar. (Malkov, GRUR Int.1994, S.698)

159) Nach Einschätzungen werden bis zu 95% der auf Personal Computer befindlichen Programme unautorisiert benutzt (Malkov, GRUR 1994, S.698)

160) Als interessantes Detail ergibt sich, dass Imitate den größten Erfolg dort haben, wo ein Mangel an Originalprodukten besteht. Man muss diese Entwicklung daher nicht nur als Ausbeutung fremder Leistungen, sondern kann sie auch als Marktreifungsprozess in Produktbereichen betrachten, die in Russland von offiziellen Lieferanten nicht abgedeckt werden (Malkov L., GRUR Int.1994, S.698)

Ein anschauliches Beispiel bietet auch der Verkauf alkoholischer Getränke. Nach einigen Schätzungen bestehen bis zu 70% des Verkaufes italienischen Amaretto-Likörs in Russland aus Warenzeichenimitaten.[161] Es ist bekannt, dass zum Ende der 1996er Regierung, als diese die Steuern für importiertes Alkoholika beträchtlich erhöhte, die Straßenpreise keinerlei Bewegung zeigten.[162] Daraus erkennt man, dass entweder ein großer Teil dieser Verkäufe ohne Abführung von Steuern erfolgt oder große Teile der Verkaufsmenge nicht importiert wurden, sondern aus örtlichen Imitaten bestanden.

Im aktuellen Zustand der russischen Wirtschaft stellt die Ausnutzung der Hilfe von Verwaltungsstellen eine neue Form des unlauteren Wettbewerbs dar. Diese einzigartige Form unlauterer Geschäftspraxis ergibt sich daraus, dass die russische Verwaltung auf jeder Ebene große Befugnisse besitzt, die wirtschaftlichen Aktivitäten durch die Gewährung oder Entziehung von Vorteilen im Wettbewerb oder die Diskriminierung wirtschaftlicher Vertreter zu beeinflussen.[163] Ungeachtet der demokratischen Reformen kann die Bevölkerung immer noch nicht als Kraft angesehen werden, die die Verwaltung überwacht. Die Vertreter der Verwaltung werden zum Teil auch aufgrund extrem niedriger offizieller Löhne zur Korruption verleitet, wann immer sie Gelegenheit haben, über große Werte zu verfügen, wie dies etwa im Bereich der City-Grundstücke der Fall ist.[164]

An dieser Stelle ist zu erwähnen, dass auch die Antimonopolbehörden von den allgemeinen Verzögerungen der Gehaltszahlungen an öffentlich Bedienstete betroffen sind. Wie bei anderen Behörden sind die Beamten in den Antimonopolbehörden auch für russische Maßstäbe unterbezahlt. Das Föderale Antimonopolorgan ist deshalb teilweise nicht in der Lage ausgebildete Juristen anzustellen. Auch das organisierte Verbrechen stellt eine Bedrohung für die Antimonopolbehörden dar. Große mafiöse Strukturen wären natürlich eines der Hauptziele des russischen Wettbewerbsrechts, dieses Risiko wird seitens der Behörden aber nicht eingegangen.[165] Die Kombination von nicht ausreichender juristischer

---

161) Malkov, GRUR Int. 1994, S.697

162) Zeitung „Izvestija" vom 17.12.1993, S.1 Von der deutschen Spirituose „Royal" wurden 33 Container mit jeweils 20 Tonnen Fassung an Imitaten gefunden. Diese Operation hat vor allem dadurch größeres Aufsehen erregt, dass die ausgelieferte Produktion wegen Qualitätsmängeln große Gesundheitsgefahren mit sich brachte.

163) Malkov, Unlauterer Wettbewerb in Russland – paradoxe Wirkungen der Umwälzungsprozesse, GRUR Int.1994, S.698

164) Bis heute sieht sich die Verwaltung selbst als Macht, die der Bevölkerung Anweisungen erteilt und so wird sie auch in der Öffentlichkeit gesehen. (Dazu Malkov, GRUR Int.1994, S.699)

165) Dazu Dillenz, Das russische Wettbewerbsrecht, S.25

Ausbildung und niedrigen bzw. um Monate verspäteten Löhnen beeinträchtigt erheblich die Funktionsfähigkeit der Antimonopolbehörden.

Auch der Staat selbst verletzt zu häufig und ohne Not Verpflichtungen, etwa im Bereich der Begleichung von Schulden gegenüber verschiedenen Wirtschaftszweigen. Zum Teil werden Steuerlasten eher in Vollzug gesetzt, als der Text des Steuergesetzes veröffentlicht wurde (Rückdatierung). Dies erregt in der öffentlichen Meinung und der Geschäftswelt stereotype Verhaltensweisen der Nichtbefolgung gesetzlicher Anweisungen. Ein eigener russischer Stil von Business-etiquette beginnt sich zu entwickeln, und er ist nicht weit von dem sozialistischen Stil entfernt.[166]

Russland wurde in der Tat als „Paradies unlauteren Wettbewerbs"[167] bezeichnet, wo auch namhafte ausländische Firmen mitunter Werbemethoden anwenden, die in deren Heimatländern seit Jahren verboten sind. In der Praxis gibt es jedoch kaum Verfahren, da der unlautere Wettbewerb zwar weit verbreitet ist, aber im Verhältnis zu den sonstigen kriminellen Wirtschaftsmethoden kaum ins Gewicht fällt. Nach Auffassung von Malkov bringt das russische Beispiel ein neues Phänomen hervor: unlauterer Wettbewerb ohne Wettbewerb und dementsprechend auch ohne rechtliche Schutzmöglichkeiten.[168]

III. Beispiele für Wettbewerbsverfahren.

Es gibt nur wenige Initiativen gegen viele klare Rechtsverletzungen. Nach einigen Einschätzungen werden weniger als ein Prozent der Fälle unlauterer Wettbewerbshandlungen vor die Gerichte gebracht, die lediglich als „ultima ratio" konsultiert werden.[169] Sofern Fälle doch einmal vor Gericht ausgetragen werden, handelt es sich um unwichtige oder Fälle mit ausländischer Beteiligung. Wirklich wichtige Fälle werden auf anderen Wegen beigelegt. Aus diesem Grund kann die derzeitige rechtliche Praxis nicht als getreues Spiegelbild tatsächlicher Vorgänge angesehen werden.[170]

---

166) So Malkov, GRUR Int.1994, S.700

167) in Zeitschrift „Izvestija" vom 26.1.1995

168) Malkov, GRUR Int.1994, S.698

169) So Novikov V., Konkurenzija vygodna vsem (Wettbewerb bringt allen Vorteil), Moskau 1996, S.29; Malkov, GRUR 1994, S.696

170) Eremenko, Protection against unfair competition, in: Voprosi Izobretatelstva (Fragen der Erfindungen)1997/1-2, S.27

Tatsächlich gibt es in Russland kaum ernsthafte Gerichtspraxis auf dem Gebiet des unlauteren Wettbewerbs im eigentlichen Sinne. 1994 fanden vor allen Antimonopolbehörden in Russland insgesamt nur 175 Verfahren wegen unlauterem Wettbewerb statt.[171] Dies ist angesichts der Größe des Landes und der wettbewerbsrechtlich ungeordneten Verhältnisse äußerst wenig. Daher lassen sich lediglich einige Fälle, die mit dem unlauteren Wettbewerb in Zusammenhang stehen, beschreiben, um die Art von Problemen und Problemlösungen zu verdeutlichen. Die meisten dieser Beispiele (sämtlich aus der Praxis der Antimonopolbehörde) werden in dem Buch des Chefs des Moskauer Antimonopolsamtes beschrieben.[172]

(1) Vor allem erweist sich der Irreführungstatbestand als von großer Bedeutung für die Praxis. Im Fall „Bulgartabak/Selektinvest“ [173] verkaufte die russische Firma „Selektinvest“ Zigaretten mit den Marken „Opal“ und „Stewardess“, die jedoch seit 1973 vom bulgarischen Tabakhersteller „Bulgartabak“ auf dem Markt vertrieben wurden. Sie erwarben sich über die Zeit einen Ruf für hohe Qualität; eine Eintragung als Marke erfolgte aber nicht. [174] Die zuständige Antimonopolbehörde entschied darauf, dass die Verwendung der Marken durch eine andere Organisation als „Bulgartabak“ den Konsumenten bezüglich des Ortes der Produktion und des Verfahrens, sowie hinsichtlich der Konsumeigenschaften und der Qualität der angebotenen Ware in die Irre führen kann und dies eine Wettbewerbsverletzung nach Art.10 zweiter Fall WettbewG darstellt. Dieser Entscheidung stand allerdings entgegen, dass die Firma „Selektinvest“ die Marken nach dem russischen Markengesetz registrieren ließ. Obwohl sich die Antimonopolbehörde an das Parlament wandte, konnte aufgrund einer ordnungsgemäßen Registrierung nichts weiter unternommen werden.

(2) In einem weiteren Fall verkaufte die „Multi Level Marketing International“ AG Diskontkarten für den „Goldenen Globalen Klub“. Den Konsumenten wurde versprochen, dass sie weltweit bei den Partnern des Klubs in den Genuss von Rabatten kämen. Die verantwortliche Person konnte im Wettbewerbsverfahren nicht nachweisen, dass es außerhalb Russlands irgendwelche Partner des Klubs gäbe. Das Föderale Antimonopolorgan entschied,[175] dass der Konsument über die Konsum-

---

171) vgl. den Staatlichen Wettbewerbsbericht 1994, Moskau 1994, S.39; dazu auch Dillenz, Das russische Wettbewerbsrecht, S.42

172) Novikov, Konkurenzija vygodna vsem, Moskau 1996, S.29, 30, 36, 52

173) Staatlicher Wettbewerbsbericht 1995, Moskau 1995, S.50

174) Zu Problemen der nicht eingetragenen Marken Dietz, II C 1995

175) Entscheidung des Föderalen Antimonopolorgans v. 25.12.1995, unveröffentlicht

eigenschaften, nämlich die Einsatzmöglichkeit der Karte, in der Irre geführt wurde und gab der Firma die Anweisung, diesen Verstoß in Zukunft zu unterlassen.

(3) Zu dem Irreführungstatbestand wird über noch einen interessanten Fall[176] berichtet. Die deutsche Firma „Paklan", Hersteller von Plastikhaushaltswaren, konnte aufgrund einer „Anregung" des Föderalen Antimonopolorgans die Registrierung des Markennamens „Paklan" durch die russische (private) Firma „Moskauer Patentbüro" bei der Appellationskammer des Patentamtes erfolgreich anfechten und somit zukünftige unlautere Wettbewerbshandlungen, eventuell auch mit den Sanktionsmöglichkeiten des Markenrechts, unterbinden. Wie die russische Praxis zeigt, wird eine Irreführung der Verbraucher also oft durch Markenpiraterie, d.h. durch formell richtige Registrierung einer fremden, noch nicht registrierten Marke, herbeigeführt.

(4) Eher ungewöhnlich ist die Anwendung des Irreführungstatbestandes im Falle der Molkerei „Permmoloko".[177] Die Molkerei verkaufte große Mengen verdorbener Milchprodukte. Da der Konsument annimmt, Milchprodukte zu kaufen, die nicht verdorben sind, wird durch den Umstand, dass es sich tatsächlich um verdorbene Milchprodukte handelt, eine Irreführung über die Qualität bewirkt. Erst durch die Anhebung der Qualität der Milchprodukte konnte die Wettbewerbsverletzung beseitigt werden.

(5) Teilweise wird der Tatbestand der Irreführung sehr ungenau angewendet. So wurde im Fall „Zapaduralstroj" [178] die Verwendung des Firmennamens eines Staatsbetriebes durch eine private Gesellschaft, die die Betriebsanlage nach der Liquidierung des Betriebes pachtete, ohne weitere Ausführungen als Irreführung der Konsumenten qualifiziert.

(6) Zum unkorrekten Vergleich in der Werbung ereignet sich ein Fall, der aufgrund der Beteiligung bekannter Schauspieler große Resonanz in den russischen Medien fand.[179] In einer Neujahrsshow 1996 im russischen Fernsehen bewarb die Firma „Casio" ihr Modell „G-shock" und verglich es dabei mit einer russischen Uhr der Marke „Raketa", wobei die mangelnde Präzision von „Raketa" behauptet wurde. Die St. Petersburger Antimonopolbehörde bewertete dies als unkorrekten Vergleich im Sinne des Art.10 dritter Fall WettbewG und verlangte eine Unterlassung der Rechtsverletzung.

---

176) Staatlicher Bericht über die Entwicklung des Wettbewerbs auf den Märkten der RF auf föderalen und regionalen Ebene, S.51

177)unveröffentlichte Entscheidung des Permer Territorialen Organs v. 28.4.1993

178) unveröffentlichte Entscheidung des Permer Territorialen Organs v. 6.5.1992

179) Sosnov, „Ogonök" 1996/11, S.22; Dillenz, GRUR Int.1997, S.19

(7) Aus Kursk ist ein Fall bekannt, in dem die Firma „RIK" in der Zeitung „Kursker Prawda" damit warb, die billigsten Taschenrechner in der Stadt zu verkaufen.[180] Eine Erhebung stellte diese Behauptung als unwahr heraus, worauf die Kursker Territorialbehörde die Anweisung gab, derartige Werbung zu unterlassen.

(8) Das Hauptaugenmerk der Antimonopolbehörden gilt dem Tatbestand des Kennzeichenmissbrauchs und der Verletzung von Immaterialgüterrechten. Im Fall „Nais" verkaufte die Firma „Nais" eine Computerdiskette mit dem Programm „IS Buchhaltung". Im Zuge der Untersuchungen stellte sich heraus, dass es sich um die Kopie der vierten Version eines Buchhaltungsprogramms der Firma „IS Aktiengesellschaft" handelte. Da kein Vertrag über die Einräumung der Rechte an dem Computerprogramm geschlossen wurde, verstieß die Firma „Nais" gegen die einschlägigen gesetzlichen Bestimmungen über Computerprogramme. Das Föderale Antimonopolorgan gab darauf der Firma „Nais" die Anweisung, den unlizenzierten Vertrieb einzustellen.[181]

(9) Die Föderale Antimonopolbehörde in Moskau befasste sich auch mit dem Fall der Firma „NOOS", [182] die geltend machte, in ihrer Geschäftstätigkeit durch die Tätigkeit der Firma „NOUS" und aufgrund der ähnlichen Firmenbezeichnungen, geschädigt zu sein. Eine Untersuchung der Moskauer Universität hatte ergeben, dass beide Worte unterschiedliche Buchstabierformen eines griechischen Wortes mit der Bedeutung „Idee, Grund" darstellen. Als Ergebnis dieser Betrachtung des Falles veranlasste die Moskauer Antimonopolbehörde die zweite Firma zur Änderung ihrer Bezeichnung.

Nicht selten sind die Fälle der Kollision von Unternehmern mit der Verwaltung, vor allem in Privatisierungsverfahren.[183]

---

180) vgl. Pecerskij, Das GKAP schafft Ordnung.

181) Entsch. des Föderalen Antimonopolorgans v. 27.12.1995, unveröffentlicht

182) Novikov, Konkurenzija vygodna vsem, Moskau 1996, S.30

183) So wurde 1992 als Ergebnis der Privatisierung der zentralen Energieversorgung die private Aktiengesellschaft „Glavsnab" gegründet. Die Moskauer Stadtverwaltung stattete die Firma mit Prioritätsrechten in Moskau aus. Das Antimonopolsamt erwirkte daraufhin eine Rücknahme dieser Beschlüsse. Die Antimonopolbehörde wurde auch veranlasst zu der Tätigkeit der russischen Regierung Stellung zu nehmen. Die Regierung der Russischen Föderation hat einer der Moskauer Wertpapierbörsen ein Grundstück von 24 000 qm. übertragen. Zu dieser Zeit existierten in Moskau 70 Wertpapierbörsen, von denen keine außer dieser ein entsprechendes Grundstück zu günstigen Bedingungen zur Ausübung ihrer Tätigkeit erhielt. Das Antimonopolsamt hat die Rücknahme der Entscheidung erwirkt. In einem weiteren Fall hatte die Moskauer Zentralpräfektur einem (von vielen) privaten Photoservice-Unternehmen untersagt, Photos des Roten Platzes anzufertigen. Das Antimonopolsamt ist hiergegen mit einer Anordnung vorgegangen, die die Situation bereinigt hat (Novikov, Konkurenzija vygodna vsem, S.29)

Zwei weitere Fälle der Warenzeichenverteidigung sollen betrachtet werden, die zumindest auf einer Seite ein ausländisches Unternehmen beteiligten.

(10) Die wohlbekannte russische Handelsmarke aus der vorrevolutionären Zeit „Smirnow" wurde von der amerikanischen Firma Pierre Smirnoff Co. verwendet.[184] Nach Beginn der wirtschaftlichen Reformen in Russland wurde von einem der Nachkommen P. Smirnows ein neues russisches Unternehmen mit der Firma „P. A. Smirnow und Nachfahren in Moskau" gegründet. Die amerikanische Smirnoff-Company begann ein langes Verfahren gegen die Verwendung des Warenzeichens für Erzeugnisse der russischen Gesellschaft in Russland. Sie ließ das Warenzeichen in lateinischer und kyrillischer Schreibweise in Russland registrieren und versuchte Schadensersatz von der russischen Unternehmung einzuklagen. Zu diesem Zweck hat sie Klage über 9 Millionen Dollar erhoben unter der Annahme des Verkaufs von 45 000 Flaschen zum Einzelwert von 10 Dollar (insgesamt 4,5 Mio.$) und ergänzender Behauptung immaterieller Schäden. Zurzeit wird der russischen Firma Smirnow vorgehalten, Steuern in Höhe von einer halben Million Dollar hinterzogen zu haben.

(11) In einem weiteren Fall ging es um die Benutzung des Warenzeichens „Aspirin".[185] Die Medizin ist von großer Popularität in Russland und wurde jahrzehntelang durch russische Unternehmen hergestellt. Der Name „Aspirin" erschien zwar nicht auf den Unverpackungen, wurde jedoch von Ärzten und Patienten in Drogerien allgemein verwendet. Am 15. September 1992 wurde beim russischen Patentamt das Zeichen „Aspirin" in lateinischer und kyrillischer Schreibweise als Warenzeichen der deutschen Bayer AG eingetragen. Am 12. Januar 1994 wies die Beschwerdekammer des Russischen Patentamtes den Widerspruch der russischen Firma „Farmimex", die 85% der Einfuhr von staatlich eingekaufter Medizin nach Russland abwickelt, gegen diese Eintragung ab. Als Konsequenz hieraus hat „Farmimex" bereits Einkäufe billigen „Aspirins" aus den USA und aus Kanada storniert. Überprüft wurde noch ein weiterer Widerspruch gegen die Eintragung des Warenzeichens „Aspirin", der von dem französischen Pharmaunternehmen „Laboratoires UP S.A." eingelegt wurde. „Laboratoires UP S.A." bediente sich – insoweit eine Neuheit in Russland – besonderer Beweismethoden zur Verteidigung ihrer Position. Das Unternehmen organisierte eine Umfrage in Moskau über die Verbindung des Namens „Aspirin" mit dem

---

184) Novikov, Konkurenzija vygodna vsem, Moskau 1996, S.36

185) Novikov, Konkurenzija vygodna vsem, Moskau 1996, S.56

Hersteller. Nicht jeder der 250 Befragten konnte sich an den Namen des Herstellers der Medizin erinnern, und nur 13,6% konnten Deutschland als Herstellerland angeben.[186] „Bayer-Aspirin“ ist extrem teuer in Russland. In einer Situation, in der die Verbraucher keine konkrete Verbindung dieses Namens mit einer bestimmten Firma herstellen können, richtet sich eine Eintragung des Zeichens gegen Verbraucher und Hersteller in Russland.

An dieser Stelle ist Kritik zu üben an dem Umstand, dass die Entscheidungen der Antimonopolorgane nicht zugänglich sind. Die wenigen vorhandenen Entscheidungen werden nicht veröffentlicht, nur in Publikationen der Beamten der Antimonopolbehörde finden sich vereinzelt Fälle zitiert. Zudem sind Entscheidungsbegründungen sehr kurz angebunden, meist auf die wörtliche Wiedergabe der relevanten Gesetzesstelle beschränkt, und daher für eine Ausfüllung der Generalklausel nicht geeignet.[187] Es wäre ratsam, das Föderale Antimonopolorgan zu verpflichten, etwa in einer vierteljährlichen Publikation richtungsweisende Entscheidungen zu publizieren, damit die Rechtswissenschaft Systematik und allgemeine Lehre entwickeln kann.[188] Die Rechtsunterworfenen müssen zudem Gelegenheit haben, sich mit Fällen vertraut zu machen, um ein rechts- konformes Wettbewerbsverhalten entwickeln zu können. Auch die territorialen Organe müssen über die Auslegung des Rechts informiert sein, um die Bildung von partikulären Wettbewerbsrechten in den einzelnen Regionen hintanzuhalten.[189]

In der Praxis ist ein Antrag von Urhebern oder Inhabern verwandter Schutzrechte an Antimonopolbehörde noch eine seltene Erscheinung. Viele ziehen es vor, sich gleich an das Gericht zu wenden, da dieses im Fall der Anfechtung ohnehin die letzte Entscheidung trifft. Aufgrund von Beweisschwierigkeiten leiten Behörden ein Antimonopolverfahren in der Regel nur in Fällen ein, in denen die Rechtsverletzung offensichtlich ist und sicher nachgewiesen werden kann.[190] Erst in den letzten zwei Jahren haben Warenzeichen verstärkte Beachtung durch russische Unternehmen erfahren. In Russland agiert eine besondere private Agentur, das Moskauer Patentbüro, das Warenzeichen für russische Unternehmen nachprüft.[191] Unter den Kunden dieser Agentur befinden sich Banken, Versicherungen und Handelsunternehmen.

---

186) Zeitung „Commersant“ vom 15.Februar 1994, S.52-54 (in russischer Sprache).

187) Novikov, Konkurenzija vigodna vsem, S.64

188) Dietz, in: Beier/Bastian/Kur, S.52

189) Dillenz, Das russische Wettbewerbsrecht, S.124

190) Sergeev, Geistiges Eigentum, S.394, 395

191) dazu in: Zakonodatelstvo i Ekonomika (Gesetzgebung und Wirtschaft) 1996, S.118

C. Kartellrechtliche Bestimmungen.

I. Verbot des Missbrauchs marktbeherrschender Stellung.

Das Wettbewerbsgesetz ist darauf gerichtet, die Vorherrschaft der Industriegiganten und anderen Großunternehmen mit Monopolcharakter zu brechen und die elementaren Voraussetzungen für eine Marktwirtschaft mit Konkurrenzprinzip zu schaffen. Angesichts der postsowjetischen Industriestruktur in Russland kommt der kartellrechtlichen Missbrauchsaufsicht sowohl in quantitativer als auch in qualitativer Hinsicht ein besonderer Stellenwert zu.[192] Ihr Kern ist das in Art.5 Ziff.1 geregelte Verbot von Handlungen marktbeherrschender Wirtschaftssubjekte, die zu einer Beeinträchtigung des Wettbewerbs und/oder zu einer Verletzung der Interessen anderer Wirtschaftssubjekte führen bzw. führen können.

Das Missbrauchsverbot in seiner ursprünglichen Fassung hat die Aufgreifschwelle für das zuständige Antimonopolorgan ohne ersichtlichen Grund sehr hoch angesetzt. Die starre Definition des Produktmarktes hat eine Erfassung von marktbeherrschenden Stellungen auf kleineren als Gebietsmärkten nicht erlaubt.[193] Diese von russischer Seite wohl selbst als misslich empfundene Situation ist indes recht bald bereinigt worden.[194] Art.4 Abs.3 in der Neufassung sieht vor, dass für die Abgrenzung des relevanten Marktes nach dem Bedarfsmarktkonzept auch solche Territorien in Betracht kommen, die sich innerhalb der Verwaltungseinheiten befinden. Ein zweiter Umstand, der für die Höhe der Aufgreifschwelle mitverantwortlich ist, liegt in der Festsetzung der Schwellenwerte für die Marktbeherrschungsvermutung.[195] Indem das Gesetz einen Marktanteil von 35 % als absolute Untergrenze für eine Marktbeherrschung vorschreibt, verkennt es die nur dienende Funktion, die die Marktanteilsbestimmung für die Frage der Marktmacht zu spielen hat. In Abhängigkeit von der sonstigen Verteilung der Marktanteile kann sogar schon ein weit geringerer Marktanteil als 35 % zu Marktmacht und damit Marktbeherrschung führen, wenn nur die übrigen Marktanteile zersplittert genug sind.

---

192) Nach Angaben von Grigoriev, dem Leiter der Rechtsabteilung des föderalen Antimonopolsamtes, nimmt die Missbrauchsaufsicht in der Praxis den größten Stellenwert ein (Zakon 1995/4, S.24)

193) Krüßmann T.M., ROW 7/1996, S.226

194) Beschluss des Obersten Sowjets v. 17.6.1993 über die Auslegung einzelner Bestimmungen des Art.4 des Wettbewerbsgesetzes (VSND 93/927)

195) Dazu Krüßmann T.M., ROW 7/1996, S.226

Der vom föderalen Antimonopolsamt laut Gesetz alljährlich festzusetzende Grenzwert für die Marktbeherrschungsvermutung ist erstmals mit Wirkung vom 1.7.1994 festgelegt worden. Hiernach gilt, dass bei einem Marktanteil von mehr als 65% eine absolute Vermutung der Marktbeherrschung besteht, die jedoch von dem betreffenden Wirtschaftssubjekt entkräftet werden kann. Liegt der Marktanteil in einer Marge zwischen 35% und 65%, so löst dies eine relative Marktbeherrschungsvermutung aus, d.h. das Antimonopolorgan muss in diesem Fall aus weiteren Umständen die Marktbeherrschung nachweisen. Problematisch war in diesem Zusammenhang die auf Art.4 Abs.7 a.F. gestützte Spruchpraxis des Obersten Arbitragegerichts. Über die ursprüngliche gesetzliche Definition der Marktbeherrschung hinaus, die auf die Möglichkeit der Einflussnahme auf den Wettbewerb abstellt, hat das Gericht als kumulatives Erfordernis verlangt, dass das betreffende Wirtschaftssubjekt auch in der Lage ist, den Marktzutritt konkurrierender Wirtschaftssubjekte zu erschweren.[196] Ein solch kumulatives Erfordernis steht jedoch im eindeutigen Widerspruch zum Wortlaut der Vorschrift. Geklärt haben dürfte sich dieser Widerspruch erst durch die Neufassung von Art.4 Abs.7, in dem die Marktbeherrschung nunmehr als Möglichkeit eines Wirtschaftssubjekts definiert wird, entscheidenden Einfluss auf die allgemeinen Bedingungen des Warenverkehrs auf dem jeweiligen Markt zu nehmen oder den Marktzutritt für andere Wirtschaftssubjekte zu erschweren.

Ein letzter, die Aufgreifschwelle erhöhender Umstand ist das in Art.5 Ziff.1 a.F. enthaltene Erfordernis der Wesentlichkeit der Wettbewerbsbeschränkung. Eine solche *de minimis*-Regelung ist zwar auch westlichen Kartellgesetzen nicht unbekannt, bedarf jedoch einer inhaltlichen Ausfüllung. Eine solche findet sich überraschenderweise nicht in der „Methodischen Empfehlungen zur Bestimmung der marktbeherrschenden Stellung eines Wirtschaftssubjekts auf dem Warenmarkt". Beseitigt worden ist diese unbefriedigende Situation erst durch die Neufassung von Art.5 Ziff.1 in der das Wesentlichkeitskriterium gestrichen worden ist.

Zusammenfassend lässt sich sagen, dass die gesetzgeberische Weiterentwicklung des Missbrauchsverbots nicht nur zu einer Absenkung der Aufgreifschwelle geführt, sondern auch die Aufgreifkriterien wesentlich stärker ökonomisch ausgerichtet hat.[197] Der Realitätssinn des Gesetzgebers zeigt sich dabei zugleich in der Umorientierung des Begriffs

---

196) Kolomicenko, Wie kann die Monopolisierung auf den Waren- und Dienstleistungsmärkten unterbunden werden? Eine Frage an das Arbitragegericht, Zakon (Gesetz)1994/2, S.85

197) Kritisch zur alten Rechtslage Thiel M., Osteuroparecht 1995, S.102 ff.

der Marktbeherrschung weg von der – für funktionierende Marktwirtschaften typischen – Beschränkung wirtschaftlicher Betätigungsfreiheit hin zu dem Kriterium der Einflussnahme auf die allgemeinen Bedingungen des Warenverkehrs. Denn eine „wirtschaftliche Betätigungsfreiheit", wie sie im Westen *a priori* vorausgesetzt werden kann, ist für die Verhältnisse in Russland eine eher theoretische Annahme. Diese Korrektur ist für die Effektivität der Missbrauchsaufsicht zu begrüßen. Durch sie tritt jedoch zugleich auch das Spannungsverhältnis zu der in Art.5 Ziff.2 n.F. erweiterten Freistellungsmöglichkeit zutage. Denn anstelle der in der ursprünglichen Gesetzesfassung genannten Fallgruppen ist eine Freistellung missbräuchlicher Praktiken nunmehr generell zulässig, wenn ihr positiver Effekt, insbesondere im sozial-ökonomischen Bereich, die die negativen Folgen überwiegt. [198]

II. Verbot wettbewerbsbeschränkender Vereinbarungen.

Positiv ist zunächst anzumerken, dass der russische Gesetzgeber horizontale und vertikale Vereinbarungen nicht nur konzeptuell unterschieden hat, sondern in Übereinstimmung mit westlichen Erfahrungen vertikale Vereinbarungen, die von einem Unternehmen ohne Marktbeherrschung ausgehen, generell vom Verbot wettbewerbsbeschränkender Vereinbarungen ausgenommen hat.[199] Oftmals ist die Vereinbarung derartiger Beschränkungen zwischen einem Produzenten und seinem den Vertrieb organisierenden Abnehmer geradezu notwendig, um ersteren überhaupt dazu zu bewegen, ein neues Produkt herzustellen und damit einen neuen Markt zu betreten. Im Kontext der russischen Transformationswirtschaft, die ohnehin durch eine Fülle von Marktzutrittsbeschränkungen charakterisiert ist, erscheint es daher nur angebracht, derartige Vereinbarungen aus kartellrechtlicher Sicht großzügig zu behandeln und damit zugleich einen Anreiz zum Marktzutritt zu schaffen.

Die Novelle 1995 hat zwei neue Akzente gesetzt. Zum einen wird in Art.6 Ziff.2 n. F. die Aufgriffsschwelle abgesenkt. Der Gesetzgeber verzichtet, wie auch schon im Falle der Missbrauchsaufsicht, auf das Kriterium der Wesentlichkeit der Wettbewerbsbeschränkung, womit auch hier die Aufgriffsschwelle abgesenkt wird. Mittelbar dürfte sich zudem die Neufassung des Begriffs der marktbeherrschenden Stellung in Art.4 Abs.7

---

198) Krüßmann T.M., ROW 7/1996, S.227; auch Pittman, Some Critical Provisions in the Antimonopoly Laws of Central and Eastern Europe, S.492

199) So Krüßmann T.M., ROW 7/1996, S.228

auswirken, durch die Die Antimonopolbehörde nunmehr in der Lage versetzt wird, die Marktbeherrschung eines Unternehmens auf dem Hintergrund der spezifischen russischen Marktverhältnisse zu erfassen.

Problematisch ist die Behandlung horizontaler Vereinbarungen in Art.6 Ziff.1 a.F. Durch die Regelung, dass nur diejenigen Unternehmen unter das Kartellverbot fallen, die kumulativ eine marktbeherrschende Stellung innehaben, hat der Gesetzgeber ohne Not einen ganzen Kreis von Vereinbarungen aus dem Kartellverbot ausgenommen, der nach westlicher Einschätzung nicht minder schädlich ist als die Vereinbarungen zwischen Marktbeherrschern.[200] So ließ er es bei der Neufassung dieser Vorschrift nicht damit bewenden, wie im Falle von Art.6 Ziff.2 n.F. den präzisierten Begriff der Marktbeherrschung zur Anwendung kommen zu lassen, sondern ersetzte ihn durch das Erfordernis, dass die Beteiligten an einem Kartell zusammen einen Marktanteil von mehr als 35% haben. Denkbar geworden ist damit eine Situation, in der die beteiligten Wirtschaftssubjekte trotz eines kumulativen Marktanteils von bis zu 65% wegen des Fehlens besonderer Umstände zwar keine gemeinsame marktbeherrschende Stellung innehaben, gleichwohl aber die zwischen ihnen getroffenen wettbewerbswidrigen Vereinbarungen unzulässig sind.[201] Durch diese Neuregelung sind Kartellvereinbarungen zwar nach wie vor nicht *per se* illegal,[202] doch hat der Gesetzgeber einen weiteren Schritt in Richtung auf ein umfassendes Kartellverbot getan. Auch in der Neufassung von Art.6 Ziff.1 ist schließlich das Erfordernis der Wesentlichkeit der Wettbewerbsbeschränkung gestrichen worden.[203]

Ein anderer Kritikpunkt an der Ausgestaltung des Kartellverbots betrifft die von Art.6 Ziff.3 a.F. vorgesehene Möglichkeit der Freistellung.[204] Ein derartig weite Abwägungsklausel gesteht auch solchen Vereinbarungen die Möglichkeit einer Freistellung zu, die – wie etwa Preisabsprachen oder Marktabgrenzungen - in keiner auch nur erdenklichen Weise positive wettbewerbliche Effekte zu erzeugen geeignet sind. Es ist zu befürchten, dass allein schon die bloße Möglichkeit der Gewährung einer Freistellung viele Unternehmen ermutigen wird, Kartellvereinbarungen in der Hoffnung einzugehen, im Falle ihrer

---

200) Kolomicenko, in: Chozeistvo i Pravo (Wirtschaft und Recht), S.6-7

201) Berichte aus der Praxis des Antimonopolbehörden finden sich bei Pecerskij, Das GKAP schafft Ordnung, in: Zakon (Gesetz) 1995/4, S.26, Zakonodatelstvo i Ekonommika (Gesetzgebung und Wirtschaft) 1996/15-16, S.4

202) Krüßmann, ROW 7/1996, S.228

203) So Krüßmann T.M., ROW 7/1997, S.228

204) Dazu Pittman R.W., Some Critical Provisions in the Antimonopoly Laws of Central and Eastern Europe, The International Lawyer 1992/26, S.492

Entdeckung vor dem Antimonopolsamt immer noch argumentieren zu können, diese würden zu einer Verbesserung der Versorgungslage oder zu einer Erhöhung der Verbrauchseigenschaften der Waren führen. Die Novelle 1995 hat dieser unbefriedigenden Regelung ein Ende bereitet, indem sie die Freistellungsmöglichkeit auf vertikale Vereinbarungen und abgestimmte Verhaltensweisen beschränkt.[205]

III. Gründungs- und Zusammenschlusskontrolle

Mit der Novelle 1995 hat der Gesetzgeber versucht, den Mechanismus der Gründungs- und Zusammenschlusskontrolle stärker auf die gewandelten Realitäten der russischen Industriestruktur, insbesondere das Vordringen neuer Formen von Unternehmenszusammenschlüssen, auszurichten und zugleich die Kontrolldichte durch ein flexibleres Kontrollinstrumentarium zu erhöhen. Ein weiterer Neuansatz liegt in der Neufassung des Adressatenkreises. Art.17 Ziff.1 n.F. richtet sich nunmehr an „kommerzielle Organisationen" sowie ihre als „Zusammenschlüsse und Assoziationen" legaldefinierten „Vereinigungen". Dass mit dieser Änderung auch inhaltlich die Hinwendung von einem organisationsrechtlichen zu einem funktionalen Unternehmensbegriff vollzogen werden soll, kann zumindest daraus geschlossen werden, dass der die sprachliche Bereinigung des Gesetzestextes betreffende Art.1 Ziff.1 des Änderungsgesetzes hierzu keine Hinweise enthält und auch der den Begriffsdefinitionen gewidmete Art.4 n.F. zu diesen neuen Begrifflichkeit schweigt. Ein Indiz für den Willen des Gesetzgebers, die durch die organisationsrechtliche Ausrichtung der Fusionskontrolle entstandenen Lücken zu schließen, ist die Einfügung eines neuen Art.6 Ziff.4, der es den Vereinigungen kommerzieller Organisationen untersagt, die unternehmerische Tätigkeit ihrer Mitgliedsunternehmen auf eine Art und Weise zu „koordinieren", die zu einer Beschränkung des Wettbewerbs führen kann.[206]

Für das traditionelle Anmeldeverfahren reduziert Art.17 Ziff.1 n.F. die Kontrolltatbestände auf die folgenden Fälle: a) Gründung, Verschmelzung oder Anschluss von Vereinigungen kommerzieller Organisationen; b) Ver-

---

205) Hierzu Kolomicenko, in: Chozeistvo I Pravo (Wirtschaft und Recht) 1995/4, S.6-7

206) Krüßmann T.M., Zur Novelle des russischen Antimonopolgesetzes, ROW 7/1996, S.230; Breidenbach, Handbuch Wirtschaft und Recht in Osteuropa, S.54

chmelzung und Anschluss kommerzieller Organisationen, wenn die Summe ihrer Aktiva zum letzten Abschluss 100 000 Mindestlöhne übersteigt; c) Auflösung und Entflechtung sowie Ausgliederung staatlicher und kommunaler Unternehmen, deren Aktiva 50 000 Mindestlöhne übersteigen, wenn dies zur Entstehung eines Wirtschaftssubjekts mit mehr als 35% Marktanteil auf den relevanten Märkten führen wird.

Der Gesetzgeber hat mit dieser Neufassung eine deutliche Verlagerung des Schwerpunktes von der Gründungs- auf die Zusammenschlusskontrolle vorgenommen. Damit hat er auf den Umstand reagiert, dass nach dem weitgehenden Abschluss der Massenprivatisierung die Neugründung von Unternehmen aus dem Bestand der ehemaligen Staatsunternehmen weitgehend an Bedeutung verloren hat und dass andererseits im Zuge der neuerlichen Konsolidierungswelle in der Wirtschaft die Kontrolle von Unternehmenszusammenschlüssen überragendes Gewicht erlangt.[207] Von nicht zu unterschätzender Bedeutung angesichts des immer noch hochinflationären Umfelds ist auch der „Kunstgriff" des Gesetzgebers, bei der Zusammenschlusskontrolle die absoluten Schwellenwerte durch die Variable eines Vielfachen des Mindestlohns zu ersetzen. Wegen der offenbar nur begrenzten Möglichkeit der Antimonopolbehörde, die absoluten Schwellenwerte der ursprünglichen Gesetzesfassung selbst an die Inflationsentwicklung anzupassen, werden auf diese Weise gleichsam gleitende Schwellenwerte geschaffen.[208] Hinsichtlich des Prüfmaßstabs in dem Anmeldeverfahren sieht Art.17 Ziff.3 n.F. vor, dass – im Zusammenhang mit dem Wegfall des Wesentlichkeitskriteriums beim Begriff der marktbeherrschenden Stellung – nunmehr auch die Verstärkung einer solchen Stellung zu einer Untersagung führen kann. Neben den Handlungsformen der Erlaubnis und der Untersagung wird dem Antimonopolorgan durch die Gesetzesnovelle zusätzlich die Möglichkeit eingeräumt, die Erlaubnis mit einer Auflage zu verbinden.

Neben diesem dem Vollzug des Zusammenschlusses vorgeschalteten Anmeldeverfahren sieht Art.17 Ziff.4 n.F. ein nachträgliches Anzeigeverfahren für die folgenden Tatbestände vor: a) Gründung kommerzieller

---

207) Krüßmann T.M., ROW 7/1996, S.230-231; auch Kolomicenko, in: Chozistvo i Pravo (Wirtschaft und Recht), S.8

208) Durch Föderationsgesetz vom 20.4.1995 „Über die Erhöhung des Mindestlohns" ist dieser rückwirkend ab dem 1.4.1995 auf 34 4000 Rbl./Monat und ab dem 1.5.1995 auf 43 7000 Rbl./Monat angehoben worden. Die nächste Anpassung erfolgte durch das Föderationsgesetz vom 27.7.1995 „Über die Erhöhung des Mindestlohns", das den Mindestlohn ab dem 1.8.1995 auf 55 000 Rbl./Monat anhob. Ab dem 1.4.1996 beträgt der Mindestlohn nunmehr 75 9000 Rbl./Monat (Föderationsgesetz vom 22.4.1996 „Über die Erhöhung des Mindestlohns).

Organisationen, wenn die Summe der Aktiva ihrer Gründer 100 000 Mindestlöhne überschreitet; b) Verschmelzung oder Anschluss kommerzieller Organisationen, wenn die Summe ihrer bilanzmäßig ausgewiesenen Aktiva 50 000 Mindestlöhne übersteigt. Die Beteiligten an derartigen Unternehmensgründungen oder –zusammenschlüssen sind hiernach verpflichtet, innerhalb von 15 Tagen nach Registrierung der Transaktion hierüber der zuständigen Antimonopolbehörde eine Anzeige zu machen. Kommt die Behörde zu dem Schluss, dass die Unternehmensgründung oder der Zusammenschluss zu einer Beeinträchtigung des Wettbewerbs führen kann, so kann sie „Maßnahmen zur Wiederherstellung der notwendigen Bedingungen des Wettbewerbs" verfügen (Art.17 Ziff.6). Auf diese Weise wird dem Antimonopolsamt ein weiter Spielraum an Gestaltungsmöglichkeiten eingeräumt, um bereits vollzogene Gründungen und Zusammenschlüsse noch wettbewerbskonform zu machen. Zugleich fügt sich die *ex post*-Nachprüfung bereits vollzogener Gründungen oder Zusammenschlüsse in die Tatbestände des Anmeldeverfahrens ein und eröffnet damit die Möglichkeit erleichterter Nachprüfung von Zusammenschlüssen mit geringerem Gewicht und entsprechend geringerer Gefährlichkeit für den Wettbewerb.[209]

Art.18 n.F. sieht für die Tatbestände der Übernahmekontrolle eine Fülle von Änderungen vor. Erfasst werden nunmehr: a) der Erwerb seitens einer Person bzw. einer Personengruppe (Der wichtigste Aspekt der Novelle 1998 ist die Harmonisierung der bisher als nicht eindeutig definierbaren Begriffe „Personengruppe") [210] von stimmberechtigten Aktien oder Anteilen am Grundkapital eines Wirtschaftssubjekts, wenn der Erwerber hierdurch mehr als 20% des stimmberechtigten Kapitals erlangt; b) der Erwerb des Eigentums oder der Nutzungsmöglichkeiten an Anlagemitteln oder immateriellen Vermögenswerten eines Wirtschaftssubjekts durch ein anderes, wenn der bilanzmäßig ausgewiesene Wert dieses Geschäftes mehr als 10% des Bilanzwerts der Grundmittel oder immateriellen Vermögenswerte des Veräußerers ausmacht; c) der Erwerb seitens einer Person bzw. einer Personengruppe von Rechten, die dem Erwerber gestatten, die Bedingungen der wirtschaftlichen Tätigkeit des Veräußerers zu bestimmen oder ihn zu einem ausführenden Organ zu machen (Art.18 Ziff.1).

---

209) Krüßmann T.M., ROW 7/1996, S.231

210) Mit dem eingeführten Rechtsbegriff der „Personengruppe" versucht der Gesetzgeber, den immer komplexeren Kooperationsformen in der russischen Wirtschaft gerecht zu werden. Art.4 Abs.12-16 definiert als Personengruppe die Gesamtheit juristischer und/oder natürlicher Personen, die mindestens eines der dort eingeführten Kriterien erfüllt

Verfügt der oder die Erwerber in den oben genannten Fällen (zusammen) über bilanzmäßig ausgewiesene Aktiva von mehr als 100 000 Minimallöhnen oder ist einer von ihnen in ein neu zu schaffendes „Register der Wirtschaftssubjekte mit einem Marktanteil von mehr als 35%"[211] eingetragen oder tritt als Erwerber eine Personengruppe auf, die das betreffende Wirtschaftssubjekt bereits kontrolliert (Art.18 Ziff.1), so verweist Art.18 Ziff.3 Abs.2 für das Verfahren zur Überprüfung derartiger Übernahmen auf das Anmeldeverfahren des Art.17 Ziff.2. Wie auch dort ist Prüfmaßstab, ob die Übernahme zur Verstärkung einer marktbeherrschenden Stellung des Unternehmers führt und/oder ob dies in einer Beeinträchtigung des Wettbewerbs resultiert (Art.18 Ziff.4). Anders als in der ursprünglichen Gesetzesfassung sieht Art.18 Ziff.4 Abs.2 nunmehr ebenfalls die Möglichkeit der Freistellung derartiger Übernahmen vor, wenn die von ihr ausgehenden positiven Effekte insbesondere im sozialökonomischen Bereich die Beeinträchtigung des Wettbewerbs überwiegen.

Parallel zum Anzeigeverfahren bei der Gründungs- und Zusammenschlusskontrolle sieht die Neufassung des Gesetzes auch für die Übernahmekontrolle hinsichtlich der in Art.18 Ziff.1 genannten Tatbestände ein vereinfachtes Anzeigeverfahren vor.[212] Dieses greift ein, wenn der oder die Erwerber (zusammen) über bilanzmäßig ausgewiesene Aktiva von mehr als 50 000 Mindestlöhnen verfügen. Über diese Fälle hinaus normiert das Gesetz[213] nunmehr aber auch eine Anzeigepflicht für den Fall, dass eine natürliche Person Sitze in mehreren Exekutivorganen, Direktoren- oder Aufsichtsräten verschiedener Wirtschaftssubjekte übernimmt. Voraussetzung hierfür ist jedoch, dass der Bilanzwert der Aktiva dieser Wirtschaftssubjekte 50 000 Mindestlöhne übersteigt oder diese in das Monopolregister für dieselbe Warengruppe bzw. für Waren unterschiedlicher Fertigungsebene eingetragen sind.

Bei der Bewertung der kartellrechtlichen Vorschriften empfiehlt es sich, die rechtliche von der politischen Ebene zu trennen. In ersterer Hinsicht ist die übermäßige Orientierung an formalen Marktanteilen zu

---

211) Dass dieses Register neben das bereits seit 1991 bestehende Staatliche Register der Monopolunternehmen und –vereinigungen tritt, ergibt sich als Konsequenz aus der Neufassung des Begriffs der Marktbeherrschung in Art.4 Abs.7, demzufolge bei einem Marktanteil zwischen 35% und 65% nicht automatisch auf eine Marktbeherrschung geschlossen werden kann. Die Einzelheiten zur Registerführung regelt die Ordnung „Über die Bildung und Führung des Registers der Wirtschaftssubjekte mit einem Marktanteil von mehr als 35%" bestätigt durch Verordnung vom 19.2.1996.

212) Art.18 Ziff.5 Abs.1; hierzu Kolomicenko, in: Wirtschaft und Recht 1995/4

213) Art.18 Ziff.5 Abs.2; Dazu Breidenbach, Handbuch Wirtschaft und Recht in Osteuropa, S.54; auch Pittman R.W., The International Lawyer 1992/26, S.492

vermerken, die es aber leicht machen sollte, die in Russland oftmals eklatanten Wettbewerbsverstöße schnell und sicher zu erfassen. Problematisch sind jedoch die hierzu vom Gesetzgeber eigentlich als Gegengewicht konzipierten Abwägungsklauseln mit weitgehender Freistellungsmöglichkeit für Wettbewerbsverstöße. Mögen diese rechtlich gesehen ein wichtiges Korrektiv darstellen, so liegt in ihnen politisch gesehen die Schwachstelle des Gesetzes.[214] Solange es an eindeutigen Leitlinien für die Ermessensausübung fehlt, besteht die Gefahr, dass die regionalen Antimonopolbehörden zur Zielscheibe politischer Druck werden. In der Regel wird es den großen Industrieunternehmen leicht fallen, gemeinsam mit der örtlichen Verwaltung die positiven ökonomischen Effekte eines wettbewerbsfeindlichen Verhaltens darzustellen. Dem stehen die regionalen Wettbewerbshüter oftmals unzureichend ausgestattet und mit gravierenden Informationsmängel gegenüber. Für sie wäre es mit Sicherheit leichter, sich auf gebundene Entscheidungen zurückzuziehen und insoweit die Autorität des Gesetzes für sich selbst sprechen zu lassen.

Das Sanktionssystem nach dem WettbewG ist für das Kartellrecht besser geeignet als für das Lauterkeitsrecht. Die Kontrolle der Zusammenschlüsse könnte aber klarer und übersichtlicher formuliert werden. Eine derartig komplexe Regelung kann den Unternehmen in Russland nicht zugemutet werden.[215] Das Verfahren sollte insbesondere im Bereich der Zusammenschlüsse weniger bürokratisch sein, ansonsten ist das Wettbewerbsverfahren selbst eine Wettbewerbsbeschränkung.[216] Vor allem sind aber die Fristen so unrealistisch kurz bemessen, dass entweder die Behörde das Verfahren durch wiederholtes Nachfordern von Unterlagen verzögert oder nur äußerste mangelhafte Entscheidungen gefasst werden können.

---

214) Krüßmann T.M., ROW 7/1996, S.226; auch Pittman R.W., Some Critical Provisions in the Antimonopoly Laws of Central and Eastern Europe, The International Lawyer 1992/26, S.492

215) Hierzu Kolomicenko, in: Chozeistvo I Pravo (Wirtschaft und Recht) 1995/4

216) So Dillenz, Das russische Wettbewerbsrecht, S.133

D. Die Hauptursachen für die Häufung von Verstößen gegen wettbewerbsrechtliche Normen.

I. Die Kriminalisierung der russischen Wirtschaft.

Aufgrund einer Reihe von Ursachen ist gegenwärtig in Russland ein beträchtlicher Teil der Wirtschaft weit davon entfernt, internationale Standards von fairen Geschäftssitten zu erfüllen. Die Kriminalisierung der russischen Wirtschaft ist ganz offensichtlich ein Faktor, der die normale Geschäftstätigkeit stärker zerstört als der unlautere Wettbewerb im engeren Sinne dies tut. Diese Form der Wirtschaftstätigkeit bedient sich direkter Drohungen zur Erzielung von Wettbewerbsvorteilen.[217] Nach einer offiziellen Einschätzung durch die Verwaltung des russischen Präsidenten „berechnen“ russische kriminelle Vereinigungen „Gebühren“ gegenüber praktisch allen Automobilimporteuren sowie 70 bis 80% der privatisierten Unternehmen und Geschäftsbanken.[218]

Mehrere Faktoren beeinflussen und stützen diese Entwicklung. Der russische Staat hat nach h.M. [219] den kriminellen Strukturen in die Hände gespielt, indem er so hohe Steuern verlangt. Das Steuersystem verführt Unternehmen zur Nichtangabe von Einkommen. Hinzu kommt, dass das Bankensystem schlecht funktioniert, was bei den Unternehmen zu hohen Bargeldbeständen führt, die ein natürliches Angriffsziel für kriminelle Gruppen bedeutet.[220] Die hauptsächlichen wirtschaftlichen Kämpfe finden gegenwärtig auf dem Feld der Privatisierung statt, mit dem Ziel, vormaliges Staatseigentum zu den besten Konditionen zu erlangt, so dass

---

217) Nach Auskunft einiger Zeitungsmeldungen in den Jahren 1992/93 weigerten sich viele landwirtschaftliche Betriebe, Fleisch nach Moskau zu liefern, weil in einigen Moskauer Märkten kriminelle Gruppen unabhängige Lieferanten durch direkte Drohungen behinderten. (Malkov, GRUR 1994, S.698).

218) in: Zeitung „Izvestija“ vom 23.12.1996, S.3: Nach einer anderen offiziellen Schätzung durch das russische Innenministerium wurden 40 000 russische Unternehmen von kriminellen Gruppen gegründet oder unter ihren Einfluss gebracht. Die Höhe der an Schlägertrupps gezahlten Gelder beläuft sich auf 10 bis 20% des Umsatzes, was häufig die Hälfte des Bilanzgewinns eines Unternehmens übersteigt.

219) So Markov S.: „Der Staat treibt die Unternehmer in die Kriminalität. Trotzdem könne man noch nicht sagen, Russland sei ein krimineller Staat. Russland sei vielmehr ein schwacher Staat und ein schwacher Staat könne sich in einen kriminellen Staat verwandeln.... Wenn man sich nicht unter das Dach einer Mafia begibt, muss man mit 90-100% Steuern auf den Gewinn zahlen.“, ROW 3/1998, S.114

220) Die Bevölkerung hat Bedenken, ihr Geld dem Staat oder dem Bankenwesen anzuvertrauen. Offiziellen Schätzungen zufolge liegen Spargroschen im Wert von etwa 35 Mrd. US-$ unter den russischen Kopfkissen. Dieses Geld wird für Investitionen, die aus dem Land selber kommen müssen, dringend gebraucht. (Schmelöv, ROW 3/1998)

die Korruption praktisch unvermeidbar ist.[221] Gleichzeitig leiden alle staatlichen Strukturen an ihrer Funktionsschwäche.[222] Die schwierige ökonomische Situation, die von Arbeitslosigkeit begleitet wird, und lokale Militärkonflikte fördern die Verfügbarkeit einer großen Zahl militärisch ausgebildeter und bewaffneter Personen, die sich selbst jenseits der Gesetzgebung stellen. Gemeinsame nationale Moralvorstellungen schwinden.[223]

Die Schutzmafia fordert oftmals nicht nur Schutzgelder, sondern sichert auch die Durchsetzung der vertraglichen Ansprüche ihrer „Klienten" und übt dabei auch die Funktion eines Schiedsgerichtes aus. Hier wurden staatliche Gewaltmonopole belegt: Steuern eintreiben, Gerechtigkeit gewährleisten, Schutz geben.[224] Keines der klassischen Modelle des Liberalismus funktioniert ohne einen starken Staat. Etwa ein Drittel der Schutzgeldforderungen gehen von örtlichen Strukturen der Polizei aus, die derartige Leistungen nicht nur billiger anbieten, sondern auch gebildet und zuverlässig Sicherheit auf staatlichem Niveau gewährleisten können.[225] So bewahrheitet sich derzeit die These, dass rechtlich nicht effektiv geregelte Bereiche durch andere Gesellschaftsstrukturen übernommen werden.[226]

II. Fehlen einer Tradition fairer Wirtschaftsbetätigung.

Die Privatwirtschaft existiert in Russland erst seit weniger Jahren und hat keinerlei eigene Tradition. Der russische Staat hat sich aus einer Positi-

---

221) Dies ist ein aus der sozialistischen Epoche bekanntes Problem, nämlich, wie man von der Verwaltung etwas erhält. Nach der Revolution erfolgte die Verstaatlichung des Privatsektors nach dem Grundsatz „nimm einem anderen etwas weg und mache es zu dem unsrigen". Der „andere", das waren zu jener Zeit die Geschäftsleute, das „unsrige" umschrieb die Verwaltung. Nun können wir einen ähnlichen Prozess mit umgekehrter Richtung ausmachen. Innerhalb der Privatisierung wird „anderen" etwas genommen und „uns" (Geschäftsleute) gegeben. (Malkov, GRUR 94)

222) Eichwede W., ROW 3/1998, S.114)

223) Malkov, GRUR Int.1994, S.699

224) „Der Satz eines der Helden Dostojewskijs: "Wenn es keinen Gott gibt, ist alles erlaubt." lässt sich in: „Wenn es keinen Staat gibt, ist alles erlaubt." umformulieren. Das Wort „Staat" lässt sich auch durch die Ideologie ersetzen, die es gleichermaßen nicht mehr gibt."(Malkov, GRUR Int.1994, S.699)

225) Markov wendet sich gegen die Bezeichnung „russische Mafia". Eine Mafia gebe es wohl in Italien, in Russland wären hingegen die Schutzgelderpressungen früher von Banditen ausgegangen. Heute stimme auch diese Aussage nicht mehr.

226) „So wird in Fachkreisen folgende Begebenheit kolportiert. Ein Moskau Videoproduzent fühlte sich durch das unautorisierte Kopieren seiner Produktionen geschädigt. Daraufhin wandte er sich an ein Mafiatribunal. Das „Salomonische Urteil" lautete, dass es das Geschäft des einen sei, Videos zu produzieren, hingegen das Geschäft des anderen, Raubkopien anzufertigen."(Dillenz, GRUR 1997, S.24)

on der Dominanz in fast allen Sphären der wirtschaftlichen Betätigung zurückgezogen und versucht seine Beziehungen zu den Unternehmern auf eine prinzipiell neue Grundlage zu stellen: Die Staatsaufträge an die Unternehmen wurden vertraglich geregelt, staatliche Subventionen wurden deutlich verringert. Aus den ehemaligen Branchenministerien entstanden meist Assoziationen, Konzerne oder Korporationen. Diese behielten zwar einen bestimmten Einfluss auf die ihnen angeschlossenen Unternehmen, verloren aber ihre Stellung als Staatsorgane. Eine bestimmte direkte Verantwortung nimmt der Staat weiterhin gegenüber Großunternehmen wahr, von denen die soziale Absicherung der Bevölkerung ganzer Regionen abhängt oder die strategische Bedeutung haben, während Klein- und Mittelbetriebe trotz Förderungsprogramme weitgehend auf sich allein gestellt bleiben.

Die russische Wirtschaft lässt sich nunmehr in zwei Bereiche einteilen, den der offiziellen Wirtschaftstätigkeit und einen „grauen" Sektor der Wirtschaftsbetätigung. Die offizielle Wirtschaftstätigkeit umfasst Unternehmen mit ausländischem Kapital, früher wohlbekannte Staatsstrukturen und aufstrebende neue Unternehmen mit ernsthaften Erfolgsplänen, wie etwa die Großbanken. Die „graue" Wirtschaft [227] besteht aus einer großen Zahl kleiner Unternehmen, die nicht die Absicht haben, sich landesweit zu betätigen, sondern Geld um jeden Preis verdienen wollen, und zwar auch mit unlauteren Mitteln.[228]

In Übereinstimmung mit der Idee der wirtschaftlichen Erneuerungen gab es Pläne, Unternehmen zu legalisieren, indem man zu strenge Restriktionen der Wirtschaftstätigkeit beseitigte. Man erwartete, dass die neuen Unternehmen weniger restriktive Gesetze beachten würden und die schwarze Wirtschaft zu einer „weißen" würde. Die neuen Unternehmer entdeckten jedoch schnell, dass der „graue" Geschäftsstil unmittelbare Vorteile und zusätzlichen Gewinn versprach. Auf diese Weise wurde die Privatwirtschaft nicht, wie erwartet, vollständig legal. Dies bringt eine neue, von der Öffentlichkeit akzeptierte Tradition des Rechtsbruchs hervor.[229]

---

227) als Zwischenstufe zwischen legalem und schwarzem Markt.

228) Zur Zeit der sozialistischen Wirtschaft konnte der gesamte Bereich der Staatswirtschaft der offiziellen Wirtschaft zugerechnet werden. Zu dieser Zeit entsprach das „graue" Geschäft mehr oder weniger dem Schwarzmarkt (Malkov, GRUR Int. 1994)

229) Nach Einschätzung des wirtschaftlichen Beraters der russischen Steuerbehörde Panskov werden bis zu 30% aller Einkünfte nicht deklariert und ein Steuersatz von 55% auf Gewinne ebenfalls eine Restriktion der privaten Geschäftstätigkeit darstelle. (in: Nesavissimaja gaseta (Unabhängige Zeitung) v. 1.03.1996)

III. Demonopolisierung und Finanz-Industrie-Gruppen.

In Anbetracht der jahrzehntelangen Verkrustung der sowjetischen Wirtschaftsstruktur kann es nicht verwundern, dass die Aufgabe der Demonopolisierung nicht im ersten Anlauf gelöst werden konnte, sondern über einen langen Zeitraum strukturpolitische Entscheidungen erfordert.[230] Infolge der negativen Erscheinungen der in den ersten Jahren der Wirtschaftsreform [231] setzte alsbald ein gegenläufiger Prozess ein: die Suche nach geeigneten Konzentrationsformen der Wirtschaft unter den veränderten Eigentumsverhältnissen und den Bedingungen des Rückzuges des Staates aus der direkten Wirtschaftsleitung. Anfangs wurden Holdinggesellschaften als adäquate Organisationsform des Konzentrationsprozesses favorisiert, wobei Industrieholdings und Finanzholdings separat konzipiert wurden.[232] Ende 1993 wurde ein Status der Finanz-Industrie-Gruppen (FIG) bestätigt, dass darunter eine Gruppe von Betrieben und Heranziehung von Investitionen Finanzinstitutionen verstand, die ihr Kapital zwecks Erhöhung der Konkurrenzfähigkeit, der Schaffung rationeller technologischer und Kooperationsbeziehungen, der Erhöhung des Exportpotentials, der Beschleunigung des wissenschaftlich-technischen Fortschritts vereinigen. 1995 wurde ein Gesetz [233] verabschiedet, das frühere Beschränkungen (z.B. das Verbot des wechselseitigen Aktien-

---

230) Staatliche Programme für die Förderung des Wettbewerbs v. 9.3.1994 und v. 6.12.1997.

231) Die Ergebnisse der Demonopolisierung waren äußerst zwiespältig: Einerseits gelang es nicht, die marktbeherrschenden Industriegiganten zu entflechten, andererseits wurden technologisch objektiv zusammenhängenden Komplexe unbegründet – zumeist aus Regionalinteressen – zerschlagen.[218] Ein Beispiel ist hierfür die Aufspaltung der „Aeroflot" in vielen kleine Regionalunternehmen, die – natürlich im Kontext mit der allgemeinen Wirtschaftslage und staatlichen Desorganisation – negative Konsequenzen für technische Weiterentwicklung des Flugbetriebes hatte. Gewisse Erfolge wurden im Maschinenbau, in der chemischen und der holzverarbeitenden Industrie erreicht, wo eine Erhöhung des Ausstoßes konkurrenzfähiger Erzeugnisse zu verzeichnen ist. Insgesamt bleibt der Monopolisierungsgrad der russischen Wirtschaft hoch, das größte Problem sind die sog. natürlichen Monopole im Brennstoff-Energie-Komplex und im Transportwesen. Nach dem Erlass des Präsidenten v. 24.4.1997 wurden Maßnahmen zur Regulierung der Preise für Elektroenergie und Erdgas sowie der Fernmeldetarife ergriffen. Damit soll die bisherige Praxis unterbunden werden, dass die Träger dieser Systeme ihre Monopolstellung ausnutzen, um ihre überhöhten Selbstkosten und die darauf aufgeschlagenen Gewinne einfach an die Industrie weiterzurechnen.

232) Vorläufige Ordnung über die Holdinggesellschaften, die bei der Umwandlung von staatlichen Unternehmen in Aktiengesellschaften gebildet werden vom 16.11.1992

233) Gesetz über die Finanz-Industrie-Gruppen vom 30.11.1995

besitzes) aufhob und neue Vergünstigungen (z.B. Erhebung der Mehrwertsteuer nur vom Endprodukt der FIG) einführte.

Die FIG setzen sich nach aus einem Mutterunternehmen, bezeichnet als Zentralgesellschaft, und mehreren Tochterunternehmen zusammen, wobei die gleichzeitige Teilnahme von Produktionsbetrieben und Finanzinstitutionen für ihre Konstituierung und nachfolgende staatliche Registrierung obligatorisch ist. Als Zentralgesellschaft soll i.d.R. ein Investitionsinstitut (Bank oder Investmentfonds) fungieren. Den FIG können auch ausländische Firmen angehören, was jedoch bisher noch relativ selten der Fall ist. Es ist offensichtlich, dass die Orientierung auf die FIG von den ursprünglichen antimonopolistischen Intentionen der staatlichen Strukturpolitik wegführt. Während bei der Regelung der Holdings noch antimonopolistische Gesichtspunkte berücksichtigt wurden (ihr Marktanteil durfte nicht über 35% liegen, einheitliche Preisregulierungen und gemeinsamer Absatz waren untersagt), wird bei den FIG auf solche Einschränkungen weitgehend verzichtet. Nach der von der Regierung bestätigten Ordnung vom 9.1.1997 über die konsolidierten Bilanzen der FIG wurden sowohl die Vermögens- und Finanzlage der FIG als auch die Ergebnisse ihrer Investitionstätigkeit zusammengefasst ausgewiesen, ohne die Verbindlichkeit und Verrechnungen zwischen der Zentralgesellschaft und den Teilnehmern der FIG zu erfassen.

Ein markanter Unterschied zu den ursprünglich ins Auge gefassten Holdings besteht darin, dass die Holdings ohne staatliche Finanzhilfe auskommen sollten, während den FIG direkte finanzielle Unterstützung aus dem Staatshaushalt gewährt werden kann.[234] Der Staat unterstützt die Investitionstätigkeit der FIG durch Übernahme von Bürgschaften für Bankkredite, darunter auch ausländische. Außerdem ist vorgesehen, dass an ihnen staatliche Unternehmen teilnehmen und dass sie als Treuhänder der im staatlichen Eigentum befindlichen Aktienkontrollpakete privatisierter Staatsunternehmen eingesetzt werden können. Die FIG werden von führenden Wirtschaftskreisen als Hauptinstrument zur strukturellen Umgestaltung der russischen Wirtschaft, insbesondere zur Herausbildung einer modernen Großproduktion auf der Grundlage der Verflechtung von Bank- und Industriekapital angesehen.[235] In den Medien[236] werden diese als natürliche Form der Selbstorganisation des Großkapitals nach westlichem Vorbild hingestellt.

---

234) Einzelnen FIG werden auf der Grundlage spezieller Präsidentenerlasse direkte Finanzhilfen zuteilt, z.B. Magnitigorstal, Interros und Sojusagroprom (Erlass des Präsidenten vom 1.4.1996 über Maßnahmen zur Stimulierung der Schaffung und der Tätigkeit der FIG)

235) Jährlicher Bericht der Wirtschaftskammer, Moskau 1996, S.40

236) z.B. in der Zeitung „Delovoj Expert" vom 28.5.1996, S.7

Die FIG nahmen in den letzten Jahren eine schnelle Entwicklung.[237] Neben den offiziell registrierten FIG bestehen eine Reihe bedeutender Unternehmensgruppen, die ebenfalls als FIG eingestuft werden. Zu den bekanntesten registrierten FIG gehören „Menatep", „Interros" und „Ruschim", zu den inoffiziellen z.B. die „Alfa"-Gruppe und „Lukoil". Die bis jetzt gebildeten FIG unterscheiden sich durch äußerst differenzierte Tätigkeitsbereiche und sind in ihrer Struktur höchst unterschiedlich. Es gibt sowohl vertikale (nach technologischen Linien organisiert) als auch horizontale (regionale) Gruppen sowie ausgesprochene Konglomerate.[238] Allen FIG ist aber mehr oder weniger eine intensive Investitionstätigkeit eigen.[239]

Für die Zukunft kann davon ausgegangen werden, dass den FIG bei der Entwicklung der Unternehmensstrukturen in Russland zweifellos eine prägende Rolle zukommt. Die Frage, ob in den FIG alte staatliche Strukturen wiederbelebt werden, kann auf Grund ihres inhomogenen Charakters wohl generell verneint werden. Dabei darf allerdings nicht übersehen werden, dass in letzter Zeit verstärkt unitare staatliche Unternehmen in FIG integriert werden und die Zweigministerien bestrebt sind, ihren Einfluss auf die FIG, vor allem über Investitionsprogramme, zu intensivieren.[240]

Die konsequente Durchsetzung des Wettbewerbsgesetzes wird derzeit noch spürbar durch die von der russischen Regierung favorisierte Investitions- und Industriepolitik beeinflusst.[241] Mittelfristig ist darauf zu achten, dass das Wettbewerbssystem einer ordnungspolitischen Sicherung bedarf, für die eine größtmögliche Unabhängigkeit der Antimonopolbehörden unerlässlich ist. Auf der anderen Seite muss die Entscheidungspraxis auch im Einklang mit der gegebenen Notwendigkeit einer schnellen Umstrukturierung der staatlichen Monopolunternehmen stehen, bei der die Entstehung neuer, zum Teil marktbeherrschender Firmen im jetzigen Reformstadium nicht vermieden werden kann. Darüber hinaus ist zu beachten, dass eine allzu restriktive Anwendung des russischen Wettbewerbsgesetzes zumindest negative Auswirkungen auf die Intensität

---

237) Ende 1999 erreichte ihre Anzahl 60. Ihnen gehören über 700 Industrieunternehmen und mehr als 90 Finanzinstitutionen an, in denen etwa 4 Mio. Beschäftigte arbeiten und mit einer Jahresproduktion von 100 Bill.Rbl. 10% des BIP erbringen (Godovoj Doklad Torgovo-promischlennoj palaty, 2000)

238) „Ruschim" vereinigt z.B. 5 Chemiebetriebe, die Hauptrichtung von „Menatep" ist die Erdölindustrie, die „Alfa"-Gruppe ist eine weitverzweigte Handels- und Finanzkorporation.(Godovoj Doklad Torgovo-promischlennoj palaty, 2000)

239) Sie versuchten dabei auch staatliche Investitionsressourcen zu mobilisieren. Aufgrund der Haushaltslage sind direkte staatliche Investitionsmittel noch gering.

240) Rüster L., ROW 7/1997, S.244

241) Dazu Thiel M., Osteuroparecht 1995, S.119

von weiteren Auslandsinvestitionen nach sich ziehen könnte. Ausländische Investoren werden insbesondere bei einer Beteiligung oder der der Gründung eines Gemeinschaftsunternehmens i.d.R. ein marktbeherrschendes Unternehmen vorfinden. Durch die Beteiligung wird die Finanzkraft dieser Unternehmen noch weiter gestärkt. Da in erster Linie potentielle Konkurrenten an einer Kooperation interessiert sind, werden zwangsläufig für eine Vielzahl von Investitions- vorhaben die Fusionskontrollregelungen praktisch relevant. Bei der Genehmigung werden dann der zu erwartenden Verstärkung einer marktbeherrschenden Position die Stärkung der inländischen Industrie auf dem Weltmarkt sowie die Prognosen für die zukünftige Wettbewerbssituation in Russland gegenüberzustellen sein.[242]

E. Die aktuelle Problemstellung im russischen Wettbewerbsrecht.

Das Lauterkeitsrecht im Falle Russlands kann als Teil einer umfassenden Wettbewerbsregelung konzipiert werden, die Freiheit und Lauterkeit des Wettbewerbs gleichermaßen ins Auge fasst und demgemäss auf eine je eigenständige Regelung des GWB-Bereichs und des UWG-Bereichs verzichtet. Ein derartiger übergreifender Regelungssatz, der Freiheit und Lauterkeit des Wettbewerbs als unterschiedliche Facetten ein- und derselben Erscheinung begreift [243] und dabei im Sinne der an sich nur auf den UWG-Bereich bezogenen „integrierten Konzeption" [244] auch den Verbraucherschutz mit einbezieht, kann als ein theoretisch durchaus befriedigender Regelungstypus angesehen werden. Zu kritisieren ist jedoch, dass der UWG-Teil dieser umfassenden Wettbewerbsregelung sehr rudimentär ausfällt und auf das Allernotwendigste reduziert erscheint.[245] Auch scheint das Sanktionssystem im Sinne behördlichen Eingreifens gegen schädliche Wettbewerbshandlungen oft ganz auf die Bekämpfung von Wettbewerbsbeschränkungen abgestimmt, so dass im Sinne eines „Selbstreinigungsprozesses" der Marktteilnehmer zu fordernde umfassende

---

242) Thiel M., Osteuroparecht 1995, S.119

243) Fikentscher, Einführungsreferat „Wettbewerbsrechtlicher Freiheits- und Lauterkeitsschutzes in den sozialen Marktwirtschaft", in Beier/Bastian/Kur, S.6: „als deren Existenz und Essenz, Dasein und Sosein begreift".

244) Schricker, Unlauterer Wettbewerb und EG-Recht, in Beier/Bastian/Kur, S.28

245) So Dietz A., Die Einführung von Gesetzen gegen den unlauteren Wettbewerb in den ehemaligen sozialistischen Ländern Mittel- und Osteuropas, GRUR 1994, S.652

Gewährung zivilrechtlicher Schutzmöglichkeiten ebenfalls vernachlässigt wird.[246]

Bei der Bewertung dieser Frage müssen aber auch die besonderen Bedürfnisse Russlands bei der Transformation und die fehlenden Erfahrungen bei der effektiven Rechtsdurchsetzung berücksichtigt werden. So mag – wie etwa das Beispiel Bulgariens zeigt – das Eingreifen einer öffentlichen Behörde auch im UWG-Bereich durchaus fruchtbare Anstöße zu einer umfassenden Bekämpfung von Wettbewerbsverstößen geben. Angesichts der Vielzahl und Vielgestaltigkeit von Wettbewerbsverstößen in Russland wäre aber die Hoffnung vergeblich, dass allein durch behördliches Eingreifen die Lauterkeit des Wettbewerbs in einem umfassenden und dauerhaften Sinn garantiert werden könnte. Vielleicht stellt ein geteiltes und komplementäres Vorgehen durch Marktteilnehmer und ihre Verbände einerseits und Wettbewerbsaufsicht andererseits, wie es das ungarische Marktverhaltensgesetz vorzeichnet, für eine Übergangszeit in der Tat ein mögliches Kompromissmodell dar.[247] Insgesamt ist es wünschenswert, die Unternehmen zur Eigeninitiative und Selbstkontrolle zu erziehen, indem sie unlautere Wettbewerbshandlungen selbst aufgreifen müssen. Dies wird dadurch erschwert, dass das russische Gerichts- und Exekutionssystem nicht als sehr effektiv bezeichnet werden kann.[248]

Bereits in der Definition des Anwendungsbereiches des russischen WettbewG wird die Dominanz des Kartellrechts sichtbar. Durch die Festschreibung eines allgemeinen Anwendungsbereichs wurden die einzelnen Tatbestände etwas ungenau formuliert, da man sich offenbar auf die Einbettung in den Anwendungsbereich verließ, was oft nicht ausreicht. Die Vernachlässigung des unlauteren Wettbewerbs drückt sich auch in einer fehlenden Entscheidungspraxis aus. Die erschienenen Berichte über die Tätigkeit der Antimonopolbehörden sind ganz auf den Aspekt der Monopolbekämpfung und der Bekämpfung von Wettbewerbsbeschränkungen, also den GWB-Bereich, abgestellt und erwähnen Fälle der Bekämpfung unlauteren Wettbewerbs nur selten.[249] Insbesondere für die Generalklausel wäre es erforderlich, einzelne Fallgruppen zu entwickeln. Die Notwendigkeit ergibt sich vor allem daraus, dass die Sondertatbe-

---

246) Länderbericht von Boguslavskij, GRUR Int. 1993, S.185

247) Dazu Dietz A., GRUR Int.1994, S.652

248) Dillenz, GRUR Int.1997, S.23

249) Podlesnyj, Über die Tätigkeit des Antimonopolkomitees, Zakonodatelstvo i ekonomika 1993/15; Methodischen Empfehlungen über Aufdeckung und Unterbindung von wettbewerbsbeschränkenden Vereinbarungen auf den Warenmärkten, Zakonodatelstvo i ekonomika 1995/16; Behandlung natürlicher und staatlicher Monopole, Zakonodatelstvo i ekonomika 1996/3

stände keinesfalls komplett sind. Es fehlt beispielsweise die Bestechung. Beim Vorliegen solcher Fälle muss man auf die Generalklausel zurückgreifen. Im Sinne einer umfassenden Rechtssicherheit ist ein Rückgriff darauf jedoch nicht begrüßenswert.[250]

Noch nicht ausgereift ist auch das allgemeine Verständnis des unlauteren Wettbewerbs. Das Kartellrecht wird in der Praxis und in der Literatur nicht klar genug vom Recht gegen den unlauteren Wettbewerb getrennt.[251] Eine weitere Besonderheit besteht darin, dass das Lauterkeitsrecht als vorrangig im Dienste des Verbraucherschutzes angesehen wird. [252] Die Behörden entscheiden vornehmlich Fälle, die die Konsumenten schützen (Irreführung, unlautere Werbung). Im Rechtsbewusstsein dominiert noch der Gedanke, dass durch das Verbot des unlauteren Wettbewerbs der Verbraucher vor den Unternehmen zu schützen ist und nicht Unternehmer vor Unternehmer. [253] Andererseits wird ein Wettbewerbsrecht nach westlichem Vorbild für die russischen Verhältnisse abgelehnt.[254]

Es wird die Ansicht vertreten, dass der unlautere Wettbewerb aus dem WettbewG völlig auszuschließen sei, um es den Gerichten zu ermöglichen, eine wettbewerbsrechtliche Judikatur zu entwickeln und nur das Kartellrecht in der Aufsicht der Antimonopolbehörden zu belassen, nicht zuletzt auch um diese zu entlasten.[255] Vertreten wird aber auch die Belassung der Norm gegen den unlauteren Wettbewerb im WettbewG und die Ausarbeitung von speziellen Wettbewerbsnormen für einzelne Bereiche, wie dies z.B. durch das WerbeG geschah.[256] Dadurch werden aber die fehlende Judikatur und die anderen Nachteile eines administrativen Systems nicht beseitigt, wenn wiederum die Antimonopolbehörden zur Durchsetzung berufen sind.

Mittelfristig ist es wünschenswert, das Recht gegen den unlauteren Wettbewerb in einem eigenen Gesetz zu erfassen. Ein Ansatz dafür wäre das ZGB. In seinem zweiten Teil war ein Abschnitt über gewerblichen Rechtsschutz und Urheberrecht mit einer Bestimmung zum unlauteren Wettbewerb geplant. Dieser Abschnitt wurde für einen weiteren Teil des

---

250) Thiel M., Osteuroparecht 1995, S.107; Dillenz., GRUR Int.1997, S.24

251) „Das Wettbewerbsrecht wird mitunter als vorrangig im Dienste des Verbraucherschutzes stehend eingeschätzt. Teilweise wird ein Wettbewerbsrecht nach westlichem Vorbild für die russischen Verhältnisse abgelehnt."(Dillenz, GRUR Int.1997, S.24)

252) Dillenz, GRUR Int 1997, S.24

253) Dillenz, Das russische Wettbewerbsrecht, S.53

254) Eremenko, Die Regulierung der Wettbewerbsverhältnisse in der RF, S.54

255) Zaleskaja, Neues bei der rechtlichen Regelung der unlauteren Wettbewerbsverhältnisse; dazu Dillenz, Das russische Wettbewerbsrecht, S.54

256) Dillenz, GRUR Int.1997, S.24

ZGB aufgehoben, der bei entsprechender politischer Stabilität in absehbarer Zeit verabschiedet werden wird. Dadurch gäbe es zwar einige Konkurrenzprobleme mit dem WettbewG, doch wäre dies ein Anlass, den unlauteren Wettbewerb vom Kartellrecht vollständig zu trennen. Im WettbewG müsste dafür lediglich der Art.10 und einige Teile der einleitenden Bestimmungen entfernt werden. Im WerbeG wäre es ausreichend, die zivilrechtliche Komponente aus dem Gesetz auszuklammern.[257] Die chaotischen politischen, sozialen und wirtschaftlichen Verhältnisse ergeben aber vorerst andere Prioritäten als den unlauteren Wettbewerb.

Das russische Wettbewerbsgesetz ist insgesamt als richtiger und notwendiger Schritt zur Annährung an den ordnungspolitischen Standard der westeuropäischen Länder zu bezeichnen.[258] Trotz aller negativen Begleitumstände und nichterreichten Ziele wird der Transformationsprozess angesichts seines Umfangs und seiner entscheidenden Auswirkungen auf die Wirtschaftsstrukturen des Landes generell für unumkehrbar gehalten. Es ist auch keine Frage mehr, dass Russland sich in eine Marktwirtschaft transformiert, sondern die Probleme der Optimierung stehen im Vordergrund. Die Umkehrung einer bekannten Sentenz im Kommentar von Baumbach / Hefermehl[259] hatte Petr Hajn geprägt: „Wo unlauterer Wettbewerb ist, da ist auch Wettbewerb".[260] Mit anderen Worten ist das zunehmende Auftreten diverser Formen unlauteren Wettbewerbs in Russland ein durchaus erfreuliches Indiz dafür, dass sich Wettbewerb überhaupt entfaltet. Durch Impulse von außen und eine wirtschaftliche Konsolidierung in einem politischen Klima der Sicherheit wird es möglich sein, die Diskrepanz zwischen Rechtstheorie und Rechtspraxis als ein Spezifikum des Rechts Russlands zu überwinden und ein funktionierendes Rechtssystem gegen den unlauteren Wettbewerb aufzubauen. Derzeit besteht die Gefahr, dass sich in Russland starre Traditionen des unlauteren Wettbewerbs herausbilden.

---

257) Dillenz O., Der aktuelle Entwicklungsstand des Rechts gegen den unlauteren Wettbewerb in der Russischen Föderation, GRUR 1997, S. 24

258) Als Tenor einer Zwischenbilanz der russischen Transformation und der Perspektiven Russlands an der Schwelle zum 21.Jh. vermittelte die Konferenz „Auf der Suche nach einerneuen Identität – Russland an der Schwelle zum 21.Jh." am 29-30.01.1998 in Kassel ein durchaus positives Bild

259) „Wo Wettbewerb stattfindet, gibt es unerlaubten Wettbewerb.", Baumbach/Hefermehl, Wettbewerbsrecht 22.Auflage 2001, Rdn.1, S.101

260) In: Beier/Bastian/Kur, Wettbewerbsrecht und Verbraucherschutz in Mittel- und Osteuropa, Köln 1992, S.55; ders. in Breidenbach, Handbuch Wirtschaft und Recht in Osteuropa, Syst.42, S.118

5. Kapitel

Würdigung der neuen Wettbewerbsgesetze als rechtpolitischen Maßnahmen.

A. Das Wettbewerbsschutzgesetz als neue Koordinationsordnung auf dem Markt.

I. Der Wettbewerb als Entdeckungsverfahren.

Wettbewerb ist die treibende Kraft und setzt zugleich die Spielregeln für eine freie Marktwirtschaft. Wettbewerb ist aber nur ein Teil der Privatautonomie, die das Fundament der Marktwirtschaft bildet. Privatautonomie setzt sich aus der Vertragsfreiheit, der Gewerbefreiheit und Privateigentum zusammen. Alle diese zusätzlichen Elemente sind in Bulgarien und in Russland vorhanden. Die Zivilgesetzgebung garantiert ausdrücklich Vertragsfreiheit und Eigentum. Auch in verfassungsrechtlicher Hinsicht liegen die Rahmenbedingungen für eine freie Wirtschaft vor. Grundsätze des Wettbewerbsrechts sind sogar in den Verfassungen aufgenommen. Bulgarien und Russland haben wohl erkannt, wie wichtig der Wettbewerb für ihre Zukunft ist, zumal man sich durch die Zulassung der Wettbewerbsfreiheit eine wirtschaftspolitische Stabilität verspricht.

Die Wettbewerbsgesetze regeln nun die unerlaubte Handlung im wirtschaftlichen Wettbewerb. Die Besonderheit des Regelungsgegenstandes ist der Grund dafür, dass die Neuordnung der Marktbeziehungen durch allgemeine Verhaltensregeln erfolgt, die auf der negativen Umschreibung von Freiheitsbeschränkungen beruhen.[1] Der Gesetzgeber beschreibt aber nicht nur „wogegen" er den Lauterkeitsschutz einsetzen will (Abwehrfunktion), sondern auch positiv, welche wettbewerbsimmanente Aktionsformen des Marktverhaltens er zur Sicherung eines

---

1) Hoppmann, Normzwecke und Systemfunktion im Recht der Wettbewerbsbeschränkungen, S. 14: „Die rechtlichen Regeln müssen abstrakt und universal anwendbar sein, d.h. auf alle gleich anwendbar sein; es dürfen keine speziellen Ziele des Handelns in sie aufgenommen werden; sie müssen gewiss sein; das heißt, sie dürfen nur von Umständen abhängen, die zu wissen oder feststellen zu können von den Betroffenen erwartet werden kann, und sie können nicht von voraussehbaren entfernten Folgen des Handels abhängig gemacht werden. Da sie durch die Erwartung wirken, die sie erzeugen, ist es wesentlich, dass sie ausnahmslos angewendet werden, ohne Rücksicht darauf, ob die Folgen in einem besonderen Fall wünschenswert erscheinen"; ders. Fusionskontrolle, S.10: „Diese Regeln üben eine Lenkungsfunktion in der Weise aus, dass durch deren Einhaltung die Wettbewerbsfreiheit erhalten bleibt".

unverfälschten Interaktionsprozess fördern will (Gestaltungsfunktion).[2] Die Verbotsnormen des Wettbewerbsrechts wirken auf das Marktgeschehen ein, indem sie das Verhalten der Marktteilnehmer steuernd beeinflussen.[3] Eine solche verhaltensorientierte Konzeption betrachte den Wettbewerb als einen „gesamtmarktlichen Prozess"[4] und sei notwendig langfristiger Art.[5] Anstatt ständig zu intervenieren und durch dirigistisch festgelegte Verhaltensauftragen das Marktgeschehen zu steuern, begnügt sich der Staat nun damit, die Verhaltensnormen für die Gewährleistung der Freiheit der Marktteilnehmer aufzustellen. Man verlässt sich dabei auf die Entdeckungskraft der Wettbewerbfreiheit.[6] Die Verbote des Wettbewerbsgesetzes binden das Verhalten der Wirtschaftssubjekte.[7] Ebenso sind die wirtschaftspolitisch zuständigen Behörden dazu angehalten, diese Regeln zu beachten und das auf die Freiheit aller Marktbeteiligten zugeschnittene Wettbewerbsschutz-Konzept durchzusetzen.[8]

Das Streben des bulgarischen und russischen Gesetzgebers, willkürliche staatliche Interventionen in das freiheitliche Marktgeschehen zu verhindern,[9] ist im Rahmen der Parlamentsdebatten über den Status der zu errichtenden Wettbewerbsbehörden zum Tragen gekommen. Bei den Diskussionen in Bulgarien konnte sich die Auffassung durchsetzen, dass die KSW ein selbständiges, nur dem Gesetz unterworfenes Organ mit spezieller Kompetenz sein muss. In Russland fand dagegen den Vorschlag Zustimmung, die Antimonopolbehörde als Regierungsorgan mit Ministeriumsstatus zu konstituieren. In beiden Gesetzen dominieren verwaltungsrechtliche Sanktionen, die aber einer gerichtlichen Kontrolle unterliegen. Es wurde ein rationales Haftungssystem gesucht, die den spezifischen Rahmenbedingungen in der Übergangsperiode entspricht. Langfristig könnte es aber vorteilhaft sein, wenn der Staat sich soweit wie möglich aus der Wirtschaft zurückzieht. Gerade im Wettbewerbsrecht ist eine staatliche Intervention durch verwaltungsrechtliche Sanktionen nicht ideal. Es widerspricht irgendwie dem Gedanken des Wettbewerbs, wenn dieser durch Interventionen von Verwaltungsbehörden herbeigeführt wird.

---

2) Dimitrov M., Dissertation, Halle-Wittenberg 1996, S. 227

3) Hayek v., Der Wettbewerb als Entdeckungsverfahren, S.185

4) Hoppmann, Fusionskontrolle, S.9: „Bezeichnet wird damit der Markt als ein System aus Individuen und Unternehmen, welche nach den allgemeinen Verhaltensregeln spontan interagieren."

5) Möschel, Pressekonzentration und Wettbewerbsgesetz, S.42

6) Hayek v., Der Wettbewerb als Entdeckungsverfahren, S.185

7) Bezeichnend für die Unabhängigkeit der KSW ist, dass sie mit der KSW/E Nr.26-9/1994, dem Minister des Handels wegen Verletzung des Art.17 WettbewG Sanktionen nach Art.24 auferlegt hat.

8) Möschel, a.a.O., S.46: (Plausibilität der *per-se* Regeln im Wettbewerbsrecht.)

9) Hoppmann, a.a.O., S.9

II. Das sozialrechtliche Konzept.

Die Marktwirtschaft selbst, mit ihrer Eigentums- und Wettbewerbsordnung, sei ein soziales Instrument von überragender Bedeutung.[10] Durch gezielten Einsatz von Eigennutz diene sie, weil dazu vom Recht angeleitet und kontrolliert, dem allgemeinen Nutzen, dem Gemeinnutz.[11] Die konzeptionelle Orientierung der Wettbewerbsgesetze am sozialen Modell des Wettbewerbsrechts entspricht dem Wandel der Wertvorstellungen auf diesem Rechtsgebiet, der sich international in den Jahren nach dem Zweiten Weltkrieg vollzogen hat. Man verbindet die sozialrechtliche Entwicklungstendenz mit der Ausdehnung des Wettbewerbsschutzes auf Verbraucher, neben und im Zusammenhang mit dem Konkurrentenschutz (Individualschutz), und Interessen der Allgemeinheit an einer funktionierenden Marktordnung (Institutsschutz).[12]

Zur Durchsetzung der sozialrechtlichen Ziele hat der Gesetzgeber in Bulgarien und in Russland ein dualistisches System der Verfolgung von Wettbewerbsverstößen errichtet. Zum einen werden den Marktteilnehmern eigene Abwehrrechte eingeräumt, wobei die konkrete Inanspruchnahme dieses Schutzes ihnen zur Disposition überlassen ist. Zum anderen, da der Gesetzgeber auf den Schutz einer objektiven Sollensordnung zielt, hat er den öffentlich-rechtlichen Aufsichtsorganen die Möglichkeit eröffnet, Wettbewerbsverstöße von Amts wegen im Interesse der Allgemeinheit zu verfolgen.[13]

Die Abwehransprüche betroffener oder gefährdeter Personen lassen sich als Mittel zur Durchsetzung des objektiven Wettbewerbsrechts darstellen. Der Betroffene trete als Begünstigter der positivrechtlichen Wettbewerbsinstitution auf,[14] er habe im Rahmen der Institution seinen

---

10) Fickentscher, Wettbewerbsrechtlicher Freiheits- und Lauterkeitsschutz in der sozialen Marktwirtschaft, S.1; Er dehnt daher den Begriff der „Sozialität" auf alle Elemente der Marktwirtschaft und auf das gesamte Wettbewerbsrecht aus.

11) Fickentscher, a.a.O., S.9

12) Dimitrov M., Diss. 1996, S. 71, Der Gedanke zum Schutz der Allgemeinheit geht noch auf Entscheidungen des RG zurück (RGZ 120, 47, Urteil v. 24.1.1928). Die Einbeziehung des Verbraucherschutzes in das deutsche LauterkeitsR erfolgte 1965 durch die Einräumung von Klagebefugnissen für die Verbraucherverbände (§13 1a deutUWG). Das sozialrechtliche Verständnis des LauterkeitsR findet auch in der Literatur weitgehende Zustimmung und stellt gegenwärtig nahezu die herrschende Auffassung dar.

13) Dimitrov, Diss. 1996, S.71

14) Schluep, Festschrift für W. Hug, S.85; Dimitrov M., Diss. 1996, S.76: Das institutioneller Denken im Wettbewerbsrecht verlangt nach einer institutskonformen zweckgebundenen Ausübung der hierauf bezogenen subjektiven Rechte.

Anspruch entsprechend dem Zweck dieser Institution [15] zu gebrauchen. Der Private handelt in diesem Sinne als Funktionär der verfassungsrechtlich anerkannten Wettbewerbsordnung.[16] Dieses Verständnis für den Individualschutz im Lauterkeitsrecht steht im Einklang mit dem Ziel des Gesetzgebers, eine Sollensordnung des freien und leistungsgerechten Wettbewerbs aufzubauen, zu deren Realisierung die eingeräumten subjektiven Klagerechte zu dienen bestimmt sind.[17]

Auch wenn den Verbraucherschutz nicht ausdrücklich als Gesetzesziel vom russischen und bulgarischen Gesetzgeber verkündet wurde, ist der Verbraucherschutzgedanke in einer Reihe von Gesetzesvorschriften positiviert.[18] Maßgebliches Korrektiv bilden die Verbraucherinteressen auch auf dem Gebiet des Antimonopolrechts.[19] Die Einschränkung der Marktüberlegenheit spricht funktional für einen Verbraucherschutz auch im Interesse der mittelständischen und kleineren Unternehmen, die in wirtschaftsstruktureller Hinsicht in Bulgarien und Russland zunehmend an Bedeutung gewinnen sollten.

III. Die Institutionalität der wettbewerbsrechtlichen Regelung.

Kennzeichnend für das Modell der einheitlichen Regelung ist die Integration komplexer Schutzrichtungen unter dem allgemeinen Titel des Wettbewerbsschutzes.[20] Freiheits- und Lauterkeitsschutz des wirtschaft-

---

15) Insb. hat Raiser (Rechtsschutz und Institutionenschutz im Privatrecht, S.146 ff.) die These begründet, das das Privatrecht von zwei Systemgedanken beherrscht wird: Schutz subjektiver Rechte und Schutz von Institutionen. Die Rechtsordnung entfaltet seine konstitutive Wirkung indem sie die vorgefundene soziologische Institution Wettbewerb „befestigt und verändert, normiert und kanalisiert".

16) Dimitrov, Diss., 1996, S.71-75; Mestmäcker, Der verwaltete Wettbewerb, S.82: „Zwar mag der einzelne Wettbewerber auch als Funktionär der gesamten Rechtsordnung handeln, wenn er Ansprüche aufgrund des UWG geltend macht, aber seine Rolle lässt sich nicht darauf reduzieren."; Tilmann, GRUR 1991, meint, dass das UWG setze seine Sanktionen nicht nur zur Interessensicherung ein, es benutze vielmehr weithin das eigene Interesse der Klagebefugten zur Sicherung des Wettbewerbs.

17) Dimitrov M., Diss. 1996, S.73

18) Dülgerov, Lauterer Wettbewerb in der Handelskommunikation, S.4: „Eine aufmerksame Analyse weist nicht nur auf die zahlreichen Referenzen der Verbraucherinteressen hin, sondern auch auf die ausschließliche Orientierung einer Reihe von Vorschriften gerade auf diese Interessen.

19) Dimitrov M., Dissertation 1996, S.73

20)Hoppmann, Zum Schutzobjekt des GWB, S.101: „Dient die Institution Wettbewerb deren individuellen Wettbewerbsfreiheits- und Entfaltungsräumen, so verschwindet der Gegensatz zwischen Institutionen- und Individualschutz" lichen Wettbewerbs beeinflussen sich gegenseitig ergänzend neben einem intensiv ausgestalteten Verbraucherschutz.[21] Dieser auf die Freiheit aller Marktbeteiligten gerichtete Individualschutz projiziert sich auf dem noch im Gesetzestitel zum Ausdruck gebrachten Schutz des Wettbewerbs als Marktinstitution.[22]

Der Grundgedanke, auf dem die Regelung in Bulgarien und Russland beruht, ist von einem der Verfechter des Funktionalismus im Wirtschaftsrecht – W. Schluep – prägnant ausgedrückt worden: „Ob man den Wettbewerb zu lautern oder zu regulieren sich anschickt, der soziale Ordnungssubstrat ist immer der Wettbewerb. Das schlägt rechtlich in der Weise auf, dass die beiden Normfelder in gegenseitiger Durchdrängung wirken."[23] Fikentcher betrachtet die Freiheit und Lauterkeit des Wettbewerbs als unterschiedliche Facetten ein- und derselbe Erscheinungsbild, als deren Existenz und Essenz, Dasein und Sosein.[24] Das Beschränkungsrecht sichert die Freiheit des Marktzuganges, zielt auf den quantitativen Existenzschutz des Wettbewerbs, das Lauterkeitsrecht seinerseits richtet sich in erster Linie auf die sozialnützliche Ausgestaltung des Wettbewerbs, auf dessen Qualitätsschutz.[25] Einen übergreifenden Regelungsansatz für das gesamte Wettbewerbsrecht wurde von Baudenbacher vorgeschlagen.[26] Er bezog sich darauf, dass bei einer konsequenten funktionalen Betrachtungsweise im Lauterkeitsrecht, der Freiheitsschutz sich „nicht mehr länger als unabhängiges Problem, sondern nunmehr als ein Sonderfall des Lauterkeitsschutzes" erweist.[27]

Es lässt sich allerdings darüber diskutieren, ob nicht das dem bulgarischen und dem russischen Wettbewerbsgesetz zugrundegelegte Gesamtkonzept über die Erfordernisse der aktuellen Wirtschaftslage hinausläuft.[28] Während die Vorschriften des Lauterkeitsrechts sofort

---

21) Dimitrov, Dissertation, Halle-Wittemberg 1996, S.74

22) Dimitrov M., Dissertation, Halle-Wittenberg 1996, S.79; Erwähnenswert ist, dass sich in der Praxis der KSW in der letzten Jahren die Tendenz abzeichnet, bei der Argumentation der Entscheidungen immer öfter auf die Zweckbestimmung des Art. 1 WettbewG zurückzugreifen und funktionale Kriterien anzuwenden (KSW/E Nr.22-8/5.4.1994; KSW/E Nr.43-14/28.6.1994; KSW/E Nr.85-24/20.12.1994).

23) Dimitrov M., Dissertation 1996, S. 79, Schluep, GRUR Int. 1973, S.466

24) Fikentscher, GRUR Int.1966, S.182

25) Merz, Die Vorfeldthese, S.201: „Beide Gesetze zielen auf den Schutz und Erhalt der freien Wettbewerbsordnung (Ob), indem sie wettbewerbsbeschränkende Verhaltensweisen von Marktteilnehmern sanktionieren und somit regelnd in den Wettbewerbsprozess eingreifen (Wie).

26) Baudenbacher, ZHR 144 (180), 145, 170

27) Putscher, Der Schutz des unmittelbaren Ergebnisses einer Arbeits- od. Unternehmensleistung, S.196; Baudenbacher, Suggestivwerbung und Lauterkeitsrecht, S. 9

28) Dimitrov M., Diss. 1996, S.81; Kamenova, im Materialienband, S.54

Anwendung finden könnten, ist das Beschränkungsrecht auf die Regelung komplizierter Marktverhältnisse zugeschnitten, die sich erst von jetzt an in Bulgarien entwickeln werden. In der Tat gewinnen die Vorschriften des Beschränkungsrechts in Bulgarien erst in letzter Zeit allmählich an Bedeutung.[29] In Russland dagegen sind die Antimonopolbehörden mit vergleichsweise wichtigeren Fällen im Kartellrecht befasst. Es erscheint dennoch die Frage berechtigt, ob es wirklich so dringend notwendig war, eine so komplizierte und vielschichtige Rechtsmaterie, wie das gesamte Beschränkungsrecht übereil auszuarbeiten.[30] Läuft man nicht damit die Gefahr einer Vernachlässigung des einen oder anderen wettbewerbsrechtlichen Bereichs im Rahmen eines einheitlichen Wettbewerbsgesetzes schon unter quantitativen Gesichtspunkten? Die positive Antwort auf diese Frage wäre im russischen Wettbewerbsrecht für das Lauterkeitsrecht zutreffend. Von diesen Überlegungen bleibt aber die Fortschrittlichkeit des Gesamtkonzepts unberührt.[31]

In der gebotenen Eile, in der die beiden Gesetze ausgearbeitet wurden, war es nicht möglich, alle denkbaren Erscheinungsformen des Missbrauchs der Wettbewerbsfreiheit präzise zu systematisieren. Trotzdem darf man behaupten, dass es sowohl dem russischen als auch dem bulgarischen Gesetzgeber in weitem Umfang gelungen ist, die typischen Lauterkeitsformen aus der Wirtschaftsrealität in der Übergangsperiode in der gesetzlichen Kasuistik zu erfassen, und dadurch rechtzeitig zu der aktuellen Marktsituation Stellung zu nehmen.

IV. Das rechtssystematische Argument.

Nicht nur die rechtszeitige Reaktion auf die zunehmenden sozialökonomischen Bedürfnisse begründet eine positive Bewertung der neuen Wettbewerbsgesetze. Vor der Gesetzgebungsreform befanden sich die existierenden wettbewerbsrechtlich relevanten Normen in verschiedenen Regelungswerken zerstreut. Begrüßenswert ist deswegen die Abkehr von der gefährlich gewordenen Tendenz in der Gesetzgebung der ehemaligen Ostblockstaaten, wichtige gesellschaftliche Verhältnisse auf untergesetzlicher Ebene, wie etwa durch Verordnungen des Ministerrates, zu

---

29) Dimitrov M., Dissertation, Halle-Wittenberg, 1996, S.81

30) Dimitrov M., Diss.1996, S.81, Wenn man diese Meinung teilen würde, wäre es sodann richtiger, nicht von einer Gesamtregelung als konzeptionelle Lösung auszugehen, sondern vielmehr von einer aus legislativ-ökonomischen Gründen „gesammelten" Wettbewerbsregelung.

regeln.[32] Positiv zu bewerten ist zunächst, dass in Bulgarien und in der Russischen Föderation eine sondergesetzliche Regelung mit detaillierten Verbotsnormen vorgezogen wurde. In einem auf der Grundlage des allgemeinen Deliktsrechts aufbauenden Wettbewerbsrecht würde es darum gehen, präventiv und repressiv die Zusammenhänge zwischen der in wirtschaftlichen Wettbewerb erforderlichen Sorgfalt und der Schadensverursachung auf dem Wege einer richterlichen Rechtsfortbildung zu regeln. Schwierigkeiten bei der Bekämpfung unlauterer Wettbewerbspraktiken bereitete dabei insbesondere die Festlegung der Rechtswidrigkeit.[33]

Ein System von enumerativen, festgeschriebenen Einzeltatbeständen des Deliktsrechts, wie dies für den §823 Abs.1 des deutschen BGB kennzeichnend ist, ist aber dem bulgarischen VerpfVertG fremd. Auch eine vom Schutzgesetzprinzip ausgehende Rechtsnorm, wie diese des §823 Abs.2 des deutschen BGB, die die drittbeeinträchtigenden Verstöße sanktioniert, kennt das bulgarische Deliktsrecht nicht. Art. 45VerpfVertG setzt explizit keinen Verstoß gegen ein Recht oder geschütztes Rechtsgut voraus. Die generelle Anforderung für Nichtschädigung der subjektiven Rechte, des Vermögens und der Integrität dritter Personen wird in der Literatur aus dem allgemeinen Grundsatz des Art.45 VerpfVertG gefolgert. Dies führt zu Schwierigkeiten bei der inhaltlichen Konkretisierung der deliktrechtlichen Generalklausel in bestimmten Haftungsbereichen.[34]

Hieraus hätten sich für die Rechtsanwendung im Lauterkeitsrecht erhebliche Probleme ergeben, wenn man die Eignung der Verhaltensweisen im wirtschaftlichen Wettbewerb bedenkt, in ihrer vertikalen und horizontalen Wirkung Freiheitsräume anderer Marktteilnehmer zu tangieren.[35] Der Verhaltenssteuerungsmechanismus, der dem Lauterkeitsrecht immanent ist, müsste dabei Rücksicht auf die vielfältigen Auswirkungen der Ausübung der Wettbewerbsfreiheit nehmen, denn in einem Haftungsrechtssystem, das grundsätzlich wie das bulgarische Deliktsrecht auf die absolute Geltung der Schadenstragungspflichten aufbaut,[36] ist die Wahrnehmung von Freiheitsrechten unvermeidlich mit der Auferlegung

---

31) Dimitrov M., Dissertation, Halle-Wittenberg, 1996, S.81

32) Dimitrov M., Diss.1996, S.79: Dabei erheben sie den Anspruch, moderne Gesetze zu sein, die die aktuellen Entwicklungstendenzen berücksichtigen.

33) Dimitrov M., Diss. 1996, S.82; auch Kolev, Die rechtliche Regelung des unlauteren Wettbewerb; Goleminov Tsch., Rechtschutz des Wettbewerbs, S.S.10-15

34) Dimitrov M., Diss. 1996, S. 80-82; auch Dülgerov, Lauterer Wettbewerb und Glaubwürdigkeit in der Handelskommunikation, S.10-15

35) Dülgerov, Lauterer Wettbewerb und Glaubwürdigkeit in der Handelskommunikation, S.4; Goleminov, Rechtschutz des Wettbewerbs, S.10ff.

36) Josifow/Balabanov, Unerlaubte Schädigung, Texte mit Kommentar, S.58

eines unnachsichtigeren Sorgfaltsniveaus gekoppelt. Für den Rechtsanwender stellte sich sodann die Aufgabe der Abgrenzung vom leistungsgerechten Verhalten der Konkurrenten, das aus der Wahrnehmung der wirtschaftlichen Betätigungsfreiheit entsteht, gegenüber demjenigen nicht leistungsgerechten Verhalten, das in dem durch den Wettbewerb neu definierten Koordinationssystem des Wirtschaftens wettbewerbsverzerrende Auswirkungen in der Form eines konkret nachgewiesenen Schadensresultats für einen konkreten Marktteilnehmer hätte haben können.[37] Für den betroffenen Marktteilnehmer ergeben sich daher bereits beim Nachweis einer erlittenen Schädigung Schwierigkeiten.[38]

Angesichts der fehlenden Erfahrung der Rechtsanwender, wäre es unrealistisch zu erwarten, dass die allgemeine zivilrechtliche Deliktshaftung für die Judikatur in den Transformationsländern ein effektives Rechtsinstrument sein könnte. Vielmehr wäre mit einer durch die Rechtsunsicherheit der Marktteilnehmer gekennzeichneten Situation zu rechnen.[39] Die Erkenntnis, dass der unlautere Wettbewerb auch mit Hilfe allgemeiner Rechtsgrundsätze und ohne spezielles Lauterkeitsschutzgesetz effektiv unterdrückt werden kann, belegen die Rechtssysteme von Frankreich, Großbritannien und den Niederlanden. Die Rechtssysteme, die auf der Grundlage allgemeiner zivil- und strafrechtlicher Grundsätze das Lauterkeitsrecht aufbauen, können jedoch auf eine lange Rechtstradition bei der Bekämpfung unlauterer Wettbewerbspraktiken zurückblicken.[40] Diese geschichtliche Kontinuität der Rechtsentwicklung ist eine unerlässliche Voraussetzung für einen effektiven Lauterkeitsschutz und für die Rechtssicherheit der Marktteilnehmer.[41] Sowohl das bulgarische als auch das russische Wettbewerbsrecht können aber eine ähnliche geschichtliche Kontinuität nicht aufweisen.

Das Modell einer sondergesetzlichen Regelung des unlauteren Wettbewerbs mit einer abstrakten Generalklausel am Anfang der Regelung und ergänzender kasuistisch-positivistischer Aufstellung von wettbewerbs-

---

37) Kolev, Die rechtliche Regelung des unlauteren Wettbewerbs, S.18

38) Im Unterschied zum Verschulden, das aufgrund der nach §45 Abs.2 VerpfVertG geltenden Verschuldensvermutung vom Schädigenden zu widerlegen ist.

39) Dimitrov M., Dissertation, Halle-Wittenberg 1996, S.84

40) Dimitrov M., Dissertation, Halle-Wittenberg 1996, S.81, Auf der Basis der Delikthaftung entwickelte die französische Jurisprudenz noch in der Mitte des vorigen Jahrhunderts die Lehre des unlauteren Wettbewerbs und noch heute bilden die deliktsrechtlichen Normen des Art.1382 ff. Code Civil die Grundlage für eine wirksame Bekämpfung unlauterer Geschäftspraktiken. Auch in Großbritannien werden typische Formen unlauteren Verhaltens lediglich mittels spezieller Klagen aus dem Bereich des Rechts der unerlaubten Handlungen verfolgt.

41) Jsifov/Balabanov, Unerlaubte Schädigung, S.85; Dimitrov, Diss. 1996, S.84

verfälschenden Verhaltensweisen entwickelte sich im positivistischen Geiste Ende des 19.Jahrhunderts. Immer spürbarer wurde das Bedürfnis nach einem flexiblen System zur Typisierung der unlauteren Verhaltensweisen in klar umrissenen Spezialtatbeständen mit entsprechend ausgebauten Sanktionsmechanismen.[42] Nach diesem Gesetzesmodell wurde zuerst das zweite deutsche spezielle Gesetz gegen den unlauteren Wettbewerb vom 7 Juni 1909 [43] aufgebaut. Es ist nicht zu verkennen, das das deutUWG als Vorbild für all diejenige Länder gedient haben, die sich in den nachfolgenden Jahren für eine Kodifizierung des Rechts gegen den unlauteren Wettbewerb entschlossen haben. Auch der Aufbau der Regelung in Art.10bis PVÜ (der erst auf der Haager Revisionskonferenz 1925 in seiner gegenwärtigen Ausgestaltung mit einer Definition und Beispielen von unlauteren Wettbewerbshandlungen in die Gesamtregelung dieses internationalen Abkommens eingegliedert wurde) ist erkennbar von diesem klassischen Modell des deutUWG beeinflusst worden.[44] Diese Gesetzgebungsform hat sich im Laufe der Zeit in vielen Ländern als wirksame Lösung bestätigt.

Neben den Vorteilen für die wirksame Erfassung unlauterer Wettbewerbshandlungen birgt dieses Modell in sich die Gefahr einer allgemeinen Schwerpunktverschiebung der Normbildungskompetenz von der Legislative auf die Judikative.[45] Die Generalklausel wird als Delegationsnorm betrachtet,[46] die einen Normbildungsauftrag an den Rechtsanwender begründet. Er habe im Bedarfsfall die Regelungslücken zu schlissen, und das bedeutet im Klartext nach solchen Regeln zu entscheiden, die er als Gesetzgeber aufstellen würde.[47] Aufgrund dieser, durch die Generalklausel gewährten, Flexibilität des Lauterkeitsschutzes konnte die Judikatur in Deutschland eine umfangreiche Rechtssprechung entwickeln, das als Richterrecht bezeichnet wird. Der Rechtsprechung zu der Generalklausel des §1 UWG wird eine fortbildende Funktion zuerkannt, wobei die gewonnenen Rechtssätze durch Gerichtsentscheidungen zu den typischen Fallgruppen als Leitnormen und nicht als starre

---

42) vgl. Hedemann, Die Flucht in die Generalklauseln, S.58; eine „erdrücklichte Überfülle des Stoffes", zu denen eine eigene spezielle Regelung des Gesetzes fehlt.

43) RGBl, S.499, zuletzt geändert durch das Gesetz gegen den unlauteren Wettbewerb vom 25 Juli 1994, Bundesgesetzblatt 1994, Teil I, 1738

44) Dimitrov M., Dissertation, Halle-Wittenberg 1996, S.85

45) Dimitrov M., Diss. 1996, S.85, Mestmäcker, Der verwaltete Wettbewerb, S.92 stellt die Frage. Inwieweit dies verfassungsrechtliche standhaft ist.

46) Dimitrov M., Diss. 1996, S.85-86, Nerreter, Allgemeine Grundlagen eines deutschen Wettbewerbsrechts, S.78; Teubner, Standards und Direktiven in Generalklauseln, S.43, 61, 106

47) Hippel, Richtlinien und Kasuistik im Aufbau von Rechtsordnungen, S.11

Rechtsregeln betrachtet werden.[48]

In der Russischen Föderation ist bislang, soweit ersichtlich, kein Unlauterkeitsurteil mit einem Rückgriff auf die abstrakte Generalklausel begründet. An dieser Stelle ist noch mal hervorzuheben, dass gerade für die russische lauterkeitsrechtliche Generalklausel eine Konkretisierung in Entscheidungen notwenig ist. Die Rechtsprechung in Bulgarien hatte sich bereits mit praktischen Fällen zu befassen, in denen der Sachverhalt nicht eindeutig war und auf die abstrakte Generalklausel der guten Handelssittn, die die kasuistische Regelung ergänzt, zurückgegriffen werden musste.[49] Trotz der anfänglichen Schwierigkeiten bei der Handhabung dieser für das Lauterkeits- recht spezifischen Gesetzgebungsnorm erkennt man in der Praxis allmählich ihre Vorteile für eine flexible Rechtsanwendung und für die Entwicklung theoretischer Systematisierungsansätze.

B. Schutzfunktionen des Lauterkeitsrechts.

1. Schutz immaterieller Werte des Unternehmens.

Die Schutzgutproblematik im Lauterkeitsrecht bildet ein umstrittenes Diskussionsfeld und bietet sich deshalb als hilfsreiche Erkenntnisquelle bei der Ausarbeitung eines adäquaten Verständnisses für das Schutzobjekt des neuen Lauterkeitsrechts an.[50] In Russland bleiben bislang tiefgreifende wissenschaftliche Studien über das neue Wettbewerbsrecht aus. In der bescheidenen wettbewerbsrechtlichen Literatur wurde daher auch die für die Rechtsanwendung wichtige Frage nach dem Schutzgegenstand des Lauterkeitsrechts nur partiell behandelt. In Bulgarien ist bei einigen Autoren die Tendenz erkennbar, das Lauterkeitsrecht auf den Schutz von immateriellen Werten des Unternehmens auszurichten.[51]

Ausgegangen wird dabei vom herrschenden Grundverständnis des Unternehmens als einer unhomogenen Wertgesamtheit von Rechten, Pflichten und faktischen Verhältnissen, die als Sondervermögen des Kaufmannes Objekt von Eigentumsrechten sein kann.[52] Das Unternehmen wird als ein Komplex von Elementen betrachtet, der, der Persönlichkeit eines Kaufmannes subordiniert ist[53] und dessen wirtschaftlicher Tätigkeit

48) Hippel, Richtlinien und Kasuistik im Aufbau von Rechtsordnungen, S.41

49) vgl. oben S.87-88, OG/E 549/17.6.93-V, Fall „Terastio"

50) Dimitrov M., Dissertation, Halle-Wittenberg 1996, S. 212

51) Goleminov, Rechtschutz des Wettbewerbs, S.214; Ratschev, Das HGB, S.9

52) Dimitrov M., Diss. 1996, S. 209-212

53) Katzarov, Systematischer Kurs, S.72; Gerdzikov, Kommentar des HGB, S.82

dient.[54] Im Rahmen dieses Komplexes werden die faktischen Verhältnisse als die immateriellen Elemente des Unternehmens klassifiziert, und dazu gehören nach h.M. die aufgebaute innere Ordnung, der errungene Ruf und das Ansehen des Unternehmens im geschäftlichen Verkehr, die Kanäle für den Produktionsabsatz und die Bezugsquellen, die Kundschaft, die Chancen, die Produktions- und Handelsgeheimnisse und dgl. Die faktischen Verhältnisse pflegt man zusammenfassend auch mit den im englischen bzw. französischen Sprachgebrauch eingebürgerten Begriffen „Goodwill" bzw. „achallandage" zu bezeichnen, oder aber auch als „wirtschaftliche Chancen" des Unternehmens.[55]

Eben die faktischen Verhältnisse des Unternehmens als Bestandteil dessen Vermögens werden als Schutzgegenstand des neuen Lauterkeitsrechts gesehen. Unmittelbare Objekte der unlauteren Angriffe der Konkurrenten seien vor allem die Kundschaft, die Reputation, das gesellschaftliche Prestige und als solche stellten diese ihre Schützwürdigkeit in Anspruch. Aus handelsrechtlicher Sicht seien weder das Renommee noch die Kundschaft *prima facie* als Element der Rechtsverhältnisse, in die das Unternehmen eintritt, zu betrachten, was diese an sich für das Recht irrelevant mache.[56] Schon aus der Sicht des Rechtsschutzes gegen den unlauteren Wettbewerb erlangen die faktischen Verhältnisse des Unternehmens den Rang von durch die Rechtsordnung geschützten, nicht selbständigen Objekten, da der Wettbewerb „organisch" mit ihnen verbunden sei.[57] Die Kundschaft, die Ausbreitung des Absatzes und der Märkte seien die wichtigsten Voraussetzungen für die Verwirklichung einer erfolgreichen Handeltätigkeit, welche jedenfalls nicht als Selbstzweck betrachtet werden könne.[58] Es wird ausgeführt, dass die Konkurrenten kein subjek-

---

54) Daskalov, Darf ein Kaufmann mehr als ein Handelsunternehmen besitzen?, S.34: Die Gestaltung der gesetzlichen Bestimmung, die die Tätigkeit als Element des Handelsunternehmens außer Acht lässt, wird auf rein pragmatische Ziele zurückgeführt, nämlich die Elemente festzulegen, die bei einer Übertragung des Handelsunternehmens in das Vermögen des Erwerbers übergehen werden. Umstritten bleibt die Frage, ob die Tätigkeit des Unternehmens ein selbständiges Element oder Element der faktischen Verhältnisse ist, da die Bestimmung im HGB diese nicht als Begriffsmerkmal enthält. Nach h.M. sei diese mit Hinblick auf die Bedeutung der Tätigkeit des Handelsunternehmens sowohl zum Zeitpunkt dessen Gründung, als auch für den Erhalt des Gesamtwertes eines Unternehmens im Falle einer Übertragung, als dessen Element zu betrachten. Die konkrete Ausübung der gewerblichen Tätigkeit kann aber nicht übertragen werden, da diese streng persönlicher Natur sei und ausschließlich von der Person des Kaufmannes als Besitzer des Unternehmens abhänge.

55) Dimitrov M., Dissertation, Halle-Wittenberg 1996

56) Goleminov, Rechtsschutz des Wettbewerbs, S.7; Ratschev, Das HGB, S.9 ff.

57) So Katzarov, Systematischer Kurs, S.101

58) Kolev, Die rechtliche Regelung des unlauteren Wettbewerb, S.41ff.

tives Recht auf gutes Renommee hätten, weil das Renommee entscheidend von der Organisation des Unternehmens, der Qualität und dem Preis der angebotenen Waren oder Dienstleistungen, der akkuraten Erfüllung der Vertragspflichten abhänge. Jedenfalls habe der Kaufmann das Recht auf Schutz gegen solche Handlungen, die das von ihm infolge seiner faktischen Tätigkeit errungene gute Renommee herabsetzen.[59]

Diese Auffassung in der neueren Literatur geht auf eine ältere Lehre aus der Vorkriegszeit zurück, wonach das Renommee und die Kundschaft der Konkurrenten, insbesondere unter Berücksichtigung des Prinzips der Rechtsstaatlichkeit, als Schutzobjekt des Lauterkeitsrecht galten.[60] Die Rechtsordnung könne die unlautere Ausübung der Wettbewerbsfreiheit nicht dulden und dies erfordere die Errichtung gewisser Schranken im wirtschaftlichen Verkehr.[61] Die schädigenden Auswirkungen einer lauteren Entfaltung der freien unternehmerischen Initiative indizieren nach dieser alten Theorie nicht ohne weiteres einen Eingriff in einen fremden Rechtskreis, was dem gemeinschaftlichen Zusammensein immanent sei.[62]

In der neuen Literatur wird dieser Ansatz aufgegriffen, indem als Grundvoraussetzung für die Entfaltung der unternehmerischen Initiative die Freiheit der Handelstätigkeit angesehen wird. Die Schützwürdigkeit faktischer Verhältnisse wird nicht in absolutem Sinne verstanden, sondern an leistungsbezogene Parameter geknüpft. Die Entfaltung des „natürlichen" Strebens nach Steigerung der eigenen Leistungsfähigkeit erfolge unter den Bedingungen eines „Nebeneinanders" mehrerer Konkurrenten, und dieser mächtige Antrieb bewirke im Endeffekt gesamtwirtschaftliche Vorteile.[63] Dieses „Nebeneinander" finde jedoch nur in den Grenzen der gesetzlich festgelegten Parameter statt. Das Wettbewerbsrecht sei zur Festlegung dieser Grenzen berufen, weil der uneingeschränkte freie Wettbewerb auch negative Erscheinungen mit sich bringe, die auch gesellschaftlichschädlichen Auswirkungen hätten haben können.[64]

---

59) Katzarov, Systematischer Kurs, S.101; Dimitrov M., Diss.1996, S. 208-212

60) Velev, Der unlautere Wettbewerb, S.7

61) Kolev, Die rechtliche Regelung des unlauteren Wettbewerbs, S.360

62) Katzarov, Systematischer Kurs des Handelsrechts, S.103

63) Goleminov, Rechtsschutz des Wettbewerbs, S.4 „Ihrer Wesen nach ist die Konkurrenz ein Wettkampf zwischen Kaufleuten, der die Erziehung höherer Gewinne zum Zwecke hat, aufgrund einer möglichst erfolgreichen Realisierung der Tätigkeit"

64) Dimitrov, Diss.1996, S. 211: Das Wettbewerbsrecht sei auf drei Problemkreise zugeschnitten: 1) Auf das Verhältnis zwischen der Vertragsfreiheit und dem Wettbewerbskampf; 2) Auf das Verhältnis zwischen den gesellschaftlichen Interessen und den Anforderungen des Anstandskriteriums einerseits und dem Wettbewerbskampf andererseits; 3) Auf die Objekte des Wettbewerbskampfes und die Mittel dieses Kampfes.

II. Die Schutzgutproblematik im Lauterkeitsrecht.

Der ursprüngliche Grundgedanke der Bekämpfung von Exzessen [65] im wirtschaftlichen Wettbewerb war auf den Schutz des Handelsunternehmens ausgerichtet. Maßgebend war diese Lehre im 19.Jahrhundert insbesondere in der französischen Literatur.[66] Demnach betrachtete man den unlauteren Wettbewerb als unbefugter Eingriff in ein subjektives absolutes Immaterialgüterrecht an der *cliente*, die einen Teil des *fonds de commerce* oder *fonds artisanal* bildete. In einer bestimmten Entwicklungsetappe wurde auch die Diskussion um das Schutzgut in Deutschland durch die Auffassung des Lauterkeitsschutzes als ausschließlichen Unternehmensschutz geprägt, allerdings in einem modifizierten Sinne als in Frankreich. Die ersten Versuche gingen in die Richtung der Anerkennung eines absoluten Persönlichkeitsrechts der Mitbewerber in ihrer Betätigung als freie Unternehmer.[67] Die Kritik dieser Lehre stützt sich darauf, dass zwar im Einzelfall durch einen Wettbewerbsverstoß das Persönlichkeits- oder Betätigungsrecht eines Mitbewerbers verletzt werden könne, dies treffe aber nicht typischerweise zu: Der Reklame- und Ausverkaufsschwindel oder das Ausspannen von Angestellten lassen sich unter dem Aspekt der Verletzung eines Persönlichkeitsrechts nicht als Unlauterkeitstatbestände erklären, da in diesen Fällen die Person des Konkurrenten dem Handelnden gleichgültig sei.[68] Das Abstellen auf einen Persönlichkeitsschutz ließe die sozialen Zielsetzungen des UWG-Rechts nicht zur Geltung kommen. Der Schutz der wirtschaftlichen Betätigung des Einzelnen könne nicht alleiniger Gegenstand des Lauterkeitsrechts sein.[69]

Vertreter einer anderen Strömung in der älteren Literatur in Deutschland waren Baumbach [70] und Callmann,[71] die als Schutzgegenstand des Lauterkeitsrechts das Unternehmen als objektives Immaterialgüter-

---

65) Baumbach/Hefermehl, Wettbewerbsrecht, Einleitung UWG, Rdnr.41

66) Nachweise aus der französischen Literatur bei Kolev, Die rechtliche Regelung des unlauteren Wettbewerbs, S.344 f.

67) Lobe, Der unlautere Wettbewerb als Rechtsverletzung, S.145; Kummer, Anwendungsbereich und Schutzgut der privatrechtlichen Rechtssätze gegen unlauteren Wettbewerb, S.84. Die vielen Anhänger dieser Auffassung in der Nachfolgezeit bei Fikentscher, Wettbewerbsrecht und gewerblicher Rechtsschutz, S.158

68) Dimitrov M., Diss. 1996, S. 214; Baumbach/Hefermehl, a.a.O., Rdnr.45

69) Baumbach/Hefermehl, Rdnr.45 mit Hinweis auf Hubmann, Gewerblicher Rechtsschutz, §4 V.

70) Baumbach, Wettbewerbs- und Warenzeichenrecht, S.67

71) Callmann, Der unlautere Wettbewerb, S.28, Er bezieht den Schutz nicht auf die Persönlichkeit, sondern auf das Unternehmen als Objekt.

recht auffassten. Sie hielten es für möglich, alle unlauteren Beeinträchtigungen eines Unternehmens mit Hilfe der §§823 I und 1004 BGB erfassen zu können und daher sogar eine sondergesetzliche Regelung des unlauteren Wettbewerbs für entbehrlich.[72] Dieser Auffassung kann man entgegen halten, dass sich bestimmte sittenwidrige Handlungen im Wettbewerb, wie beispielweise die unsachliche Kundenbeeinflussung und die irreführende Werbung unter dem Gesichtspunkt der Unternehmensverletzung nicht einordnen ließen. Das Unternehmen als Rechtsgut reiche daher weder für das Recht des unlauteren Wettbewerbs noch weniger für ein übergeordnetes allgemeines Wettbewerbsrecht aus.[73]

Einen wesentlichen Beitrag für die Entwicklung eines modernen Verständnisses für das Wettbewerbsrecht stellt die von Fikentscher in den fünfziger Jahren entwickelte Lehre dar. Er verblieb beim Erfordernis eines subjektiven Persönlichkeitsrechts. Allerdings ging er von einer Zweiseitigkeit des Schutzes der Persönlichkeit aus, mit der Argumentation, die „Herrschaftssicherung kann nur die eine Hälfte des allgemeinen Persönlichkeitsschutzes zum Inhalt haben".[74] Dem Persönlichkeitsschutz werden einerseits der Schutz von erworbenen oder sonst von der Rechtsordnung zugeordneten Güter (Schutz des „Habens") und andererseits der Schutz der Bewegungsfreiheit der Persönlichkeit „in ihrer Beteiligungsmöglichkeit am allgemeinen Austausch und Erwerb der Güter" (Schutz des „Erwerbenkönnens") eingeordnet.[75] Er fasst sodann die Freiheit und die Lauterkeit des Wettbewerbs in einem übergeordneten Rechtsgut der freien wirtschaftlichen Betätigung zusammen.[76] Seiner Auffassung nach gilt es im Lauterkeitsrecht zu differenzieren: Es diene zum einen im bestimmten Umfang neben Vorschriften des BGB und des gewerblichen Sonderrechtsschutzes dem Unternehmensschutz bei den Rechtsgütern, die das Recht dem Wettbewerb entzieht und die vermöge der Entfaltungsfreiheit gewonnen wurden, zum anderen dem „Schutze der wirtschaftlichen Betätigung der Persönlichkeit zum wesentlichen Teil vor unlauteren

---

72) Baumbach/Hefermehl, Wettbewerbsrecht, Einl. UWG, Rdnr.46

73) Dimitrov, Diss. 1996, S.218; Fikentscher, Wettbewerb und gewerblicher Rechtsschutz, S.224

74) Fikentscher, Wettbewerb und gewerblicher Rechtsschutz, S.208

75) Dimitrov M., Dissertation, Halle-Wittenberg 1996, S.216, Fikentscher,a.a.O., S.208; Kohler, Der unlautere Wettbewerb, S.18

76) Fikentscher, a.a.O., S.227, wobei er als wirtschaftliche Betätigung – aus Zweckmäßigkeitsgründen – die vom bestehenden Unternehmen losgelöste „Unternehmertätigkeit als solche" bezeichnet. In Anlehnung an Schippel (Das Recht am eingerichteten und ausgeübten Gewerbebetrieb, 1956) unterscheidet er zwischen Unternehmertätigkeit im bestehenden Unternehmen und der sog. Unternehmertätigkeit als solcher, die gleichbedeutend mit der „wirtschaftlichen Betätigung" sei.

Angriffen" und „zum geringeren Teil vor Beschränkungen der Wettbewerbsfreiheit..."[77]

Ein konzeptionell anderes Verständnis für den Schutzgegenstand des Lauterkeitsrechts ist von Hefermehl entwickelt worden. Er lehnt die Versuche ab, den unlauteren Wettbewerb durch Verletzung subjektiver Rechte oder eines Rechtsguts zu erklären, weil die Zuweisung ausschließlicher Herrschaftspositionen dem Wesen des Wettbewerbs widerspreche.[78] Hefermehl hebt hervor, dass sich Wettbewerbsverstöße oft gegen die Gesamtheit der Mitbewerber und der übrigen Marktbeteiligten richtet, die Anerkennung eines individuellen Rechts oder Rechtsguts für das Schutzobjekt des Lauterkeitsrechts sei mit der sozialen Auffassung des Wettbewerbsrechts nicht vereinbar. Im Lauterkeitsrecht geht es nach seiner Auffassung um einen umfassenden privatrechtlichen Interessenschutz, wobei das Kennzeichen des unlauteren Wettbewerb in dem Verstoß gegen objektive Verhaltensnormen liege.[79] „Das integrierende Schutzgut ist der lautere Wettbewerb, auf den der Bewertungsmaßstab der guten Sitten in der Generalklausel des §1 UWG bezogen ist."[80] Diese Auffassung ist auch für die neuere Rechtsprechung der BGH bestimmend.[81]

Die Auffassung des unlauteren Wettbewerbs als Verletzung einer objektiven Verhaltensnorm, nämlich dieser, keine unlauteren Mittel gegenüber den Konkurrenten zu gebrauchen, vertritt Roubier.[82] Diese Auffassung findet in der französischen Rechtsprechung zunehmend Einklang.[83] Danach liegt das Wesen des unlauteren Wettbewerbs in dem Missbrauch eines öffentlichen Rechts auf freie Konkurrenz begründet. Auf einer Verletzung vom subjektiven privaten Recht des Konkurrenten beruht die Klage aus unlauterem Wettbewerb nicht.[84] Charakteristisch für die unlauteren Wettbewerbshandlungen ist die Verletzung einer Grundnorm menschlichen Verhaltens.

Die herrschende italienische Lehre von „Avviamento" betrachtet als Schutzgut des Lauterkeitsrechts das Recht am Unternehmen im Sinne eines

---

77) Fikentscher, Wettbewerb und gewerblicher Rechtsschutz, S.229

78) Dimitrov, Dissertation, Halle-Wittenberg 1996, S.218

79) Baumbacher/Hefermehl, Wettbewerbsrecht, Einleitung UWG, Rdnr.50

80) Baumbacher/Hafermehl, Wettbewerbsrecht, Rdnr.51; Dimitrov, Diss., S. 218

81) Er zitiert aus der Entsch. des BGH „Kindersaugflasche", BGHZ 35, 333, 329, wo ausgeführt wird, dass die Vorschriften gegen den unlauteren Wettbewerb kein Ausschließlichkeitsrecht an einem bestimmten Schutzobjekt gewähren, sondern der Verhinderung von Missbräuchen im Konkurrenzkampf dienen, indem sie den Wettbewerbern verbieten, sich in diesem Kampf unlauterer Mittel zu bedienen.

82) Roubier, La droit de la propriete industrielle, S.532

83) Kuhna, Die Klage wegen unlauteren Wettbewerbs im französischen Recht

84); Ulmer/Krasser, Das Recht des unlauteren Wettbewerbs in EW, S.61

Immaterialgüterrechts.[85] Unter „Avviamento" des Unternehmens sei nach Rotondi [86] das Folgende zu verstehen: „die lebendige Energie, die die Organisation des Geschäftsvermögens in ihrer Gesamtheit durch die Tätigkeit des Unternehmers erwirbt...Das Wirt deutet auf eine Dauerwirkung hin, die in gewissem Sinn „potentiell" genannt werden kann und die Kräfte bezeichnet, die tätig wirkend im Unternehmen eingeschlossen sind.[87] Das „Avviamento" hat die Qualität eines eigenständigen Rechtsgutes und fungiert als Inbegriff für die Eigenschaften einerseits des Unternehmens,[88] andererseits für die Auswirkung der persönlichen Eigenschaften des Unternehmers.[89] Der Lauterkeitsschutz stelle sich demnach als schützendes Netz für die gesamte Organisation des Unternehmens in seinem äußersten Bereich dar, der aber ergänzend auch dort eingreift, wo spezielle und engere Schutzvorschriften im bezug auf einzelne Unternehmensbestandteile, einzelne Rechte und Unterscheidungszeichen versagen.[90]

In der schweizerischen Literatur wird von Kummer die Auffassung begründet, dass das Schutzgut des Lauterkeitsrechts ein subjektives absolutes Recht an der Wettbewerbsstellung sei.[91] Der Lauterkeitsschutz sei auf die „Chancen und Möglichkeiten, zum gewinngerichteten Leistungsaustausch zu kommen" ausgerichtet und die darauf abzielenden Interessen seien als dessen Schutzgut anzuerkennen.[92] Dieses absolute subjektive Recht an der Wettbewerbsstellung ist aber nur im Rahmen der objektivrechtlichen Normen von Treu und Glaube geschützt,[93] woraus „reflexweise" ein Schutz der objektiven Wettbewerbsordnung erreicht werde.[94] Darin liegt eben das Besondere dieses subjektiven Rechts: „Dem Recht an der Wettbewerbsstellung eignen genau diejenigen Besonderheiten, die das Persönlichkeitsrecht von allen anderen subjektiven Rechten

---

85) Kummer, Anwendungsbereich und Schutzgut der privatrechtlichen Rechtssätze gegen unlauteren und gegen freiheitsbeschränkenden Wettbewerb, S.85

86) Rotondi, GRUR Ausl.1956, S.531 ff.

87) Der Autor weist selbst auf die Schwierigkeiten bei der Übersetzung dieses in der italienischen Fachsprache eingebürgerten Begriffs. „Die einzige Sprache, die ein dem italienischen „Avviamento" entsprechendes Wort besitzt ist die englische, die die bezeichnete Erscheinung den „Goodwill" nennt.", GRUR Ausl. 1956, S.531, 538

88) Dimitrov M., Dissertation 1996, S.212-218, Avviamento oggettivo

89) Avviamento soggetivvo

90) Dimitrov M., Diss. 1996, S. 210; Rotondi, GRUR Ausl.1956, S.531

91) Kummer, a.a.O., S.76: Er legt das allgemeine Persönlichkeitsrecht seiner Auffassung zugrunde und gelang in einer parallelen Betrachtung zu dem Ergebnis, dass das absolute Recht an der Wettbewerbsstellung „sein legitimen Sohn ist."

92) Kummer, a.a.O., S.88

93) Dimitrov M., Diss. 1996, S.210; Kummer, a.a.O., S.104

94) Kummer, a.a.O., S.110

abheben, und im Lichte der herkömmlichen Dogmatik trägt auch es diese ausgesprochene Doppelseitigkeit von subjektiv- und objektivrechtlicher Prägung; subjektivrechtlich insoweit, als seine Verwirklichung im Einzelfall dem Berechtigten überlassen bleibt; objektivrechtlich in der Notwendigkeit, seinen Schutzumfang in jedem Einzelfall vermöge einer objektivrechtlichen Norm neu wertend auszumessen..."[95] Kritisiert wurde diese Auffassung wegen der Unvereinbarkeit eines absoluten Schutzes der Wettbewerbsstellung mit dem System eines freien Wettbewerbs.[96]

Der Rückblick auf die Diskussion um das Schutzgut des Lauterkeitsrechts zeigt, dass die Theorien darüber nicht einheitlich sind, was mit den Unterschieden in den verschiedenen Rechtssystemen und mit den spezifischen Entwicklungsrichtungen der nationalen Rechtsprechung und Lehre zusammenhängt.[97] Die Auffassungen über das Schutzobjekt des Lauterkeitsrechts lassen sich konzeptionell in zwei Richtungen einordnen: Das Wesen des unlauteren Wettbewerbs wird einerseits von vielen Autoren in der Verletzung eines subjektiven Rechtes gesehen, andererseits setzt sich in der modernen Entwicklung des Wettbewerbsrechts immer mehr die Lehre durch, die auf eine subjektivrechtliche Betrachtungsweise verzichten will und den unlauteren Wettbewerb mit der Verletzung einer objektiven Verhaltensnorm erklärt.

III. Kritische Betrachtung individualrechtlicher Theorien.

Mit den Versuchen, das neue Lauterkeitsrecht auf dem Schutz von immateriellen Werten des Unternehmens auszurichten, wird in Bulgarien keinen originellen Weg eingeschlagen. Vielmehr lässt diese Auffassung deutliche Parallelen zu der in Italien entwickelten Theorie nach dem „Avviamento“ des Handelsunternehmens erkennen.[98] Von den Befürwortern des Unternehmensschutzes wird versucht, ein leistungsbezogenes Schutzobjekt des Lauterkeitsrecht zu finden, um der Gefahr einer statischen Betrachtungsweise im Wettbewerbsrecht auszuweichen. Im

---

95) Kummer, Anwendungsbereich und Schutzgut der privatrechtlichen Rechtssätze gegen unlauteren und gegen freiheitsbeschränkenden Wettbewerb, S.110

96) Baumbach/Hefermehl, Wettbewerbsrecht, Einl. UWG, Rdnr.48

97) Dimitrov M., Dissertation, Halle-Wittenberg 1996, S. 218; Baumbach/ Hefermehl, Rdnr.45 mit Hinweis auf Hubmann, Gewerblicher Rechtsschutz, § 4 V.

98) Dimitrov M., Diss. 1996, S. 219; Merz, Die Vorfeldthese, S.188; Kummer, Anwendungsbereich und Schutzgut der privatrechtlichen Rechtssätze gegen unlauteren und gegen freiheitsbeschränkenden Wettbewerb, S.110

Prinzip ist auch die Lehre vom „Avviamento" maßgeblich auf die Folgen der Leistung des Handelsunternehmens gerichtet, indem sie auf die lebendige Energie und die dauerwirkende Kraft des tätigen Unternehmens ansetzt. Dem steht aber die Favorisierung des Renommees und der Kundschaft eines Konkurrenten entgegen, und hier könnte man auf Gegensätzlichkeiten stoßen.[99]

Anhaltspunkte für die Auffassung des Lauterkeitsrechts als Instrument des Unternehmensschutzes lassen sich aus den Definitionen des Rechtsbegriffs des unlauteren Wettbewerbs [100] ableiten. Erfasst werden i.d.R. sowohl unmittelbare Eingriffe gegen Konkurrenten entlang der horizontalen Achse der Marktverhältnisse, als auch mittelbare Eingriffe gegen Konkurrenten durch die störende Einwirkung auf ihre Beziehungen zu den Verbrauchern entlang der vertikalen Achse der Marktverhältnisse. Man kann aber die Generalklausel nicht dahingehend interpretieren, dass als Schutzgegenstand des Lauterkeitsrechts nur bereits bestehende Verhältnisse eines Handelsunternehmens, wie feste oder potentiell greifbare Kundschaft oder errungenes Renommee, in Frage kommen. Das Auftreten eines neuen Unternehmens auf dem Markt macht ihn zugleich zum Konkurrenten. Die faktischen Verhältnisse sind i.d.R. für ein neues Unternehmen lediglich potentielle, denkbare aber nicht sichere Chancen. Solche Beispiele aus der Wirtschaftsrealität in der Übergangsperiode gibt es ziemlich oft. Die Folge davon wäre eine reale Gefährdung für die Beziehungen bereits tätigen Konkurrenten zu den Verbrauchern, denn der Wirkungsgrad des Wettbewerbs auf der Anbieterseite beeinflusst notwendigerweise die Wettbewerbsintensität auf der Nachfrageseite.[101] Ein primäres Abstellen auf die faktischen Verhältnisse eines Unternehmens als Schutzobjekt des Lauterkeitsrechts liefe damit die Gefahr, der aktuellen Konkurrenz ein legitimes Mittel zur Errichtung von künstlichen Marktzutrittsschranken in die Hand zu geben.[102]

Gegen die Auffassung des Lauterkeitsrechts als Instrument eines ausschließlichen Unternehmensschutzes kann man sanktionspolitische Argumente anführen. Das Lauterkeitsrecht räumt Sanktionsbefugnisse nicht nur den betroffenen Konkurrenten ein, sondern es kennt auch die selbständige Klage des verletzten oder gefährdeten Verbrauchers, der ja nicht ein Unternehmen zu sein braucht. Die Wettbewerbsbehörden und die

---

99) Dimitrov M., Dissertation, Halle-Wittenberg 1996, S.220; Dülgerov, Lauterer Wettbewerb und Glaubwürdigkeit in der Handelskommunikation, S.55

100) Dazu rechtsvergleichend Dietz, Einführung von Wettbewerbsschutzgesetze in den ehemals sozialistischen Ländern Europas, GRUR 1994, S.649

101) Dimitrov M., Diss. 1996, S.221; Daskalov, Das Handelsunternehmen, S.15

102) Dimitrov M., Dissertation, Halle-Wittenberg 1996, S. 219-226; Daskalov, Das Handelsunternehmen, S.89

Staatsanwaltschaft können nach selbständigem Ermessen von ihren Sanktionsbefugnissen Gebrauch machen, wenn schutzbedürftige gesellschaftliche Interessen im Spiel sind. Der Verbraucherschutz bloß als Nebenreflex eines ausschließlichen Unternehmensschutzes zu erklären, liefe mit der Zielsetzung der gesamten wettbewerbsrechtlichen Regelung nicht konform. Eine akzentuiert individualrechtliche Betrachtungsweise ist wegen ihrer Einseitigkeit dem neuen Wettbewerbsschutzkonzept nicht gerecht.[103] Den Befürwortern der Auffassung des Lauterkeitsrechts als juristisches Instrument zum Schutz unternehmerischer Immaterialwerte ist es nicht gelungen, die Rolle des individuellen Rechtsschutzes im Lauterkeitsrecht im Gesamtkontext eines objektiven Wettbewerbsschutzes konsequent zu Ende zu denken.[104]

Wenn man die Aufgaben des Lauterkeitsrechts vom Standpunkt der betroffenen Personen zu erklären versucht, dann stellt sich die Frage, inwiefern die ausdrücklichen Hinweise der materiellrechtlichen Normen auf wettbewerbsrechtlich geschützte Interessen es rechtfertigen, dogmatisch primäre subjektive Rechte auf marktbezogene Freiheit der Konkurrenten und Verbraucher konstituieren zu wollen, worauf der Lauterkeitsschutz hätte zugeschnitten sein sollen. Gewiss bedarf es effektiver rechtlicher Mittel zur Gewährleistung der individuellen Freiheit des Einzelnen auf dem Markt, wie diese des absoluten Persönlichkeitsrechts der freien wirtschaftlichen Betätigung der Konkurrenten.[105] Unter gesamtsystematische Gesichtspunkte ist jedoch bei den Überlegungen nach der Rezipierbarkeit solcher Auffassungen für das osteuropäische Lauterkeitsrecht zunächst Behutsamkeit geboten.[106] Im Unterschied zum deutschen und schweizerischen Rechtssystem kennt z.B. das bulgarische Recht kein allgemeines Persönlichkeitsrecht, in dessen Anlehnung ein entsprechendes Verständnis für den Lauterkeitsschutz als Schutz absoluter Rechte dogmatisch gestützt werden könnte. Die bürgerlich-, handels- und urheberrechtliche Gesetzgebung regeln lediglich einzelne Persönlichkeitsrechte.[107] In der Literatur wird zwar darauf hingewiesen, dass die Wurzeln des allgemeinen Persönlichkeitsrechts im deutschen Recht eng mit dem Gedanken der Bekämpfung unlauteren Wettbewerbs zusammenhängen,

---

103) Dülgerov, Lauterer Wettbewerb und Glaubwürdigkeit in der Handelskommunikation, S.85

104) Dülgerov, Lauterer Wettbewerb und Glaubwürdigkeit in der Handelskommunikation, S.85; Dimitrov M., Dissertation, Halle-Wittenberg 1996, S.222; Gerdjikov, Kommentar zum Handelsgesetz I, S.124

105) Dimitrov, Diss. 1996, S.219-226; Raiser, Der Stand der Lehre vom subjektiven Recht im deutschen Zivilrecht, S.101

106) Christov, Allgemeines Persönlichkeitsrecht nach deutschem Recht, S.8; Daskalov, Darf ein Kaufmann mehr als ein Handelsunternehmen besitzen?, S.34

und dass eben die deutsche Rechtswissenschaft diejenige ist, die die Entwicklung des bulgarischen Zivilrecht am meistens beeinflusst, obwohl die zivilrechtliche Gesetzgebung Bulgariens unter Rezeption in erster Linie des römischen Rechtssystems entstanden und konzipiert ist.[108] Im bulgarischen Recht ist der Gedanke der Anerkennung eines allgemeinen Persönlichkeitsrechtes *de lege ferenda* längst nicht mehr fremd.[109] Die neue Verfassung regelt nun in Art.4 Abs.2 die verfassungsrechtliche Garantie der Persönlichkeitsrechte.

Aus diesem Hintergrund scheint der Weg für die Begründung absoluter subjektiver Rechte der Marktteilnehmer durchaus möglich. Der Gesetzgeber hat indessen hinreichende Anhaltspunkte für inhaltliche Konkretisierung wirtschaftlicher Positionen auf dem Markt sowohl im Bereich der vertikalen als auch der horizontalen Verhältnisse selbst gegeben.[110] Eine resignative Haltung gegenüber einer Ausrichtung des Lauterkeitsrechts auf den Schutz von primären subjektiven Rechten der Marktteilnehmer rechtfertigt sich aber vor allem unter rein pragmatischen Aspekten. Einerseits kann man nicht leugnen, dass die Legitimierung von Herrschaftspositionen im Wirtschaftsraum durch die Anerkennung von absoluten subjektiven Rechten einzelner Marktteilnehmer die Gefahr zur Erstickung der unternehmerischen Entfaltungsfreiheit mit sich bringt.[111] Andererseits wäre unzutreffend zu behaupten, dass die vorprogrammierten Interessenkollisionen auf einem chaotischen Markt unbedingt des bewährten Mediums des absoluten subjektiven Rechtes bedürfen, als ob man eigens mit dessen Hilfe persönlichkeits- bzw. unternehmensbezogenen Eingriffen anderer Marktteilnehmer oder des Staates effektiv entgegentreten kann.[112] Die Ausschlussfunktionen der subjektiven absoluten Rechte sind mit der Freiheitsschutzidee im Lauterkeitsrecht kaum vereinbar,[113] denn jeder Konkurrent hat im Grunde der besser erbrachten Leistung auf

---

107) Das Namensrecht (Art1 Gesetz über die Namen der bulgarischen Bürger); das Firmenrecht (Art.11 Handelsgesetz); das Recht an eigenem Bild und eigener Erscheinung (Urheberrechtsgesetz); Das Recht auf Handels- und Betriebsgeheimnissee (Art.35 Wettbewerbsgesetz); das Recht auf Handelsehre (Art.31 Wettbewerbsgesetz). Dazu Christov, Allgemeines Persönlichkeitsrecht nach deutschem Recht, S.104 ff.

108) Christov, Allgemeines Persönlichkeitsrecht nach deutschem Recht, S.7-10

109) Christov, Allgemeines Persönlichkeitsrecht nach deutschem Recht, S.13; Goleminov, Rechtsschutz des Wettbewerbs, S.6

110) Christov, Allgemeines Persönlichkeitsrecht nach deutschem Recht, S.18ff.; Dimitrov M., Dissertation, Halle-Wittenberg 1996, S.225

111) Goleminov, Rechtsschutz des Wettbewerbs, S.69

112) Dimitrov M., Dissertation, Halle-Wittenberg 1996, S.225

113) Dimitrov M., Dissertation 1996, S.219-226; Tadzer, Bürgerliches Recht, Allgemeiner Teil II, Sofia 1973, S.69, 71

dem Markt zu weichen. Es verwundert daher nicht, dass im Unterschied zur bürgerlich-rechtlichen Literatur, die aus den lauterkeitsrechtlichen Tatbeständen der Rufschädigung und des Geheimnisverrats absolute Persönlichkeitsrechte der Kaufmänner herleitet, die wettbewerbsrechtliche Literatur sich damit begnügt, darauf hinzuweisen, dass die Kaufmänner kein Recht auf gutes Renommee beanspruchen können, da es eben die Leistung ist, die über die Schutzwürdigkeit immaterieller Werte im wirtschaftlichen Wettbewerb entscheidet.[114]

In der bulgarischen und russischen Rechtsprechung ist bislang, soweit ersichtlich, kein Unlauterkeitsurteil in wettbewerbsrechtlichen Streitigkeiten mit der Verletzung eines unternehmerischen Schutzgutes begründet. Dies erlaubt die Schlussfolgerung, dass der Schwerpunkt bei der Beurteilung von Wettbewerbspraktiken auf der aktiven Seite, dieser des Verletzers, liegt. [115] Die Art und Weise des Verhaltens der Wirtschaftssubjekte liefern mithin die maßgeblichen Unlauterkeitsindizien. Das Lauterkeitsrecht richtet sich danach, *wie* die verfassungsmäßig garantierte Wettbewerbsfreiheit ausgeübt wird. [116] Ausschlaggebend für die Anwendung der Lauterkeitsnormen ist die Überschreitung der Schranke, die die Verhaltensnorm „gute Handelssitten“ oder „Gewohnheiten des Geschäftsverkehrs und die Anforderungen der Ordentlichkeit, Vernunft und Gerechtigkeit“ aufstellt.

---

114) Goleminov, Rechtsschutz des Wettbewerbs, S.7

115) Raiser, Rechtsschutz und Unstitutionenschutz im Privatrecht, S.145: „ Den Grundprinzipien einer Wettbewerbsordnung läuft es zuwider, den einzelnen Wirtschaftssubjekten einen festen Tätigkeitsbereich zuzuweisen und durch Abwehr- und Schadensersatzansprüche zu schützen; sie müssen sich vielmehr diesen Bereich immer neu erobern in einem Kampf, für den es im Recht des unlauteren Wettbewerbs Spielregeln, aber keine garantierten Monopolstellungen gibt. Das schließt den Schutz der dem Einzelnen zukommenden Rechtsgüter durch entsprechende Verhaltensnormen mit Unterlassungs- und Schadensersatzansprüchen nicht aus, mahnt aber jedenfalls zur Zurückhaltung gegen die Tendenz, überall, wo ein solcher Schutz angebracht ist, ein subjektives Recht als gedachtes Schutzobjekt zwischen das Rechtsgut und die an seinem Schutz interessierte Person einzuschreiben.“

116) Dimitrov M., Diss. 1996, S. 227

C. Funktionale Einordnung der Lauterkeitsnorm im Rahmen des Konzepts der Gesamtregelung des Wettbewerbsschutzes.

I. Funktionsbezogenheit des Lauterkeitskriteriums.

Im Rahmen der Problematik der zeitgeschichtlichen Erfordernisse der Übergangsperiode von Plan- zur Marktwirtschaft wurde bereits dargestellt, dass das Ziel der neuen Wettbewerbsgesetze darin besteht, eine freie und funktionierende Wettbewerbsordnung privatrechtlich zu gestalten und zu schützen. Zur Beantwortung steht im folgenden die Frage, wie sich die Lauterkeitsnorm gegenüber der übergeordneten Zielsetzung des Wettbewerbsgesetzes verhält, wie sie sich in das gesamte Schutzsystem des Wettbewerbsgesetzes einfügt.[117]

Das zentrale Lauterkeitskriterium ist Inbegriff für die zu fördernden Aktionsformen im wirtschaftlichen Wettbewerb. Es setzt die Schranken der Wettbewerbsfreiheit und bildet zugleich die einzigst inhaltliche Quelle der Freiheitsgarantie im wirtschaftlichen Wettbewerb.[110] Insofern darf man auch die vorherrschende Ansicht der deutschen Doktrin für eine Verknüpfung des Freiheits- und Lauterkeitsschutzes in der Weise, dass die Wettbewerbsfreiheit nur im Rahmen der Lauterkeit instituiert ist,[118] hierin unterstützend hineininterpretieren: „Der freie Wettbewerb reicht nur so weit „als er mit dem Lauterkeitsgrundsatz vereinbar ist. Das Recht zum freien Wettbewerb erhält seinen qualitativen Gehalt erst durch das Statuieren der Schranken der Lauterkeit." [119] Da die Ausübung wirtschaftlicher Tätigkeit notwendigerweise aus der Wahrnehmung der verfassungsmäßig gewährleisteten Wettbewerbsfreiheit hervorgeht, stellt sich der Widerspruch mit den guten Handelssitten generell als zweckwidriger Missbrauch der Wettbewerbsfreiheit dar.[120] Dieses Verständnis erlaubt, das zentrale Lauterkeitskriterium auch als Richtlinie zum Aufbau und Förderung neuer Aktionsformen zu begreifen.[121]

---

106) Dimitrov M., Dissertation, Halle-Wittenberg 1996, S. 208

117) Dimitrov M., Dissertation, Halle-Wittenberg 1996, S.229: Seine Zweckbestimmung bedingt seine vom spezifischen Beurteilungsgegenstand abhängige Funktionsbezogenheit.

118) Hefermehl, GRUR Int.1983, S.508

119) h.M. Baumbach/Hefermehl, Wettbewerbsrecht, Allg.UWG, Rdnr.88; Fikentscher, Wettbewerb und gewerblicher Rechtschutz, S.104

120) Dimitrov, Diss. 1996, S.230; Hefermehl, FS für Nipperdey 1955, S.286

121) Dimitrov M, Diss. 1996, S.229; Im Ergebnis so auch Velitschkova, Wettbewerbsschutz, S.23

Bei den theoretischen Auseinandersetzungen mit der komplexen Problematik des Wettbewerbsrechts geht man von einer Wechselwirkung zwischen einer freien marktwirtschaftlichen Ordnung und einem aktiven und lauteren Wettbewerb aus.[122] Die Diskussion hängt eng mit dem konzeptionellen Wandel von einer sittlichen zu einer funktionalen Auffassung des Lauterkeitsschutzes zusammen.[123] Um die Wertvorstellungen für den freien Wettbewerb unter einen Nenner bringen zu können, darf man auf die prägnante These von Nordemann zurückgreifen: Es „bleibt als einzige reguläre Waffe in diesem Kampf die Leistung des einzelnen Wettbewerbers: Freier Wettbewerb ist stets Leistungswettbewerb."[124] In der deutschen Literatur herrscht die Auffassung vor, dass der Sinn und Wert der Wettbewerbsfreiheit im Leistungsprinzip liegt.[125] Dieser Begriff ist ausschließlich im deutschsprachigen Länderkreis eingebürgert, was mit der Unübersetzbarkeit des Wortes „Leistung" zu erklären ist. Trotzdem kann man aber nicht übersehen, dass auch die neuere Literatur in den Transformationsländern mit dem Hinweis für einen aktiven, förderlichen Wettbewerb der Herausbildung einer dem Leistungswettbewerb entsprechenden Denkfigur sucht.[126]

Durch die Einführung des begrifflichen Gegensatzes von Leistungs- und Behinderungswettbewerb[127] erhielt der Institutsschutzgedanke im Lauterkeitsrecht eine besondere Prägung. Auf dieser Grundlage gedeiht auch die Konvergenz-Entwicklungslinie im Wettbewerbsrecht.[128] Die Genese des Leistungswettbewerbs wird noch in der Auffassung von Lobe gesehen,[129] der aus dem Begriff der Wette die Theorie vom reinen

---

122) In Abkehr von den klassisch-liberalen Vorstellungen des „vollkommenen" Wettbewerbs dient als Referenzsystem der modernen Wettbewerbstheorie das Modell des „funktionsfähigen" Wettbewerbs; So Raiser, GRUR Int.1973, S.443

123) Baudenbacher, GRUR Int. 1981, S.19 und die dort angeführte Literatur

124) Nordemann, Wettbewerbsrecht, Rdnr.1

125) Das Konzept des funktionsfähigen Wettbewerbs wird nach h.M. als Leitbild für das deutGWB und deutUWG gesehen. So Ulmer, GRUR Int.1977, S.565

126) Kolev, Die rechtliche Regelung des unlauteren Wettbewerb, S.360

127) Eingeführt von Nipperdey, Wettbewerb und Existenzvernichtung, S.16; kritisch zur Brauchbarkeit des Begriffs Merz, Die Vorfeldthese, S.266

128) Freitag, Der Leistungswettbewerb als rechtliche Denkfigur, S.14

129) Lobe, Die Bekämpfung des unlauteren Wettbewerbs, S.40: Die Erwerbstätigkeit jedes Mitbewerbers steht dem freien Willen des Kunden zum Vergleich. Der wirtschaftliche Wettbewerb wird daher dann unlauter, wenn der Kunde in anderer Weise als durch die eigenen gewerblichen Leistungen beeinflusst wird, wenn also der Leistungsvergleich des Kunden durch die Handlung des Wettbewerbs unmöglich wird. Lobe zog dabei eine Vergleichsparallele zu den Regelverstößen im sportlichen Wettbewerb (Lockerung des Hufeisens beim gegnerischen Pferd, Einsatz vom Motor beim Wettrudern).

Leistungsvergleich begründete.[130] Nipperdey sah ähnlich wie Lobe das Ziel des Leistungswettbewerbs darin, „durch die eigene Leistung die freie Entschließung des Kunden in einem für den Anbieter günstigen Sinne zu beeinflüssen.“[131] Seit dem Benrather-Tankstellenfall [132] hat der Begriff Leistungswettbewerb einen festen Platz in der höchstrichterlichen Rechtsprechung in Deutschland. In der Nachkriegszeit übernahm der BGH diesen Begriff als festen terminologischen Bestandteil der Rechtsprechung.[133]

Auf makroökonomischer. Ebene wird der Leistungswettbewerb als wettbewerbs-politischen Ordnungsprinzip, in erster Linie im Bereich des Rechts gegen die Wettbewerbsbeschränkungen, verstanden.[134] In dem Leistungswettbewerb wird auch einen sittlichen Vorgang zwischen den Wettbewerbern gesehen, der eine ethische Einstellung zueinander erfordert.[135] Der freie Leistungswettbewerb wird in seiner Zwecksbestimmung weitgehend mit den Vorstellungen des Neoliberalismus für eine Wirtschaftsordnung der sozialen Marktwirtschaft verbunden.[136] Das Verhalten im wirtschaftlichen Wettbewerb wird im Hinblick auf den Beitrag des einzelnen Mitbewerbers zur Erfüllung gesamtwirtschaftlicher Aufgaben beurteilt.[137] Durch Leistungswettbewerb werden die Eigeninteressen der Anbieter im Dienste einer auf die Befriedigung der Konsumentenbedürfnisse orientierten Wettbewerbspolitik gestellt.[138]

Das Lauterkeitsrecht schützt nur die leistungsgerechte Wirtschaftstätigkeit im Interesse der Konkurrenten, der Verbraucher und der Gesamt-

---

130) Dazu Ulmer, GRUR 1977,565

131) Nipperdey, Wettbewerb und Existenzvernichtung, S.17 Seine Ausgangsthese war, dass es einen Kausalzusammenhang zwischen der eigenen Entfaltung im wirtschaftlichen Wettbewerb und der Beeinträchtigung der Konkurrenten bestehe, so dass die bewusste und gewollte Schädigung des Mitbewerbers, wenn sie die Folge der Entfaltung der eigenen Leistungsfähigkeit im Kampf um den freien Entschluss des Kunden, die Folge erfolgreicher Absatzfähigkeit ist gegen die guten Sitten auch dann nicht verstöße, wenn der Erfolg derart ist, dass der Mitbewerber vom Markt vollkommen verdrängt wird.

132) OLG Düsseldorf, GRUR 1929

133) Schricker, GRUR 1979, Skeptisch zum Reformvorschlag für die Einführung des „Leistungswettbewerbs“ in §1 UWG wegen zweifelhafter Justizibialität.

134) Baudenbacher, Suggestivwerbung und Lauterkeitsrecht, S.155

135) Freitag, Der Leistungswettbewerb als rechtliche Denkfigur, S.72

136) Freitag, a.a.O„ S.61 weist auf einen engen Zusammenhang mit dem neoliberalen Gedankengut hin.

137) Freitag, Der Leistungswettbewerb als rechtliche Denkfigur, S.75

138) Dimitrov, Diss. 1996, S.235, Baudenbacher, Suggestivwerbung und Lauterkeitsrecht, S.155 spricht in diesem Zusammenhang von einer Deckung des Leistungsprinzips mit dem Prinzip der Konsumentensouveränität.

wirtschaft. Aus der Sicht des Konkurrenten ist dieser nur in seiner Chancengleichheit in einer freien Wettbewerbsordnung geschützt. Aus der Sicht des Verbrauchers ist dessen Entschließungsfreiheit maßgeblich.[139] Es liegt in der Natur des wirtschaftlichen Wettbewerbs, dies ist ja auch sein wirtschafts- und sozialpolitischer Sinn, dass Kunden aufgrund eines günstigeren Angebots entzogen werden und sich frei nach bestimmten Aktionsparametern wie Qualität, Preis oder Kundenservice für eine oder andere Ware oder Dienstleistung entschließen, ohne dass dabei eine Beeinträchtigung von Unternehmenswerten begründet zu werden braucht.[140]

Es entspricht der guten Handelssitten bei der Ausübung wirtschaftlicher Tätigkeit auf die Reputation, Kreditwürdigkeit und Organisation des Unternehmens, auf die Qualität der Produktion, auf die persönlichen Eigenschaften der Unternehmensvertreter, aufzubauen. Der geschäftliche Ruf in weitem Sinne (Goodwill) ist aber keine Konstante im wirtschaftlichen Wettbewerb und unterliegt konjunkturbedingten Veränderungen. Die funktionale Abhängigkeit des lauterkeitsrechtlichen Goodwill-Schutzes von der Beeinflussung der Nachfrage zeigt sich darin, dass er dort endet, wo wahre, wenn auch schädigende Tatsachen verbreitet werden.[141] Die Wettbewerbsstörung wird erst durch Verfälschung der Informations- bzw. Werbefunktion des Goodwills indiziert.[142]

Es entspricht der guten Handelssitten durch Werbung nur wahre und sachliche Marktinformationen zu verbreiten. Das Lauterkeitsrecht begünstigt die Aktionsform „Werbung" primär als Hilfsmittel für die Entschließungsfreiheit der Nachfrager und erlaubt Werbeformen verschiedener Art bis zur Grenze der Irreführung.[143] Man kann damit erklären, warum der lauterkeitsrechtliche Schutz gegen Nachahmung an die Irreführungs- oder Verwechslungsgefahr gekoppelt ist (Art.33 bulgWettbewG) und warum die Kommission zum Schutz des Wettbewerbs die Benutzung einer fremden Marke nicht als Verstoß gegen die gewissenhafte Handelspraxis ansieht, wenn dies nicht auf irreführende Weise geschieht.[144]

Ferner entspricht es der gewissenhaften Handelspraxis, das durch kreatives Schaffen erfahrene Know-how zur Sicherung einer Sonderstellung im wirtschaftlichen Wettbewerb einzusetzen. Diese durch das

---

139) Böhm, Wettbewerb und Monopolkampf, S.105; Dimitrov M., Diss., S.235

140) Schluep, Festschrift für Max Kummer, 1980, S.487, 497

141) Dimitrov M., Dissertation, Halle-Wittenberg 1996, S.235

142) Neschev, Der Wettbewerb in die wandelnde Wirtschaft der Republik Bulgarien, S.40

143) Dimitrov M., Dissertation, Halle-Wittenberg 1996, S.235

144) KSW7E Nr.59-18/4.10.1993; Dimitrov M., Diss.1996, S.235

Lauterkeitsrecht geförderte Sonderstellung stellt die Konkurrenten unter Leistungsdruck und veranlasst sie zur Aktivität und Innovation, damit sie im Wettbewerb Schritt halten können.[145] Als Marktordnungsinstrument hat das Lauterkeitsrecht die Aufgabe, einerseits im Interesse der Anbieter den ungestörten Einsatz bestimmter wettbewerbsimmanenter Aktionsformen zu gewährleisten, und andererseits im Interesse aller Markteilnehmer Wettbewerbsverfälschungen durch leistungsfremde Einwirkungen auf die Wahl- und Entschließungsfreiheit der Abnehmer zu verhindern.[146]

II. Die Diskussion um die Bestimmung des Wertungsbereiches des Lauterkeitsrechts.

Die kritischen Auseinandersetzungen um die Bestimmung des Wertungsbereichs des Lauterkeitsrechts werden unter dem Stichwort der wirtschaftspolitischen Neutralität bzw. Nichtneutralität des Lauterkeitsrechts geführt. [147]Aus einer kurzen Darstellung dieser Diskussion kann man die Erkenntnis gewinnen, unter welchem Aspekt die Frage nach dem Verhältnis zwischen Antimonopol- und Lauterkeitsrecht für die Wirksamkeit des Lauterkeitsschutzes relevant sein könnte.[148]

Die Befürworter der Neutralitätstheorie berufen sich auf die Beständigkeit des deutschen UWG vom Jahre 1909, das in ihrem Kern von den durchgehenden Wirtschaftsverfassungsänderungen unberührt blieb, sowie auf die Geltung eines Lauterkeitsschutzgesetzes im staatlichen Planwirtschaftssystem Jugoslawiens und bejahen insofern eine wirtschaftspolitische Neutralität des Lauterkeitsrechts.[149] Ein Lauterkeitsschutzgesetz könne in jeder Wirtschaftsordnung anwendbar sein „gleichviel, in welchem

---

145) Dimitrov M., Dissertation, Halle-Wittenberg 1996, S.236-237, Eine weitere Aktionsform des Marktverhaltens, die dem Leistungswettbewerb entspricht, ist die freie Preisbildung. Das bulgWettbewG enthält keine Sonderregelung dazu. Der Regierungsentwurf vom August 1990 enthielt das Verbot des Verkaufs unter dem Einstandspreis (Dumping). Geografische Herkunftsangaben sind durch das Lauterkeitsrecht wegen der spezifischen Eigenschaften und Besonderheiten der in bestimmter geographischer Umwelt hergestellten Produkten geschützt, also in erster Linie als Mittel zur Präferenzbildung bei den Verbrauchern und nicht primär als Mittel zur Stärkung einer konkreten Unternehmensposition im Wettbewerb.

146) Dimitrov M., Dissertation, Halle-Wittenberg 1996, S.237; Baudenbacher, Das UWG auf neuer Grundlage, S.18; Lehmann, GRUR Int.1979, S.368 ff.

147) Dimitrov M., Diss. 1996, S.238

148) Mestmäcker, Der verwaltete Wettbewerb, S.77; Dimitrov M., Diss., S. 238

149) Baudenbacher, GRUR Int.1981, S.19 und die dort angeführte Literatur.

Maße sie den Wettbewerb Raum lässt".[150] Der Anhaltspunkt hierfür bietet eine breite Schicht von „systemindifferenten" Unlauterkeitstatbeständen der irreführende Werbung, der Angestelltenbestechung, des Geheimnisverrates, des Kennzeichnungsmissbrauchs, die von der Struktur der Marktordnung unberührt bleiben.[151]

Der Schwerpunkt der Diskussion liegt darin, inwieweit die Rechtsfortbildung im Rahmen der Auslegung der lauterkeitsrechtlichen Generalklausel für wirtschaftspolitische Erwägungen und Maßstäbe offen ist.[152] Die Befürworter der Neutralitätsthese lehnen eine unkontrollierbare Übertragung von Wertungsgesichtspunkten aus dem Recht gegen die Wettbewerbsbeschränkungen in das Lauterkeitsrecht ab.[153] Das Anknüpfen an den Erfolg des wettbewerbsrechtlichen Handelns und eine Begründung der Sittenwidrigkeit wegen Gefährdung des Wettbewerbs als Institution wird als Überschreitung des Wertungsbereichs der Generalklausel des Lauterkeitsrechts aufgrfasst.[154] Auf dieser Grundlage gedeiht die Trennungsthese im Wettbewerbsrecht, wonach das Kartellrecht den Wettbewerb als marktwirtschaftliche Institution schütze, hingegen das Lauterkeitsrecht lediglich als Individualschutz der Mitbewerber gelte.[155] Daraus wird grundsätzlich gefolgert, dass zum Schutzzweck des UWG nicht ein unlauteres Verhalten gegenüber der Institution des Wettbewerbs gehört.[156]

Der überwiegende Teil in der Literatur befürwortet hingegen eine funktionale Konzeption des Lauterkeitsrechts.[157] Aus der wirtschaftspolitischen Neutralität des Lauterkeitsschutzes wird auf eine Möglichkeit der Einbeziehung zeitgeschichtlich bezogener Werte wirtschaftlicher und sozialer Natur geschlossen.[158] Die funktionale Ausrichtung lauterkeitsrechtlicher Kriterien auf übergeordnete wirtschaftsverfassungsrechtliche Entscheidungen argumentiert man mit dem Gebot, dass durch die

---

150) Argumentationszusammenstellung bei Merz, Die Vorfeldthese, S.245

151) Baumbach/Hefermehl, Wettbewerbsrecht, Einl.UWG, Rdnr.75

152) Dimitrov, Diss. 1996, S. 238; Kraft, FS für H.Bartholomeyczik, S.234

153) Baudenbacher, GRUR 1981, S.19, 20; Ulmer, GRUR 1977, S.565, 568

154) Dimitrov M., Diss. 1996, S.239-242; Kraft, GRUR 1980, S.966

155) Der Begriff „Trennungsthese" bei Wrage, UWG-Sanktionen bei GWB-Verstößen, S.13; Benisch, WuW 1956, 483

156) Kraft, FS für H.Bartholomeyczik, S.237; ders. GRUR 1980, S.966

157) Baudenbacher, ZHR 144 (1980), 145; ders. GRUR Int.1980, S.345; Sack, GRUR 1970, 499; ders. WRP 1974, 247; Ulmer, GRUR 1977, 565; Raiser, GRUR 1973, 443; Schluep, GRUR 1973, 446; Lehmann, GRUR 1977, 580

158) Der BVerfG ist in der Entscheidung zum Mitbestimmungsgesetz von einer relativen Offenheit der Verfassungsordnung ausgegangen und hatte die grundsätzliche Notwendigkeit einer Berücksichtigung geschichtlichen Wandels postuliert, BVerfGE 50, 290, 337 = NJW 1979, 699, 702

Wahrnehmung der Wirtschaftsfreiheit nicht das System gefährdet sein darf, da eben diese Wirtschaftsfreiheit gewährleistet. Die praktische Konsequenz aus der Durchsetzung dieser deduktiv abgeleiteten Konstruktion wäre eine effektive Erfassung des Problems der wirtschaftlichen Macht.[159]

Es bedarf keiner besonderen Hervorhebung, dass die neuen Wettbewerbsschutzgesetze in den Transformationsländern Europas wirtschaftspolitische Gesetze sind.[160] Das Wettbewerbsschutzgesetz als Ganzes und das Lauterkeitsrecht in konkretem sind Maßnahmen zu Durchsetzung der verfassungspolitischen Entscheidung für funktionsfähige Wettbewerbswirtschaft. Der Versuch eine Neutralitätsposition des bulgarischen oder des russischen Wettbewerbsgesetzes zu argumentieren führte zur Entflechtung der inneren Sinnzusammenhänge der einheitlichen Regelung und zu einem unhomogenen Rechtsgebilde „Wettbewerbsrecht".[161] Im Rahmen der Gesamtregelung des wirtschaftlichen Wettbewerbs ist eine systematische Betrachtung geboten, die die Möglichkeit für Akzentsetzung auf den bestehenden Sachzusammen- hängen zwischen den einzelnen Rechtssätzen gegen die Wettbewerbsbeschränkung und die Wettbewerbsunlauterkeit eröffnet und kein Rangverhältnis bezüglich des Institutsschutzgedankens begründen lässt.[162]

Sicherlich bestehen dabei Unterschiede in den Zielrichtungen, aus denen das Antimonopolrecht und das Lauterkeitsrecht auf den Wettbewerbsschutz wirken. Das ist aber nach der hier vertretenen Auffassung kein Grund für eine voneinander getrennte Betrachtung der beiden Normbereiche. Auszugehen ist vielmehr von derer sich ergänzenden Wechselwirkung mit dem gemeinsamen Zweck der Sicherung der Entfaltung der unternehmerischen Initiative (Chancengleichheit durch Leistungsförderung) und der Ordnung der Marktverhältnisse von Anbietern und Nachfragern.[163] Aber wendet man sich der Frage nach den Konsequenzen bei der Anhäufung sozialer und wirtschaftspolitischer Gesichtspunkte für die praktische Anwendung der offenen Grundnorm zu, so muss man sich die Gefahren einer Instrumentalisierung des Lauterkeitsschutzes für konjunkturell begründete wirtschaftspolitische Zwecke und damit zusammenhängend von einer Ausuferung scheinbarer

---

159) Eingehend zu den lauterkeitsrechtlichen Aspekten der Marktmachtproblematik Ulmer, Schranken zulässigen Wettbewerbs marktbeherrschender Unternehmen; ders. in Festschrift für M.Kummer 1980, S.565

160) Dimitrov M., Dissertation, Halle-Wittenberg 1996, S.241

161) Baudenbacher, GRUR Int.1980,S.21;Dimitrov M., Diss. 1996, S.242

162) Dimitrov M., Diss. 1996, S.242; Kraft, GRUR Int.1980, S.966

163) Dimitrov M., Dissertation, Halle-Wittenberg 1996, S. 240; Mestmäcker, Der verwaltete Wettbewerb, S.77

Lauterkeitswertungen zulasten der Wettbewerbsfreiheit vor Augen halten.[164] Lauterkeitsschutz ist unbedingt Wettbewerbsschutz und nur solange wirksam, bis er nicht selbst zu einer unangemessenen Behinderung der Unternehmer beim Einsatz leistungsgerechter Aktionsformen ausartet.[165]

III. Zur übergreifenden Anwendung der lauterkeitsrechtlichen Generalklausel im Bereich der Marktbeherrschung.

Die systematische Einteilung wettbewerbsverfälschender Verhaltensweisen im russischen und bulgarischen Wettbewerbsgesetz lassen deutliche Parallelen zu dem von Hoppmann entwickelten neoklassischen Konzept des freien Wettbewerbs erkennen.[166] Ausgehend davon, dass bei genügender Wettbewerbsfreiheit gute ökonomische Ergebnisse zu erwarten sind, unterscheidet Hoppmann[167] zwei Begriffinhalte dieser Freiheit: 1) Freiheit als Abwesenheit von Zwang, Betrug und Irreführung durch andere (*absence of coercion*) und 2) Freiheit als Abwesenheit von Beschränkungen des Tauschverkehrs durch andere Marktteilnehmer, bzw. Freiheit als Aktionsspielraum, als der Bereich der einem Menschen offenstehenden Möglichkeiten (*absence of restaints of trade*).[168] Die Wettbewerbsbeschränkungen durch Zwang, Irreführung und Betrug seien in einem absoluten Sinne zu verstehen und lassen sich unabhängig von der Kompetivität der Marktprozesse diagnostizieren.[169] Das Sanktionieren solcher Wettbewerbsbeschränkungen wird als „Mindestbedingung für das Vorliegen eines freien Systems“[170] angesehen und gehört in den meisten nationalen Rechtsordnungen systematisch zum traditionellen Anwendungsbereich des Rechts gegen den unlauteren Wettbewerb. Dabei sind insbesondere die typischen Formen der verbraucherbezogenen Unlauterkeit

---

164) Schluep, GRUR Int.1973, S.446; Hefermehl, GRUR Int.1983, S.507; Dimitrov M., Diss. , S. 241

165) Mestmäcker, Der verwaltete Wettbewerb, S.77;Dimitrov M., Diss. 1996, S.242

166) Dimitrov M., Diss. 1996, S.242

167) Hoppmann, Fusionskontrolle, S.12 ff

168) Hoppmann, Fusionskontrolle, S.24 f.

169) Hoppmann, Fusionskontrolle, S.25: „...weil bei dieser Art von Wettbewerbsbeschränkungen für den Gezwungenen, Irregeführten oder Betrogenen unbeachtlich bleibe, ob er über einen großen oder kleinen Aktionsspielraum verfügt“.

170) Dimitrov M., Diss. 1996, S.243; Hoppmann, Fusionskontrolle, S.24

erkennbar.[171] Hingegen seien die Beschränkungen des Aktionsspielraumes Folge der Ausübung unangemessener Marktmacht oder unangemessener Handelsbeschränkungen. Die Regelung von Wettbewerbsbeschränkungsformen dieser Art finden wir ausschließlich im Bereich des Antimonopolrechts. Solche wettbewerbspolitisch relevanten Beschränkungen verlangten nach sorgfältiger Abgrenzung, ob sie auf kompetitivem Wege oder infolge der Ausübung unangemessener Marktmacht oder unangemessener Handelsbeschränkungen entstehen.[172]

Die zunehmenden Erfahrungen der Rechtspraxis in den ehemaligen Ostblockstaaten sind noch nicht soweit fortgeschritten und komplizierten und komplexen Wettbewerbssachverhalten begegnen, wie etwa im deutschen Recht den Fällen der marktbezogenen Unlauterkeit,[173] die zur ergänzenden Fallgruppenbildung auf der Grundlage der lauterkeitsrechtlichen Generalklausel führen könnten. Eine sehr wichtige Frage stand allerdings im Hinblick auf die breite Grenzziehung des räumlich relevanten Marktes nach Art.3 des alten bulgarischen WettbewG von 1991, [174] woran die Missbrauchskontrolle marktmächtiger Unternehmen anknüpfte.[175] Das Anknüpfen an das strikt definierte Marktanteilkriterium von 35% am nationalen Markt (faktischer Monopol) ließ erhebliche Zweifel an der Wirksamkeit der Verhaltenskontrolle marktmächtiger Unternehmen aufkommen. Eine Vielzahl von Beschwerden entsprach nicht den formalen Voraussetzungen für die Anwendung des Art.7, da sie nicht berücksichtigten, dass das WettbewG die Monopolstellung nur im Rahmen des nationalen Marktes definiert. Das Fehlen eines Subjekts des Verstoßes nach Art.7 war der häufigste Grund für die Ablehnung der Beschwerden.[176] Im Hinblick auf die weite Abgrenzung des räumlich relevanten Marktes nach Art.7 stellte sich die Frage, ob die Behinderungs- und Diskriminierungspraktiken unterhalb der gesetzlich festgelegten Monopolstellungs-

---

171) Möschel, Pressekonzentration und Wettbewerbsgesetz, S.44

172) Dimitrov M., Dissertation, Halle-Wittenberg 1996, S. 244-246

173) Analyse der Rechtsprechung und Literatur in Deutschland bei Raiser, GRUR 1973, 443; Knöpfle, Die marktbezogene Unlauterkeit

174) Dazu Dimitrov M., Dissertation, Halle-Wittenberg 1996, S.243-245

175) Der Missbrauch einer Monopolstellung (Art.7) war als Handlung einer Person mit Monopolstellung definiert, die den Wettbewerb beschränkt oder die Interessen der Verbraucher beeinträchtigt. Diese allgemeine Rechtsnorm war mit den Regelbeispielen der Behinderung, der Diskriminierung, der Herbeiführung von Marktdefiziten, der Ausübung von Zwang mit Vernichtungs- oder Fusionszweck sowie des Auferlegens von Monopolpreisen konkretisiert. Unabhängig von einer Monopolstellung war in Art.8 (2) das Verbot von Vertragsbedingungen geregelt, die den Vertragspartner bezügl. der Marktauswahl, der Bezugsquelle, des Käufers, des Verkäufers oder des Verbrauchers einschränken.

176) JbKSW 1993, S.45, 78; JbKSW 1994, S.57, 111

grenze als erlaubt anzusehen waren. Viele Unternehmen in Bulgarien waren nach regionalen Kriterien errichtet und aufgeteilt.[177] Sie hatten kraft Gesetzes keine Monopolstellung. Kein von diesen Unternehmen besaß mehr als 35% Marktanteil am nationalen Markt, weswegen eine Einstufung als Monopolist im Sinne des Art.3 Abs.2 scheiterte, mit der Folge, dass diese Unternehmen der Missbrauchskontrolle nach Art.7 grundsätzlich nicht zugänglich waren. Obwohl solche Unternehmen von ihrer regionalen Bedeutung her eine Monopolstellung genossen, konnte man nach der geltenden Rechtslage eine unbegründete und ungleiche Behandlung verschiedener Vertragspartner oder eine gezielte Herbeiführung vom Warendefizit, bei einem faktischen Monopol in einer bestimmten Region, jedoch bei einem Marktanteil von nur z.B. 34% am nationalen Markt, nicht als Missbrauch beanstanden und unter Art.7 subsumieren.

Die Gesetzesänderung war sicherlich der richtige Schritt zur Erweiterung des Adressatenkreises der Missbrauchskontrolle als Reaktion auf die zunehmenden Schutzbedürfnissignale. Es fällt aber auf, dass kaum versucht worden war, über das geltende materielle Wettbewerbsrecht zu einer Lösung zu gelingen. Dabei kann man aus der Rechtsvergleichung wichtige Erkenntnisse gewinnen. Im deutschen Wettbewerbsrecht herrscht die Auffassung vor, dass sich die Aufgaben und die Anwendungsbereiche des GWB und des UWG überschneiden, und dass z.B. Boykottpraktiken oder etwa Kampfpreisunterbietungen parallel als GWB- und UWG-Verstoß auftreten können.[178] P. Ulmer entwickelte die These, wonach mit der Hilfe von §1 UWG einen den Wettbewerb gefährdenden Nichtleistungswettbewerb marktmächtiger Unternehmen im Vorfeld zu §§22, 26 Abs.2 GWB als Präventivschutz gegenüber leistungsfremden Vermachtungstendenzen erfasst werden könnte.[179] Diese Meinung ist aber in der deutschen Literatur umstritten.[180] In der schweizerischen Literatur betrachtet Baudenbacher die Generalklausel des deutschen und des schweizerischen UWG als „Einfallsorte wirtschaftlicher und sozialer Überlegungen“, die geeignet sind“ funktionale Wertungen in das Privat-

177) Velitschkova, Wettbewerbsschutz, S.19 z.B. die Energie- und Wärmeversorgungsbetriebe, die nach regionalen Kriterien funktionieren und keine Monopolstellung im Sinne des WettbewG haben. Es besteht die Gefahr, dass nach der Aufhebung der staatlichen Kontrolle über die Preisbildung dieser Unternehmen, ein Preisdiktat auftreten kann; Dimitrov M., Dissertation, Halle-Wittenberg 1996, S. 244ff.

178) Knöpfe, Die marktbezogene Unlauterkeit; Baumbach/Hefermehl, Wettbewerbsrecht, §1 UWG, Rdnr.255, 276; Dimitrov M., Dissertation, Halle-Wittenberg 1996, S. 248; Velitschkova, Wettbewerbsschutz, S.19

179) Ulmer, GRUR 1977, 565, 577

180) Dazu kritisch Merz, Die Vorfeldsthese

recht einfließen zu lassen."[181] Funktionale Auslegung der lauterkeitsrechtlichen Generalklausel bedeutet die positiv-rechtliche Anerkennung der lauterkeitsrechtlichen Relevanz von Behinderungssachverhalten, die einzig dem Kartellgesetz hätten unterfallen sollen.[182]

Diese rechtsvergleichenden Bemerkungen führen zu der Frage, ob es mit Hilfe der Generalklausel eine Lösung zur Deckung der festgestellten Schutzlücke im bulgarischen WettbewG von 1991 möglich war. Dabei geht es nicht um die Suche nach einem Umweg zwecks Erreichens breiterer Sanktionsmöglichkeiten. Die Generalklausel des Art.12 Abs.1 des alten WettbewG konnte ergänzend im Bereich der Marktbeherrschung unterhalb der gesetzlich festgelegten Monopolstellungsgrenze nur dann eingreifen, wenn eine konkrete Schädigung der Marktstruktur, aufgrund der Umstände des Einzelfalls und der Auswertung der auf den betroffenen regionalen Markt bezogenen ökonomischen Daten, mit hinreichender Sicherheit begründet werden konnte.[183]

Gemeinsamkeiten zwischen den systematisch ausdifferenzierten Teilkomplexen von Rechtsnormen des Beschränkungs- und Lauterkeitsrechts ergeben sich in vielerlei Hinsicht. In erster Linie dienen diese einem einheitlichen Schutzzweck der Sicherung eines funktionsfähigen Wettbewerbs und sanktionieren Missbräuche der verfassungsrechtlich garantierten Wettbewerbsfreiheit. Die Rechtschnur für die Beurteilung von lauterkeits- und beschränkungsrechtlich relevanten Verhaltensweisen bildet das Leistungsprinzip (Unwertkriterium). Den beiden Normbereichen liegt ein gemeinsamer verhaltensbezogener Wettbewerbsbegriff zugrunde, wie auch die gemeinsame dogmatische Grundlage des allgemeinen Deliktsrechts. Sowohl das Antimonopolrecht als auch das Lauterkeitsrecht beziehen sich auf das typische Dreieckverhältnis auf dem Markt (Konkurrenten untereinander und Konkurrenten zu den Verbrauchern) und richten ihre Schutznormen gegen Schaden wirtschaftlicher Natur im Interesse aller Marktbeteiligten.[184]

Gegen diesen Lösungsansatz sind sicherlich Einwendungen verfassungs- und wirtschaftspolitischer Natur denkbar. Man könnte argumentieren, die vorgeschlagene Lösung baue auf einer Überschreitung

---

181) Baudenbacher, ZHR 144 (1980), 145, 152

182) Dimitrov M., Diss. 1996, S.248

183)Dimitrov M., Diss. 1996, S. 245-250; auch Velitschkova, Wettbewerbsschutz, S.101

184) Dimitrov M., Dissertation, Halle-Wittenberg 1996, S. 257: Darunter sind die Interessen der Konkurrenten – der kleineren und mittleren Anbieter, und der Verbraucher – der gewerblichen Abnehmer oder der einfachen Bürger-Konsumenten, zu verstehen.

der Normbildungskompetenz der Judikative auf. [185] Eine ergänzende Anwendung der lauterkeitsrechtlichen Generalklausel im Bereich der Marktbeherrschung ist aber in bestimmten Fällen unter Berücksichtigung teleologischer Aspekte begründbar.[186] Man kann die Generalklausel entsprechend ihrer Funktionen dort eingreifen lassen, wo im Widerspruch mit dem Gesetzeszweck zur Gewährleistung einer funktionsfähigen Wettbewerbsordnung, die Chancengleichheit kleinerer und mittlerer Unternehmen beeinträchtigt wird. [187] Die Generalklausel der Lauterkeit könnte im gesetzessystematischen Plan als Programmnorm unter den allgemeinen Gesetzesbestimmungen in Abschnitt I WettbewG eingeordnet werden. [188] Es sei dabei aber nochmals hervorzuheben, dass nach der hier vertretenen Auffassung eine gesetzgeberische Lösung vorzuziehen war.

---

185) Velitschkova, Wettbewerbsschutz, S.101; Dimitrov M., Dissertation, Halle-Wittenberg 1996, S. 256-257

186) Dimitrov M., Dissertation, Halle-Wittenberg 1996, S. 257

187) Velitschkova, Wettbewerbsschutz, S.101

188) Dimitrov M., Dissertation, Halle-Wittenberg 1996, S. 257

D. Überblick der neuen Wettbewerbsgesetzgebung in anderen Übergangsländern Mittel- und Osteuropas.

Die rechtlichen Regelungen des wirtschaftlichen Wettbewerbs in den anderen Übergangsländern in Mittel- und Osteuropa haben sich in dem jetzigen Umfang erst mit dem Übergang zur Marktwirtschaft herausgebildet. Trotz des auch auf anderen Gebieten dringlichen Gesetzgebungsbedarfs wurden in allen Übergangsländern in Mittel- und Osteuropa kurz nach der politischen Wende Ende der 80er Jahre neue Wettbewerbsgesetze geschaffen. Dies zeigt, welch hohe Priorität einem funktionierenden Wettbewerbsrecht als Rahmenbedingung für geordnete Marktstrukturen beigemessen wird. Das Lauterkeitsrecht in diesem Länderkreis kann hinsichtlich bestimmter sondergesetzlicher Regelungen oder entwickelter Rechtssätze auf rechtliche Traditionen aus der Vorkriegszeit zurückblicken, und trotz grundsätzlicher Wandlungen sind die Einflüsse dieser Traditionen auf die neuen Regelungen in fast allen Übergangsländern sichtbar. Die Rechtsreform in den mittel- und osteuropäischen Staaten kann heute in ihrem Kern auch als eine Rechtsangleichung an das europäische bzw. angloamerikanische Rechtssystem verstanden werden.[189] Die Europäische Union hat die Reformstaaten in diesem beeindrückenden Transformationsprozess durch Berater und Know-how im Rahmen von Rechtsberatungsprojekten unterstützt.[190]

Ein Rechtssystem definiert sich aber nicht nur durch seine Normen, d.h. durch das geschriebene Recht, sondern vielleicht noch stärker durch seine Rechtswirklichkeit, d.h. durch die Verwirklichungschancen und die Umsetzungsdauer von Rechten und Ansprüchen.[191] Eine Rechtsreform kann daher nicht nur bei dem geschriebenen Recht ansetzen, sondern sie muss zwingend zu einem neuen Verständnis bei den Rechtsanwendern, den betroffenen Wirtschaftssubjekten und Verwaltung etc. führen, damit die rechtsstaatliche Umsetzung sichergestellt ist. In den postkommunistischen

---

189) In zahlreichen Staaten kam es zu einer Rezeption von Teilen der Rechtsordnung europäischer Staaten bzw. der Vereinigten Staaten von Amerika; z.B. die Entwicklung des kroatischen Recht, beispielhaft eine Tagung im Mai 1997 an der Juristischen Fakultät Split mit dem Thema: „Erfahrungen und praktische Probleme bei der Rezeption des deutschen Rechts in Kroatien"

190) Kinkel, Juristische Know-how-Transfer in die Staaten Mittel- und Osteuropas, ROW 1992, S.32

191) Schalast, ROW 1997, S.146: Die Erklärung vom 5.5.1997 von Teilnehmern der von der Deutschen Gesellschaft für technische Zusammenarbeit und der Deutschen Stiftung für internationale rechtliche Arbeit veranstalteten Konferenz zur Reform des Rechtswesens in den Staaten, die Mitglieder der GUS sind.

Ländern Europas ist die Diskrepanz zwischen rechtsstaatlichem Anspruch und traditionell autoritärem Denken noch nicht ganz überwunden. Im Hintergrund der wirtschaftlichen Schwierigkeiten in diesem Länderkreis steht offensichtlich der Mangel an institutionellen Garantien zur Entfaltung eines echten Wirtschaftswettbewerbs. Mit Rücksicht darauf gebietet der angestrebte rechtsvergleichende Ansatz dieser Arbeit, auf eine allgemeine Darstellung der Wettbewerbsgesetze einzugehen, um das Spezifische in den einzelnen Ländern hervorheben zu können.

I. Polen.

Seit den 1989 begonnenen Reformen der gesellschaftspolitischen Rahmenbedingungen in Polen wurde in allen politischen Gremien die einheitliche Auffassung über die Notwendigkeit des Aufbaus der Marktwirtschaft vertreten, die auf dem Grundsatz des Wettbewerbs beruht. Das polnische UWG vom 2.7.1926 war als Rechtsakt veraltet und in fragmentarischer Form erhalten geblieben. Aus diesem Grund konnte dieses Gesetz nicht in vollem Ausmaß ein effektives Instrument zur Sicherstellung der Lauterkeit des Wettbewerbs auf dem Markt sein.[192] Das Ergebnis der über zwei Jahre dauernden Arbeit an einer neuen gesetzlichen Regelung in diesem Bereich war das Gesetz über Bekämpfung des unlauteren Wettbewerbs [193] vom 16.4.1993, das bereits mehrfach novelliert wurde. [194] Die letzten und umfassenden Änderun- gen erfolgten durch das Gesetz vom 16.3.2000 [195] und durch das „Artikelgesetz“ vom 9.9.2000. [196] Im Laufe der Legislationsarbeit hat man eine besondere Aufmerksamkeit auf die neuen Wettbewerbsgesetze im Ausland, nämlich in der Schweiz, Österreich, und Belgien, sowie auf die Rechtsprechung in Deutschland

---

192) Skubisz, Wettbewerbsrecht in Polen, in Beier/Bastian/Kur, Wettbewerbsrecht und Verbraucherschutz in Mittel- und Osteuropa, Köln 1992, S.191

193) deutsche Übersetzung in WIRO 1993, S.305

194) Gesetz vom 8.08.1996 zur Änderung einiger Gesetze, die das Funktionieren der Wirtschaft sowie das der öffentlichen Verwaltung regeln (Dz.U 1996, Nr.106). Gesetz vom 24.07.1998 zur Änderung einiger Gesetze, die Kompetenzen der öffentlichen Verwaltungsorgane bestimmen (Dz.U. 1998, Nr.106, Pos.668). Durch die Gesetzesnovellierung von 1.06.1997 wurden Strafvorschriften des UWG des neuen StGB angepasst (Dz.U. 1997, Nr.88, Pos.554)

195) Dz.U. 2000, Nr.29, Pos.356; abgedruckt in GRUR Int.2001, S.218

196) Dz.U. Nr.93 v. 3.11.2000, Pos.1027, S. 5294; Danach wurde Art.3 Abs.2 UWG um den Einzeltatbestand der „Bestechung einer Person, die eine öffentliche Funktion bekleidet“ ergänzt.

gelenkt. Selbstverständlich wurde dabei auch auf die polnische Tradition in diesem Rechtsbereich und den wissenschaftlichen Ertrag der polnischen Rechtswissenschaft Wert gelegt.

Das polnische UWG ist als eine der jüngsten Regelungen in Mittel- und Osteuropa gleichzeitig diejenige, die sich am deutlichsten dem in Mitteleuropa herkömmlichen Regelungstypus einer eigenständigen Regelung über die Bekämpfung des unlauteren Wettbewerbs anschließt. Die Grenze zum Kartellrecht ist im übrigen durch eine Entscheidung des Antimonopolgerichts Warschau vom 19.9.1991 [197] dadurch scharf gezogen worden, dass eine gleichzeitige Beurteilung von Verstößen gegen unlauteren Wettbewerb im Kartellverfahren auch im Hinblick auf die unterschiedlichen zur Verfügung stehenden Sanktionen (einerseits zivilrechtliche, andererseits verwaltungsrechtliche) für unzulässig erklärt wurde.

Das polnische Wettbewerbsgesetz ist in einer Weise konstituiert, die für die neuen polnischen Gesetze typisch ist: zunächst die allgemeinen Grundsätze (Art.1-4), dann Sondertatbestände (Art.5-17), zivilrechtliche Haftung (Art.18-22), strafrechtliche Haftung (Art.23-27). Auf diese Art und Weise wurde der Versuch übernommen, vollständig und übersichtlich die schwierige gesetzliche Materie so zu regeln, dass das Gesetz auch seine didaktischen Funktionen wirksam realisieren kann. In Art.1 wurde eindeutig bestimmt, dass das Gesetz die Verhinderung und die Bekämpfung des unlauteren Wettbewerbs im Interesse der Öffentlichkeit, der Unternehmen und der Verbraucher zum Ziel hat. Damit wird die Konkurrenz als den wichtigsten Grundsatz konstituieren, der die wirtschaftliche Entwicklung fördert. Darüber hinaus drückt die genannte Vorschrift den Gedanken aus, dass die Verletzung der jeweiligen Gruppeninteressen die gleiche Bedeutung für die Qualifizierung einer Tätigkeit als unlautere Wettbewerbshandlung hat. Da das polnische UWG nicht nur die Bekämpfung, sondern auch die Verhinderung des unlauteren Wettbewerbs zum Ziel hat, ist allein die Bedrohung der Interessen durch Wettbewerbsdelikte für die Anwendung des Gesetzes ausreichend, sobald andere Voraussetzungen für die Anwendbarkeit erfüllt sind. Das Gesetz bezieht sich auf alle, die eine Erwerbs- und Berufstätigkeit, wenn auch nur nebenbei ausüben. Für die Einstufung als Unternehmer hat es keine Bedeutung, ob das jeweilige Wirtschaftssubjekt ins Handelsregister eingetragen wurde. Entscheidend sind hier die Ausübung der wirtschaftlichen Tätigkeit und allein die objektiv erklärte Absicht für die Ausübung der Wirtschaftstätigkeit.

---

197) Orz. Gosp. 1992 Nr. 3, S. 24

Das neue Gesetz enthält eine dem deutschen §1 UWG vergleichbare Generalklausel (Art.3 Abs.1), die allgemein unlautere Wettbewerbshandlung definiert. Man kann wohl auch behaupten, dass Art.16 (verbotene und unlautere Werbung) eine „kleine“ Generalklausel enthält.[198] Im 2.Kapitel (Art.5-17) werden einzelne unlautere Wettbewerbshandlungen aufgeführt (Irreführung, Verrat von Unternehmensgeheimnissen, Verleitung zum Vertragsbruch, Nachahmung, Verbreitung falscher Information, Behinderung und Boykott, unlautere Werbung). Aus dem Inhalt der Generalklausel sowie aus der Definition der Einzeltatbestände geht eindeutig hervor, dass das neue Wettbewerbsgesetz entsprechend den Postulaten der Rechtswissenschaft auf das Wettbewerbsverhältnis als eine der Schutzvoraussetzungen gänzlich verzichtet hat. Der Anwendungsbereich des UWG wird zurzeit nur durch die Bestimmung des Wettbewerbsdeliktes im Sinne des Art.3 festgelegt. Alle Handlungen, die durch den Unternehmer im Laufe seiner Geschäftstätigkeit ausgeübt werden und die Voraussetzungen der genannten Vorschrift erfüllen, gehören zum Gegenstandsbereich des UWG. Auf sonstige rechtswidrige Handlungen des Unternehmers kommen andere Rechtsvorschriften zur Anwendung, insb.Art.415 ff. ZGB (unerlaubte Handlungen).[199]

Nicht zuletzt ist die Gewährung der Klagebefugnis bezüglich einiger Wettbewerbsdelikte an Landes- und regionale Unternehmer- und Verbraucherverbände ein charakteristisches Merkmal des polnischen UWG. Der Gerichtsweg ist der einzige Weg zum Schutz gegen Wettbewerbsverstöße im Sinne des UWG. Die Gründung eines Amtes für Bekämpfung unlauteren Wettbewerbs, das im verwaltungsrechtlichen Verfahren Entscheidungen über Verbote bestimmter Handlungen als Wettbewerbsdelikte treffen würde, ist nicht vorgesehen. Der Gesetzgeber hat angenommen, dass die polnischen Gerichte trotz Mangel an Erfahrung gut vorbereitet sind, um ihre eigene Rolle bei der Bekämpfung des unlauteren Wettbewerbs bestimmen zu können.

Die umfassende Änderung durch das Gesetz vom 16.3.2000 hatte

---

198) So Szwaja, GRUR Int. 1996, S. 486

199) Theoretisch können bei der Unterscheidung zwischen beiden Gruppen von Handlungen ernsthafte Schwierigkeiten auftreten. Dabei muss allerdings beachtet werden, dass der Gesetzgeber unmissverständlich entschieden hat, dass alle in Art.5-16 genannten Handlungen Wettbewerbsdelikte sind. Es besteht kein Zweifel daran, dass Art.3(1) beim Schutz der berühmten Marke und in den Fällen des sog. Behinderungswettbewerbs zur Anwendung kommt. Die wichtigste Bedeutung für die Qualifikation einer Handlung wird der Beurteilung zukommen, ob sie eine Wettbewerbshandlung als Element der Begriffsbestimmung des Wettbewerbsdeliktes ist. Bei einer breiten Auffassung, die jede Handlung als wettbewerbsrechtliche Tat beurteilt, haben die deliktsrechtlichen Vorschriften des ZGB keine Bedeutung. (Skubisz, a.a.O.).

zwei Ziele. Das erste war die Anpassung der im UWG enthaltenen Vorschriften über die irreführende und vergleichende Werbung an das europäische Recht. Wie in der Richtlinie 97/55/EG ist die vergleichende Werbung nach dem polnUWG zulässig, wenn sie bestimmte Voraussetzungen erfüllt. Offenbar ähnlich, wie in der Richtlinie, blieb die Frage grundsätzlich offen, ob vergleichende Werbung, die die Voraussetzungen nicht erfüllt, in jedem Fall als unzulässig anzusehen ist.[200] Das zweite Ziel der Änderungen war die Verstärkung der Mittel zum Schutz vor unlauteren Wettbewerb; es wird durch Ausweitung der dem Vorsitzenden des Wettbewerbs- und Verbraucherschutzamtes sowie dem Verbraucher-Ombudsmann auf Landkreisebene zustehenden Befugnisse, sowie durch Verschärfung der Sanktionen erreicht. Sowohl die Angleichungsänderungen, als auch die Stärkung der Mittel zum Schutz vor unlauterem Wettbewerb berücksichtigen vor allem die Bedürfnisse eines weitreichenden Verbraucherschutzes.[201]

Durch Gesetz vom 15.12.2000 über Wettbewerbs- und Verbraucherschutz wurden das Kartellrecht sowie die Organisation des Verbraucherschutzes auf eine neue Rechtsgrundlage gestellt.[202] Dieses Gesetz löst das mehrfach geänderte Gesetz vom 24.2.1990 zur Bekämpfung monopolistischer Praktiken (Antimonopolgesetz) ab, obwohl die letzte große Änderung noch am 22.10.1998 erfolgt und am 31.5.1999 noch eine Neufassung des Gesetzes veröffentlicht worden war.[203] Das neue Gesetz verankert die Bedingungen für die Entwicklung und den Schutz des Wettbewerbs insbesondere durch das Kartellverbot und das Verbot des Missbrauchs einer marktbeherrschenden Stellung sowie die Grundsätze der Wahrnehmung der im öffentlichen Interesse liegenden schützwürdigen Interessen der Verbraucher. Es berührt aber nicht aus geistigem und gewerblichem Eigentum entstehende Rechte. Auf Lizenzverträge, Know-how-Verträge sowie Verträge über Betriebs- und Geschäftsgeheimnisse ist es jedoch anwendbar, wenn dadurch eine nichtgerechtfertigende Beschränkung der Freiheit der Wirtschaftstätigkeit der Parteien oder eine wesentliche Wettbewerbsbeschränkung hervorgerufen wird. Es bleibt aus der redaktionellen Gestaltung des Gesetzes allerdings unklar, ob sich letztere Einschränkung nur auf Know- how- oder generell auf Lizenz-

---

200) Wiszniewska, GRUR Int. 2001, S.217

201) Wiszniewska, GRUR Int. 2001, S.217

202) Dz.U. Nr.112 v. 31.12.2000, Pos.1319, S.7349

203) Hervorzuheben ist, dass die Durchführungsvorschriften, die auf der Grundlage der außer Kraft getretenen Gesetzes erlassen wurden, spätestens 12 Monate nach Inkrafttreten des neuen Gesetzes ihre Gültigkeit verlieren, wenn sie nicht zuvor durch entsprechende neue Vorschriften ersetzt wurden.

verträge erstreckt. Das Gesetz erwähnt desweiteren beispielhaft, welche Vereinbarungen unter das Kartellverbot fallen, sowie wann Missbrauch einer marktbeherrschenden Stellung vorliegen kann. Im Bereich der Kontrolle von Unternehmenszusammenschlüssen gilt, dass Zusammenschlüsse dem Präsidenten des Amts zum Schutz des Wettbewerbs und der Verbraucher dann mitzuteilen sind, wenn der gemeinsame Umsatz im vorigen Geschäftsjahr 50 Mill.€ überschritten hat. Auch der Erwerb von Aktien ist anzuzeigen, wenn dieser zu einem Stimmenvolumen von 25% bei der Aktionärsversammlung führen würde. Für Entscheidungen in den vorgenannten Bereichen ist der Amtspräsident zuständig. Ein besonderer Teil des Gesetzes ändert die Zivilprozessordnung durch Festlegung des Zuständigkeitsbereichs des Gebietsgerichts (Antimonopolgericht) in Warschau als Rechtsmittelgericht.[204]

Der Wettbewerb ist zurzeit ein reales wirtschaftliches Phänomen in Polen und betrifft gleichermaßen alle Wirtschaftssubjekte, einschließlich der staatlichen Unternehmen. Diese Unternehmen stehen vor der Alternative, entweder unter den markwirtschaftlichen Bedingungen zu überleben oder Konkurs mit den unvermeidlichen Folgen von Massenentlassungen anzumelden. Die Situation der staatlichen Unternehmen ist demnach grundsätzlich der Situation der Privatunternehmen gleich. Im Laufe des Strebens nach Gewinnung neuer Kunden greifen manche Unternehmen nach Mitteln, die allgemein als unlauter angesehen werden.[205] In zahlreichen Fällen werden die Streitangelegenheiten auf dem Vergleichswege gelöst, ohne dass die Gerichte eingeschaltet werden. Als von großer Bedeutung erweist sich der sog. Mahnbrief.[206] Der Unternehmer, dessen Interesse durch unlautere Wettbewerbshandlungen bedroht oder verletzt wird, wendet sich an den Verletzer mit der Forderung, die gegen seine Interessen gerichtete Handlungen zu unterlassen. Die Forderung wird durch sachliche und rechtliche Argumente unterstützt. Der Mahnbrief enthält darüber hinaus die Warnung, dass die Fortsetzung der unlauteren Handlungen die Klageerhebung vor Gericht zur Folge haben wird. Wie die Praxis beweist, haben derartige Mahnbriefe in vielen Fällen die gewünschte Wirkung, und der Empfänger unterlässt folglich seine Handlungen.

---

204) vgl. die aktuelle Information in GRUR Int. 2001, S.272

205) Zu der gegenwärtigen Wettbewerbssituation in Polen Zedler, Rechtliches Interesse als Grundlage für die einstweilige Verfügung im Zivilverfahren, Warschawa 1996, S.331 ff.

206) Hierzu Skubisz, GRUR Int. 1994, S.686; Wiszniewska I., Novellierung des Polnischen Gesetzes über die Bekämpfung des unlauteren Wettbewerbs, GRUR Int. 2001, S.217

Ein verhältnismäßig kleiner Prozentsatz der Streitfälle endet in Form eines vom Gericht gefällten Urteils.[207] Unter den Streitangelegenheiten im Bereich des Wettbewerbs dominieren Klagen wegen Warenzeichen- und Handelsnamensverletzung.[208] Wesentlich seltener, was übrigens mit den aktuellen Entwicklungstendenzen in der gerichtlichen Praxis der westlichen Länder Schritt hält, kommt es zu Gerichtsverhandlungen wegen Anschwärzung, Verbreitung falscher Informationen, Verleitung zum Vertragsbruch, Preisgabe eines Geschäftsgeheimnisses. Noch geringer ist die Zahl der Gerichtsverhandlungen wegen unlauterer Werbung, was nicht zuletzt auf dem unzureichenden Verständnis des Begriffs der unlauteren Werbung selbst sowie der Erscheinungsformen dieser Werbung zurückzuführen ist. In der Praxis wird relativ oft der Antrag auf einstweilige Verfügung gestellt. Dieses Mittel gehört zum Grundinstrumentarium der Rechtsanwälte in wettbewerbsrechtlichen Streitangelegenheiten, insbesondere bei der Warenzeichen- und Handelsnamensverletzung. Im Gegensatz dazu wird der Anspruch auf Wiedergutmachung des infolge der unlauteren Wettbewerbshandlung verursachten Schadens selten gestellt. Dies ließ sich dadurch erklären, dass der Kläger der Beweispflicht unterliegt, dass der Schaden in der genannten Höhe infolge der unlauteren Handlung des Verklagten entstanden ist.[209]

Es besteht kein Zweifel daran, dass die wichtigsten Wettbewerbsfragen mit dem polnUWG geregelt wurden. Aber selbst das bestkonzipierte Gesetz bewirkt noch lange nicht, dass die gesetzlichen Zwecke damit allein realisiert werden. Da der Wettbewerb in Polen gegenwärtig eine reale Markterscheinung und kein Wunschdenken mehr ist, kann man auch erwarten, dass sich Fälle des unlauteren Wettbewerbs mehren werden. Man kann mit großer Wahrscheinlichkeit annehmen, dass Klagen aufgrund des Gesetzes über Bekämpfung des unlauteren Wettbewerbs auch in den nächsten Jahren einen bedeutenden Prozentsatz unter den wirtschaftlichen Streitfällen ausmachen werden.

---

207) Unter den in Polen gefällten Gerichtsurteilen verdienen die Entscheidungen in Sachen „Interagra" (OSP 1990 Pos. 328 = GRUR Int. 1990, S. 540), „Radeberger Pilsner Export" (GRUR Int. 1992, S. 144 mit Kommentar von Skubisz) und „TSCHIBO" (OSP 21.12.1993, unveröffentlicht) besondere Aufmerksamkeit.

208) Dies geht hervor aus der Lektüre der veröffentlichen Gerichtsurteile sowie aus Presse- nachrichten über eingeleiteten Ermittlungsverfahren und aus privaten Informationsquellen in Polen

209) Dazu Skubisz, GRUR Int.1994, S.686 und Szwaja, GRUR Int. 1996, S.489

II. Die Tschechische Republik.

Wieder einen eigenen Weg ist die ehemalige Tschechoslowakei gegangen, als man den unlauteren Wettbewerb unter der Überschrift „Wirtschaftlicher Wettbewerb“ im 5.Kapitel des Handelsgesetzbuches vom 5.11.1991 geregelt hat. Nach dem Überleitungsrecht gilt dieses HGB nunmehr sowohl in Tschechien wie in der Slowakei weiter. Aus Veranlassung der Regierung war es notwendig, das Recht der Wettbewerbsbeschränkungen unverzüglich in einem besonderen Gesetz zu regeln, was mit dem Gesetz vom 31.1.1991 (Nr.63/1991) über den Schutz des wirtschaftlichen Wettbewerbs tatsächlich erfolgte. Ein Verbot der Verbrauchertäuschung und eine zusammenfassende Regelung der unerlaubten Werbung sind im Verbraucherschutzgesetz vom 16.12.1992 enthalten. Hinzu kommen Spezialregelungen, z.B. das Gesetz zur Regulierung der Werbung (Nr.40/1995 GS). Das Nebeneinanderbestehen der UWG-Regelung im HGB und des Kartellrechts in dem erwähnten Schutzgesetz zeigt deutlich, dass Tschechien dem Trennungsprinzip folgt; freilich enthält der erste Abschnitt im 5.Kapitel des HGB unter der Überschrift „Beteiligung am wirtschaftlichen Wettbewerb“ eine Art Oberbegriff (§42 Abs.1) für Missbräuche des Wirtschaftswettbewerbs sowohl im UWG-Bereich wie im GWB-Bereich, wobei für den letzteren auf das Gesetz zum Schutz des Wettbewerbs verwiesen wird.

Die Systematik der rechtlichen Regelung des Lauterkeitsschutzes beruht auf der Einführung einer sog. „großen“ Generalklausel, die durch Einzelbestimmungen ergänzt wird. Nach der Vorschrift der Generalklausel (Art.44) besteht der unlautere Wettbewerb in einer Wettbewerbshandlung, die gegen die guten Sitten des Wettbewerbs verstößt und geeignet ist, nicht nur unmittelbar beteiligten Mitbewerber, sondern darüber hinaus auch anderen Wettbewerbern bzw. Verbraucher einen Nachteil zuzufügen.[210] Es handelt sich um einen objektiven Begriff, bei dem es weder auf die Absicht des Handelnden noch auf das Bewusstsein einer sittenwidrigen Handlung ankommt. Eine unlautere Wettbewerbshandlung liegt nach der Rechtspre-

---

210) Das UWG v. 1927 knüpfte den Tatbestand der unlauteren Wettbewerbshandlung an die Handlung eines Mitbewerbers, während die neue Regelung diesen Schutz auf andere Wettbewerber und Verbraucher erweitert hat. Eine Präzisierung besteht darin, dass das neue Gesetz statt von „Schadenszufügung“, von der „Zufügung eines Nachteils“ spricht. Damit wurde die Streitfrage, ob es sich um einen materiellen Nachteil handeln muss oder das Bestehen eines immateriellen Nachteils genügt, zugunsten des letzteren, umfassenderen Begriffs entschieden.

chung nicht bei jeder Verletzung der Grundsätze des rechtlichen Wettbewerbsverkehrs vor, sondern nur bei solchen Handlungen, die objektiv geeignet sind, die soziale Funktion des wirtschaftlichen Wettbewerbs zu beeinträchtigen und damit die positiven Auswirkungen des Wettbewerbs zu schmälern bzw. zu beeinflussen. Der Verstoß gegen die guten Sitten des Wettbewerbs ist nach der Rechtsprechung keine Rechts-, sondern eine Tatsachenfrage, was insbesondere für die Beweisführung im Prozess von ausschlaggebender Bedeutung ist.[211]

Als Einzeltatbestände des unlauteren Wettbewerbs werden im Gesetz beispielsweise folgende Tatbestände geregelt: täuschende Werbung (§45), täuschende Bezeichnung von Waren und Dienstleistungen (§46), Parasitieren am guten Ruf des Unternehmers, des Erzeugnisses oder der Dienstleistung eines Wettbewerbers (§48), Herabsetzung (§50), Verletzung von Betriebsgeheimnissen (§51), Gefährdung der Gesundheit und des Lebensmilieus (§52). Die ausdrückliche Nennung besonderer Fallgruppen im Gesetz ist keinesfalls erschöpfend, sondern nur beispielhaft. Es handelt sich um Bestimmungen, die über die Generalklausel hinausgehend für einen besonderen Schutz noch besondere Voraussetzungen vorschreiben. Daraus folgt, dass Handlungen, die nicht unter einen Sondertatbestand subsumiert werden können, in den Schutzbereich der Generalklausel fallen, soweit sie deren Voraussetzungen erfüllen.[212]

Die Bestimmung, welche die Gefährdung der Gesundheit und des Lebensmilieus betrifft, bildet eine Neuheit des Gesetzes, die einem wichtigen, aktuellen sozialen Bedarf entspricht. Dem Recht des unlauteren Wettbewerbs ist diese Problematik nicht fremd, da eben das Streben nach einem unberechtigten Vorteil im Wettbewerb durch Missachtung der Bedürfnisse des Schutzes der Gesundheit und des Lebensmilieus die Bedingungen des Wettbewerbs wesentlich entstellt. Abgesehen von der Gefährdung der Gesundheit und des Lebensmilieus enthalten die einzelnen Tatbestände gegenüber den in Westeuropa üblichen Regelungen solcher Tatbestände keine besonderen Abweichungen. Einzelne Bedingungen, an welche der rechtliche Schutz gebunden ist, werden im Gesetzestext ausdrücklich angeführt. Eine Ausnahme davon bilden die Fragen der Warentests und der vergleichenden Werbung, die im Gesetzestext nicht

---

211) Hierzu Opltova M., GRUR Int.1994, S.712

212) Der Wettbewerbsschutz beschränkt sich nicht auf handelsrechtliche Beziehungen. Es handelt sich um Bestimmungen allgemeiner Art, die in das HGB aufgenommen wurden, will sie meistens im Zusammenhang mit den sich nach HGB richtenden Beziehungen Anwendung finden. Eine ergänzende Anwendung des HGB kommt grundsätzlich nur für diejenigen wettbewerbswidrigen Handlungen in Betracht, die sich bereits nach den Bestimmungen des HGB richten (Opltova, GRUR 94, 712).

ausdrücklich geregelt werden. Die Frage der Zulassung dieser Tests war in der Praxis Gegenstand kontroverser Diskussionen. Nach dem heutigen Stand der Rechtssprechung ist bei der Frage der Zulässigkeit von den für das Recht des unlauteren Wettbewerbs geltenden Grundsätzen auszugehen, wie sie in §50 i.V.m. §§45 und 47 zum Ausdruck gebracht werden.[213] Grundlegende Voraussetzungen der Zulässigkeit sowohl der vergleichenden Werbung als auch von Warentests sind Wahrheit und Sachlichkeit, die im allgemeinen für alle wertenden Schlussfolgerungen gelten. Eine weitere Frage, die das Gesetz nicht ausdrücklich regelt, ist die Frage der Schutzdauer von Betriebsgeheimnissen. Nach einer längeren Entwicklung hat die geltende rechtliche Regelung von der früheren (im Gesetz Nr.111/1927 enthaltenen) Regelung, nach welcher das Betriebsgeheimnis für Angestellte nur für die Dauer des Angestelltenverhältnisses war, Abstand genommen.

Die Wettbewerber, dessen Rechte durch unlauteren Wettbewerb verletzt oder bedroht wurden, können in einem Gerichtsverfahren vom Störenden verlangen, sich der rechtswidrigen Handlungen zu enthalten, den fehlerhaften Zustand zu beseitigen, eine angemessene Genugtuung in Geld zu leisten, den Schaden zu ersetzen und die sog. ungerechtfertigte Bereicherung herauszugeben. Einem erfolgreichen Kläger kann das Gericht das Recht auf die Veröffentlichung des Urteils auf Kosten der beklagten Partei zuerkennen und nach den Umständen auch den Umfang, die Form und die Art der Veröffentlichung bestimmen. Die Strafverfolgung des unlauteren Wettbewerbs regelt §149 des StGB. Gegenstand der Strafverfolgung ist eine Handlung, die ernsthaft den Bestand oder die Entwicklung des Betriebes eines Wettbewerbs bedroht.[214]

Anwendungsbereiche der gewerblichen Schutzrechte und des Urheberrechts sind im Verhältnis zum Recht des unlauteren Wettbewerbs voneinander völlig unabhängig. Die Frage, ob die Verletzung eines der erwähnten Rechte gleichzeitig auch eine Verletzung des Rechts des unlauteren Wettbewerbs darstellt, ist für jeden konkreten Einzelfall zu beantworten. In diesem Zusammenhang scheint es angebracht, darauf aufmerksam zu machen, dass es in Einzelfällen erforderlich ist, sich mit dem Verhältnis des Wettbewerbsrechts zu den urheberrechtlichen Regelungen von Nutzungsrechten bzw. der freien Werknutzungen zu befassen.

---

213) Das Recht kann seine Aufgabe zur Sicherstellung der Funktion des Wettbewerbs nur dann erfüllen, wenn zugelassene Verhaltensweisen den objektiven Tatsachen entsprechen und nicht täuschend sind. Sollte dies nicht der Fall sein, kann ein Vergleich die Funktion des Wettbewerbs wesentlich stören und wird dadurch zu einer unlauteren Wettbewerbshandlung (Opltova, GRUR Int.1994, S.713).

214) Dietz A., GRUR Int.1994, S.845; Opltova M., GRUR Int.1994, S.712

Auch hier entscheidet die Beurteilung im Einzelfall. Grundsätzlich kann man sagen, dass nicht jeder Eingriff in urheberrechtliche Werknutzungsrechte gleichzeitig immer auch als eine wettbewerbswidrige Handlung zu betrachten ist.[215]

Im Rahmen der unfassenden Reform des Handelsgesetzbuchs durch Gesetz Nr.370 vom 14.9.2000 [216] wurde in Form des §50a eine Bestimmung über die Zulässigkeit vergleichender Werbung an den Abschnitt des Handelsgesetzbuchs über unlautere Werbung (§41- 55) aufgenommen. Im Anschluss an die Richtlinie 97/55/EG wird vergleichende Werbung für zulässig erklärt, wenn sie nicht irreführend ist, Waren oder Dienstleistungen des gleichen Bedarfs betrifft, nur solche Merkmale vergleicht, die für die Ware oder Dienstleistung wesentlich, relevant, nachweisbar oder repräsentativ sind, was nach dem Gesetz i.d.R. den Vergleich mehrere Merkmale voraussetzt, keine Verwechslungsgefahr hervorruft und keine Herabsetzung beinhaltet. Betrifft die vergleichende Werbung Erzeugnisse, für die der Wettbewerber berechtigt ist, eine geschützte Herkunftsbezeichnung zu gebrauchen, so ist sie nur für ein Erzeugnis mit der gleichen Herkunftsbezeichnung zulässig. Die Werbung darf darüber hinaus nicht zu einer unehrlichen Ausnutzung des guten Rufs der Marke, Firma oder anderer besonderer Kennzeichen des Wettbewerbs führen und nicht Waren oder Dienstleistungen als Reproduktion oder Imitation solcher Waren oder Dienstleistungen anpreisen, die durch eine Marke oder einen Handelsnamen gekennzeichnet sind.

Die Tatsache, dass die Regelung des unlauteren Wettbewerbs in das Handelsgesetzbuch eingeführt wurde, darf über ihre sachliche und persönliche Tragweite nicht hinwegtäuschen. Trotz dieser Einordnung behält diese Regelung im Verhältnis zum Handelsrecht und zum allgemeinen Zivilrecht eine eigenständige Bedeutung, so dass die Frage, ob eine Handlung des unlauteren Wettbewerbs als eine handelsrechtliche oder zivilrechtliche im engeren Sinne zu qualifizieren ist, der Beurteilung im Einzelfall überlassen bleibt. Diese Schussfolgerung ergibt sich bereits aus dem Wortlaut des Art.14 HGB, der die dort erwähnten Pflichten allen Wettbewerbsteilnehmern auferlegt, auch wenn diese keine Unternehmer sind.[217]

---

215) Opltova M., GRUR Int.1994, S.713

216) Gesetz 370/2000 Slg.; veröffentlicht in Sbirka zakoni vom 25.10.2000, Nr.370, S.4698 ff.

217) Optlova M., GRUR Int. 1994, S.712

III. Ungarn

Nach dem politischen Umbruch erließ das ungarische Parlament Ende 1990 das Gesetz LXXXVI über das Verbot des unlauteren Wettbewerbs und von Wettbewerbs- beschränkungen,[218] das am 1.1.1997 durch ein neues Wettbewerbsgesetz ersetzt wurde.[219] Es hat sich als großer Vorteil erwiesen, dass der ungarische Gesetzgeber weitgehend vermieden hat, sich zu eng an ein anderes europäisches Recht anzulehnen, auch nicht an das deutsche, das nur in einigen Bezügen zum Vorbild genommen worden ist.[220] Unter dem Einfluss des deutschen Rechts ist die Generalklausel des ungarischen Wettbewerbsgesetzes entstanden.

Das Gesetz macht die Wettbewerbsfreiheit und die Wettbewerbslauterkeit zu Voraussetzungen des gesamten Wirtschaftswettbewerbs.[221] In der eigentlichen Generalklausel des §2 ist das Verbot der unlauteren Wirtschaftstätigkeit so formuliert, dass darunter auch der Schutz der gesetzlichen Interessen der Wettbewerber, der Verbraucher und der Geschäftsehre [222] verstanden wird. Die Generalklausel kann zur Anwendung kommen, wenn das beanstandete Verhalten nicht von einer anderen Vorschrift des Gesetzes erfasst wird. Dies bedeutet einerseits, dass abweichend vom deutschen Recht keine Konkurrenz mehrerer Vorschriften eintreten kann, andererseits – und hier wird deutscher Einfluss erkennbar – stellt §2 eine „Sammelvorschrift", ein „Auffangbecken" für alle Fälle unlauterer Geschäftstätigkeit dar. [223] Dass darin eine Gefahr liegt, liegt auf der Hand. Die „kleine Generalklausel" des §11 enthält ein allgemeines Täuschungsverbot.[224] Nach dem Gesetzeswortlaut verboten ist nur die Täuschung der Verbraucher. Dies bedeutet jedoch nicht, dass täuschendes Verhalten nicht auch im Interesse der Mitbewerber verboten ist; hier greift dann wohl die „große Generalklausel" des §2 ein. Das Täuschungsverbot nach §11 Abs.1 ist an die Voraussetzung geknüpft, dass die Täuschung zwecks Erhöhung des Warenabsatzes erfolgt. Diese Voraussetzung muss man nicht allzu ernstnehmen, da jedes wettbewerb-

---

218) deutsche Übersetzung in WuW, Heft 7-8/1991

219) Gesetz Nr. 57/1996 (WettbewG) ist am 1.1.1997 in Kraft getreten.

220) Hierzu Lambsdorff, GRUR Int.1994, S.714

221) Mit der Aufnahme dieser Begriffe in das Gesetz hat der Gesetzgeber auf §9 der ung. Verfassung von 1989 verwiesen, wo die Grundsätze der Marktwirtschaft und der Wettbewerbsfreiheit festgelegt sind.

222) übersetzt auch mit „geschäftliche Redlichkeit"

223) So erläutert die Gesetzesbegründung zu dieser Generalklausel

224) Es ist gegenüber dem früheren Gesetz von 1923 erheblich ausgebaut.

liche Verhalten dem Ziel der Erhöhung der Nachfrage bzw. des Absatzes dient.[225]

Das neue Gesetz über das Verbot unlauteren Wettbewerbs und von Wettbewerbsbeschränkungen [226] enthält, wie das gleichzeitig außer Kraft gesetzte Vorgängergesetz, Regelungen sowohl des UWG- wie auch GWB-Bereichs; im letzteren hat auch das EU-Recht als Vorbild gedient. Der Anwendungsbereich des neuen Gesetzes ist etwas weiter gefasst; es erfasst nunmehr gem. §1 auch marktwirtschaftliche Unternehm(ung)en sowie im Ausland vorgenommene Markthandlungen, soweit diese auf ungarischem Staatsgebiet Auswirkungen haben können. Die Bestimmungen im UWG-Breich entsprechen im wesentlichen den bisherigen Vorschriften, doch wurde die entsprechende Generalklausel des Verbots unlauteren Marktverhaltens nunmehr an diese Stelle des Gesetzes platziert. Die Bestimmungen des Gesetzes über Verbraucherschutz – bzw. indirekt das Verbot verbrauchertäuschender Handlungen, (§§ 8 ff.) – bilden ein eigenes Kapitel und wurden etwas gestraft; einige weggefallene Tatbestände, wie z.B. Regelungen über den Warenvergleich fallen nunmehr in eine Art „Verbraucherschutz-Generalklausel“ gemäß § 10, der wesentlich auf die Entscheidungsfreiheit der Verbraucher abstellt.

Die Einschränkung der Möglichkeit von Unternehmenszusammenschlüssen (Fusionskontrolle) wurde genauer geregelt (§§ 23-32); hier wie auch bei den Regelungen über die wettbewerbsbeschränkenden Vereinbarungen (§§ 11-20), wird nun auf die vorherige Unabhängigkeit der beteiligten Unternehmen abgehoben. Die Bestimmung des früheren Rechts, wonach wirtschaftliches Übergewicht ab einer Marktbeteiligung von 30% anzunehmen war, entfällt; das allgemeine Verbot des Missbrauchs einer marktbeherrschenden Stellung bleibt hingegen erhalten. Unternehmenszusammenschlüsse bedürfen nunmehr der Genehmigung der Wettbewerbsbehörde, soweit die gemeinsamen Nettoeinnahmen der betroffenen Unternehmen im vorausgehenden Wirtschaftsjahr 10 Milliarden Forint übersteigen.

Die Zuständigkeit der Wettbewerbsbehörde wurde etwas eingeschränkt, [227] zumal jetzt auch Verstöße gegen die wettbewerbsrechtliche Generalklausel des §2 nur vor die Gerichte überprüft werden können, wohingegen der Antragsteller nach bisher gelten dem Recht ein Wahlrecht

---

225) Hierzu Lambsdorf, GRUR Int.1994, S.714

226) Gesetz Nr. 57/1996 ist am 1.1.1997 in Kraft getreten; zuletzt durch Gesetz Nr.138 vom 19. 12. 2001geändert; deutsche Übersetzung in GRUR Int. 2001, S. 1025; dazu Hegyi, in GRUR Int. 1999,S.312

227) Dazu Hegyi, in GRUR Int. 1999,S.312; auch Lambsdorf, GRUR Int.1994, S.714

zwischen den Verfahren hatte. Das von der Wettbewerbsbehörde anzuwendende Verfahren wurde völlig neu geregelt. Zwar verbleibt es bei der subsidiären Anwendbarkeit des Verwaltungsverfahrensgesetzes,[228] doch nimmt dieselbe Vorschrift wesentliche Bestimmungen des VwVfG von der Anwendung aus. Die gerichtliche Überprüfbarkeit der Entscheidung der Wettbewerbsbehörde bleibt erhalten. Ebenfalls erhält die Wettbewerbsbehörde ein eigenes Klagerecht gegen andere Verwaltungsorgane, soweit diese wettbewerbsbeschränkende Maßnahmen treffen.[229]

Die Änderungen durch Gesetz Nr. 138/2000 vom 19.12.2000 betreffen ausschließlich den GWB-Bereich, insbesondere den Bereich der Fusionskontrolle (Art. 23-32 WettbewG). Es ist darauf hinzuweisen, dass der Begriff der Vereinbarung von geringfügiger Bedeutung (§13) ebenso wie der Begriff der marktbeherrschenden Stellung (§22 Abs.1) neu definiert wurde. Eine gewisse Präzisierung der Regelung fand auch im Bereich der vom Gesetz (§16) zugelassenen Gruppenfreistellungen statt, eine Möglichkeit, von der die ungarische Regierung aufgrund der Ermächtigung in §96 WettbewG bisher in nicht weniger als acht Fällen von – meist den europäischen Vorgaben nachgebildeten – Gruppenfreistellungsverordnungen Gebrauch gemacht hat. Zuletzt geschah dies durch Verordnung Nr. 86/1999 über die Freistellung bestimmter Gruppen von Technologietransfervereinbarungen.[230] Im Bereich der Gruppenfreistellungen wurde durch das Änderungsgesetz Nr. 138/2000 ein neuer §16/A WettbewG eingeführt, der es dem Wettbewerbsamt erlaubt, bestimmten Vereinbarungen die Vergünstigung durch die jeweilige Gruppenfreistellung für die Zukunft wieder zu entziehen, wenn die Vereinbarungen die Voraussetzungen, die das Gesetz in §17 für Einzelfreistellungen vorsieht, nicht erfüllen. Ein entsprechender Hinweis auf diese Neuregelung in §16/A ist fast gleichzeitig mit dem Änderungsgesetz durch Regierungsverordnung Nr.246/2000 vom 24.12.2000 [231] in alle bisher erlassenen und dort aufgelisteten Gruppenfreistellungsverordnungen eingefügt worden.[232]

Die Änderungen des Gesetzes LVIII/1997 über die wirtschaftliche Werbetätigkeit vom 19.12.2000 [233] sollen ausdrücklich auch der im Europa-Abkommen Ungarns vorgesehenen Anpassung an das EU - Recht

---

228) Gesetz Nr. 4/1957 (VwVfG)

229) vgl. die aktuelle Information in GRUR Int. 1996, S. 1165

230) vgl. die aktuelle Information in GRUR 1999, S. 810 sowie die Darstellung von Hegyi, S. 312

231) Magyar Közlöny Nr. 130 vom 24.12.2000, S. 8823

232) vgl. die aktuelle Information in GRUR Int. 2001, S. 894

233) Magyar Közlöny Nr.1 vom 5.1.2002, S.2

dienen und speziell die zwecks Einbeziehung der vergleichenden Werbung geänderte Regelung der EU über irreführende Werbung[234] berücksichtigen. Dementsprechend wurden insbesondere die Vorschriften des WerbeG über vergleichende Werbung geändert. Sie darf nicht irreführend sein, den guten Ruf anderer Unternehmen verletzen, zur Verwechslung zwischen dem Werbenden und anderen Unternehmen führen oder die Bestimmungen des Wettbewerbsschutzgesetzes verletzen. Auch die Voraussetzungen der rechtmäßigen Benutzung einer fremden Marke in der vergleichenden Werbung werden geregelt. Weitere Vorschriften betreffen die Arzneimittelwerbung und das mit wenigen Ausnahmen versehne Verbot der Tabakwerbung. In den allgemeinen Bestimmungen werden drei Begriffe neu definiert: Medikamente,[235] Sonderangebote und irreführende Werbung. Als irreführend wird jene Werbung bezeichnet, die Personen, an die sie sich richtet, oder andere sie zur Kenntnis nehmende Personen irreführt oder irreführen kann und dadurch ihr wirtschaftliches Verhalten beeinflussen kann oder die Rechte anderer Werbeunternehmen verletzt oder verletzen kann.[236]

Eine genaue Betrachtung des ungarischen Wettbewerbsrechts ergibt, dass keine nennenswerten Schwierigkeiten mit den bisherigen EG-Richtlinien und –vorschlägen entstehen können.

IV. Rumänien

Wie in allen Ländern des europäischen Ostens bildeten die Probleme der Konkurrenz sowie des unlauteren Wettbewerbs einen der Schwerpunkte der rumänischen Gesetzgebung nach dem Übergang zur Marktwirtschaft im Jahre 1989. In zeitlicher Reihenfolge ist mit der Erwähnung der Art. 36 bis 38 des Gesetzes Nr.15 vom 8.8.1990 über die Neuorganisation staatlicher Wirtschaftseinheiten in Selbstverwaltungseinheiten und Handelsgesellschaften zu beginnen. Diese kartellrechtlichen Vorschriften waren jedoch nicht geeignet, die freie Konkurrenz durch das Verbot der missbräuchlichen Ausnutzung einer marktbeherrschenden Stellung zu gewährleisten. Art. 36-38 des Gesetzes Nr.15/90 sowie der auf dieses Gesetz verweisende Art.4a des ansonsten weiter geltenden Gesetzes

---

234) Richtlinie 84/450 i.d.F. der Richtlinie 97/55

235) Der Begriff „Medikamente" wurde enger gefasst – „solche Produkte, die zur Prävention, Erkennung oder Heilung von Krankheiten im menschlichen Organismus zur Anwendung kommen".

236) vgl. die aktuelle Information in GRUR Int. 2001, S. 895

über die Bekämpfung des unlauteren Wettbewerbs Nr. 11/1991 [237] wurden durch das neue Gesetz Nr. 21 vom 10.4.1996 [238] aufgehoben.

Das neue rumänische Gesetz vom 1996 betrifft ausschließlich den GWB-Bereich, wobei verbotene Kartelle und Absprachen, der Missbrauch einer marktbeherrschenden Stellung und unzulässige Konzentrationen wirtschaftlicher Macht durch Fusion und Ausweitung von Kontrollrechten im einzelnen geregelt werden. Ausnahmen insbesondere im Kartellbereich sind jedoch vorgesehen, und zwar sowohl auf dem Wege von Einzelgenehmigungen wie von Gruppenfreistellungen, die von dem neugeschaffenen Wettbewerbsrat [239] durch Verordnung erlassen werden. Auch bei den Vorschriften über den Missbrauch einer marktbeherrschenden Stellung und die Konzentrationskontrolle sind Ausnahmen bzw. Abgrenzungen vorgesehen.

Ein quantitativ erheblicher Teil der Vorschriften des neuen Gesetzes dient der Regelung der Aufgaben zweier nebeneinanderstehender Aufsichtsorgane, nämlich zum einen des regierungsunabhängigen Wettbewerbsrats sowie des der Regierung unterstehenden Wettbewerbsamts,[240] deren Kompetenzen und gegenseitige Zusammenarbeit bei der Aufspürung von Wettbewerbsverstößen und ihrer Sanktionierung festgelegt werden. Die Sanktionsvorschriften [241] sind meist in Form von Übertretungen niedergelegt, bei mit betrügerischer Absicht geschaffenen Kartellen oder Missbräuchen marktbeherrschender Stellungen sind jedoch auch Strafsanktionen vorgesehen. [242]

Bereits ein flüchtiger Einblick in das weiter geltende rumänische UWG/1991 [243] genügt für die Feststellung, dass dem Gesetzgeber vor allem das Gesetz aus dem Jahre 1932 als Vorbild diente.[244] Zu erkennen ist auch der Einfluss einiger Vorschriften des Handelgesetzbuches von 1938, das unter König Carol II ausgearbeitet, aber nicht in Kraft gesetzt wurde. Erwähnenswert ist, dass Rumänien das einzige Land im sozialistischen Osten war, in dem das (nach dem Code Napoleon ausgearbeitete) Zivilgesetzbuch aus dem Jahre 1865 sowie das (an das italienische Vorbild aus dem Jahre 1882 angelehnte) Handelsgesetzbuch aus dem Jahre 1887

---

237) Gesetzblatt (Monitorul Oficial al Rumaniei) Nr. 24 vom 30.1.1991

238) Durch Präsidial-Dekret Nr. 59 vom 8.4.1996 wurde das neue Wettbewerbsgesetz (Legea Concurentei) Nr.21 vom 10.4.1996 verkündet; veröffentlicht in Monitorul Oficial al Rumaniei, Nr. 88 vom 30.4.1996

239) Consilius Concurentei

240) Ocifiul Concurentei

241) vgl. die aktuelle Information in GRUR Int. 1996,S. 1164

242) u.a. Freiheitsetzung von 6 Monaten bis 4 Jahren

243) Gesetz Nr. 11 über die Bekämpfung des unlauteren Wettbewerbs

244) So Eminescu Y., GRUR Int. 1994, S. 688

niemals abgeschafft wurden.[245] Die sich daraus ergebende Bedeutung vor allem für die Juristenausbildung, aber auch für die Lösung konkreter Probleme der Rechtsbeziehungen zum Westen in der Zeitspanne ihrer Wiederbelebung ist leicht zu begreifen.

Das rumänische UWG enthält eine Generalklausel und eine Reihe von Einzeltatbeständen. Verstöße werden vorwiegend als Ordnungswidrigkeiten oder Straftaten gehandelt. Der Gesetzgeber versuchte durch eine strenge Sanktionspolitik auf die spezifischen Erfordernisse der neuen Marktverhältnisse zu reagieren, indem er die einzelnen Tatbestände in ihrem größeren Teil als Ordnungswidrigkeiten (Art.4) und die klassischen Wettbewerbsdelikte der Irreführung (Art.5) als Straftaten geregelt hat. Auf eine spezielle wettbewerbsrechtliche Zivilhaftung wurde verzichtet. Die zivilrechtliche Haftung richtet sich nach den allgemeinen deliktsrechtlichen Vorschriften. Dabei kann ausdrücklich auch für immaterielle Schäden Ersatz verlangt werden.

Bemühungen zu einer Aktualisierung des rumänischen UWG aus dem Jahre 1991 sind kaum erkennbar. „Es ist offensichtlich, dass das aktuelle Gesetz gegen den unlauteren Wettbewerb noch weit davon entfernt ist, das sehr moderne Gesetz zu sein, welches sich die Initiatoren wünschten.“ [246] Auch Verbraucherschutznormen bleiben in anderen Gesetzen zerstreut und wurden zu der neuen Regelung des unlauteren Wettbewerbs nicht einbezogen.[247] Das ist als Konsequenz der Durchführung einer bestimmten rechtspolitischen Linie zu betrachten, denn in Rumänien wurde der Verbraucherschutz in einem eigenen Regierungserlass vom 21.8.1992 geregelt.[248] Dieser Erlass enthält Rechtsnormen über den Gesundheitsschutz der Verbraucher, über die Gewährleistungs- und Informationspflichten der „Wirtschaftsagenten“, sowie über die Produkthaftung. [249] Der Verbraucherschutzerlass stellt eine verbraucherschutzrechtliche Ausdehnung der Generalklausel des UWG dar. Er gewährt auch Verbraucherverbänden Klagebefugnis. Trotz positiver Ansätze des aktuellen Wettbewerbsgesetzes ist noch eine umfassende wirtschaftsrechtliche Reform als künftighin vorstehende Aufgabe im Laufe des Gesetzgebungsprozesses zu erwarten.

---

245) Eminescu, GRUR Int. 1994, S. 688

246) Eminescu, GRUR Int. 1994, S.688

247) Der Verbraucherschutz in Rumänien ist im Rahmen der wirtschaftlichen Kontrolle seitens der entsprechenden Behörden bei den Bürgermeisterämtern und den Präfekturen organisiert. (Regierungserlass Nr. 1290 vom 27.12.1990)

248) Obwohl die vorherigen Regelungen (das 1977 abgeänderte Dekret Nr.6/1972 über die von den Werktätigen durchgeführte Kontrolle) nicht ausdrücklich aufgehoben wurde, sind sie impliziet als aufgehoben zu betrachten. (Eminescu, GRUR Int. 1994)

249) Dazu Dietz, GRUR Int. 1994, S.649 und 653

V. Slowenien

Den Weg in seiner Eigenständigkeit leitete Slowenien mit dem am 6.12.1990 von dem neugewählten Parlament verabschiedeten Gesetz über den Volksentscheid über die Unabhängigkeit der Republik Slowenien ein. Bis zum Inkrafttreten des Gesetzes zum Schutz des Wettbewerbs vom 25.3.1993 blieben die nicht mit der slowenischen Rechtsordnung im Widerspruch stehenden Vorschriften des jugoslawischen Handelsgesetzes von 1990 weiterhin anwendbares Recht.[250] Das slowenische Wettbewerbsgesetz von 1993 setzt die Tradition seiner Vorgänger aus den 60er und 70er Jahren sowie des Handelsgesetzes fast in jeder Hinsicht fort. Dies gilt allgemein für die Gesamtkonzeption des Gesetzes, das sowohl das Recht gegen Wettbewerbsbeschränkungen als auch das Recht des unlauteren Wettbewerbs umfasst und damit sowohl die Institution „Wettbewerb" als auch seine Lauterkeit schützt.[251]

Das Grundmuster des Wettbewerbsgesetzes im Bereich der Regelung des unlauteren Wettbewerbs fügt sich nahtlos in die Reihe seiner Vorgänger seit 1930 ein. Es weist eine Generalklausel auf, die eine weit angelegte Definition des unlauteren Wettbewerbs enthält und durch vierzehn nur beispielsweise aufgeführte, jeweils nur mit einem Spiegelstich versehenen Spezialtatbestände ergänzt wird. Kompliziert wird die Regelung einerseits durch eine ausgesprochene Neuerung, nämlich die Einführung eines Amtes zum Schutz des Wettbewerbs, dessen Zuständigkeit sich allerdings ausschließlich im Bereich des Rechts gegen die Wettbewerbsbeschränkungen und unerlaubter Spekulation erschöpfen (Art.22-25), sowie zivilrechtliche, verwaltungsrechtliche und strafrechtliche Sanktionen (Art.26-33).

Die Generalklausel des Art.13 Abs.2 definiert dann als unlauteren Wettbewerb jede Handlung eines Unternehmens anlässlich seines Auftretens auf dem Markt, die gegen die guten geschäftlichen Sitten verstößt und mit welcher anderen Markteilnehmern Schaden zugefügt wird oder zugefügt werden könnte. Den Überlegungen des Obersten Gerichts Sloweniens im Fall „LEGO" [252] folgend verzichtet die Generalklausel auf die Voraussetzung des Wettbewerbsverhältnisses. Sie begnügt sich stattdessen mit der Forderung, dass die fragliche Handlung „beim Auftreten auf

---

250) Nach Art. 4 des slowenischen Grundverfassungsurkunde vom 25.6.1991

251) So Straus J., GRUR Int. 1994, S. 706

252) Der Fall hat auch in Deutschland führendem Kommentar von Baumbach/Hefermehl (Wettbewerbsrecht 17. Aufl., München 1993, Rdnr. 247, S. 204) stets zunehmende Erwägung gefunden.

dem Markt" erfolgen muss, worunter die Lehre jede Tätigkeit eines Unternehmens versteht, die darauf gerichtet ist, eine Marktposition zu erringen, das heißt natürlich auch eine bereits errungene zu verbessern.[253]

Die Einzeltatbestände sind gesetzestechnisch jeweils nur als Beispiele unlauteren Wettbewerbs aufgeführt worden. Art.13 Abs.3 enthält ein Katalog von 14 Einzeltatbeständen. Abgesehen von den Tatbeständen der anlehnenden vergleichenden Werbung und der diskriminierenden Werbung wurden die Einzeltatbestände gegenüber der alten jugoslawischen Regelungen von 1974 bzw. von 1990 nur wenig oder gar nicht umformuliert oder einfach weggelassen. Einige Tatbestände sind so formuliert, dass sie die Gerichte vor einige Probleme gestellt haben, so z.B. im Falle der kritisierenden vergleichenden Werbung. Art.13 Abs.3 zweiter Spiegelstich erklärt zum unlauteren Wettbewerb das „Werben, Annoncieren und Anbieten von Waren oder Dienstleistungen mit Angaben von Daten oder Verwendung von Ausdrücken, mit welchen das Ansehen eines anderen Unternehmens, seiner Erzeugnisse oder Dienstleistungen ausgenutzt, oder die Qualität der Erzeugnisse eines anderen Unternehmens bewertet oder herabsetzt wird". Krneta erblickt darin grundsätzlich die Zulässigkeit der vergleichenden kritisierenden Werbung,[254] was zwar wohl zutreffen dürfte, allerdings noch nicht die Frage beantwortet, was das Gesetz unter „Bewerten" von Konkurrenzerzeugnissen versteht.[255]

Nach Art.26 Abs.1 ist „der betroffene Teilnehmer im Verkehr mit Waren und Dienstleistungen" berechtigt im Zivilprozess das Verbot weiterer Handlungen des unlauteren Wettbewerbs zu begehren. Anders als andere Bestimmungen des Gesetzes verwendet Art.26 Abs.1 nicht den Begriff „Unternehmen", sondern „betroffene Marktteilnehmer", womit ein wesentlich weiterer Personenkreis erfasst wird. Zu diesem Kreis müssten sowohl gewerbliche Verbände, wie auch Verbraucherschutzverbände und einzelne Verbraucher zählen.[256]

Alle Handlungen des unlauteren Wettbewerbs gelten als Wirtschaftsvergehen und ziehen für die sie verursachenden Unternehmen und deren verantwortliche Personen Geldstrafen nach sich. Der allgemeine Hinweis in Art.30 auf Art.13 lässt erkennen, dass auch bei Handlungen die nicht von den Spezialtatbeständen des Abs.3 abgedeckt sind, strafrechtliche Folgen zum Zuge kommen. Was die zivilrechtliche Sanktionen angeht, so

---

253) Straus, GRUR Int. 1994, S. 706

254) Krneta (GRUR Int. 1994, S. 295) kritisiert diese Vorschriften als zu eng.

255) So Straus, GRUR Int. 1994, S. 709

256) Selbst wenn die Gerichte diese Auslegung folgen, ist es zu bedauern, dass es der Gesetzgeber unterlassen hat, die Verbraucherverbände und den einzelnen Verbraucher als Klageberechtigte ausdrücklich zu erwähnen. So Straus, GRUR Int. 1994, S. 709.

räumt Art.26 Abs.1 zunächst den betroffenen Teilnehmern im Verkehr mit Waren und Dienstleistungen Klagen auf Unterlassung, auf Vernichtung der Gegen- stände mit denen die unerlaubte Wettbewerbshandlung begangen wurde und Wiederherstellung des früheren Zustandes ein. Erfolgte die unlautere Wettbewerbshandlung mit Hilfe der Mittel der öffentlichen Information oder auf ähnliche Weise oder betraf die Handlung mehrere Marktteilnehmer, so kann auch auf Veröffentlichung des Urteils in der Presse und anderen öffentlichen Informationsmedien geklagt werden. Die slowenischen Gerichte haben bis jetzt nicht anders verfahren als ihre jugoslawischen Vorgänger, nämlich die Statthaftigkeit solcher Klagen dann bejahen, wenn bei bereits vorliegendem rechtswidrigen Eingriff die Gefahr weiterer Wiederholungen besteht oder wenn Zuwiderhandlungen zwar noch nicht vorgenommen sind, der erste widerrechtliche Eingriff jedoch bevorsteht. Ein Verschulden des Handelnden setzen diese Klagen nicht voraus. Dem Geschädigten stehen nach den Grundsätzen des Schuldrechts, d.h. beim Verschulden des Verletzers, auch Ansprüche auf Schadensersatz zu (Art.27).

Das neue Wettbewerbsrecht hat im Vergleich zur früheren jugoslawischen Regelung keine grundlegenden Änderungen gebracht. Das frühere Jugoslawien war der einzige Staat unter den sozialistischen Ländern Mittel- und Osteuropas, der schon zu Zeiten des sog. Sozialismus über einen funktionierenden Markt und auch über wirtschaftlichen Wettbewerb verfügte. Die wichtigste Änderung, die sich für die Folgestaaten des früheren Jugoslawiens aus dem Zusammenbruch des Sozialismus ergibt, hängt daher weniger mit der Wiedereinführung des wirtschaftlichen Wettbewerbs, sondern vielmehr mit der Änderung der Eigentumsstruktur zusammen. Die Auswirkungen der grundlegenden Änderungen in Gesellschaft, Recht und Wirtschaft sind sowohl in der Wettbewerbsgesetzgebung als auch im Marktverhalten der Unternehmen weniger gravierend als in den anderen früheren sozialistischen Ländern. Erst nach dem vollständigen Vollzug der Transformation in diesen Staaten wird sich zeigen, welche Bedürfnisse der Wettbewerber und Verbraucher die neuen Wettbewerbgesetze übersehen bzw. unberücksichtigt gelassen haben.[257]

257) Straus J., GRUR Int.1994, S.710

6. Kapitel

Zusammenfassung und Ausblick.

Zusammenfassung

1. Der geschichtliche Rückblick auf die lauterkeitsrechtlichen Normen und die Rechtsprechung in der sozialistischen Planwirtschaft bestätigt, dass die Wirksamkeit des Lauterkeitsschutzes immer im Zusammenhang mit dem Maß der vom Wirtschaftssystem gewährleisteten Wettbewerbsfreiheit zu betrachten ist. Die Abwicklung des Lauterkeitsrechts unter planwirtschaftlichen Verhältnissen ist Folge der Abschaffung der soziologischen und juristischen Voraussetzungen des makroökonomischen Koordinationsprinzips und zugleich individuellen Verhaltensmodells „Wettbewerb". Die Ausgestaltung des Wettbewerbsrechts steht als rechtliche Aufgabe erst mit der Gewährleistung der wirtschaftlichen Freiheit und Chancengleichheit und einer privaten Eigentumsordnung.

2. Ein neues Wettbewerbsrecht könnte nur dann wirksam werden, wenn seine Aufgabe, die vielfältigen Wirkungszusammenhänge des freien Marktprozesses in entsprechenden Rechtsnormen dogmatisch zu erfassen, durch rechtsstaatliche Garantien abgesichert ist. Die Verfassungsaufträge nach Art.19 der bulgarischen und Art.34 der russischen Verfassung sind Ausdruck des gesteigerten öffentlichen Interesses an einer wirksamen Marktverhaltenskontrolle und bestimmen zugleich die Ordnungsfunktion des Wettbewerbsrechts. Zum Erreichen der verfassungsmäßig definierten Ziele werden Schutznormen gegen unlauteren Wettbewerb und Handlungen mit wettbewerbsbeschränkenden Auswirkungen statuiert. Betrachtet als Überbau der gesamten Regelungen liefern die Zweckbestimmungen in den Wettbewerbsgesetzen die maßgeblichen Gesichtspunkte für eine teleologische und funktionale Auslegung der Grundbegriffe des Wettbewerbsrechts.

3. Die Assoziierung der osteuropäischen Staaten zur Europäischen Gemeinschaft als ein erster Schritt in der Richtung einer künftigen völligen Integration in den europäischen Wirtschaftsraum begründet schon im Vorfeld die Notwendigkeit einer nachdrücklichen Berücksichtigung der Grundsätze des EG-Rechts bei der Konzipierung der Wettbewerbsgesetze. Die neuen Wettbewerbsgesetze bedeuten zugleich die Wiederbelebung eines Rechtszweiges, der in den Jahren der zentralistischen Wirtschaftssteuerung, infolge der Einschränkung der Privatautonomie und somit der Wettbewerbsfreiheit, keine rechtspolitische Rechtfertigung hatte und

legislativ verworfen wurde. Diese neuen Gesetze können daher nicht als Fortsetzung einer geschichtlichen Kontinuitätslinie betrachtet werden.

4. Die geschichtliche Charakteristika und die Motiven der neuen Wettbewerbsschutzgesetze in Bulgarien und in Russland, in denen Ziele wie technologische Erneuerung, Wettbewerbsförderung und Befriedigung der Marktbedürfnisse erwähnt werden, lassen den Schluss zu, dass der Gesetzgeber von dem Leitbild eines „funktionsfähigen" Wettbewerbs ausgegangen ist. Den Lauterkeitsschutz in diesen Ländern kann man nicht isoliert vom Transformationsprozess betrachten und von Überlegungen, akzentuiert politischer und soziologischer Natur, fernhalten. Aus dem Blickwinkel der realen Charakteristika des Wettbewerbs in der Übergangsperiode als soziologischen Sachverhalt hat der Wettbewerbsschutz der schwächeren Marktfigur des Verbrauchers Rechnung zu tragen.

5. Mit der Einordnung der Lauterkeitsnorm in einem einheitlichen Wettbewerbsschutzgesetz greift der Gesetzgeber in Bulgarien und Russland eine funktionale Konzeption auf, die den Entwicklungstendenzen auf diesem Rechtsgebiet entspricht. Diese Konzeption erlaubt den Wettbewerbsschutz als Sozialschutz zu legitimieren und die Gestaltungskraft subjektiver Freiheiten zum Erreichen von gemeinnützigen Zielen zu mobilisieren. Allerdings lässt sich in der Tat darüber diskutieren, ob man nicht damit die Gefahr einer Vernachlässigung des einen oder anderen wettbewerbsrechtlichen Bereiches schon unter quantitativen Gesichtspunkten läuft. Die positive Antwort auf diese Frage wäre im russischen Wettbewerbsrecht für das Lauterkeitsrecht zutreffend. Diese Überlegungen widerlegen aber nicht die Fortschrittlichkeit des WettbewG-Konzepts.

6. Die Lauterkeitsschutznormen finden Anwendung soweit die Schranke, die die Verhaltensnorm „gute Handelssitten", verankert in der Generalklausel des bulgarischen Wettbewerbsgesetzes oder „Gewohnheiten des Geschäftsverkehrs und die Anforderungen der Ordentlichkeit, Vernunft und Gerechtigkeit", verankert in der Generalklausel des russischen Wettbewerbsgesetzes, aufstellt, überschritten ist. Die Bewertung von Wettbewerbspraktiken richtet sich danach, *wie* die verfassungsmäßig garantierte Wettbewerbsfreiheit ausgeübt wird. Der generelle Beurteilungsmaßstab, verankert in den Generalklauseln ist gesamtmarktbezogen und schützt die Interessen der Konkurrenten, der Verbraucher und der Allgemeinheit an einer leistungsorientierten Wirtschaftsordnung. Sofern sich das zentrale Lauterkeitskriterium als Maßstab an zulässigem Marktverhalten einordnen lässt, darf davon ausgegangen werden, dass es auch eine übergreifende Bedeutung für den gesamten Regelungsbereich des Wettbewerbsrechts erlangt.

7. Das Modell mit einer offenen Generalklausel am Anfang der Regelung ermöglicht die wirksame Erfassung unlauterer Wettbewerbs-

handlungen, die schöpferische Anwendung und damit die Entwicklungsfähigkeit des Wettbewerbsrechts. Es begründet aber zugleich die Gefahr einer Schwerpunktverschiebung der Normbildungskompetenz von der Legislative auf die Judikative und damit auch die Gefahr von Subjektivismus und Gegensätzlichkeit in der Praxis. Der Rechtsbegriff des unlauteren Wettbewerbs wird nur insofern inhaltlich definiert, als der Gesetzgeber in den konkreten Einzeltatbeständen selbst bestimmt, was die Marktbeteiligten tun dürfen und was sie bei der Entfaltung der unternehmerischen Freiheit anderer duldend hinzunehmen haben. Die Konkretisierung der Lauterkeit als Maßstab für die Ausübung wirtschaftlicher Tätigkeit bedarf einer umfassenden Interessenabwägung im Einzelfall unter besonderer Berücksichtigung der freiheitsorientierten Gesetzespolitik.

8. In Anbetracht der Unerfahrenheit der Marktteilnehmer in den Transformationsländern Europas wäre ein Verzicht auf öffentlichrechtliche Regelungselemente im neuen Wettbewerbsrecht aus rechtspolitischer Sicht nicht gerechtfertigt. Deswegen wurde bei der Ausgestaltung des einheitlichen Sanktionssystems der Wettbewerbsgesetze das mäßige Vertrauen in die autonomen Kräfte des Marktes mit Aufsichtsfunktionen des Staates kombiniert. Der Grundgedanke der intensiven staatlichen Marktkontrolle spiegelt sich am deutlichsten in der Konstituierung der Wettbewerbsbehörde wieder. Der Gesetzgeber folgt dem Systemmodell einer zentralisierten Wettbewerbsbehörde, das in sich sowohl Funktionen, die typisch für ein Kartellamt sind, als auch die Aufgaben einer Zentrale zur Bekämpfung des unlauteren Wettbewerbs vereinigt.

9. Beim Bestimmen der Grenzen der Wettbewerbsfreiheit hat der bulgarische Gesetzgeber zurecht gegenüber dem Systemmodell der Bekämpfung des unlauteren Wettbewerbs auf der Grundlage des allgemeinen Deliktsrechts eine sondergesetzliche Regelung mit detaillierten Verbotsnormen vorgezogen. Das Definieren des unlauteren Wettbewerbs nach Art.30 nur als konkurrentenbezogene Gesetzesverletzung ist nicht als eine konzeptionelle Restriktion aufzufassen; vielmehr wird dadurch im materiellrechtlichen Bereich eine notwendige wettbewerbliche Relevanz der Handlungen unterstrichen. Die Berücksichtigung aller Aspekte der gegenseitigen Wechselwirkung zwischen der Generalklausel und den Einzeltatbeständen ermöglicht den Schluss, dass der bulgarischen Generalklausel auf dem Wege der Rechtsfortbildung nur dann neue Verhaltensregeln entnommen werden können, wenn negative Auswirkungen auf den Wettbewerb durch das Schutzbedürfnis konkreter Konkurrenteninteressen hinreichend indiziert werden.

10. Der verwaltungsrechtliche Schutz im bulgarischen Wettbewerbsrecht wird durch die Zuweisung von judikativen Befugnissen der Kommission zum Schutz des Wettbewerbs deutlich intensiviert. Der

Schutz gegen unlauteren Wettbewerb wird fast ausschließlich mit Hilfe verwaltungsrechtlicher Mittel und Sanktionen gewährleistet. Angesichts der unterschiedlichen sozial-ökonomischen und rechtlichen Rahmenbedingungen in West- und Osteuropa wäre es spekulativ auf einer rechtsvergleichenden Basis darüber nachzudenken, welche Lösung die bessere ist; diese mit Primat des zivilrechtlichen Ansatzes, oder diejenige mit akzentuiert öffentlich-rechtlichen Regelungselementen. In Bulgarien sichert bislang dieses Modell ein funktionierendes System zur Bekämpfung unlauteren Wettbewerbs.

11. Das neue bulgarische Wettbewerbsgesetz kann überwiegend positiv bewertet werden, ohne dass dies einige kritische Einwände auszuschließen vermag. Durch die Einräumung von speziellen Klagerechten staatlicher Aufsichtsorgane als Träger öffentlicher Belange ist eine Intensivierung des Lauterkeitsschutzes angestrebt. Dies rechtfertigt aber nicht die Nichtzulassung einer Selbstkontrolle durch Kollektivvertreter. Reformmaßnahmen des Gesetzgebers sind in diesem Bereich dringend notwendig. Hinsichtlich der Feststellung der Irreführungsgefahr sind von der Rechtssprechung keine festen Maßstäbe aufgestellt worden. Auch die ausdrücklichen Garantien für die prozessualen Rechte der Parteien und die allgemeine Rechtssicherheit bei der Rechtsdurchsetzung lassen teilweise zu wünschen übrig. Die Kommission zum Schutz des Wettbewerbs ist für alle landesweit begangenen Verstöße zuständig, was eine enorme Arbeitsbelastung bedeutet. Was den GWB-Bereich betrifft, wäre es wünschenswert, innerhalb des gesamten kartellrechtlichen Teils des Gesetzes eine differenziertere Position gegenüber vertikalen Vereinbarungen einzunehmen.

12. Die Regelung des Gesetzes über den Wettbewerb und die Eindämmung monopolistischer Tätigkeiten auf den Warenmärkten sowie die des Gesetzes über die Werbung bilden die maßgebliche Grundlage des russischen Wettbewerbsrechts. Dem Gesetzgeber fehlte die Zeit zum tiefgreifenden Durchdenken der zu regelnden Rechtsmaterie, zumal sich das Wettbewerbsrecht für ihn als ein neues Regelungsfeld aufstellte. Das russische Kartellrecht ist durchaus mit anderen europäischen Systemen vergleichbar und auch einige Ansätze im Lauterkeitsrecht befinden sich auf einem hohen Niveau. Probleme ergeben sich dadurch, dass das Recht gegen den unlauteren Wettbewerb als Beiwerk zum Kartellrecht normiert wurde. Das Lauterkeitsrecht nimmt im Gesetz und in der Praxis eine bescheidene Stellung ein. Die Kernnorm des unlauteren Wettbewerbs ist der 3. Abschnitt WettbewG, der mit „Unlauterer Wettbewerb“ tituliert ist, und lediglich aus einem Artikel, nämlich Art.10 „Formen des unlauteren Wettbewerbs“, besteht.

13. Der Mangel veröffentlichter Rechtsprechung auf dem Gebiet des Wettbewerbsrechts lässt eine realistische Beurteilung der Chancen einer effektiven Durchsetzung des Lauterkeitsschutzes nicht zu. Unbedingt notwendig ist eine Publikation der Entscheidungen in Wettbewerbssachen. Auch das Sanktionssystem für den Bereich des unlauteren Wettbewerbs ist zu stark aufsichtsbehördlich orientiert und das Verfahren zu bürokratisch gestaltet. Dies hat sich für eine Übergangszeit, in der wirtschaftliches Chaos herrscht, als praktisch erwiesen. Es kann sich aber auf Dauer nicht bewähren. Positive Effekte sind aus einer Intensivierung des „Selbstreinigungsprozesses“ der Marktteilnehmer zu erwarten.

14. Zu kritisieren ist die Unvollständigkeit der Einzeltatbestände und die wenig präzise Abgrenzung der Geltungsbereiche. Es ist sicher notwendig, für die Generalklausel einzelne Fallgruppen zu entwickeln. Es ist zu erwarten, dass in Ermangelung einer Sonderregelung des Bestechungsverbots, Bestechungspraktiken zu Wettbewerbszwecken mit Hilfe der allgemeinen strafrechtlichen Tatbestände sanktioniert werden. Mit Blick auf den dauerhaften Abbau von Arbeitsplätzen und die innerbetriebliche Umstrukturierung in Russland, erscheint ein kritisches Durchdenken der Vorschrift des Art.10 fünfter Fall (Geheimnisverrat) mehr als angebracht. Es bleibt eine wichtige Aufgabe der Rechtsprechung und der Wissenschaft, die gegenseitigen Wechselwirkungen vom Freiheits- und Lauterkeitsschutz des Wettbewerbs einerseits, und Wettbewerbs- und Verbraucherschutz andererseits, im Rahmen eines einheitlichen Gesetzes aufzuspüren und die entsprechende Entwicklungslinie im russischen Wettbewerbsrecht für die praktische Rechtsanwendung aufzuzeigen.

15. Die konsequente Durchsetzung des Wettbewerbsrechts wird derzeit noch spürbar durch die von der russischen Regierung favorisierte Investitions- und Industriepolitik beeinflusst. Mittelfristig ist darauf zu achten, dass das Wettbewerbssystem einer ordnungspolitischen Sicherung bedarf, für die eine politische und rechtliche Unabhängigkeit der Antimonopolbehörden unerlässlich ist. Wenn auch die Wirtschaftsrealität in der Russischen Föderation immer wieder zeigt, dass die angestrebte sozialgerechte Wettbewerbsordnung im Schatten rücksichtsloser Überlebensstrategien eines „Wilden Ostens“ steht, bildet die spezielle Wettbewerbsregelung eine zuverlässige Grundlage für die Begegnung wettbewerbsverfälschender Verhaltensweisen auf dem Markt. Eigenarten der Rechtskultur in Russland beeinflussen auch die Effektivität des Wettbewerbsschutzes. Die Gründe für die Zurückhaltung der Marktteilnehmer bei der Verfolgung von Wettbewerbsverletzungen sind die immer noch mangelnde Erfahrung und das Defizit an systematischer Gerichtspraxis, damit auch ein erhebliches Defizit an Rechtssicherheit.

16. Das zentrale Lauterkeitskriterium der „guten Handelssitten“ und das der „Gewohnheiten des Geschäftsverkehrs und der Anforderungen der Ordentlichkeit, Vernunft und Gerechtigkeit“ sind funktionsäquivalent mit dem Kriterium der „anständigen Gepflogenheiten im Gewerbe und Handeln“ nach Art.10bis PVÜ. Der systematische Aufbau des Lauterkeitsrechts sowohl nach dem russischen als auch nach dem bulgarischen Wettbewerbsgesetz entspricht den Anforderungen des Art.10bis PVÜ. Die aufgestellten speziellen Einzeltatbestände verbieten die typischen Erscheinungsformen des unlauteren Wettbewerbs, wie diese enumerativ in Art.10bis Abs.3 PVÜ aufgezählt sind. Sofern das Lauterkeitsrecht gesamtsystematisch in den gewerblichen Rechtsschutz eingegliedert ist, darf im Hinblick auf die völkerrechtliche Verpflichtungen Bulgariens und Russlands angenommen werden, dass die neuen Wettbewerbsgesetze ein der EU-Mitgliedsstaaten vergleichbares Schutzniveau bieten. Insofern lassen sich das bulgarische und das russische Lauterkeitsrecht erfolgsreich in die kontinental-europäische wettbewerbsrechtliche Tradition einordnen.

Ausblick

Unterzieht man die neuen Wettbewerbsgesetze der Übergangsländer Mittel- und Osteuropas einem Vergleich, so fällt dabei ein unterschiedliches Bild auf. Bei der Analyse der Neuregelungen ist in Anbetracht der engen politischen, wirtschaftlichen und rechtlichen Verflochtenheiten der ehemaligen RGW-Mitgliedländer eine „erstaunliche Heterogenität der Konzeptionen“ sichtbar, wobei dazu die Besinnung auf vorsozialistische nationale Rechtstraditionen, wie auch die unterschiedlichen internationalen Einflüsse aus jüngster Zeit beigetragen haben.

Insgesamt wird deutlich, dass die sofortige Übernahme des hohen westlichen Standards im Bereich des Wettbewerbsrechts keine den Regelungs- und Schutzbedürfnissen nach 45 Jahren Planwirtschaft entsprechende Lösung sein kann. Während des Übergangs zur sozialen Marktwirtschaft ist in den ehemals sozialistischen Ländern eine stärkere staatliche Kontrolle erforderlich, als sie in den westlichen Staaten besteht. Zur Durchsetzung eines wirksamen Schutzes der marktwirtschaftlich noch unerfahrenen Verbraucher und somit auch zur Stützung der sozialen Komponente der Marktwirtschaft sind nachdrückliche strafrechtliche Sanktionen in den Ländern Mittel- und Osteuropas auf längere Zeit unverzichtbar. Deutlich werden in diesem Zusammenhang die Probleme der wettbewerbsrechtlichen Ausgestaltung des Verhältnisses von Verbraucher- und Mittelstandsschutz.

Nunmehr, vierzehn Jahre nach der Wende, ist sowohl zwischen den Reformstaaten als auch den Industriestaaten ein zunehmender Wettbewerb zwischen ihren Rechtssysteme zu beobachten. Der neue europäische und internationale Wettbewerb der Rechtssysteme hat seine Ursache in der Globalisierung der Wirtschaft und der Notwendigkeit, dass die nationalen bzw. supranationalen Rechtsordnungen den jeweiligen Volkswirtschaften bzw. Wirtschaftsgemeinschaften konkurrenzfähige und effiziente Rahmenbedingungen zur Verfügung stellen. Das geltende Recht ist angesichts der postindustriellen Gesellschaft und des Entstehens der Kommunikationsgesellschaft zu einem wichtigen Standortfaktor geworden. Im Rahmen der Reform ihres wirtschaftlichen Systems und seiner rechtlichen Basis haben die Transformationsstaaten die Chance, in dem traditionell konservativen Bereich des wirtschaftlichen Wettbewerbs besonders moderne und leistungsfähige Normen zu entwickeln.

Literaturverzeichnis

Apostolov I.: Obligazionno pravo,.Sofia 1990 (Obligationenrecht)

Angelov I.: Sasdavane na predpostavki za ojiviavane na balgarskata ikonomika (Schaffung von Voraussetzungen für eine Belebung der bulgarischen Wirtschaft), in: Bulgarisches Wirtschaftsblatt Nr.4-5/1994

Azema J.: Die Rolle des Zivil-, Straf- und Verwaltungsrechts bei der Bekämpfung unzulässiger Wettbewerbspraktiken in Frankreich, GRUR 1973

Badura P. : Die marktkonstituierende Funktion rechtlicher Rahmenbedingungen, München 1976

Bait: Die Selbstverwaltungsform des Gesellschaftseigentums, Berlin 1988

Bakardjieva A.: Das Recht des unlauteren Wettbewerbs in Bulgarien, GRUR Int.1994
Das neue Wettbewerbsgesetz in Bulgarien, GRUR Int.1999

Ballerstedt K.: Handlungsunwert und Erfolgsunwert im Gesetz gegen Wettbewerbsbeschränkungen?, in: FS für Franz Böhm, 1965

Bardina: in: Ekonomika i Zizn, (Wirtschaft und Leben), Moskau 11/1996

Baudenbacher C.: Machtbedingte Wettbewerbsstörungen als Unlauter keitstatbestände, GRUR Int.1981
Suggestivwerbung und Lauterkeitsrecht, Dissertation, Zürich 1978

Baudenbacher/Beeser: Gesamteuropäische Konvergenzentwicklung im Kartellrecht, WuW 1997/99

Baumbach A./Hefermehl W.: Wettbewerbsrecht. Kommentar, 2001

Behrens P.: Die ökonomischen Grundlagen des Rechts, Tübingen 1986

Beier F.-K./ Bastian E.-M./ Kur A.: Wettbewerbsrecht und Verbraucherschutz in Mittel- und Osteuropa. Schriftenreihe zum gewerblichen Rechtsschutz des Max-Planck-Instituts für internationale Patent-, Urheber- und Wettbewerbsrecht, 1992 (angegeben nur als Materialienband)

Beier F.-K.: Entwicklung und gegenwärtiger Stand des Wettbewerbsrechts in der Europäischen Wirtschaftsgemeinschaft, GRUR Int.1984
Gewerblicher Rechtschutz, soziale Marktwirtschaft und europäischer Binnenmarkt, GRUR Int.1992

Beier S.: Osterweiterung. Europas größte Herausforderung, Graz 1998

Berg G.: Das Wettbewerbsrecht der ehemaligen DDR im Umbruch, in: Materialienband)

Bergh R.v.d/Lehmann M.: Informationsökonomie und Verbraucherschutz im Wettbewerbs- und Warenzeichenrecht, GRUR Int.1992

Biedenkopf K.: Über das Verhältnis wirtschaftlicher Macht zum Privatrecht, in: Festschrift zum 70.Geburtstag von F. Böhm, 1965

Bleckmann,A.: Probleme der Auslegung von EWG-Richtlinien, RIW 1987

Bliznec/Leontjev: Nuzni deistvuüstie Mehanismi v zastitu prava izobretatelstvo, Rossijskaja Justizija, 11/1999, S.17 (Es bedarf wirksamer Mechanismen zum Schutz der Urheberrechte, in: Russische Justiz)

Bodenhausen G.: Pariser Verbandsübereinkunft. Kommentar, 1971

Boguslavskij M.: Die Gesetzgebung Russlands über Wettbewerb und Beschränkung der Monopoltätigkeit auf den Warenmärkten, in: Materialienverband

Boguslawski M./Knieper R.: Wege zum neuen Recht. Materialien internationaler Konferenzen, Sankt Petersburg und Bremen 1998

Bossowskij: Schutz gegen unlauteren Wettbewerb vom Standpunkt des vergleichenden Rechts wie des römischen Rechts, 1934

Böhm F.: Wettbewerb und Monopolkampf, Berlin 1964

Bös. D.: Arguments on Privatisation, in: Fels/Fürstenberg (Hrsg.), A Supply-Side Agenda for Germany, Berlin 1989

Brault: La loi bulgare du 2 mai 1991 sur la protection de la concurrence, Commentaire, decembre 1992, unveröffentlicht

Breidenbach S.: Handbuch Wirtschaft und Recht in Osteuropa, 1996

Brezinskij H.: Der Stand der wirtschaftlichen Transformation 7 Jahre nach der Wende, in: Politische und ökonomische Transformation in Osteuropa, 2.Aufl., Berlin 1997

Brunner G.: Verfassungsgebung in Osteuropa, in: Osteuropa Recht 1995
Privatisierung in Osteuropa – eine typologische Skizze,
in: Osteuropa Recht 1999
Privatisierungsmodelle in Osteuropa, in: Festschrift für K.H. Friauf zum 65.Geburtstag, Heidelberg 1996

Burian M.: Schutz des Urheberrechts und der verwandten Schutzrechte in der Russischen Föderation, GRUR Int. 2001

Callmann: Der unlautere Wettbewerb, Kommentar, 1991

Chivarov G: Wettbewerbsrecht und Verbraucherrecht in Bulgarien, in: Materialienband

Christov V.: Vseobsto pravo na litschnosta spored germanskoto pravo, „Pravna Misal" Sofia 1/1992 (Allgemeines Persönlichkeitsrecht nach deutschem Recht, in: Zeitschrift „Rechtsgedanke")

Dabrowskij: Unlauterer Wettbewerb, Warschau und Berlin 1929

Daskalov V.: Moze li edin targovez da pritezava povetsche ot edno predprijatie?, Targovsko pravo 3/1992, Sofia (Darf ein Kaufmann mehr als ein Handelsunternehmen besitzen?, in: Handelsrecht 3.Teil)

Dietz A.: Die Einführung von Gesetzen gegen den unlauteren Wettbewerb in den ehemals sozialistischen Staaten, GRUR 1994

Dillenz O.: Der aktuelle Entwicklungsstand des Rechts gegen den unlauteren Wettbewerb in Russland, GRUR Int.1997
Das russische Wettbewerbsrecht, Springer Verlag, Wien 1999

Dimitrov M.: Wirksamer Rechtschutz gegen unlauteren Wettbewerb in der Übergangsperiode von der Plan- zur Marktwirtschaft, untersucht am Beispiel des bulgarischen Wettbewerbsrechts, Dissertation, Halle-Wittenberg 1996, (angegeben nur als Dissertation)
Die Neuregelung des Wettbewerbsrechts in Bulgarien, GRUR Int. 1994

Dimov D.: Das neue bulgarische Markengesetz, GRUR Int.2000

Dontscheva: Zastita na konkurenzijata v ES v Konteksta na evropeiskite dogovori za asoziirane, Suvremenno Pravo, Sofia 2/1998 (Wettbewerbsrecht der EU im Kontext der europäischen Assoziierungsabkommen, in: Gegenwärtiges Recht).

Dulgerov A.: Lojalna kokurenzija i dostovernost v targovskata komunikazija, Darzava i pravo 4/1992, Sofia (Lauterer Wettbewerb und Glaubwürdigkeit in der Handelskommunikation, in: Staat und Recht)

Eichwede W.: in: ROW 3/1998, S.114

Eminescu Y.: Die Klage wegen unlauteren Wettbewerbs im rumänischen Recht, GRUR Int. 1985
Das Wettbewerbsrecht in Rumänien, GRUR 1994

Emmerich V.: Das Recht des unlauteren Wettbewerbs, 5.Aufl. 1998
Kartellrecht, 9.Aufl., 2001

Eremenko: Protection against unfair competition, in:Voprosi Izobretatelstva (Fragen der Patentierung), Moskau 1-2/1992
Registrirovanije pravnih otnoschenij konkurenzij v Rossijskoj Federazii, Zakonodatelstvo i Ekonimika, Moskau 13-14/1995 (Die Regulierung der Wettbewerbsverhältnisse in der RF, in: Gesetzgebung und Wirtschaft)

Esders H.-J.: Der sozialistische Wettbewerb. Darstellung und Problematik, Berlin 1976

Evtimov, E.: Rechtsprobleme der Assoziierung der Mittel- und Osteuropäischen Länder und der Voraussetzungen für ihren Beitritt zur EU, unter besonderer Berücksichtigung Bulgariens. Hochschulschriften Reihe II (Rechtswissenschaft), Band 2487, Peter Lang AG, Bern1999

Farkas: Jugoslav Economic Development and Political Change – The Relationship between Economic Managers and Policy – Marking Elites, New York, London 1975

Fikentscher W.: Wettbewerb und gewerblicher Rechtschutz, 1958
Wettbewerbsrechtlicher Freiheits- und Lauterkeitsschutz in der sozialen Marktwirtschaft, Einführungsreferat, in: Beier/Bastian/Kur, Wettbewerbsrecht und Verbraucherschutz in Mittel und Osteuropa, 1997

Finzgar: Die grundlegenden Neuerungen des jugoslawischen Zivilrechts, München 1965

Freitag K.R.: Der Leistungswettbewerb als rechtlicher Denkfigur, Dissertation, Göttingen 1968

Fox H. M.: Competition Policy and Eastern Europe: The Bulgarian Project as a Case Study, Antitrust Law Journal 1991, vol.60

Frydman R./ Rapaczynski A.: Privatisation in Eastern Europe: Is the State Withering Away?, Band II: The Privatization Process in Russia, Ukraine and the Baltic States; Band III: Small Privatization: The Transformation of Retail Trade and Consumer Services in the Czech Republic, Hungary and Poland, Central European University Press, Budapest 1994

Furuboth/ Pejovich: Property Rights, Economic Decentralisation and the Evolution of the Yugoslav Firm, in: The Journal of Law and Economic, 1965

v. Gamm: Wettbewerbsrecht, 5.Aufl. 1987
Gesetz gegen den unlauteren Wettbewerb, 3.Aufl. 2000

Gavrilov E.P.: Einige Fragen der Anwendung des russischen Gesetzes über Urheberrechte und verwandte Schutzrechte, GRUR Int. 2000

Generalov: Doklad pervoi mezdunarodnoj Konferenzii po voprosi konkurenzii, 26-28.09.1995, Chozeistvo i Pravo 1/1996, Moskau (Bericht zum ersten internationalen Wettbewerbskonferenz, Wirtschaft und Recht)

Gerdzikov O.: Komentar na targovskija zakon, Kniga parva, Sofia 1991 (Kommentar zum Handelsgesetz, Erstes Buch)

Germann O.A.: Die Bona Fides als Grundlage des Wettbewerbsrechts, in: Aequitas und Bona Fides, FS zum 70.Geburtstag von A. Simonius, 1955

Glaeßner G.-J.: Demokratie nach dem Ende des Kommunismus, 1993

Goleminov Tch.: Pravna zastita na konkurenzijata, Sofia 1992 (Rechtsschutz des Wettbewerbs)

Grigoriev A.: Der Schutz des gewerblichen Eigentums in Russland – Zustand und Aussichten, Osteuropa Recht 1995

Greuner: Wettbewerbsrecht, 17 Aufl., München 1986

Gurevitsch: Nekotorie problemi zakonodatelstvo i pravoprilozenie pravo izobretatelstvo, Tschernuscheva, Aktualnie problemi pravo izobretatelstvo, Kazan 1998 (Einige Probleme der Gesetzgebung und der Rechtsanwendungspraxis im Bereich des Schutzes von Ergebnissen geistiger Tätigkeit, in: Tschernuscheva, Aktuelle Probleme des Rechts des geistigen Eigentums)

Hayek F. A. von: Der Wettbewerb als Entdeckungsverfahren, 1969

Hegyi: Neuere Entwicklungen im Kartell- und Wettbewerbsrecht Ungarns, GRUR Int.1999

Hedemann J.W.: Die Flucht in die Generalklauseln, Tübingen 1933

Heidemann: Produkthaftung nach dem russischen Verbraucherschutzgesetz, WIRO 1993

Henning-Bodewig: Bericht über das 11. Ringberg-Symposium des Max-Plank-Instituts, GRUR Int.1998

v. Hippel F.: Richtlinie und Kasuistik im Aufbau on Rechtsordnungen, Marburg 1942

Holloch K.: Russland an der Schwele zum 21.Jh, ROW 3/1998

Hoppmann E.: Fusionskontrolle, Tübingen 1972
Zum Schutzobjekt des GWB, München 1976

Hoppmann E. /Mestmäcker H.-J. : Normzwecke und Systemfunktion im Recht der Wettbewerbsbeschränkungen, Tübingen 1974

Hubmann H.: Gewerblicher Rechtsschutz, 5.Aufl., München 1988

Joliet R.: Der freie Warenverkehr: Das Urteil Keck und Mithouard und die Neuorientierung der Rechtsprechung, GRUR Int.1994

Joerges: Quallity Regulation in Consumer Goods Markets, London 1986

JosifovB./ Balabanov B.: Nepozvoleno uvrezdane, tekstove s komentar, Sofia 1972 (Unerlaubte Schädigung)

Kinkel: Juristischer Know-how-Transfer in die Staaten Mittel- und Osteuropas, ROW 1992

Kamenova: in: Beier/Bastian/Kur, Wettbewerbsrecht und Verbraucherschutz in Mittel- und Osteuropa, (angegeben als Materialienband)

Kampo V.M.: Die ukrainischen Reformen: Politik und Recht, in: Osteuropa Recht 1995

Katzarov K.: Sistematitschen kurs po targovsko pravo, 4.Izdanie, Sofia 1990 (Systematischer Kurs des Handelsrechts, 4.Aufl.)

Kiselov D.: Dobrosavestnostta kato faktor v tschastnopravnite saglaschenia, Praven Archiv, Jahrgang 1941, Sofia (Die Gewissenhaftigkeit als Faktor in den privatrechtlichen Konventionen)

Klein: Rinok i Antimonopolnoje Zakonodateljstvo Rossij, Moskau 1992 (Der Markt und die GWB-Gesetzgebung in Russland)

Kloten N.: Die Transformation von Wirtschaftsordnungen: theoretische, phönothypische und politische Aspekte, Tübingen 1991

Kohler J.: Der unlautere Wettbewerb, Berlin und Leipzig 1914

Koitel H.: Neue Wettbewerbsgesetzgebung der UdSSR zur Demonopolisierung der Wirtschaft und einige Probleme der Gesetzgebung in Estland, in: Materialienband

Kojucharov A./ Gerdjikov O.: Obligazionno pravo, Parva Tschast, Sofia 1993 (Obligationsrecht, Erstes Buch)

Kolev S.: Pravna reglamentazija na nelojalnata konkurenzija, Archiv pravni nauki II, Sofia 1943 (Die rechtliche Regelung des unlauteren Wettbewerbs, in Archiv der Rechtswissenschaften II)

Kolomicenko: Wie kann die Monopolisierung auf den Waren- und Dienstleistungsmärkten wirksam unterbunden werden? Eine Frage an das Arbitragegericht, in: Zakon (Gesetz), Moskau 2/1994
Einige Verletzungen der Prinzipien des Antimonopolrechts, die außerhalb des Anwendungsbereichs des Rechts der Russischen Föderation bleiben, in: Chozeistvo i Pravo (Wirtschaft und Recht), Moskau 4/1995

Konstantinov E.: Konstituzijata ot 1991 i utschastieto na Balgarija v mezdunardni dogovori, Sofia 1993 (Die Verfassung von 1991 und die Beteiligung Bulgariens an internationalen Verträgen)

Korah: EC Competition Law and Practice, London 1997

Kowal-Wolk T.: Anmerkung zum Urteil der V. Zivilkammer des Obersten Gerichts Bulgariens Nr.1730 v. 15.12.1994,GRUR Int.1997
Anmerkung zum Beschluss des Obersten Arbitragegerichts der Russische Föderation vom 15.11.1996, GRUR 1998

Kowal-Wolk T./Chivarov: Das neue bulgarische Patentrecht, GRUR 1993

Kraft A.: Interessenabwägung und gute Sitten im Wettbewerbsrecht, 1963
Die Berücksichtigung wirtschaftspolitischer und gesellschaftspolitischer Belange im Rahmen des §1 UWG, in: FS für H. Bartholomeyczik, 1973
Gemeinschaftsschädliche Wirtschaftsstörungen als unlauterer Wettbewerb?, GRUR 1980

Krasser: Der Schutz des Know-how nach deutschem Recht, GRUR 1970

Kraus/Zoll: Das polnische UWG, Poznan 1929

Krneta S.: Die Neuregelung des Wettbewerbs in Slowenien, GRUR 1994

Kuhna K.: Die Klage wegen unlauteren Wettbewerbs im französischen Recht, Dissertation, München1966

Kummer M.: Anwendungsbereich und Schutzgut der privatrechtlichen Rechtssätze gegen unlauteren und gegen freiheitsbeschränkenden Wettbewerb, Bern 1960

Krüßmann T.M.: Privatisierung und Wirtschaftsreform im Übergang zur Marktwirtschaft, Berlin 1998
Zur Novelle des russischen Antimonopolgesetzes vom 1995, ROW 1996

Kuzmin: Pravnaja zastita hozjaistvenoj tajni, Pravovedenije 5/1992, Moskau (Der Rechtsschutz des Geschäftsgeheimnisses, in: Rechtspflege)

Küpper H.: Rechtsprobleme der Osterweiterung der Europäischen Union, in: Osteuropa Recht 1996 *v. Lambsdorf*: Das Recht des unlauteren Wettbewerbs in Ungarn, GRUR Int.1994

Levente: Das ungarische Wettbewerbsgesetz, RIW 1998

Lippott J.: Die Entwicklung der Unternehmensstrukturen im Transformationsprozess der Russischen Föderation, Berlin 1997
Zur Wirtschaftsgerichtsbarkeit in Russland, RIW 2/1996

Lehmann M.: Vertraganbahnung durch Werbung. Eine juristische und ökonomische Analyse der bürgerlich-rechtlichen Haftung für Werbeangaben gegenüber dem Letztverbraucher, München 1991

Lobe G.: Der unlautere Wettbewerb als Rechtsverletzung, Bd. I, 1907
Die Bekämpfung des unlauteren Wettbewerbs, 1909

Mailänder: Vereinbarungen zur Know-how-Überlassung im Wettbewerbsrecht der EWG, GRUR Int.1987

Malkov L.P.: Unlauterer Wettbewerb in Russland – Paradoxe Wirkungen der Umwälzungsprozesse, GRUR Int.1994

Merz A.: Die Vorfeldthese. Die Anwendung von §1 im Vorfeldbereich der horizontalen Marktbehinderungstatbestände des GWB, Dissertation, 1988

Melzer T.: Wettbewerbsrecht und Verbraucherschutz in Mittel- und Osteuropa, GRUR Int.1991

Mestmäcker H.-J.: Die Wiederkehr der bürgerlichen Gesellschaft und ihres Rechts, in: „Die Zeit" Nr.32 vom 2.8.1991
Der verwaltete Wettbewerb, Tübingen 1984

Milkitz: Rechtseinheit und Rechtsvielfalt in Europa, Berlin1996

Moecke H.-J.: Stand der Privatisierung in Osteuropa, RIW 1996

Möschel W.: Pressekonzentration und Wettbewerbsgesetz, Tübingen 1978
Recht der Wettbewerbsbeschränkungen, Köln 1983

Nerreter P.: Allgemeine Grundlagen eines deutschen Wettbewerbs-rechts, 1936

Namitkiewicz: Überlegungen zu dem polnischen UWG, Berlin 1927

Nikolov: Razvitieto na balgarskoto izobretatelsko pravo, Sofia 1994 (Die Entwicklung des bulgarischen Markenrechts)

Nordemann W.: Wettbewerbsrecht, 6.Aufl., Baden-Baden 1990
Wettbewerbs- und Markenrecht, 8.Aufl., 1996

Novinkov N.: Konkurenzija vygodna vsem (Der Wettbewerb bringt allen Vorteile), Moskau 1996

Okunkov: Kommentarij k Konstituciju, Moskau 1994 (Kommentar zu der russischen Verfassung),

Opltova M.: Das Recht des unlauteren Wettbewerbs in der Tschechischen Republik, GRUR Int.1994

Otoperez: Sufficiently attraktive ?,in: Slowenian Business Report 1993

Pecerskij: GKAP prinosit porjadok, Zakon 4/1995, Moskau (Das GKAP schafft Ordnung, in: Gesetz)

Pentschev G.: Nakazatelnopravna zastita na izobretenijata v NR Balgaria, Darzava i pravo 11/1990, Sofia (Strafrechtlicher Schutz des gewerblichen Eigentums in der VR Bulgarien, in Zeitschrift Staat und Recht)

Pittman R.W.: Some Critical Provisions in the Antimonopoly Laws of Central and Eastern Europe, in: The International Lawyer 26/1996

Pretnar S.: Buchbesprechung: Wettbewerbsrecht und Verbraucherschutz in Mittel- und Osteuropa, GRUR Int.1993
Der Markt und die Grundzüge des Antimonopolrechts, in: FS für E. Ulmer zum 70.Geburtstag, GRUR Int.1973

Podlesnyj: Über die Tätigkeit des Antimonopolkomitees, in: Zakonodatelstvo i ekonomika (Gesetzgebung und Wirtschaft), Moskau 15/1993
Methodische Empfehlungen über Aufdeckung und Unterbringung von wettbewerbsbeschränkenden Vereinbarungen, in: Zakonodatelstvo i ekonomika (Gesetzgebung und Wirtschaft), Moskau 3/1996

Prout M.: Market Sozialism in Jugoslavia, London 1985

Puharac K.: Wettbewerbsrecht und Verbraucherschutz in der SFRJ, in: Materialienband

Purtschert J.: Der Schutz des unmittelbaren Ergebnisses einer Arbeits- oder Unternehmensleistung, Dissertation, Freiburg/Schweiz 1974

Raiser L.: Der Stand der Lehre vom subjektiven Recht im deutschen Zivilrecht, München 1961
Rechtsschutz und Institutionenschutz in Privatrecht, in: Summum ius summa iniuria, München 1963

Ratschev F.: Targovskia zakon, Tschast IV Targovsko predprijatie, Sofia 1991(Das Handelsgesetz, Teil IV Handelsunternehmen)

Rivinius W.: Geschäftsgeheimnis in Russland, ROW 2/1996

Roubier : La droit de la propriete industrielle, Band I, Paris 1952

Roggemann H.: Die Verfassungen Mittel- und Osteuropas, Berlin 1999
Eigentum in Osteuropa, Berlin 1996
Funktionswandel des Eigentums in Ost und West – vergleichende Anmerkung zur postsozialistischen Transformation, ROW 6/1997

Rotondi M.: Das Avviamento als das Schutzobjekt der Klage aus unlauterem Wettbewerb und als Kriterium für die Einleitung der unlauteren Wettbewerbshandlungen, GRUR Ausl. 1956

Russinow: The Yugoslav Experiment, London 1977

Rüster L.: Privatisierung und Strukturwandel russischer Unternehmen, ROW 7/97

Sacks: Self-Management and Efficiency: Large Corporation in Yugoslavia, London 1983

Schalast Ch.: Regulierung und Deregulierung in Ost und West – Chancen und Perspektiven eines gesamteuropäischen Wirtschaftsverwaltungsrechts, ROW 7/97
Wirtschaftsreform in Bosnien und Herzegowina, ROW 7/1997

Schluep W.:Was ist Wirtschaftsrecht?, in: FS für W. Hug, Berlin 1968
Vom lauteren zum freien Wettbewerb, GRUR Int.1973

Schmid G.: Neuordnung des Wettbewerbsrechts, GRUR Int.1998

Schrameyer K.: Bulgarien: Neufassung des Privatisierungsprozesses, WiRO 1994
Die bulgarische Eigentumsordnung aus der Sicht des bulgarischen Verfassungsgerichts, in: Bulgarisches Wirtschaftsblatt, Sofia 1994

Schricker.G: Möglichkeiten zur Verbesserung des Schutzes der Verbraucher und des funktionsfähigen Wettbewerbs im Recht des unlauteren Wettbewerbs, ZHR 139 (1975)
Probleme der Europäischen Angleichung des Rechts des unlauteren Wettbewerbs, in: FS für K. Zweigert,1981
Unlauterer Wettbewerb und EG-Recht, in: Beier/Bastian/Kur, Wettbewerbsrecht und Verbraucherschutz in Mittel- und Osteuropa, 1992

Schröder F.-Ch.: Bulgarien: Neufassung des Privatisierungsgesetzes, WiRO 1994
Grundbegriffe und -formen der Privatisierung in Osteuropa, WiRO 1995

Sergeev: Isobretatelstvo (Geistiges Eigentum), Moskau 1998

Stumpf: Der Know-how-Vertrag, 3.Aufl., Heidelberg 1977

Schulze: Die Wettbewerbs- und Kartellgesetze der osteuropäischen Staaten, Berlin, Wien 1994; GRUR Int.1991; WiRO 1992

Schwarz B.: Investieren in Russland. Rechtliche Grundlagen, steuerliche Zusammenhänge und wirtschaftliche Rahmenbedingungen, Berlin 1996

Schweisfuhrth Th.: Die Verfassung Russlands vom 12.12.1993, in: Europäische Grundrechte Zeitschrift 1994

Skubisz R.: Das Recht des unlauteren Wettbewerbs in Polen, GRUR 1994

Sosnov: in: Zeitschrift „Ogonök" (Feuerchen), Moskau 11/1996

Stalev S.: Die Transformation der Rechts- und Wirtschaftsordnung in Bulgarien. Probleme und Perspektiven, ROW Heft 4/1995

Stefanov S.: Der Know-how-Schutz in Bulgarien, GRUR Int.1999
Izobretatelsko pravo v obedinena Evropa, Sofia 1996
(Geistiges Eigentum im vereinten Europa)

Straus J.: Das Recht des unlauteren Wettbewerbs in Slowenien mit Hinweisen auf die Rechtslage in Kroatien, GRUR Int.1994
Das Wettbewerbsrecht in Jugoslawien, München 1970
Industrial Property Legislation as an Element of Market Economies, Jahrbuch AIPPI 1992/III

Stober: Wirtschaftsverwaltungsrecht, 10.Aufl.

Szwaja J.: Die Genese der Generalklausel des neuen polnischen UWG, GRUR Int.1996

Tadzer V.: Aktualni tschastnopravni problemi, Sofia 1995 (Aktuelle privatrechtliche Probleme)
Grazdansko pravo, Sofia 1973 (Bürgerliches Recht)
Vladenijeto, Sofia 1991 (Der Besitz)
Zadalzenijeto na sluzitelja za patene na targovska taina pri promjana na stopanskata situazija, Pari, Sofia 7/1992 (Die Verpflichtung der Arbeitnehmer zur Geheimniswahrung beim Wechsel der wirtschaftlichen Lage, in: Zeitschrift „Geld“)

Teubner: Standards und Direktiven in Generalklauseln, Berlin 1988

Thiel M.: Das Wettbewerbs- und Kartellrecht in Osteuropa, in: Osteuropa Recht 1995

Tilmann W.: Neuere Entwicklungen im ungarischen Wirtschaftsrecht, GRUR Int.1992
Irreführende Werbung in Europa, GRUR Int.1990
Grenzüberschreitende vergleichende Werbung, GRUR Int.1993
Das UWG und seine Generalklausel, GRUR Int.1991

Todorov T.: Izvanteritorialno deistvie na sakona sa sastita na konkurenzijata, Suvremenno Pravo 4/1991, Sofia (Extraterritoriale Wirkung des Gesetzes zum Schutz des Wettbewerbs, in: Gegenwärtiges Recht)

Totev: in: Chozeistvo i Pravo (Wirtschaft und Recht), Moskau 1996/1

Tpoller: Immaterialgüterecht, Band II

Tuchtfeldt E.: Konzepte der Wettbewerbspolitik, in: FS für M. Kummer, 1980

Ulmer E.: Wandlungen und Aufgaben im Wettbewerbsrecht, GRUR 1937

Ulmer E./Kraisser: Das Recht des unlauteren Wettbewerbs in den Mitgliedstaaten der Europäischen Wirtschaftsgemeinschaft, Band IV

Ulmer P.: Der Begriff „Leistungswettbewerb" und seine Bedeutung für die Anwendung von GWB und UWG-Tatbestände, GRUR Int.1977

Velev D.: Nelojalnata Konkurenzija, Sofia 1937
(Der unlautere Wettbewerb)

Velitschkova M.: Sadebna praktika po zakona za zastita na konkurenzijata, Suvremenno Pravo Sofia 2/1998 (Übersicht über die Rechtsprechung über das Gesetz zum Schutz des Wettbewerbs, in: Gegenwärtiges Recht)
Zastita na konkurenzijata pri pazarnoto stopanstvo, Suvremenno Pravo, Sofia 8/1999 (Wettbewerbsschutz unter marktwirtschaftlichen Bedingungen, in: Gegenwärtiges Recht)

Velitschkova M./ Stojanov S.: Zastita na konkurenzijata i antimonopolno pravo, Sofia 1999 (Der Schutz des Wettbewerbs und die Durchsetzung des Kartellrechts)

Vida A.: Das Recht des unlauteren Wettbewerbs in Ungarn, WRP 1991
Wettbewerbs- und Warenzeichenrecht in der ungarischen Rechtsprechung, GRUR Int.1991

Wiszniewska, I.: Novellierung des polnischen Gesetzes über die Bekämpfung des unlauteren Wettbewerbs, GRUR Int. 2001

Wittschorek P.: Agenda 2000. Herausforderungen an die Europäische Union und an Deutschland. Schriften des Zentrums für Europäische Integrationsforschung, Baden-Baden 2001

Wrage H.: UWG-Sanktionen bei GWB-Verstößen?, Heidelberg 1984

Zaleskaja: Novostei pravovoi zastite konkurenzii, Pravo i Ekonomika 5-6/1995 (Neues bei der rechtlichen Regelung der unlauteren Wettbewerbsverhältnisse, in: Recht und Wirtschaft)

Zedler: Rechtliches Interesse als Grundlage für die einstweilige Verfügung im Zivilverfahren, Warschawa und Berlin 1996

Gesetz der Russischen Föderation über den Wettbewerb und über die Begrenzung monopolistischer Tätigkeit auf Warenmärkten

vom 22.März 1991 (veröffentlicht in VVS RSFR 1991, Nr.16, Pos.499) verändert und novelliert in VVS RF 1992/34/1966; VVS RF 1992/32/1882; SZ RF 1995/22/1977; SZ RF 1998/19/2066; SZ RF 2000/2/124; SZ RF 2002/1/2; SZ RF 2002/12/1093) *

Abschnitt I. Allgemeine Bestimmungen

Art.1 Gesetzeszweck. Das Gesetz regelt die organisatorischen und die rechtlichen Grundlagen der Verhinderung, Beschränkung und Beseitigung von monopolistischer Tätigkeit und unlauterem Wettbewerb und dient der Sicherung der Voraussetzungen für die Bildung und das effektive Funktionieren von Warenmärkten.

Art.2 Geltungsbereich des Gesetzes. (1) Das Gesetz gilt auf dem gesamten Territorium der RF. Das Gesetz findet auf diejenigen Beziehungen Anwendung, die den Wettbewerb auf den Warenmärkten der RF zwischen russischen und ausländischen juristischen Personen, den föderalen Exekutivorganen, den Exekutivorganen der Subjekte der RF, den örtlichen Selbstverwaltungsorganen sowie natürlichen Personen beeinflussen. Das Gesetz findet auch dann Anwendung, wenn Handlungen oder Vereinbarungen, die von den genannten Personen außerhalb des Territoriums der RF unternommen bzw. getroffen werden, zu Wettbewerbsbeschränkungen oder zu anderen negativen Folgen auf den Märkten der RF führen oder führen können.

(2) Das vorliegende Gesetz findet auf Objekte, die Gegenstand von Ausschlussrechten sind, keine Anwendung; dies gilt nicht, wenn Vereinbarungen über deren Nutzung auf die Beschränkung des Wettbewerbs gerichtet sind.

(3) Beziehungen, die die monopolistische Tätigkeit und den unlauteren Wettbewerb auf den Wertpapiermärkten und den Märkten für Finanzdienstleistungen betreffen, werden abgesehen von den Fällen, in denen die auf diesen Märkten entstehenden Beziehungen den Wettbewerb auf den Warenmärkten beeinflussen, durch andere Gesetze geregelt.

(4) Werden in einem von der RF eingegangenen internationalen Vertrag von der Antimonopolgesetzgebung der RF abweichende Regeln festgelegt, so gelten die Vorschriften des internationalen Vertrages.

---

* Übersetzt von T.Olschewski, Berlin. Änderungsgesetz vom 2.1.2000 übersetzt von K.-Ch.Brockstedt, Zürich; aktualisiert von Prof.Dr.O. Baller, Berlin; abgedruckt in Schulze, Wettbewerbsgesetze.

Art.3 Staatliche Antimonopolorgane der RF. (1) Für die Durchführung der staatlichen Politik im Bereich der Unterstützung der Entwicklung der Warenmärkte und des Wettbewerbs, der Verhinderung, Beschränkung und Beseitigung von monopolistischer Tätigkeit und von unlauterem Wettbewerb ist ein föderales Exekutivorgan – die föderale Antimonopolbehörde zuständig.

(2) Die wesentlichen Aufgaben der föderalen Antimonopolbehörde sowie die Verantwortlichkeit ihrer Amtsträger werden durch das vorliegende Gesetz und andere Rechtsakte der RF geregelt.

(3) Die föderale Antimonopolbehörde bildet zur Ausübung ihrer Befugnisse eigene Territorialbehörden und ernennt die entsprechenden Amtsinhaber.

(4) Die Territorialbehörden sind der föderalen Antimonopolbehörde untergeordnet und üben ihre Tätigkeit in Übereinstimmung mit den Gesetzen der RF auf der Grundlage der von der föderalen Antimonopolbehörde bestätigten Satzung aus. Die föderale Antimonopolbehörde verleiht ihren Territorialbehörden deren Befugnisse in den Grenzen ihrer eigenen Zuständigkeit.

(5) Die Mittel für die Unterhaltung der Antimonopolbehörden werden im Föderationshaushalt als selbständiger Haushaltstitel ausgewiesen.

Art.4 Bestimmung der wichtigsten Begriffe.

- Ware: Produkt einer Tätigkeit (einschließlich Arbeiten, Dienstleistungen), das für den Verkauf oder Austausch bestimmt ist;

- Vertretbare Ware: Gruppe von Waren, die nach ihrer Funktionsbestimmung, ihrer Verwendung, ihren qualitativen oder technischen Daten, nach ihrem Preis oder anderen Kennwerten derart vergleichbar sind, dass der Käufer in der Konsumtion tatsächlich das eine durch ein anderes ersetzt oder dazu bereit ist;

- Warenmarkt: Umlaufsphäre von Waren, die kein Äquivalent haben oder von vertretbaren Waren auf dem Territorium der Russischen Föderation oder eines Teils davon, die nach der wirtschaftlichen Möglichkeit des Käufers, eine Ware auf dem entsprechenden Territorium erwerben zu können, definiert wird;

- Wirtschaftssubjekte: russische und ausländische gewerbliche Organisationen, deren Vereinigungen, nichtgewerbliche Organisationen, mit Ausnahme derer, die keine unternehmerische Tätigkeit ausüben, wie beispielsweise landwirtschaftliche Verbrauchergenossenschaften, sowie Einzelunternehmer;

- Wettbewerb: Auseinandersetzung zwischen den Wirtschaftssubjekten, wenn deren selbständige Handlungen die Möglichkeit dieser Subjekte, die Bedingungen des Warenverkehrs auf dem jeweiligen Markt einseitig zu beeinflussen, wirksam begrenzen;

- Unlauterer Wettbewerb: alle Handlungen eines Wirtschaftssubjekts, die darauf gerichtet sind, Vorteile in der unternehmerischen Tätigkeit zu erlangen und gegen die geltenden gesetzlichen Bestimmungen, Handelsbräuche, die Regeln des Anstandes, der Vernunft und der Gerechtigkeit verstoßen und den konkurrierenden Wirtschaftssubjekten Verluste zufügen oder zuzufügen können bzw. deren geschäftlichem Ruf schaden;

- Beherrschende Stellung: überragende Stellung eines oder mehrerer Wirtschaftssubjekte auf dem Markt einer Ware ohne Äquivalent oder einer vertretbaren Ware, die es ihm (ihnen) ermöglicht, entscheidenden Einfluss auf die allgemeinen Bedingungen des Warenumlaufs auf dem entsprechenden Warenmarkt auszuüben oder anderen Wirtschaftssubjekten den Zugang zu diesem Markt zu erschwären. Als beherrschend gilt die Stellung eines Wirtschaftssubjekts, wenn dessen Marktanteil bezüglich einer bestimmten Ware mindestens 65 vom Hundert beträgt, es sei denn, dass das Wirtschaftssubjekt nachweist, dass seine Stellung auf dem Markt ungeachtet der Überschreitung dieses Wertes nicht beherrschend ist. Ebenfalls als beherrschend gilt die Stellung eines Wirtschaftssubjekts, dessen Marktanteil bezüglich einer bestimmten Ware weniger als 65 vom Hundert beträgt, wenn dies von einer Antimonopolbehörde aufgrund des stabilen Anteils eines Wirtschaftssubjekts an dem Markt gegenüber den Anteilen der Konkurrenten an dem Markt, der Möglichkeit des Marktzugangs durch neue Konkurrenten oder aufgrund von anderen Kriterien, die für den Warenmarkt charakteristisch sind, festgelegt wurde. Die Stellung eines Wirtschaftssubjekts gilt nicht als beherrschend, wenn dessen Marktanteil bezüglich einer bestimmten Ware 35 vom Hundert nicht übersteigt;

- Monopoltätigkeit: der Antimonopolgesetzgebung zuwiderlaufende Handlungen (Unterlassungen) von Wirtschaftssubjekten, föderalen Exekutivorganen, Exekutivorganen der Subjekte der RF und örtlichen Selbstverwaltungsorganen, die auf die Nichtzulassung, Begrenzung oder Beseitigung des Wettbewerbs gerichtet sind;

- Hoher Monopolpreis: der Preis einer Ware, der von einem marktbeherrschenden Wirtschaftssubjekt mit dem Ziel festgelegt wird, unnötige Kosten zu kompensieren, die durch unvollständige Auslastung der Produktionskapazität entstehen od. durch Verminderung der Qualität der Ware zusätzliche Gewinne zu erzielen;

- Niedriger Monopolpreis: Preis für eine zu erwerbende Ware, der von einem Wirtschaftssubjekt, das als Käufer eine beherrschende Stellung auf dem Warenmarkt einnimmt, festgelegt wird, um zusätzliche Gewinne zu erzielen und/oder um unnötige Ausgaben auf Kosten des Verkäufers zu kompensieren; oder der Preis einer Ware, der von einem Wirtschaftssubjekt, das als Verkäufer eine beherrschende Stellung einnimmt, bewusst auf einem solchen Niveau festgesetzt wird, dass beim Verkauf dieser Ware Verluste entstehen und dass im Ergebnis die Preisfestsetzung zu einer Beschränkung des Wettbewerbs durch Verdrängung eines Konkurrenten vom Markt führen kann oder führt;

- Erwerb von Aktien (Anteilen) am Satzungskapital von Wirtschaftsgesellschaften: der Kauf oder auch der Erhalt einer anderen Möglichkeit der selbständigen oder durch Dritte vermittelten Wahrnehmung der in den Aktien (Anteilen) verkörperten Stimmrechte auf Grundlage von Verträgen über die treuhänderische Verwaltung, über gemeinsame Tätigkeit, durch Vollmachtserteilung oder auf der Grundlage anderer Geschäfte;

- Personengruppe: Gruppe juristischer und (oder) natürlicher Personen, auf die eine oder mehrere der folgenden Voraussetzungen zutreffen:

  - Eine Person oder mehrere Personen haben nach Vereinbarung das Recht, unmittelbar oder mittelbar über mehr als 50 vom Hundert der Gesamtzahl der Stimmen, die auf die Aktien entfallen, die das Satzungskapital einer juristischen Person bilden, zu verfügen (beispielsweise auf der Grundlage von entsprechenden Kaufverträgen, von Verträgen über die treuhänderische Verwaltung, über eine gemeinsame Tätigkeit, auf der Grundlage von Vollmachtserteilungen oder anderen Geschäften). Dabei wird unter der mittelbaren Verfügung über Stimmen der juristischen Person die Möglichkeit der faktischen Verfügung über diese durch Dritte verstanden, denen gegenüber die erste Person über eines der oben aufgezählten Rechte bzw. eine solche Vollmacht verfügt;

  - Eine oder mehrere Personen haben aufgrund eines Vertrages oder auf andere Weise die Möglichkeit erlangt, Entscheidungen zu bestimmen, die von einer anderen Person oder anderen Personen zu treffen sind, darunter die Bedingungen der unternehmerischen Tätigkeit einer anderen Person oder anderer Personen zu bestimmen oder die Befugnisse eines Exekutivorgans einer anderen Person oder anderer Personen auf der Grundlage eines Vertrages auszuüben;

  - Eine Person hat das Recht, ein aus einer einzigen Person bestehendes ausführendes Organ und/oder mehr als 50 vom Hundert der Mitglieder des kollegialen ausführenden Organs einer juristischen Person zu benennen und/oder auf Vorschlag einer Person wurden mehr als 50 vom Hundert der Mitglieder des Direktorenrates (Aufsichtsrates) oder eines anderen kollegialen Verwaltungsorgans einer juristischen Person gewählt;

  - Eine natürliche Person übt die Befugnisse des aus einer einzigen Person bestehenden ausführenden Organs aus;

  - Ein und dieselben natürlichen Personen, deren Ehepartner, Eltern, Kinder, Geschwister und/oder Personen, die von ein und derselben juristischen Person vorgeschlagen wurden, stellen mehr als 50 vom Hundert der Mitglieder des kollegialen ausführenden Organs und/ oder eines kollegialen Verwaltungsorgans von zwei oder mehreren juristischen Personen oder auf Vorschlag ein und derselben juristischen Personen wurden mehr als 50 vom Hundert der Mitglieder des Direktorenrates (Aufsichtsrates) oder eines anderen kollektiven Verwaltungsorgans zweier oder mehrerer juristischer Personen gewählt;

- Ein und dieselben natürlichen Personen, ihre Ehepartner, Eltern, Kinder, Geschwister und/oder juristische Personen haben das Recht selbst oder durch Vertreter insgesamt über mehr als 50 vom Hundert der Stimmen zu verfügen, die auf die Aktien entfallen, die das Satzungskapital von jedem der zwei oder mehreren juristischen Personen bilden;

- Natürliche Personen und/oder juristische Personen haben das Recht selbst oder über Vertreter über insgesamt mehr als 50 vom Hundert der Stimmen, die auf die Aktien entfallen, die das Satzungskapital einer juristischen Person bilden, zu verfügen und gleichzeitig repräsentieren diese natürlichen Personen, ihre Ehepartner, Eltern, Kinder, Geschwister und/oder Personen, die von ein und derselben juristischen Person vorgeschlagen wurden, mehr als 50 vom Hundert der Mitglieder des kollektiven ausführenden Organs und/oder eines anderen kollegialen Verwaltungsorgans einer anderen juristischen Person;

- die juristischen Personen sind Gesellschafter einer Finanz-Industrie Gruppe;

- die natürlichen Personen sind Ehepartner, Eltern, Kinder, Brüder und Geschwistern;

- affilierte Person: natürliche und juristische Person, die in der Lage ist, Einfluss auf die unternehmerische Tätigkeit juristischer und/oder natürlicher Personen, zu nehmen;

- affilierte Personen einer juristischen Person sind:

- ein Mitglied ihres Direktorenrates oder eines anderen kollektiven Verwaltungsorgans, ein Mitglied ihres kollektiven ausführenden Organs sowie eine Person, die die Befugnisse ihres aus einer einzigen Person bestehenden ausführenden Organs ausübt;

- Personen, die zu derselben Gruppe gehören, zu der die juristische Person gehört;

- Personen, die das Recht haben, über mehr als 20 vom Hundert aller Stimmen zu verfügen, die auf die Aktien entfallen, die das Satzungskapital dieser juristischen bilden;

- wenn eine juristische Person Gesellschafter einer Finanz-Industrie-Gruppe ist, gehören zu ihren affilierten Personen auch die Mitglieder der Direktorenräte oder anderen kollegialen Verwaltungsorgane, der kollegialen ausführenden Organe der Gesellschafter der Finanz-Industrie-Gruppe ausüben:

- affilierte Personen einer natürlichen Person sind:

- Personen, die zu derselben Gruppe gehören, zu der die natürliche Person gehört;

- eine juristische Person, in der diese natürliche Person das Recht hat über mehr als 20 vom Hundert aller Stimmen zu verfügen, die auf die Aktien (Anteile) entfallen, die das Satzungskapital der juristischen Person bilden. Die Bestimmungen des vorliegenden Gesetzes über die Wirtschaftssubjekte finden auch auf Personengruppen Anwendung.

Abschnitt II. Monopoltätigkeit

Art.5 Mißbrauch der marktbeherrschenden Stellung durch ein Wirtschaftssubjekt. (1) Handlungen eines Wirtschaftssubjekts (einer Personengruppe) mit einer marktbeherrschenden Stellung sind verboten, wenn sie zu einer Beschränkung des Wettbewerbs und/oder Verletzung der Interessen anderer Wirtschaftssubjekte oder natürlicher Personen führen oder führen können; dazu gehören beispielsweise:

- die Zurückziehung von Waren aus dem Warenumlauf, mit dem Ziel oder Ergebnis der Schaffung oder Aufrechterhaltung von Marktdefiziten oder Preissteigerungen;
- das Aufzwingen von unvorteilhaften oder nicht zum Vertragsgegenstand gehörenden Vertragsbedingungen gegenüber der Vertragspartner;
- die Einbeziehung diskriminierender Bedingungen in einen Vertrag, die den Vertragspartner gegenüber anderen Wirtschaftssubjekten benachteiligen;
- die Abhängigmachen des Vertragsschlusses von der Einbeziehung von Vertragsklauseln über solche Waren, an denen der Vertragspartner nicht interessiert ist;
- die Schaffung erschwerter Bedingungen für den Zugang zum Markt (Rückzug vom Markt) für andere Wirtschaftssubjekte;
- die Verletzung des in den Rechtsvorschriften festgelegten Preisbildungsverfahrens;
- die Festsetzung von hohen (niedrigen) Monopolpreisen;
- die Reduzierung oder Einstellung der Produktion von Waren, für die eine Nachfrage besteht, soweit diese ohne Nachteil produziert werden können;
- die unbefugte Ablehnung der Eingehung eines Vertrages mit bestimmten Käufern, wenn die Herstellung oder Lieferung der entsprechenden Ware möglich ist.

(2) In Ausnahmefällen können die in Punkt 1 aufgeführten Handlungen des Wirtschaftssubjekts als rechtsmäßig angesehen werden, wenn das Wirtschaftssubjekt nachweist, dass der positive Effekt seiner Handlungen, u.a. für die soziale und ökonomische Sphäre, gegenüber den negativen Folgen für den untersuchten Warenmarkt überwiegt.

Art.6 Wettbewerbsbeschränkende Absprachen (abgesprochene Handlungen) der Wirtschaftssubjekte. (1) Jegliche Absprachen zwischen konkurrierenden Wirtschaftssubjekten, die in ihrer Gesamtheit einen Anteil am entsprechenden Warenmarkt haben, der 35 vom Hundert übersteigt, sind verboten und werden im vorgeschriebenen Verfahren für ganz oder teilweise unwirksam erklärt, wenn solche Absprachen zu einer Wettbewerbsbeschränkung führen oder führen können z.B. Absprachen (abgesprochene Handlungen) über:

- die Festsetzung (Aufrechterhaltung) von Preisen (Tarifen), Rabatten, Preiszuschlägen (Nachzahlungen), Zuschlägen;
- die Erhöhung, Senkung oder Aufrechterhaltung von Preisen auf Auktionen oder Versteigerungen;
- die Aufteilung des Marktes nach territorialen Gesichtspunkten, nach dem Umfang von Absatz oder Einkauf, nach dem angebotenen Warensortiment oder nach dem Kreis der Anbieter oder Käufer;
- die Beschränkung des freien Marktzuganges oder die Verdrängung anderer Wirtschaftssubjekte vom Markt, die Anbieter bestimmter Waren oder deren Käufer sind;
- die Ablehnung eines Vertragsabschlusses mit bestimmten Verkäufern oder Käufern

(2) Jegliche Absprachen zwischen nichtkonkurrierenden Wirtschaftssubjekten, von denen das eine eine marktbeherrschende Stellung einnimmt und das andere dessen Lieferant oder Käufer ist, sind verboten oder werden im vorgeschriebenen Verfahren für ganz oder teilweise unwirksam erklärt, wenn solche Absprachen zu einer Wettbewerbsbeschränkung führen oder führen können.

(3) In Ausnahmefällen können die in diesem Artikel ausgeführten Absprachen des Wirtschaftssubjekts, mit Ausnahme der ausdrücklich in Punkt 1 genannten, als rechtmäßig angesehen werden, wenn die Wirtschaftssubjekte nachweisen, dass der positive Effekt ihrer Handlungen, u.a. für die soziale und ökonomische Sphäre, gegenüber den negativen Folgen für den untersuchten Warenmarkt überwiegt

(4) Vereinigungen von gewerblichen Organisationen, Kapital- und Personengesellschaften ist die Koordination ihrer unternehmerischen Tätigkeit verboten, wenn dies zu einer Wettbewerbsbeschränkung führt oder führen kann. Auf entsprechenden Klageantrag durch die föderale Antimonopolbehörde (eine zuständige territoriale Behörde) ist ein Verstoß gegen diese Forderungen hinreichende Grundlage für die gerichtliche Liquidation einer Vereinigung gewerblicher Organisationen, einer Kapital- oder Personengesellschaft, die die Koordinierung unternehmerischer Tätigkeit vornimmt.

Art.7 Rechtsakte und Handlungen der föderalen Exekutivorgane, Exekutivorgane der Subjekte der RF und der örtlichen Selbstverwaltungsorgane zur Wettbewerbsbeschränkung. (1) Den föderalen Exekutivorganen, Exekutivorganen der Subjekte der RF und örtlichen Selbstverwaltung ist es verboten, Rechtsakte zu erfassen und/oder Handlungen vorzunehmen, die die Selbständigkeit der Wirtschaftssubjekte beschränken, nachteilige oder begünstigende Bedingungen für die Tätigkeit einzelner Wirtschaftssubjekte schaffen, wenn diese Rechtsakte oder Handlungen zu Wettbewerbsbeschränkungen und/oder Verletzung der Interessen der Wirtschaftssubjekte oder der natürlichen Personen führen oder führen können. Es ist u.a. verboten:

- Beschränkungen für die Gründung neuer Wirtschaftssubjekte in beliebiger Branche einzuführen sowie Verbote für die Ausübung einzelner Tätigkeit oder für die Herstellung bestimmter Warenarten aufzustellen, soweit dies nicht in der RF gesetzlich bestimmt ist;
- die Tätigkeit der Wirtschaftssubjekte auf einem beliebigen Gebiet ohne sachlich gerechtfertigten Grund zu behindern;
- Verbote über den Verkauf (Ankauf, Austausch, Erwerb) von Waren aus einem bestimmten Teil der RF in einen anderen zu erlassen oder auf andere Weise die Rechte der Wirtschaftssubjekte zum Verkauf von Waren zu beschränken;
- den Wirtschaftssubjekten unter Nichtbeachtung der in den Gesetzen oder durch andere Rechtsakte festgelegten Prioritäten Weisungen über die vorrangige Warenlieferung oder über den vorrangigen Abschluss von Verträgen zu erteilen;
- ohne sachlich gerechtfertigten Grund die Schaffung neuer Wirtschaftssubjekte auf einem beliebigen Tätigkeitsfeld zu verhindern;
- ohne sachlich gerechtfertigten Grund anderen Wirtschaftssubjekten Vergünstigungen einzuräumen, die ihnen eine vorteilhafte Position gegenüber anderen Wirtschaftssubjekten des gleichen Warenmarktes verschaffen. Beschlüsse der föderalen Exekutivorgane, der Exekutivorgane der Subjekte der RF und der örtlichen Selbstverwaltungsorgane zu Fragen der Gründung, Reorganisierung und Liquidierung von Wirtschaftssubjekten sowie der Gewährung von Vergünstigungen für ein oder mehrere Wirtschaftssubjekte bedürfen der Zustimmung der Föderalen Antimonopol behörde, soweit in der RF gesetzlich nichts anderes bestimmt ist.

(2) Die Einrichtung von Ministerien, staatlichen Komitees und von anderen föderalen Exekutivorganen, Exekutivorganen der Subjekte der RF und örtlichen Selbstverwaltungsorganen zum Zwecke der Monopolisierung der Produktion oder Verwertung von Waren sowie die Verleihung von Befugnissen an bestehende Ministerien, staatliche Komitees oder andere föderale Exekutivorgane, Exekutivorgane der Subjekte der RF und örtliche

Selbstverwaltungsorgane, deren Ausübung zu Wettbewerbsbeschränkungen führt oder führen kann, ist verboten. Die gleichzeitige Wahrnehmung von Funktionen des föderalen Exekutivorgans, der Exekutivorgane der Subjekte der RF und der örtlichen Selbstverwaltungsorgane einerseits und der Funktion eines Wirtschaftssubjekts andererseits sowie die Übertragung von Funktionen und Rechten der genannten Organe auf Wirtschaftssubjekte ist verboten, soweit in der RF gesetzlich nichts anderes bestimmt ist.

Art.8 Wettbewerbsbeschränkende Absprachen (abgesprochene Handlungen)von föderalen Exekutivorganen, Exekutivorganen der Subjekte der RF und örtlichen Selbstverwaltungsorganen. (1) Jegliche Absprachen zwischen einem staatlichen Organ mit einem anderen staatlichen Organ oder mit einem Wirtschaftssubjekt, die zu einer Wettbewerbsbeschränkung und (oder) zur Verletzung der Interessen von Wirtschaftssubjekten oder natürlichen Personen führen oder führen können, sind verboten und werden im vorgeschriebenen Verfahren für ganz oder teilweise unwirksam erklärt, z.B. Absprachen (abgesprochene Handlungen) über:

- die Erhöhung, Senkung oder Aufrechterhaltung von Preisen (Tarifen);
- die Marktaufteilung nach territorialen Gesichtspunkten, nach dem Um- fang von Absatz (Einkauf), nach dem Warensortiment oder nach dem Kreis der Anbieter (Käufer);
- die Beschränkung des freien Marktzuganges.

Art.9 Unzulässigkeit der Beteiligung von Amtsträgern staatliche Organe an unternehmerischer Tätigkeit. Amtsträgern staatlicher Organe ist es verboten:

- selbständig unternehmerisch tätig zu sein;
- Eigentümer von Unternehmen zu sein;
- selbständig oder durch einen Vertreter über eigene Aktien, Anteile oder Beteiligungen bei der Beschlussfassung der Hauptversammlung einer Kapital- oder Personengesellschaft das Stimmrecht auszuüben;
- Ämter in Leitungsorganen eines Wirtschaftssubjekts auszuüben.

Abschnitt III. Unlauterer Wettbewerb

Art. 10 Arten des unlauteren Wettbewerb. Unlauterer Wettbewerb ist nicht zulässig. Dazu gehören:

- die Verbreitung falscher, ungenauer oder verzerrter Informationen, die geeignet sind, einem anderen Wirtschaftssubjekt oder seinem geschäftlichen Ruf zu schaden;
- die Irreführung von Konsumenten hinsichtlich des Charakters, des Verfahrens und des Ortes der Produktion, der Konsumeigenschaften und der Qualität von Waren;
- die nicht korrekte Vergleich durch Wirtschaftssubjekte von

Waren, die von ihnen erzeugt oder verkauft werden, mit Waren anderer Wirtschaftssubjekte;

- der Verkauf einer Ware unter ungesetzlicher Verwendung von Ergebnissen intellektueller Tätigkeit und ihnen gleichgestellter Individualisierungsmittel einer juristischen Person, Individualisierungen von Produkten, von Arbeiten und von Dienstleistungen;
- die Entgegennahme, Verwendung und Preisgabe technisch-wissenschaftlicher, produktionsbezogener oder kommerzieller Informationen, u.a. des Geschäftsgeheimnisses, ohne das Einverständnis des Besitzers der Informationen.

Abschnitt IV. Aufgaben und Funktion der föderalen Antimonopolbehörde.

Art. 11 Aufgaben und Funktion der föderalen Antimonopolbehörde.

(1) Zu den Aufgaben der föderalen Antimonopolbehörde der RF gehören: die Förderung der Herausbildung von Marktbeziehungen auf der Grundlage der Entwicklung von Wettbewerb und Unternehmertum; die Verhinderung, Einschränkung und Beseitigung monopolistischer Tätigkeit und unlauterem Wettbewerbs; die staatliche Kontrolle über die Einhaltung der Antimonopolgesetzgebung.

(2) Die föderale Antimonopolbehörde der RF hat folgende Funktionen:

- sie überarbeitet der Regelung der RF Vorschläge zu Fragen der Vorvollkommenheit der Antimonopolgesetzgebung und seiner Anwendungspraxis, Gutachten über Gesetzentwürfe und andere Rechtsvorschriften über das Funktionieren des Marktes und die Entwicklung des Wettbewerbs;
- sie unterbreitet den föderalen Exekutivorganen, Exekutivorganen der Subjekte der RF und örtlichen Selbstverwaltungsorganen Empfehlungen über die Durchführung von Maßnahmen zur Förderung der Entwicklung der Warenmärkte und des Wettbewerbs;
- sie erarbeitet Maßnamen zur Entmonopolisierung der Produktion und des Warenverkehrs und setzt diese durch;
- sie kontrolliert die Einhaltung der Antimonopolgesetzgebung bei der Gründung, Umstrukturierung und Liquidation von Wirtschaftssubjekten;
- sie kontrolliert den Erwerb von Aktien mit Stimmrecht von Wirtschaftsgesellschaften, der zu einer beherrschenden Stellung der Wirtschaftssubjekte auf den Märkten der RF oder zu einer Wettbewerbsbeschränkung führen kann.

(3) Für die Erarbeitung von Maßnahmen zur Verbesserung der Marktmechanismen, der Wettbewerbsentwicklung, der Überwindung monopolistischer Tendenzen, für die Analyse der Strukturen und des Zustandes der Warenmärkte und der wissenschaftlichen Absicherung der Tätigkeit der föderalen Antimonopolbehörden der RF werden bei dieser

Behörde ein Forschungsinstitut und Expertenräte gebildet.

Art.12 Befugnisse der föderalen Antimonopolbehörde. Die föderale Antimonopolbehörde der RF hat das Recht:

- den Wirtschaftssubjekten verbindliche Weisungen über die Einstellung von Verstößen gegen die Antimonopolgesetzgebung und (oder) über die Beseitigung der Folgen dieser Verstöße, über die Wiederherstellung der ursprünglichen Lage, über die zwangsweise Teilung der Wirtschaftssubjekte oder die Ausgliederung von Unterabteilungen aus deren Gesamtbestand, über die Auflösung oder Änderung von Verträgen, die der Antimonopolgesetzgebung zuwiderlaufen, über den Vertragsschluss mit einem anderen Wirtschaftssubjekts sowie über die Abführung von Gewinnen, die durch Verstöße gegen die Antimonopolgesetzgebung erzielt wurden, in den Föderationshaushalt, zu erteilen;
- den föderalen Exekutivorganen, den Exekutivorganen der Subjekte der RF und den örtlichen Selbstverwaltungsorganen verbindliche Weisungen über die Rücknahme oder Änderung rechtswidriger Akte, über die Einstellung von Gesetzesverstößen sowie über die Auflösung oder Änderung durch sie getroffener Vereinbarungen, die der Antimonopolgesetzgebung zuwiderlaufen, zu erteilen;
- den betreffenden föderalen Exekutivorganen, Exekutivorganen der Subjekte der RF und den örtlichen Selbstverwaltungsorganen Vorschläge über die Einführung oder Aufhebung einer Lizenzerteilung, die Änderung von Zolltarifen, die Einführung oder Aufhebung von Quoten sowie über die Gewährung von Steuervergünstigungen, Vorzugskrediten und anderen Formen staatlicher Hilfe zu unterbreiten;
- im Falle von Verstößen gegen die Antimonopolgesetzgebung Geldstrafen gegen gewerbliche und nichtgewerbliche Organisationen, Ordnungsstrafen gegen deren Leiter, gegen Bürger, z.B. gegen Einzelunternehmer, sowie gegen Amtsträger der föderalen Exekutivorgane, der Exekutivorgane der Subjekte der RF und der örtlichen Selbstverwaltungsorgane zu verhängen, soweit es sich nicht um Verstöße gegen das Preisbildungsverfahren nach den gesetzlichen Vorschriften über die natürlichen Monopole handelt;
- bei einem Gericht oder Arbitragegericht die Feststellung des Vorliegens eines Verstoßes gegen die Antimonopolgesetzgebung, wie z.B. die vollständige oder teilweise Nichtigerklärung von Verträgen, die gegen die Antimonopolgesetzgebung verstoßen, oder den zwangsweisen Abschluss eines Vertrages mit einem anderen Wirtschaftssubjekt zu beantragen, sowie an Gerichts- oder Arbitragegerichtsverhandlungen über die Anwendung der Antimonopolgesetzgebung teilzunehmen;
- den entsprechenden Organen der Rechtspflege Materialien zur Entscheidung über die Einleitung eines Strafverfahrens über Straftaten, die

im Zusammenhang mit Verstößen gegen die Antimonopolgesetzgebung begangen wurden, zu übergeben;

- das Vorliegen einer marktbeherrschenden Stellung festzustellen;
- Erläuterungen zu Fragen der Anwendung der Antimonopolgesetzgebung zu geben.

Art.13 Informationsrecht. Von der Antimonopolbehörde der RF (einer Territorialbehörde) bevollmächtigte Mitarbeiter haben zur Erfüllung der ihnen übertragenen Funktionen das Recht auf ungehinderten Zugang zu den föderalen Exekutivorganen, Exekutivorganen der Subjekte der RF und den örtlichen Selbstverwaltungsorganen sowie zu gewerblichen und nichtgewerblichen Organisationen und deren Vereinigungen, zu anderen Organisationen und Einrichtungen; darüber hinaus sind sie nach einer schriftlichen Ankündigung berechtigt, Einsicht in erforderliche Unterlagen zu nehmen. Die Polizeibehörden sind verpflichtet, den Mitarbeitern der Antimonopolbehörden bei der Wahrnehmung ihrer Pflichten praktische Hilfe zu leisten, wobei sie ihnen den ungehinderten Zugang zu den notwendigen Informationen ermöglichen.

Art.14 Pflicht zur Erteilung von Informationen für die Antimonopolbehörden. Die gewerblichen und nichtgewerblichen Organisationen (ihre Leiter), die föderalen Exekutivorgane, Exekutivorgane der Subjekte der RF, die örtlichen Selbstverwaltungsorgane (deren Amtsträger), Bürger, wie z.B. Einzelunternehmer, sind auf Verlangen der Antimonopolbehörden verpflichtet, authentische Dokumente, schriftliche und mündliche Erklärungen und andere Informationen, die für die Ausübung der gesetzlichen Tätigkeit der Antimonopolbehörden erforderlich sind, vorzulegen bzw. anzugeben.

Art.15 Pflichten der Antimonopolbehörden zum Schutz von Geschäftsgeheimnissen. Angaben, die unter das Geschäftsgeheimnis fallen und auf der Grundlage der Art.13 und 14 dieses Gesetzes der Antimonopolbehörden zur Kenntnis gelangen, sind geheim zuhalten. Werden Angaben, die unter das Geschäftsgeheimnis fallen, durch Mitarbeiter der Antimonopolbehörden verbreitet, ist Ersatz für die daraus entstandenen Schäden nach den zivilrechtlichen Vorschriften zu leisten.

Art.16 Förderung der Entwicklung der Warenmärkte und des Wettbewerbs; Unterstützung des Unternehmertums. (1) Zur Förderung der Entwicklung der Warenmärkte, des Wettbewerbs und zur Entmonopolisierung kann die föderale Antimonopolbehörde den zuständigen föderalen Exekutivorganen, Exekutivorganen der Subjekte der RF und örtlichen Selbstverwaltungsorganen Empfehlungen unterbreiten:

- über die Gewährung von Vorzugskrediten, Steuervergünstigungen und –befreiungen für Wirtschaftssubjekte, die auf einem bestimmten Warenmarkt neu tätig werden;

- über Änderungen der Anwendungsbereiche freier, regulierter und gebundener Preise;

- über die Einrichtung und Entwicklung paralleler Strukturen in den Produktions- und Umlaufssphären, insbesondere durch zentrale Investitionen und Kredite;

- über die Finanzierung von Maßnahmen zur Steigerung der Warenproduktion zur Beseitigung beherrschender Stellungen von Wirtschaftssubjekten;

- über die Gewinnung von ausländischen Investitionen, die Gründung von Organisationen mit ausländischer Kapitalbeteiligung und die Gründung von freien Wirtschaftszonen;

- über Genehmigung von Export-Import-Geschäften und Änderung von Zolltarifen;

- über die Änderung der Liste der genehmigungspflichtigen Tätigkeitsarten.

(2) Die föderale Antimonopolbehörde ist an der Umsetzung der föderalen Entmonopolisierungsprogramme, der Programme zur Wettbewerbsentwicklung sowie der Programme zur Unterstützung des Unternehmertums beteiligt.

Abschnitt V. Staatliche Kontrollmaßnahmen.

Art.17 Staatliche Kontrolle der Gründung, Reorganisation und Liquidation von gewerblichen Organisationen und ihren Vereinigungen. (1) Zur Verhinderung eines möglichen Mißbrauchs einer beherrschenden Stellung durch eine gewerbliche Organisation oder einer Wettbewerbsbeschränkung kontrolliert die föderale Antimonopolbehörde:

- die Gründung und die Verschmelzung von Vereinigungen gewerblicher Organisationen sowie den Anschluss an diese;

- die Verschmelzung von gewerblichen Organisationen und den Anschluss an gewerbliche Organisationen, wenn die Summe ihre Aktiva bei der letzten Bilanzierung das 100 000-fache des Mindestarbeitslohnes übersteigt;

- die Liquidation und Teilung (Ausgliederung) staatlicher und kommunaler unitaristischer Unternehmen, deren Aktiva das 50 000-fache des Mindestarbeitslohnes übersteigen, soweit das zur Entstehung eines Wirtschaftssubjekts führt, dessen Anteil an dem entsprechenden Warenmarkt 35 vom Hundert übersteigt; davon ausgenommen sind die Fälle, in denen die Liquidation auf Grund einer rechtskräftigen Entscheidung durch ein Arbitragegericht erfolgt.

(2) In den Fällen des Pkt. 1 legen die Personen und Organe, die den Beschluss über die Gründung, die Reorganisation oder die Liquidation der gewerblichen oder nichtgewerblichen Organisationen treffen, bei der föderalen Antimonopolbehörde neben den Dokumenten, die bei der

Registrierungsbehörde nach den gesetzlichen Bestimmungen vorzulegen sind, einen Antrag auf Erteilung der Zustimmung zur Gründung, Reorganisation und Liquidation der gewerblichen oder nichtgewerblichen Organisationen vor, manchen Angaben über die hauptsächlichen Arten der Tätigkeit und den Umfang der Publikation und der auf dem entsprechenden Warenmarkt umzusetzenden Erzeugnisse. Die föderale Antimonopolbehörde ist nicht berechtigt, Informationen zu verlangen, die nicht auf der von ihr bestätigten Liste der Informationen enthalten sind. Die föderale Antimonopolbehörde benachrichtigt den Antragsteller innerhalb von 30 Tagen nach Erhalt der Unterlagen über die getroffene Entscheidung. Bei Bedarf kann diese Frist um maximal 15 Tage verlängert werden.

(3) Die föderale Antimonopolbehörde ist berechtigt, den Antrag abzulehnen, wenn die Erteilung der Zustimmung zur Entstehung oder Verstärkung einer beherrschenden Stellung der entsprechenden Organisationen und/oder zu einer Wettbewerbsbeschränkung führen kann bzw. wenn bei der Prüfung der eingereichten Unterlagen festgestellt wurde, dass die darin enthaltenen Informationen, die für die Entscheidung der Behörde von Bedeutung sind, nicht glaubhaft sind. Die föderale Antimonopolbehörde ist berechtigt, dem Antrag stattzugeben, wenn die Anforderungen an die Gewährleistung des Wettbewerbs erfüllt werden. Die genannten Forderungen sowie die Fristen zu ihrer Erfüllung sollen in der Entscheidung der föderalen Antimonopolbehörde über die Zustimmung zur Vornahme von Handlungen gem. Pkt.1 des vorliegenden Artikels enthalten seien.

Besteht die Möglichkeit, dass die genannten unerwünschten Folgen auftreten, ist die föderale Antimonopolbehörde gleichwohl zur Genehmigung des Antrags berechtigt, wenn die Person oder das Organ, welche den Beschluss über die Gründung, die Reorganisation oder die Liquidation der gewerblichen oder nichtgewerblichen Organisationen gefasst haben, dass die positive Wirkung der beabsichtigten Handlung, z.B. im sozialen und ökonomischen Bereich, die negativen Folgen für den betreffenden Warenmarkt übersteigt.

(4) Die föderale Antimonopolbehörde ist innerhalb von 15 Tagen nach der staatlichen Registrierung von dem Antrag auf die Gründung von gewerblichen Organisationen durch die Gründer (einen der Gründer) zu benachrichtigen, wenn die Gesamtsumme der Aktiva der Gründer das 100 000-fache des Mindestarbeitslohnes übersteigt; das Gleiche gilt im Falle der Verschmelzung von oder des Anschlusses an gewerbliche Organisationen, wenn die Summe ihrer Aktiva nach der Bilanz das 50 000-fache des Mindestarbeitslohnes übersteigt. Mit der Benachrichtigung der föderalen Antimonopolbehörde reicht der Antragsteller neben dem Antrag auch die unter Pkt.2 dieses Artikels genannten Informationen ein.

(5) Gelangt die föderale Antimonopolbehörde nach einer ersten Überprüfung der eingereichten Angaben zu dem Schluss, dass die Gründung der (Verschmelzung mit der, der Anschluss an die) Organisation, die beantragt wurde, zu einer Wettbewerbsbeschränkung führen kann, beschließt sie eine weitergehende Überprüfung der Einhaltung der Vorschriften der Antimonopolgesetzgebung im Züge der Gründung (Verschmelzung, des Anschlusses) der gewerblichen Organisation. Dieser Beschluss wird dem Antragsteller innerhalb von15 Tagen nach Eingang des Antrags auf Bescheidung zugeschickt. Eine endgültige Entscheidung ergeht durch die föderale Antimonopolbehörde innerhalb der unter Pkt.2 angegebenen Frist, was dem Antragsteller schriftlich mitgeteilt wird.

(6) Besteht die Möglichkeit, dass die Gründung (Verschmelzung, der Anschluss) der gewerblichen Organisation zu einer Wettbewerbsbeschränkung führt, sind der Gründer der gewerblichen Organisation, die Personen oder Organe, die den Beschluss über die Verschmelzung oder den Anschluss getroffen haben, verpflichtet, Maßnahmen zur Wiederherstellung der erforderlichen Wettbewerbsbedingungen zu treffen.

(7) In den unter Pkt.4 dieses Artikels genannten Fällen sind die Personen oder Organe, die den Beschluss über die Gründung, die Verschmelzung oder den Anschluss getroffen haben, berechtigt, vor einem solchen Beschluss die Zustimmung der föderalen Antimonopolbehörde zur Gründung der gewerblichen Organisationen einzuordnen; diese ist verpflichtet, einen entsprechenden Antrag in dem unter Pkt.2 dieses Artikels festgelegten Verfahren zu bescheiden.

(8) In den unter Pkt.1 dieses Artikels genannten Fällen ist die staatliche Registrierung der gewerblichen und nichtgewerblichen Organisationen sowie die Eintragung der Streichung von gewerblichen Organisationen aus dem einheitlichen staatlichen Register für juristische Personen durch die Registrierungsbehörde nur mit vorheriger Zustimmung der föderalen Antimonopolbehörde zulässig.

(9) Die Gründung von (Die Verschmelzung zu, der Anschluss an) gewerblichen Organisationen, die unter Verletzung des unter den Pkt.1 und 4 dieses Artikels genannten Verfahrens zur Entstehung oder Verstärkung der Marktbeherrschung und/oder der Wettbewerbsbeschränkung führt sowie die Nichterfüllung der gemäß Pkt.6 dieses Artikels durch die föderale Antimonopolbehörde aufgestellten Forderungen sind Gründe für ihre gerichtliche Liquidierung, die auf Antrag der Antimonopolbehörde

Art.18 Staatliche Kontrolle der Einhaltung der Antimonopolgesetzgebung beim Erwerb von Aktien der gewerblichen Organisationen und in anderen Fällen. (1) Einer vorhergehenden Zustimmung durch die föderale Antimonopolbehörde auf Antrag bedarf nach entsprechendem

Antrag einer juristischen oder natürlichen Person:

- der Erwerb von Aktien mit Stimmrecht am Stammkapital eines Wirtschaftssubjekts durch eine Person (Personengruppe), wenn sie dabei das Recht erwirbt, über mehr als 20 von Hundert der genannten Aktien zu verfügen; diese Zustimmungserfordernis gilt nicht für die Gründer eines Wirtschaftssubjekts bei dessen Gründung;
- der Erwerb des Eigentums oder der Nutzungsmöglichkeit der wichtigsten Produktionsmittel oder immaterieller Aktiva durch ein Wirtschaftssubjekt (eine Personengruppe) von einem anderen Wirtschaftssubjekt, wenn der Bilanzwert des Vermögens, welches Geschäftsgegenstand ist, 10 vom Hundert des Bilanzwertes der wichtigsten Produktionsmittel und immateriellen Aktiva des veräußernden Wirtschaftssubjekts beträgt;
- der Erwerb von Rechten durch eine Person (Personengruppe), die es erlauben, die Bedingungen der unternehmerischen Tätigkeit des Wirtschaftssubjektes zu bestimmen oder die Funktionen seines geschäftführenden Organs auszuüben.

(2) Die vorherige Zustimmung zu den unter Pkt.1 dieses Artikels genannten Geschäften ist erforderlich, wenn die Gesamtbilanzsumme der Aktiva der unter Pkt.1 dieses Artikels genannten Personen des 100 000-fache des Mindestarbeitslohnes übersteigt oder wenn eine der Personen ein Wirtschaftssubjekt ist, das in das Register der Wirtschaftssubjekte, die einen Anteil von über 35 vom Hundert an einem bestimmten Warenmarkt haben, eingetragen ist oder wenn der Erwerber eine Personengruppe ist, die die Tätigkeit eines solchen Wirtschaftssubjekts kontrolliert.

(3) Für die Vornahme der unter Pkt.1 dieses Artikels genannten Geschäfte sind die Personen verpflichtet, einen Antrag auf Zustimmung bei der föderalen Antimonopolbehörde zu stellen und die für die Entscheidung erforderlichen Informationen entsprechend der von ihr bestätigten Liste der Informationen vorzulegen. Die staatliche Kontrolle der in diesem Artikel genannten Geschäfte erfolgt durch die föderale Antimonopolbehörde in dem in Art.17 Pkt.2 genannten Verfahren.

(4) Die föderale Antimonopolbehörde ist berechtigt, den Antrag abzulehnen, wenn die Erteilung der Zustimmung zum Auftreten oder zur Verstärkung einer beherrschenden Stellung des Wirtschaftssubjektes (der Personengruppe) und/oder zu einer Wettbewerbsbeschränkung führen kann oder wenn unwahre Angaben, die für die Entscheidung über den Antrag von Bedeutung sind, gemacht wurden, oder wenn durch die Beteiligten an den unter Pkt.1 dieses Artikels genannten Handlungen nicht innerhalb der durch die föderale Antimonopolbehörde gesetzten Frist die Nachweise über Quellen, Umstände des Erhalts und Umfang der Geldmittel, die zur Durchführung der Handlungen notwendig sind, vorgelegt wurden. Die

föderale Antimonopolbehörde ist berechtigt, dem Antrag stattzugeben, wenn die Anforderungen an die Gewährleistung des Wettbewerbs erfüllt werden. Die genannten Anforderungen sowie die Fristen zu ihrer Erfüllung sollen in der Entscheidung der föderalen Antimonopolbehörde über die Zustimmung zur Vornahme der unter Pkt.1 dieses Artikels genannten Handlungen enthalten sein.

Besteht die Möglichkeit, dass Wettbewerbsbeschränkungen auftreten, kann die föderale Antimonopolbehörde den Antrag gleichwohl genehmigen, wenn die an dem Geschäft Beteiligten nachweisen, dass die positiven Wirkungen der beabsichtigten Handlungen, beispielsweise im sozialen und ökonomischen Bereich, die negativen Folgen für den betreffenden Warenmarkt übersteigen. Die Entscheidung der föderalen Antimonopolbehörde über die Zustimmung zur Vornahme der unter Pkt.1 dieses Artikels genannten Handlungen verliert ihre Wirkung, wenn diese Handlungen nicht innerhalb eines Jahres ab dem Zeitpunkt der genannten Entscheidungen vorgenommen werden.

(5) Die föderale Antimonopolbehörde ist innerhalb von 15 Tagen nach Vornahme des Geschäfts durch Erklärung der juristischen oder natürlichen Person über den Abschluss eines der in Pkt.1 dieses Artikels genannten Geschäfte zu benachrichtigen, wenn die Gesamtbilanzsumme der Aktiva der in Pkt.1 dieses Artikels genannten Personen das 50 000-fache des Mindestarbeitslohnes übersteigt. Ist eine natürliche Person Mitglied in den Geschäftsführungsorganen oder Direktorien (Aufsichtsräten) von mindestens zwei Wirtschaftssubjekten, deren Gesamtbilanzsumme der Aktiva das 50 000-fache des Mindestarbeitslohnes übersteigt oder von Wirtschaftssubjekten, die in das Register für dieselbe Warengruppe eingetragen sind oder aber in ein Register für Gruppen von Waren mit unterschiedlichem Verarbeitungsgrad desselben Produktions- und Absatzprozesses eingetragen sind, ist die föderale Antimonopolbehörde innerhalb von 15 Tagen nach Eintritt (Wahl) in die genannten Organe oder Räte zu benachrichtigen. Der Antragsteller reicht neben dem Antrag auch die in Pkt.3 dieses Artikels genannten Informationen ein.

(6) Gelang die föderale Antimonopolbehörde nach einer ersten Überprüfung zu dem Schluss, dass die Vornahme des Geschäfts, welches ihm mitgeteilt wurde, zum Entstehen oder Verstärken einer beherrschenden Stellung eines Wirtschaftssubjekts (einer Personengruppe) und/oder zu einer Wettbewerbsbeschränkung führen kann, beschließt sie die Fortsetzung der Überprüfung des Geschäfts auf die Einhaltung der Vorschriften der Antimonopolgesetzgebung. Dieser Beschluss wird dem Antragsteller innerhalb von 15 Tagen nach Eingang des Antrages auf Bescheidung zugeschickt. Eine endgültige Entscheidung ergeht durch die

föderale Antimonopolbehörde innerhalb der unter Art.17 Pkt.2 angegebenen Frist; was dem Antragsteller schriftlich mitgeteilt wird.

(7) Können die in Pkt.5 dieses Artikels genannten Handlungen zur Entstehung oder Verstärkung einer marktbeherrschenden Stellung und/oder zu Wettbewerbsbeschränkung führen, sind die Personen, die diese Handlungen unternehmen, verpflichtet, Maßnahmen zur Wiederherstellung der notwendigen Wettbewerbsbedingungen zu treffen.

(8) In den in Punkt 5 dieses Artikels genannten Fällen sind die Personen berechtigt, eine vorherige Zustimmung zur Vornahme der genannten Handlungen bei der föderalen Antimonopolbehörde einzuholen; diese ist verpflichtet, einen entsprechenden Antrag im vorgeschriebenen Verfahren zu bescheiden.

(9) Geschäfte, die unter Verletzung des in diesem Artikel festgelegten Verfahrens vorgenommen werden und zur Entstehung oder Verstärkung einer Marktbeherrschung und/oder zur Beschränkung des Wettbewerbs führen, können auf Antrag der föderalen Antimonopolbehörde (einer Territorialbehörde) durch ein Gericht für nichtig erklärt werden, wenn die Forderungen der föderalen Antimonopolbehörde nach Wiederherstellung der notwendigen Wettbewerbsbedingungen durch die an dem Geschäft Beteiligten nicht in der von der Behörde vorgegebenen Frist erfüllt werden. Die Nichterfüllung der gemäß Punkt 4 und 7 dieses Artikels gefassten Beschlüsse kann auf Antrag der föderalen Antimonopolbehörde zur Nichtigerklärung des entsprechenden Geschäftes führen. Ein Verstoß gegen die Vorschriften dieses Artikels über die Zustimmungserteilung der föderalen Antimonopolbehörde für die Vornahme von Geschäften kann zur Verhängung von Sanktionen entsprechend den Bestimmungen dieses Gesetzes führen.

Art.19 Zwangsweise Teilung (Ausgliederung). (1) Nehmen gewerbliche Organisationen und nichtgewerbliche Organisationen, die unternehmerisch tätig sind, eine beherrschende Stellung ein und haben sie mindestens zwei Mal gegen die Antimonopolgesetzgebung verstoßen, ist die föderale Antimonopolbehörde berechtigt, deren zwangsweise Teilung oder die Ausgliederung einer oder mehrerer Organisationen auf der Grundlage der vorhandenen strukturellen Untergliederungen vorzunehmen, wenn dies zur Entwicklung des Wettbewerbs führt.

(2) Die zwangsweise Teilung einer gewerblichen Organisation wird beschlossen, wenn folgende Voraussetzungen nebeneinander vorliegen:

- die Möglichkeit einer organisatorischen und territorialen Abtrennung ihrer strukturellen Untergliederungen;
- das Fehlen einer engen technologischen Verbindung zwischen den strukturellen Untergliederungen (insbesondere, wenn der Umfang der von der juristischen Person zu verbrauchenden Erzeugnisse ihrer strukturellen

Untergliederung 30 vom Hundert des Gesamtumfangs der von dieser strukturellen Untergliederung herzustellenden Erzeugnisse (zu erbringenden Arbeiten, Dienstleistungen) nicht überschreitet);

- die Möglichkeit der juristischen Person, nach der Reorganisation selbständig auf dem Markt einer bestimmten Ware tätig zu werden.

(3) Der Beschluss der föderalen Antimonopolbehörde über die zwangsweise Teilung von gewerblichen Organisationen oder nichtgewerblichen Organisationen, die unternehmerisch tätig sind, ist durch den Eigentümer oder ein von diesem bevollmächtigtes Organ unter Beachtung der in dem Beschluss genannten Forderungen und der dort gesetzten Frist, die mindestens sechs Monate betragen muss, zu vollziehen.

Art.20 Anfechtung von Entscheidungen der föderalen Antimonopolbehörde (einer Territorialbehörde) gemäß Art.17, 18 und 19 dieses Gesetzes. Erhält der Antragssteller auf sein Gesuch (seinen Antrag auf Bescheidung) innerhalb von 60 Tagen nach Eingang dieses Gesuchs bei der (in Artikel 17 und 18 dieses Gesetzes) genannten Behörde von der föderalen Antimonopolbehörde (einer Territorialbehörde) keine Antwort oder ist er mit der getroffenen Entscheidung dieser Behörde nicht einverstanden, so kann er ein Gericht oder Arbitragegericht um Schutz seiner verletzten Rechte anrufen. Der Beschluss über die zwangsweise Teilung oder die Ausgliederung einer oder mehrerer Organisationen auf der Grundlage der vorhandenen strukturellen Untergliederungen kann bei Gericht oder beim Arbitragegericht angefochten werden.

Art.21 Buch der affilierten Personen. Eine Aktiengesellschaft führt ein Buch über ihre affilierte Personen und erstattet über die affilierten Personen entsprechend dem Verfahren, wie es von dem für die Regulierung des Wertpapiermarktes zuständigen föderalen Exekutivorgan festgelegt ist, Bericht.

Abschnitt VI. Verantwortlichkeit für Gesetzesverstöße.

Art.22 Pflicht zur Ausführung der Weisungen der Antimonopolbehörden. (1) Bei Verstößen gegen die Antimonopolgesetzgebung sind die gewerblichen und nichtgewerblichen Organisationen (ihre Leiter), die föderalen Exekutivorgane, die Exekutivorgane der Subjekte der Föderation und die örtlichen Selbstverwaltungsorgane (ihre Amtsträger), die Bürger, wie z.B. Einzelunternehmer, verpflichtet:

- den Verstoß entsprechend den Weisungen der Antimonopolbehörde einzustellen, den ursprünglichen Zustand wiederherzustellen, einen Vertrag aufzulösen oder zu ändern, einen Vertrag mit einem anderen Wirtschaftssubjekt abzuschließen, eine gesetzwidrige Entscheidung, Gewinne, die durch einen Verstoß erzielt wurden, in den Föderationshaushalt zu überweisen, die Reorganisation in Gestalt der Teilung oder Ausgliederung unter Beachtung der festgelegten Bedingungen und Fristen vorzunehmen und die übrigen in der Weisung vorgesehenen Handlungen vorzunehmen.

(2) Bei Verstößen gegen die Antimonopolgesetzgebung ist die föderale Antimonopolbehörde (die Territorialbehörde) berechtigt, auf der Grundlage der geltenden gesetzlichen Vorschriften Geldstrafen zu verhängen und Verwarnungen auszusprechen.

Art.22[1] Arten der Verantwortlichkeit für Verstöße gegen die Antimonopolgesetzgebung. Für schuldhafte rechtswidrige Handlungen, die gegen die Antimonopolgesetzgebung verstoßen, sind die Amtsträger der föderalen Exekutivorgane, der Exekutivorgane der Subjekte der RF und der örtlichen Selbstverwaltungsorgane, die gewerblichen und nichtgewerblichen Organisationen oder ihre Leiter sowie die Bürger, wie auch Einzelunternehmer, nach den zivilrechtlichen, verwaltungsrechtlichen oder strafrechtlichen Vorschriften verantwortlich.

Art.23 – 25 (aufgehoben durch Gesetz vom 30.12.2001)

Art.26 Geltendmachung von Schadensersatzforderungen durch Wirtschaftssubjekte. Sind einem Wirtschaftssubjekt oder einer anderen Person durch einen Akt der föderalen Exekutivorgane, Exekutivorgane der Subjekte der RF oder örtlichen Selbstverwaltungsorgane, u.a. durch die föderale Antimonopolbehörde der RF oder durch eine Unterlassung oder die ungehörige Erfüllung einer Verpflichtung der genannten Organe, unter Verletzung der Antimonopolgesetzgebung Schäden entstanden, sind diese Schäden nach den zivilrechtlichen Vorschriften zu ersetzen. Wurden durch gesetzwidrige Handlungen (Unterlassungen) eines Wirtschaftssubjekts einem anderen Wirtschaftssubjekt oder einer anderen Person Schäden zugefügt, sind diese Schäden von dem schadensverursachenden Wirtschaftssubjekt nach den zivilrechtlichen Vorschriften zu ersetzen.

Abschnitt VII. Verfahren der Annahme, Anfechtung und Durchführung von Beschlüssen und Weisungen der Antimonopolbehörden.

Art.27 Grundlagen der Behandlung von Verstößen gegen die Antimonopolgesetzgebung durch die föderale Antimonopolbehörde. (1) Die föderale Antimonopolbehörde der RF untersucht das Vorliegen eines Verst0ßes gegen die Antimonopolgesetzgebung und erlässt im Rahmen ihrer Kompetenzen darüber Beschlüsse und Weisungen. Die Verhandlung eines Verfahrens über das Vorliegen eines Verstoßes gegen die Antimonopolgesetzgebung erfolgt auf Antrag von gewerblichen oder nichtgewerblichen Organisationen, föderalen Exekutivorganen, Exekutivorganen der Subjekte der RF und örtlichen Selbstverwaltungsorganen und auf staatsanwaltlichen Antrag. Ein Verfahren über das Vorliegen eines Verstoßes gegen die Antimonopolgesetzgebung kann auch auf Initiative der föderalen Antimonopolbehörde eröffnet werden.

(2) Anträge sind bei der föderalen Antimonopolbehörde schriftlich

unter Hinzufügung von Beweisdokumenten über das Vorliegen eines Verstoßes gegen die Antimonopolgesetzgebung einzureichen. Der Inhalt der Dokumente und Anträge ist vertraulich.

Art.28 Beschwerde gegen Beschlüsse und Weisungen der föderalen Antimonopolbehörde (einer Territorialbehörde). (1) Die föderalen Exekutivorgane, Exekutivorgane der Subjekte der RF, die örtlichen Selbstverwaltungsorgane (ihre Amtsträger), die gewerblichen und nichtgewerblichen Organisationen (ihre Leiter) und Personen, wie auch Einzelunternehmer, können bei Gericht oder bei einem Arbitragegericht Beschwerde gegen einen Beschluss der Antimonopolbehörde einlegen und dessen vollständige oder teilweise Aufhebung beantragen.

(2) Durch Einreichung eines solchen Antrages wird die Vollziehung des Beschlusses (der Weisung) der föderalen Antimonopolbehörde (einer Territorialbehörde) für die Dauer der Verhandlung vor dem Gericht oder dem Arbitragegericht bis zur Rechtskraft der gerichtlichen oder arbitragegerichtlichen Entscheidung ausgesetzt. Die Beschwerdefrist gegen einen Beschluss (eine Weisung) der föderalen Antimonopolbehörde (eine Territorialbehörde) beträgt sechs Monate ab dessen (deren) Erlass; dies gilt nicht für Forderungen, die einer Klageverjährung nicht unterliegen.

Art.29 Vollziehung der Weisungen der Antimonopolbehörden. (1) Ein Beschluss der Antimonopolbehörden ist innerhalb der festgesetzten Frist zu vollziehen. Wird der Beschluss nicht innerhalb der festgesetzten Frist vollzogen, treten die in diesem Gesetz und in den anderen gesetzlichen Vorschriften der Russischen Föderation vorgesehenen Folgen ein. Wird ein Beschluss über die Aufhebung oder die Änderung eines Aktes, der unter Verletzung der Antimonopolgesetzgebung zustande kam, oder über die Wiederherstellung des Zustandes, der vor der Verletzungshandlung bestand, nicht vollzogen, kann die Antimonopolbehörde beim Arbitragegericht beantragen, den Akt vollständig oder teilweise für unwirksam zu erklären bzw. die zwangsweise Wiederherstellung des Zustandes, der vor der Verletzungshandlung bestand, beantragen.

Wird ein Beschluss, der die Änderung oder Auflösung eines gesetzwidrigen Vertrages, oder den Abschluss eines Vertrages mit einem anderen Wirtschaftssubjekts, beinhaltet, nicht vollzogen, kann die Antimonopolbehörde bei Gericht oder bei einem Arbitragegericht beantragen, den Vertrag vollständig oder teilweise für unwirksam zu erklären, bzw. den zwangsweisen Abschluss eines Vertrages beantragen. Wird ein Beschluss (eine Weisung) über die Überweisung des aus einem Verstoß gegen die Antimonopolgesetzgebung erlangten Gewinns in den Föderationshaushalt nicht vollzogen, kann die Antimonopolbehörde bei Gericht oder vor dem Arbitragegericht den unberechtigt erzielten Gewinn klageweise geltend machen.

Wettbewerbsgesetz der Republik Bulgarien

(Veröffentlicht im Gesetzesblatt (GBl) Nr.52 vom 8.Mai 1998)*

Erster Abschnitt. **Allgemeiner Teil.**

Art.1 Allgemeiner Gegenstand. (1) Ziel dieses Gesetzes sind der Schutz und die Förderung des Wettbewerbs und des freien Unternehmertums.

(2) Im Zusammenhang mit den in Abs.1 erörterten Zielen regelt das Gesetz den Schutz vor Vereinbarungen, Beschlüssen und abgestimmten Verhaltensweisen, Missbrauch von Monopolstellung bzw. marktbeherrschenden Stellungen, Konzentration in der Wirtschaftstätigkeit, unlauterem Wettbewerb und anderen Handlungen, welche den Wettbewerb verhindern, beschränken oder beeinträchtigen können.

Art.2 Anwendungsbereich. (1) Die Vorschriften dieses Gesetzes erstrecken sich auf:

1. alle Unternehmen, die ihre Geschäftstätigkeit auf dem Territorium Bulgariens und außer Landes ausüben, wenn sie ausgesprochen oder stillschweigend den Wettbewerb im Inland verhindern, beschränken, beeinträchtigen können;

2. die Organe der Exekutive und der Kommunen, wenn sie ausgesprochen oder stillschweigend den Wettbewerb im Inland verhindern, beschränken, beeinträchtigen können;

3. Unternehmen, die der Staat mit der Ausführung von Dienstleistungen im öffentlichen Interesse beauftragt hat, soweit die Einhaltung dieses Gesetzes die Ausführung der Aufträge nicht unmöglich macht und der Wettbewerb unerheblich beeinträchtigt wird;

4. natürliche Personen, die zur beherrschenden Stellung beitragen oder unlauteren Wettbewerb betreiben.

(2) Dieses Gesetz findet in folgenden Fällen keine Anwendung:

1. bei Verhältnissen, die per Gesetz zum Schutz des gewerblichen Eigentums, des Urheberrechts und verwandter Rechte geregelt werden, sofern sie nicht der Beschränkung oder der Beeinträchtigung des Wettbewerbs dienen;

2. bei Handlungen, deren Folgen den Wettbewerb in einem fremden Land beschränken können, es sei denn ein zwischenstaatlicher Vertrag bestimmt ein anderes.

Art.3 Wettbewerbskommission. Die Wettbewerbskommission, (im weiteren: die Kommission), ist eine besondere, unabhängige, spezialisierte staatliche und aus dem Staatshaushalt finanzierte Einrichtung. Sie ist eine juristische Person, mit Sitz in Sofia.

---

* deutsche Übersetzung in Bulgarisches Wirtschaftsblatt Nr6/Juni 1998

Art.4 Statut. (1) Die Kommission besteht aus 11 Personen – dem Vorsitzenden, 2 Stellvertretern und 8 weiteren Mitgliedern; 7 Mitglieder der Kommission sind Juristen, 4 - Wirtschaftsexperten. Sie werden vom Parlament für die Dauer von 5 Jahren gewählt und durch dieses auch entlassen. Ihr Mandat kann um weitere 5 Jahre verlängert werden.

(2) Der Vorsitzende der Kommission ist ein rechtsfähiger Jurist mit mindestens zehnjähriger Berufserfahrung, der den Bedingungen gem. Abs.3 genügt.

(3) Die Mitglieder der Kommission sind bulgarische Staatsbürger mit Universitätsabschluss in Rechts- bzw. Wirtschaftswissenschaften, mit mindestens fünf Jahren Berufserfahrung auf diesem Gebiet, mit hoher Qualifikation und Moral, die nicht für vorsätzliche Straftaten allgemeinen Charakters eine Freiheitsstrafe abzubüßen hatten. Die Mitglieder der Kommission dürfen keine andere bezahlte Tätigkeit ausüben, es sei denn, sie sind im Bereich der Wissenschaft tätig oder sie haben einen Lehrauftrag.

(4) Das Parlament hat innerhalb eines Monats nach der Wahl des Vorsitzenden, die 2 Stellvertreter und die weiteren Mitglieder auf seinen Vorschlag hin, zu benennen.

(5) Der Vorsitzende, seine Stellvertreter sowie die weiteren Mitglieder der Kommission werden gem. Art.76 Abs.2 der Verfassung vom Parlament vereidigt.

Art.5 Entziehung der Befugnisse. (1) Das Parlament kann den Vorsitzenden und die Kommissionsmitglieder in folgenden Fällen vorzeitig ihrer Zuständigkeit entbinden: auf ihren Antrag hin; wenn sie für vorsätzliche Straftaten allgemeinen Charakters zu einer Freiheitsstrafe verurteilt wurde; wenn die sie ihre Pflichten länger als 6 Monate nicht wahrnehmen können; bei grober Verletzung dieses Gesetzes bzw. bei Eidbruch.

(2) Der Vorsitzende hat in den Fällen gem. Abs.1, P. 2, 3 und 4 dem Parlament einen begründeten diesbezüglichen Entlassungsvorschlag vorzulegen.

(3) Der Vorsitzende hat dem Parlament innerhalb eines Monats nach der Entziehung der Befugnisse gem. Abs.1 den Vorschlag zur Wahl eines neuen Kommissionsmitglieds bis zum Ablauf der ursprünglichen Amtszeit zu unter- breiten.

Art.6 Struktur und Tätigkeit. (1) Die Kommission erarbeitet die Regelung über die eigene Struktur und Tätigkeit bzw. Beschlüsse, die im Gesetzblatt veröffentlicht werden.

(2) Die Kommission stützt sich in ihrer Tätigkeit auf einen Verwaltungs apparat.

Art.7 Kompetenzen. (1) Die Wettbewerbskommission hat:

1. Gesetzesverletzungen festzustellen und die vorgesehenen Sanktionen zu verhängen;

2. gesetzlich vorgeschriebene Genehmigungen zu erteilen;

3. Klagen an die zuständigen Organe der Exekutive und der kommunalen Selbstverwaltung auf Aufhebung normativer und individueller Verwaltungsakte einzubringen, die diesem Gesetz widersprechen bzw. macht sie vor Gericht geltend;

4. über anderweitige Forderungen, die sich aus dem Gegenstand dieses Gesetzes ergeben, zu entscheiden;

5. die Unterlassung der gesetzwidrigen Handlungen sowie die Wiederherstellung des Ausgangszustandes zu veranlassen;

6. die gesetzwidrigen Vereinbarungen bzw. die Beschlüsse für nichtig zu erklären;

(2) Im Zuge der Ausübung ihrer Tätigkeit hat die Kommission:

1. Die Marktstellung der Unternehmen nach einer von ihr entwickelten Methodik zu bestimmen und zu analysieren;

2. an der Entwicklung von Entwürfen normativer Regelungen mitzuwirken, den Informationsaustausch und andere Formen der Zusammenarbeit zu fördern – dies gemeinsam mit den anderen Staatsorganen bzw. -einrichtungen, mit den Organen der kommunalen Selbstverwaltung und den nicht staatlichen Organisationen;

3. auf Forderung der zuständigen staatlichen und kommunalen Organe zu Entwürfen über die Umwandlung bzw. Privatisierung von Unternehmen bzw. Teilen davon Stellung zu nehmen, wenn eine Gesetzesverletzung wahrscheinlich erscheint;

4. die Kooperation der Republik Bulgarien im internationalen Organisationen im Bereich des Wettbewerbsschutzes zu pflegen;

5. die erteilten Genehmigungen in einem Register zu führen;

6. periodisch ein Bulletin herauszugeben.

Art.8 Vorsitzender der Kommission. Der Kommissionsvorsitzende:

1. schlägt dem Parlament die Kommissionsmitglieder zur Wahl und Bestätigung vor;

2. vertritt die Kommission bzw. ermächtigt Personen, die sie vertreten können;

3. organisiert und leitet die Tätigkeit der Kommission;

4. setzt die Sitzungen der Kommission fest und leitet dieselben;

5. schließt, ändert und kündigt die arbeitsrechtlichen Verhältnisse mit den Angestellten in der Verwaltung;

6. organisiert und verwirklicht die von der Kommission gefassten Beschlüsse;

7. bewegt sich im Rahmen des Etats;

8. informiert durch die Öffentlichkeit über die Kommissionstätigkeit.

Zweiter Abschnitt. **Wettbewerbsbeschränkungen.**

Art.9 Verbotene Vereinbarungen, Beschlüsse und abgestimmte Verhaltensweisen. (1) Alle Vereinbarungen zwischen Unternehmen, Beschlüsse verbundener bzw. zusammengeschlossener Unternehmen sowie die abgestimmten Verhaltensweisen mehrerer Unternehmen, welche die Verhinderung, Beschränkung oder Beeinträchtigung des Wettbewerbs auf dem betreffenden Markt bezwecken oder bewirken, und zwar

1. durch unmittelbare oder mittelbare Preisgestaltung oder Festlegung anderer Geschäftsbedingungen;
2. durch Aufteilung von Märkten bzw. von Beschaffungsquellen;
3. durch Beschränkungen und Kontrolle in den Bereichen Produktion, Handel, technischer Entwicklung oder Investitionen;
4. durch Anwendung unterschiedlicher Bedingungen bei gleichwertigen Vetragsleistungen gegenüber Handelspartner, wodurch diese unbillig benachteiligt werden;
5. durch die an den Abschluss von Verträgen geknüpfte Bedingung, dass die Vertragspartner zusätzliche Leistungen annehmen, die weder sachlich noch nach Handelsbrauch in Beziehung zum Vertragsgegenstand und seiner Erfüllung stehen.

(2) Die Vereinbarungen bzw. die Beschlüsse gem. Abs.1 sind unwirksam. Auf deren Nichtigkeit können sich die interessierten Organe und Personen berufen.

Art.10 Vereinbarungen mit unerheblichen Auswirkungen. (1) Das Verbot gem. Art.9 Abs.1 gilt nicht für Vereinbarungen, Beschlüsse oder aufeinander abgestimmte Verhaltensweisen mit unerheblichen Auswirkungen auf den Wettbewerb.

(2) Eine unerhebliche Auswirkung auf den Wettbewerb liegt vor, wenn der Marktanteil der Unternehmen, die auf dem betreffenden Warenmarkt oder dem Markt gewerblicher Leistungen Gegenstand der Vereinbarung, des Beschlusses oder des aufeinander abgestimmten Verhaltens gemeinsam auftreten, zusammen nicht mehr als 5% dieses Marktes ausmacht.

Art.11 Anmeldepflicht. (1) Die Unternehmen haben der Kommission über Vereinbarungen, Beschlüsse oder aufeinander abgestimmte Verhaltensweisen gem. Art.9 Abs.1 innerhalb von dreißig Tagen nach deren Abschluss eine Mitteilung zu machen.

(2) In der Anmeldung sind folgende Daten anzugeben: die beteiligten Unternehmen; die Rechtsform der getroffenen Vereinbarung bzw. Entscheidung oder die Art des aufeinander abgestimmten Verhaltens; der Anteil der beteiligten Unternehmen auf dem entsprechenden Markt.

(3) In der Anmeldung kann die Aufhebung des Verbots gem.Art.13 beantragt werden.

Art.12 Würdigung von Vereinbarungen, Beschlüssen und aufeinander abgestimmten Verhaltensweisen. Innerhalb von zwei Monaten nach dem Eingang der Anmeldung hat die Kommission schriftlich darauf festzulegen, dass kein Grund für ein Verbot gem. Art.9 vorliegt oder, dass die Vereinbarung bzw. das Verhalten verboten wird.

Art.13 Aufhebung des Verbots. (1) Auf Beschluss der Kommission können Vereinbabarungen, Beschlüsse oder aufeinander abgestimmte Verhaltensweisen vom Verbot gem. Art.9 Abs.1 ausgenommen werden, soweit sie zur Förderung und Verbesserung der Warenproduktion und des Dienstleistungsangebotes, zum technischen und wirtschaftlichen Fortschritt oder zur Stärkung der Wettbewerbsfähigkeit auf den internationalen Märkten beitragen, indem sie dem Verbraucher einen gerechten Anteil am Nutzungen zukommen lassen und gleichzeitig

1. den betreffenden Unternehmen keine Beschränkungen auferlegen, die für die Erreichung der angegebenen Ziele irrelevant sind, oder

2. den Wettbewerb nicht ausschließen in bezug auf einen wesentlichen Teil des betreffenden Marktes.

(2) Die Kommission kann beschließen, dass das Verbot gem. Art.9 für Vereinbarungen, Beschlüsse und Verhaltensweisen kleiner und mittlerer Unternehmen nicht zur Geltung kommt, wenn diese zur Stärkung ihrer Wettbewerbsfähigkeit dienen.

(3) Die Genehmigungen gem. Abs.1 werden innerhalb von zwei Monaten nach der Einreichung der Anmeldung gem. Art.11 Abs.3 erteilt. Die Genehmigungen können ggf. bestimmte Bedingungen enthalten, welche für die Unternehmen verbindlich sind.

(4) Die Kommission kontrolliert die Einhaltung der Bedingungen gem. Abs.3. Sie kann eine Genehmigung rückgängig machen bzw. ändern sowie die Vereinbarung, den Beschluss bzw. das aufeinander abgestimmte Verhalten verbieten: wenn sich ein Sachverhalt ändert, der bei der Erteilung der Genehmigung von grundsätzlicher Bedeutung gewesen ist; wenn die Beteiligten einer Bedingung der Genehmigung zuwiderhandeln; wenn, dass die Genehmigung aufgrund von Falschangaben erfolgt ist.

(5) Wirt im Zuge der Überprüfung festgestellt, dass die Vereinbarung, der Beschluss oder das aufeinander abgestimmte Verhalten, für die ein Antrag auf Aufhebung des Verbotes vorliegt, die Interessen der Geschäftspartner oder der Verbraucher wesentlich beeinträchtigen kann, so ist es in der Zuständigkeit der Kommission, die unverzügliche Unterlassung bzw. Änderung der Vereinbarung, des Beschlusses oder der Verhaltensweise zu beschließen. Diese Entscheidung kann nicht angefochten werden.

Art.14 Freistellung gleichartiger Verträge. (1) Die Kommission kann die Entscheidung treffen, dass das Verbot gem. Art.9 Abs.1 auf eine bestimmte Art von Vertragen keine Anwendung findet, soweit sie den Bestimmungen von Art.13 Abs.1 entsprechen. Der Beschluss tritt nach seiner Bekanntmachung im amtlichen Gesetzblatt in Kraft.

(3) Im Beschluss über die Freistellung gleichartiger Verträge gem. Art.9 Abs.1 legt die Kommission die Bedingungen fest, welche die betreffenden Verträge enthalten können sowie diejenigen, deren Anwendung unzulässig ist.

(4) Der Beschluss gem. Abs.1 kann vorsehen, dass das Verbot gem. Art.9 Abs.1 nicht für Verträge gilt, die vor Inkrafttreten des Gesetzes geschlossen worden sind, wenn diese innerhalb von drei Monaten mit den Vorschriften des Kommissionsbeschlusses in Einklang gebracht werden und die Kommission umgehend über die vorgenommenen Änderungen in Kenntnis gesetzt wird.

Art.15 Vereinheitlichung der allgemeinen Geschäftsbedingungen. (1) Unternehmen, die den Abschluss gleichartiger Verträge aufgrund einheitlicher allgemeiner Geschäftsbedingungen vorschlagen, können vorab die Vereinheitlichung dieser Bedingungen regeln, soweit diese die freie Preisverhandlung nicht beschränken und die Interessen der Verbraucher wahren.

(2) Die Vereinheitlichung der allgemeinen Geschäftsbedingungen kann nur mit Genehmigung der Kommission erfolgen, die innerhalb von zwei Monaten nach der Antragstellung der Unternehmen gem. Abs.1 erteilt werden muss.

Art.16 Monopolstellung und Marktbeherrschende Stellung Monopolstellung. (1) Eine Monopolstellung liegt vor, wenn dem betreffenden Unternehmen per Gesetz die ausschließlichen Rechte auf Ausübung einer bestimmten Tätigkeit eingeräumt werden.

(2) Eine Monopolstellung kann nur in den Fällen per Gesetz eingeräumt werden, die nach Art.18 Abs.4 des Grundgesetzes dem Staat als Recht zuerkannt wurden.

Art.17 Marktbeherrschende Stellung. (1) Eine marktbeherrschende Stellung liegt vor, wenn das betreffende Unternehmen aufgrund seines Marktanteils, seiner Finanzkraft, seines Marktzugangs, das technologischen Entwicklungsstandes und seiner geschäftlichen Beziehungen zu anderen Unternehmen den Wettbewerb auf dem betreffenden Markt beeinträchtigen kann, da es von Wettbewerbern, Beschaffern (Kunden) unabhängig ist.

(2) Es wird vermutet, dass ein Unternehmen marktbeherrschend ist, wenn es einen Marktanteil von mehr als 35% des betreffenden Marktes hat, es sei denn die Bedingungen gem. Abs.1 liegen vor.

Art.18 Verbot des Missbrauchs der marktbeherrschenden Stellung. Verboten sind Handlungen von Unternehmen mit Monopolstellung bzw.

marktbeherrschender Stellung, die eine Verhinderung, Beschränkung oder Verletzung des Wettbewerbs bezwecken oder bewirken, wie etwa:

1. die unmittelbare oder mittelbare Erzwingung von unangemessenen Einkaufs- oder Verkaufspreisen oder sonstigen unbilligen Geschäftsbedingungen;

2. die Einschränkung der Erzeugung, des Absatzes oder der technischen Entwicklung zum Schaden der Verbraucher, einschließlich des Herbeiführens von Warenengpässen durch Lageraufbewahrung, Vernichtung oder Beschädigung;

3. Anwendung unterschiedlicher Bedingungen bei gleichwertigen Vertragsleistungen gegenüber Handelspartner, wodurch diese im Wettbewerb unbillig benachteiligt werden;

4. die an den Abschluss von Verträgen geknüpfte Bedingung, dass die Vertragspartner zusätzliche Leistungen annehmen, die weder sachlich noch nach Handelsbrauch in Beziehung zum Vertragsgegenstand und seiner Erfüllung stehen;

5. wirtschaftliche Nötigung mit der Folge: Umwandlung, Verschmelzung, Zusammenschluss, Splittung, Absonderung oder Auflösung anderer Unternehmen sowie sachlich nicht gerechtfertigte Kündigung langfristiger Geschäftsbeziehungen.

Art.19 Festlegung von Preisen. Wird das Verbot gem. Art.18 P.1 durch ein Unternehmen mit Monopolstellung verletzt, kann der Ministerrat auf Antrag der Kommission für einen bestimmten Zeitraum Mindest- bzw. Höchstpreise sowie Festpreise festlegen, welche für das verletzende Unternehmen bindend sind.

Art.20 Staatliche Beihilfen. (1) Unter staatlicher Beihilfe ist die Unterstützung zu verstehen, die seitens des Staates oder aus staatlichen Mitteln, gleich welcher Art, erfolgt, den Wettbewerb verfälscht oder zu verfälschen droht, indem bestimmten Unternehmen bei der Herstellung bestimmter Waren sowie bei der Verrichtung bestimmter Dienstleistungen günstigere Bedingungen eingeräumt werden.

(2) Die Staatsorgane, welche mit der Leistung staatlicher Beihilfen betraut sind und deren Tätigkeit die bestehenden Handelsbeziehungen zwischen der Republik Bulgarien und den anderen Ländern, mit denen eine vertragliche Beihilferegelung besteht, beeinträchtigen kann, haben die Kommission vorab über die jeweils geplante staatliche Beihilfe zu informieren, über deren Zulässigkeit die Kommission Stellung nimmt.

(3) Die Anmeldepflicht gem. Abs.2 gilt nicht für Beihilfen: sozialer Art an einzelne Verbraucher, wenn sie ohne Beachtung der Herkunft der Waren oder der Dienstleistungen gewährt werden; zur Beseitigung von Schäden, die durch Naturkatastrophen oder sonstige außergewöhnliche Ereignisse entstanden sind.

(4) Die Kommission kann die Leistung folgender Beihilfen zulassen:

1. Beihilfen zur Förderung der wirtschaftlichen Entwicklung von Gebieten, in denen der Lebensstandart außergewöhnlich niedrig ist oder eine Unterbeschäftigung über dem Landesdurchschnitt herrscht;

2. Beihilfen zur Erhaltung bestimmter Wirtschaftszweige oder Wirtschaftsgebiete, soweit sie die Handelsbedingungen für den Warenverkehr nicht in einer Weise verändern, die dem gemeinsamen Interesse der Länder zuwiderläuft;

3. Beihilfen zur Verwirklichung wichtiger Vorhaben, die für beide beteiligten Länder von außerordentlich großer wirtschaftlicher Bedeutung sind oder zur Behebung einer beträchtlichen Störung im Wirtschaftsleben Bulgariens beitragen;

4. Pflege des kulturellen und historischen Erbens durch Beihilfen, insofern diese Geschäftsbedingungen und Wettbewerb nicht dahingehend beeinflussen, dass die Interessen der Länder verletzt werden;

5. Beihilfen, die mit Bewilligung der Länder, mit denen die Republik Bulgarien ein Verfahren zur Kontrolle der Verwendung staatlicher Subventionen hat, festgelegt wurden.

(5) Stellt die Kommission fest, dass das Projekt oder die zur Verfügung gestellte staatliche Beihilfe mit den Vorschriften gem. Abs.2, 3 und 4 nicht übereinstimmt und nicht zu den angegebenen Ausnahmen zählt, schlägt die Kommission dem jeweiligen Organ vor, den Entwurf innerhalb einer bestimmten Frist zu verwerfen oder eine Rückerstattung der Beihilfe zu veranlassen. In diesem Fall kann die Kommission auch vorschlagen, dass nur der Umfang oder bestimmte Bedingungen für die Leistung dieser Hilfe geändert werden, wenn dadurch eine Beschränkung des Wettbewerbs verhindert und ein effizienter Wettbewerb gewährleistet wird.

Art.21 Konzentration wirtschaftlicher Tätigkeit. (1) Eine Konzentration der Wirtschaftstätigkeit ist vorhanden, wenn:

1. zwei oder mehrere bisher voneinander unabhängige Unternehmen verschmelzen oder fusionieren, oder

2. eine oder mehrere Personen, die bereits ein oder mehrere Unternehmen kontrollieren, durch den Erwerb von Wertpapieren, Anteilsrechten oder Vermögenswerten, durch Vertrag oder in sonstiger Weise die unmittelbare oder mittelbare Kontrolle über ein oder mehrere Unternehmen bzw. über Teile davon erlangen.

(2) Die Kontrolle wird im Sinne von Abs.1, P.2 durch Rechte, Verträge oder andere Mittel begründet, die einzeln oder zusammen unter Berücksichtigung aller tatsächlichen oder rechtlichen Umstände die Möglichkeit gewähren, einen bestimmten Einfluss auf die Tätigkeit eines Unternehmens auszuüben, insbesondere durch: Eigentums- und Nutzungsrechte an der Gesamtheit oder an Teilen des Vermögens des Unterneh-

mens, oder durch Rechte oder Verträge, die einen bestimmten Einfluss auf die Zusammensetzung oder die Beschlüsse der Organe des Unternehmens gewähren.

Art.22 Gemeinschaftsunternehmen. Als Konzentration im Sinne von Art.21 gilt auch die Gründung eines Gemeinschaftsunternehmens, das langfristig mit den für ein selbständiges Wirtschaftssubjekt charakteristischen Funktionen betraut wird, ohne dass dies zur Koordinierung des Wettbewerbsverhaltens der beteiligten Unternehmen untereinander bzw. der beteiligten Unternehmen und dem Gemeinschaftsunternehmen gilt.

Art.23 Ausnahmen. Eine Konzentration wird nicht bewirkt,

1. wenn Banken, sonstige Finanzeinrichtungen oder Versicherungsgesellschaften, deren normale Tätigkeit Geschäfte und Handel mit Wertpapieren für eigene oder fremde Rechnung einschließt, vorübergehend über Wertpapiere eines Unternehmers zum Zwecke der Veräußerung verfügen, dies jedoch unter der Bedingung, dass

1) die o.g. Unternehmen die ihnen zustehenden Stimmrechte nicht ausüben, um das Wettbewerbsverhalten des betreffenden Unternehmens zu fördern, oder

2) sie die Stimmrechte nur ausüben, um die Veräußerung der Wertpapiere, die innerhalb eines Jahres nach deren Erwerb zu erfolgen hat, zu gewähr- leisten;

2. wenn der Träger eines öffentlichen Mandats aufgrund der Gesetzgebung über die Auflösung von Unternehmen oder die Insolvenz die Kontrolle erwirbt.

3. wenn die Handlungen gem. Art.21 Abs.2 durch eine Finanzholdinggesellschaft ausgeübt werden und die Kontrolle nur zur Erhaltung des vollen Wertes des eingetragenen Kapitals und nicht zu einer unmittelbaren oder mittelbaren Bestimmung des Wettbewerbsverhaltens der Unternehmen dient, an denen die Holdinggesellschaft beteiligt ist.

Art.24 Anmeldepflicht. (1) Die Gesellschaften haben die Kommission über ihre Absicht, eine Konzentration im Sinne von Art.21 vorzunehmen, zu informieren, wenn:

1. der Marktanteil der Waren oder der Dienstleistungen, die von der Konzentration betroffen sind, insgesamt mehr als 20% ausmacht;

2. der Umsatz der zusammengeschlossenen Unternehmen aus dem Vorjahr BGL 15 Mrd. übersteigt.

(2) Wird eine Konzentration durch den Erwerb von Teilen eines oder mehrerer Unternehmen bewirkt, so ist unabhängig davon, ob diese Teile eigene Rechtspersönlichkeit besitzen, der Umsatz jenes Teils des Unternehmens zu berücksichtigen, der Gegenstand der Kontrolle ist.

(3) Bei einer Konzentration von Banken und andere Finanzeinrichtungen sind die Bilanzaktiva und bei den Versicherungsgesellschaften die

Summen der Bruttoprämien für die Kontrolle maßgebend.

Art.25 Anmeldepflicht seitens staatlicher und kommunaler Einrichtungen. Wenn Organe der zentralen Exekutivorgane oder der kommunalen Selbstverwaltung Unternehmen zusammenführen wollen, so müssen sie diese Zusammenführung in den Fällen gem. Art.24 Abs.1 bei der Kommission anmelden, bevor ein diesbezügliches Dokument ausgestellt wird.

Art.26 Inhalt der Anmeldung. (1) Inder Anmeldung gem. Art.24 sind folgende Angaben aufzunehmen:

1. die Gesellschaften, die an der Konzentration beteiligt sind;
2. der Charakter und die Rechtsform der Konzentration;
3. die Art der Waren (Dienstleistungen), auf die sich die Konzentration erstreckt;
4. die Unternehmen, die durch die Beteiligten an der Konzentration im Sinne von Art.21 Abs.2 kontrolliert werden;
5. der gesamte Marktanteil und der Gesamtumsatz der an der Konzentration beteiligten Unternehmen;
6. die wichtigsten Wettbewerber, Lieferanten und Käufer.

(2) In der Anmeldung gem. Abs.1 wird auch die Genehmigung der Konzentration durch die Kommission beantragt.

Art.27 Bewertung der Konzentration. (1) Innerhalb eines Monats nach dem Eingang der Anmeldung führt die Kommission eine Wertschätzung der Konzentration durch, indem sie folgendes in Betracht zieht: die Marktpositionen der Unternehmen vor und nach der Konzentration, ihre Wirtschafts- und Finanzmacht, der Zugang zu den Beschaffungs-, Waren- und Dienstleistungsmärkten, die rechtlichen oder anderen Hindernisse für einen Marktzugang.

(2) Aufgrund der Bewertung fällt die Kommission die Entscheidung und erklärt, dass: die Konzentration von den Bestimmungen des Art.24 unberührt bleibt; die Konzentration genehmigt wird; eine Prüfung gem. Art.29 vorzunehmen ist.

(3) Sollte im Zuge der Überprüfung festgestellt werden, dass die zu genehmigende Konzentration die Interessen der Handelspartner bzw. der Verbraucher wesentlich beeinträchtigen kann, kann die Kommission die unverzügliche Unterlassung oder Änderung der Konzentrationshandlungen anordnen. Diese Entscheidung kann nicht angefochten werden.

Art.28 Konzentrationsgenehmigung. (1) Die Kommission genehmigt die Konzentration, wenn diese nicht zu Herstellung oder Stärkung einer marktbeherrschenden Stellung führt und der effektive Wettbewerb am betreffenden Markt nicht wesentlich behindert wird. Die Genehmigung kann auch an die Erfüllung bestimmter Auflagen gekoppelt sein.

(2) Die Kommission kann die Konzentration zulassen, obwohl sie die

Ausbildung oder Verstärkung einer marktbeherrschenden Stellung festigt, wenn dadurch eine Modernisierung der Produktion oder der Wirtschaft insgesamt, eine Verbesserung der Marktstrukturen, die Förderung von Investitionsvorhaben, die Wettbewerbsfähigkeit auf den Weltmärkten, die Schaffung neuer Arbeitsplätze und die Befriedigung der Verbraucherinteressen angestrebt wird, so dass all diese Maßnahmen die für die Wettbewerber eher negativen Marktauswirkungen übertreffen.

(3) Die Genehmigung gem. Abs.1 und 2 kann auch bestimmte Forderungen der Kommission enthalten, welche die Aufrechterhaltung des wirksamen Wettbewerbs bzw. des positiven Einflusses auf dem Markt garantieren.

Art.29 Beschluss zu Überprüfung. (1) Die Kommission entscheidet über die Durchführung einer Überprüfung der Sachverhalte, wenn die Konzentration durch die Vorschriften von Art.21 betroffen wird und begründete Zweifel bestehen, dass im Ergebnis ihrer Etablierung eine marktbeherrschende Stellung entstehen wird bzw. eine solche gestärkt werden kann, so dass der wirksame Wettbewerb auf dem betreffenden Markt verhindert, eingeschränkt oder verletzt wird.

(2) Innerhalb von drei Monaten nach der Veröffentlichung des Beschlusses im amtlichen Gesetzblatt hat die Kommission die Überprüfung abzuschließen und ihre Entscheidung zu fällen. Bis zu Verkündung der Entscheidung der Kommission gem. Art.54 sind Handlungen im Zusammenhang mit der geplanten Konzentration verboten.

Art.30 Unlautere Wettbewerb. (1) Als unlauterer Wettbewerb gilt jede Handlung oder jede Unterlassung bei Verwirklichung wirtschaftlicher Tätigkeit, die den guten Handelssitten widerspricht und die Interessen der Mitbewerber in ihren Beziehungen unter einander oder in ihren Beziehungen mit den Verbrauchern verletzt bzw. verletzen kann.

(2) Der unlautere Wettbewerb ist verboten.

Art.31 Verletzung des guten Rufs der Wettbewerber. (1) Es ist verboten, den guten Ruf und das Vertrauen zu den Wettbewerbern sowie zu den von ihnen angebotenen Waren und Dienstleistungen durch Behauptung oder Verbreitung von unrichtigen Angaben, sowie durch verzerrte Tatsachen zu verletzen.

(2) Es ist verboten, durch Werbung oder auf andere Weise Waren oder Dienstleistungen nicht existierende Vorteile gegenüber den Waren oder Dienstleistungen der Wettbewerber zuzuschreiben, sowie den Waren oder Dienstleistungen der Wettbewerber nicht existierende Nachteile zuzuschreiben.

Art.32 Irreführung. (1) Das Verschweigen oder Verheimlichen wesentlicher Unzulänglichkeiten oder gefährlicher Eigenschaften der angebotenen Waren oder Dienstleistungen ist verboten.

(2) Das Irreführen bezüglich wesentlicher Eigenschaften oder der Nutzungsweise von Waren durch Verbreitung unwahrer Angaben oder verzerrender Tatsachen ist verboten.

(3) Das Werben von Waren und Dienstleistungen, die nicht vorrätig oder nur in ungenügender Menge vorhanden sind, so dass die Nachfrage nach ihnen nicht bedient werden kann, ist verboten.

(4) Irreführende Bekanntmachungen über Preise, Preissenkungen und andere Handelskonditionen beim Anbieten von Waren oder Dienstleistungen sind verboten.

Art.33 Nachahmung. (1) Es ist verboten, Waren oder Dienstleistungen anzubieten oder für sie zu werden, wenn ihr Aussehen, ihre Verpackung, Markierung, Name oder andere Merkmale über Ursprung, Hersteller, Verkäufer, Herstellungsart und –ort, Bezugsquelle und Nutzungsart, Menge, Qualität, Beschaffenheit, Eigenschaften und weitere wesentliche Merkmale täuschen oder täuschen können.

(2) Es ist verboten, Firmenbezeichnungen, Handelsmarken oder identische oder artgleiche Bezeichnungen, deren sich befugterweise andere Personen bedienen, in der Weise zu nutzen, dass die Interessen der Wettbewerber und/oder der Verbraucher verletzt werden können.

Art.34 Unlautere Kundenwerbung. (1) Der unlautere Wettbewerb beim Anwerben von Kunden, was zu einer Kündigung oder Verletzung bereits abgeschlossener Verträge mit Wettbewerbern führt, ist verboten.

(2) Die Nötigung sowie die Anwendung anderer rechtswidriger Mittel zur Einflussnahme auf den Verkäufer mit dem Ziel, diese vom Verkauf von Waren bzw. von der Einbringung von Dienstleistungen an bestimmte Personen abzuhalten, ist verboten.

(3) Die Nötigung sowie die Anwendung anderer rechtswidriger Mittel zur Einflussnahme auf den Kunden mit dem Ziel, diese zum Kauf oder zum Nichtkauf bestimmter Waren bzw. zu Nichtnutzung bestimmter Dienstleistungen zu bewegen, ist verboten.

(4) Die Bekanntmachung eines Ratenkaufs oder ähnlicher Rechtsgeschäfte, bei denen der Verkäufer seine Firma nicht eindeutig benennt, keine genauen Angaben über Anzahl und Höhe der einzelnen Raten, über Zinssätze auf nicht geleistete Beitragsregelungen sowie den gesamten Verkaufspreis nicht abgibt, ist verboten.

(5) Die zum Verkauf angebotene Ware oder Dienstleistungen unentgeltlich anzubieten oder mit einem Preisausschlag zu veräußern ist verboten, mit Ausnahme von: Werbegegenstände mit unbedeutendem Wert und klarer Kennzeichnung des Werbenden; Waren oder Dienstleistungen, die der Handelspraxis gemäß einen Teil der verkauften Ware oder Dienstleistung ausmachen; Waren oder Dienstleistungen, die als Mengenrabatt einzuordnen sind; Druckerzeugnisse im freien Verkauf oder

bei Abonnenten für Periodika.

(6) Ein Verkauf, bei dem gleichzeitig etwas angeboten oder versprochen wird, aber dessen Erhalt abhängig gemacht wird: von der Lösung konkreter Aufgaben, Worträtsel, Beantwortung der gestellten Fragen, bei Rätselspielen, Quiz-Veranstaltungen, Sammeln von Coupons, Glücksspielen mit Sachpreisen oder Barzahlungen, deren Wert den Preis der verkauften Ware oder Dienstleistung erheblich übertrifft, ist verboten.

(7) Kaufgeschäfte auf dem Inlandsmarkt mit großen Mengen von Waren, die zwecks unlauterer Kundenwerbung über einen längeren Zeitraum unter dem Produktionskostenpreis getätigt werden, sind verboten.

Art.35 Verbot des Verrats von Geschäfts- und Betriebsgeheimnissen. (1) Es ist verboten, Geschäfts- und Betriebsgeheimnisse im Widerspruch zur fairen Geschäftspraxis in Erfahrung zu bringen, zu nutzen oder preiszugeben.

(2) Ein Geschäfts- und Betriebsgeheimnis in Erfahrung zu bringen, widerspricht auch dann der fairen Geschäftspraxis, wenn dies durch Abhören, Eindringen in den Raum, Öffnen der Korrespondenz, Filmen, unbefugte Einsicht in Aktensachen geschieht, die auf eine Art und Weise gelagert werden, die einen erschwerten Zugang zulassen, sowie durch Betrug oder durch ein Vorteilsangebot an Personen, die vermöge ihrer dienstlichen oder vertraglichen Beziehungen Zugang zu dem Geheimnis haben und dies ohne die Zustimmung des Eigentümers dieser Unterlagen erfolgt.

(3) Es ist verboten, Geschäfts- und Betriebsgeheimnisse zu nutzen und preiszugeben, auch wenn diese unter der Bedingung der Nichtnutzung oder Nichtverbreitung anvertraut worden oder zugänglich geworden sind.

Dritter Abschnitt. **Verfahren.**

Art.36 Einleitung eines Verfahrens. (1) Ein Verfahren vor der Kommission wird eingeleitet, wenn: ein Antrag von den Personen vorliegt, deren Interessen durch eine Verletzung dieses Gesetzes berührt oder bedroht sind; Anträge zur Ausstellung von Genehmigungen oder zur Zulassung abgestimmter allgemeinen Geschäftsbedingungen bzw. Überlassung staatlicher Beihilfen vorliegen; ein Beschluss der Kommission vorliegt.

(2) Die Anträge auf Entschädigung von Personen, die von Verletzungen durch Nichteinhaltung dieses Gesetzes betroffen sind, werden gemäß in der Zivilprozessordnung vorgesehenen Verfahren eingebracht. Der Beschluss der Kommission, welcher die Verletzung feststellt, ist für die Zivilkammer bindend.

Art.37 Tagungen. Die Tagungen der Kommission können öffentlich als auch geschlossen seien. Die Parteien können rechtsanwaltlichen Beistand in Anspruch nehmen.

Art.38 Quorum und Mehrheit. Die Tagungen sind legitim, wenn mindestens 7 der Kommissionsmitglieder anwesend sind. Die Kommission fällt ihre Urteile in einer öffentlichen Abstimmung und mit einer Mehrheit von 6 Stimmen.

Art.39 Begründung für eine Ablehnung. (1) Ein Mitglied der Kommission ist verpflichtet, selbst seine Kandidatur zurückzuziehen, wenn folgende Gründe vorliegen: er Bevollmächtigter einer der Parteien gewesen ist; er in einem arbeitsrechtlichen oder werkvertragsrechtlichen Verhältnis mit einer der Parteien gestanden hat; er auch aus anderen Gründen als befangen bzw. als unmittelbar wie mittelbar interessierte Person vom Ausgang des Vorgangs betrachtet werden kann.

(2) In den Fällen gem. Abs.1 können die Parteien die Ablehnung verlangen.

Art.40 Beweissicherung. (1) Wenn die Gefahr besteht, dass ein Beweis verloren geht oder seine Bereitstellung auf Hindernisse stoßen könnte, verfügt der Vorsitzende der Kommission, dass die Beweiserhebung vor Einleitung des Verfahrens stattfindet.

(2) Die Beweissicherung erfolgt gem. Zivilprozessordnung.

Art.41 Verpflichtung zur Mitwirkung. (1) Die Amtspersonen sind verpflichtet, die Kommission bei der Erfüllung ihrer Pflichten zu unterstützen, den Zutritt zu den Räumlichkeiten sicherzustellen, mündliche und schriftliche Erklärungen abzugeben sowie Unterlagen und weitere Informationsträger vorzulegen.

(2) Bei Verweigerung des Zutritts oder Nichtvorlage von Informationen ersucht die Kommission die Staatsanwaltschaft und das Ministerium des Innern um Mitwirkung.

(3) Bei Ermittlungen oder Prüfungen der Kommission dürfen sich die Amtspersonen nicht auf das Geschäfts- oder Betriebsgeheimnis berufen.

(4) Das Nationale Institut für Statistik sammelt, bearbeitet und stellt der Kommission bei Anfrage Informationen aus seinem Zuständigkeitsbereich zur Verfügung.

Art.42 Nutzung von Unterlagen. Unterlagen oder Angaben, zu denen die Kommission während der Ermittlung Zugang bekommen hat, sind durch die Kommission nur für die Ziele dieser Ermittlung einzusetzen.

Art.43 Revision. Gegen die Beschlüsse der Kommission kann innerhalb von 14 Tagen nach deren Bekanntgabe gem. ZPO vor dem Verwaltungsgericht Berufung eingelegt werden. Eine Ausnahme machen die Beschlusse lt. Art.13 Abs.5 und Art.27 Abs.2 und 3

Art.44 Inkrafttreten der Beschlüsse. Die Beschlüsse der Kommission treten in Kraft, wenn: sie keine Revision unterliegen; in der Frist lt. Art.42 gegen sie keine Berufung eingelegt wurde; wenn der eingebrachten Klage nicht stattgegeben wurde.

Art.45 Erfüllung. Die Vermögenssanktion und die Bußgelder, die aufgrund von den in Kraft getretenen Beschlüssen der Kommission geschuldet werden, sind gem. Gesetz über die Entrichtung staatlicher Forderungen zu entrichten.

Art.46 Verjährung. Es wird kein Verfahren eingeleitet bzw. das eingeleitete Verfahren wird eingestellt, wenn 5 Jahre seit dem strafbaren Tatbestand vergangen sind.

Art.47 Gebühren und Kosten. (1) Für die Verfahren fallen staatliche Gebühren und Kosten an. Die staatlichen Gebühren werden vom Ministerrat bestätigt.

(2) Die staatlichen Behörden werden von Gebühren befreit.

Art.48 Einleitung des Verfahrens (1) Ein Verfahren vor die Kommission wird auf Antrag der interessierten Personen, bei Verlangen auf Ausstellung einer Genehmigung, der Zulassung von abgestimmten allgemeinen Bedingungen oder staatlichen Beihilfen sowie auf eigene Initiative hin eingeleitet.

(2) Kein Verfahren wird eingeleitet, und das bereits eingeleitete Verfahren wird durch Beschluss der Kommission eingestellt, wenn: der Antragsteller – eine natürliche Person – gestorben ist, oder aber die juristische Person – gelöscht wurde; die in diesem Gesetz vorgesehene Haftpflicht erloschen ist; die Kommission in dieser Frage nicht zuständig ist

Art.49 Inhalt des Antrags. (1) Der Antrag gem. Art.36 Abs.1 P.1 muss in bulgarischer Sprache verfasst sein und folgendes beinhalten:

1. Name, Personenkennzahl und Angaben über die gerichtliche Eintragung des Antragstellers sowie der Person, gegen welche eine Beschwerde eingereicht wird;
2. Anschrift (Sitz und Geschäftsführung) des Antragstellers;
3. Grund der Beschwerde, Angabe der Umstände, auf die sich die Beschwerde stützt;
4. Beweise zur Unterstützung der Beschwerde;
5. Unterschrift des Beschwerdeführers oder seines Bevollmächtigten;
6. Beleg für staatliche Gebühren, wenn solche geschuldet werden

(2) Die Anträge gem. Art.36 Abs.1 P.2 enthalten die in Art.11 Abs.2 und Art.26 Abs.2 zitierten Angaben.

(3) Den Anträgen auf Zulassung staatlicher Beihilfen sind Beweise über das Vorliegen der Voraussetzungen gem. Art.20 Abs.4 beizufügen.

(4) Nicht unterzeichnete Anträge werden von der Kommission nicht behandelt.

(5) Wenn der Antrag den Bedingungen gem. Abs.1, 2 und 3 nicht genügt, wird der Antragsteller aufgefordert, innerhalb von 7 Tagen die Unregelmäßigkeiten zu beseitigen.

(6) Wenn der Antragsteller innerhalb der Frist gem. Abs.5 die Mängel nicht beseitigt, wird der Antrag von der Kommission nicht behandelt.

Art.50 Akteneröffnung. Der Vorsitzende der Kommission lässt aufgrund eingegangener Anträge eine Akte anlegen und beauftragt ein Kommissionsmitglied mit der Berichterstattung.

Art.51 Ermittlungen und Prüfungen. (1) Der Berichterstatter hat die Ermittlung einzuleiten und die Untersuchung des Sachverhalts durchzuführen, indem er:

1. vom Antragsteller, von der Person, gegen die eine Beschwerde wegen Gesetzesverletzung vorliegt, von Unternehmen sowie von staatlichen und örtlichen Organen mündliche und schriftliche Erläuterungen anfordert;
2. Abschriften privater oder offizieller Unterlagen verlangt;
3. schriftliche Stellungsnahmen von staatlichen und örtlichen Organen anfordert;

(2) Der Berichterstatter wird in seiner Ermittlungstätigkeit von der Verwaltung sowie von externen Experten und Sachverständigen unterstützt.

(3) Alle im Laufe der Ermittlungen bekannt gewordenen Tatsachen sind vertraulich zu behandeln, wenn diese ein geschütztes Geheimnis der Parteien darstellen.

(4) Die Ermittlungen sind innerhalb von 60 Tagen abzuschließen. In faktisch und rechtlich besonders komplizierten Fällen kann die Frist bis zu 30 Tage verlängert werden.

Art.52 Begründung. (1) Der Berichterstatter erstellt den Schlussbericht mit einer entsprechenden Argumentation und legt ihm dem Vorsitzenden den Aktenvorlage vor.

(2) Innerhalb von 2 Wochen setzt der Vorsitzende eine öffentliche Sitzung an.

(3) Die Vorladung der Parteien erfolgt gem. Vorschriften der ZPO.

(4) Zur Sitzung werden geladen: die Person, gegen die eine Beschwerde vorliegt oder ein Vertreter; die Person, die durch die Verletzung einen erheblichen Schaden erlitten hat oder ein Vertreter; der Antragsteller, sowie Vertreter staatlicher oder örtlicher Organe.

Art.53 Beweise. Zu den Sitzungen der Kommission werden schriftliche Beweise zugelassen und die Erläuterungen der Parteien angehört. Der Vorsitzende kann verfügen, dass die Parteien persönlich erscheinen.

Art.54 Verfahrensordnung der Sitzung. (1) Die Kommission beginnt ihre Sitzung mit der Feststellung der Gesetzmäßigkeit des Verfahrens.

(2) Den Parteien können zu dem Vorgang gem. einer durch den Vorsitzenden vorbestimmten Ordnung Fragen gestellt werden.

(3) Wenn der Vorsitzende der Meinung ist, dass die Umstände zum

Vorgang geklärt sind, überlässt er den Parteien die Möglichkeit, hierzu Stellung zu nehmen.

(4) Nach tatsächlicher und rechtlicher Klärung des Streitfalles schließt der Vorsitzende die Anhörung und gibt den Tag zur Verkündung des Kommissionsbeschlusses an.

Art.55 Entscheidung der Kommission. (1) Auf einer geschlossenen Sitzung verkündet die Kommission mit Beschluss

1. Verletzung und Täter sowie die Art und Höhe der gesetzlichen Strafe
2. dass die Verletzung gem. Gesetz für die Erstellung einer mangelhaften gerichtlichen Akte gedient hat und beauftragt den Vorsitzenden, eine Klageschrift gem. ZPO für dessen Nichtigkeitserklärung einzureichen.
3. dass lt. Gesetz keine Verletzung vorliegt oder die Frist lt. Art.46 abgelaufen ist, so dass dem Antrag nicht stattgegeben wird;
4. dass kein Anlass für ein Verbot gem. Art.9 gegeben ist;
5. dass bestimmte Vereinbarungen, Beschlusse oder Maßnahme verboten wird;
6. dass eine Abstimmung von allgemeinen Bedingungen zulässig oder verboten ist;
7. dass dem zuständigen Organ oder der zuständigen Einrichtung angeboten wird, das Projekt zur Überlassung einer staatlichen Beihilfe aufzuheben oder zu ändern;
8. die Zulassung oder das Verbot einer bestimmten Konzentration.

(2) Der Beschluss wird von den Kommissionsmitgliedern, die in der geschlossenen Sitzung abgestimmt haben, begründet und unterzeichnet.

Art.56 Vorbehalte. Ein Kommissionsmitglied, das mit dem Beschluss nicht einverstanden ist, unterzeichnet ihn unter Vorbehalt. Die Vorbehalte werden dem Beschluss beigefügt.

Art.57 Inhalt des Beschlusses. Der Beschluss der Kommission enthält: die Bezeichnung der Einrichtung, die ihn erstellt hat; die faktische und rechtliche Begründung für den Beschluss; einen dispositiven Teil, in welchem die Rechte oder Pflichten, die Art und Höhe der Sanktionen, sofern erforderlich, festgelegt werden; von welcher Einrichtung und Frist die Anfechtung des Beschlusses stattfinden kann.

Vierter Abschnitt. **Haftung und Sanktionen.**

Art.58 Administrative und strafrechtliche Haftung. (1) Im Falle einer Verletzung von Verboten oder Einschränkungen gem. diesem Gesetz besteht eine administrative und strafrechtliche Haftung, wenn es sich nicht um eine Straftat handelt.

(2) Dokumente über die Feststellung von Verletzungen werden nicht erstellt, die Vermögensstrafen oder Bußgelder aber werden mit Beschluss der Kommission verhängt, gegen den vor dem Obersten Verwaltungsgericht Einspruch erhoben werden kann.

Art.59 Vermögensstrafen. (1) Für Verletzungen gem. Art. 9, 18, 30, 31, 32, 33, 34 und 35, sowie für unerlaubte Handlungen gem. Art.11(1), Art.13(1), Art.15(2), Art.20(2) und Art.24(1) verhängt die Kommission dem Unternehmen eine Vermögensstrafe zugunsten des Staates in Höhe von BGL 5,000 bis 300,000.

(2) Bei wiederholter Verletzung kann die Kommission dem Unternehmen eine Vermögensstrafe in Höhe von BGL 100,000 bis 500,000 auferlegen.

(3) Bei Nichterfüllung eines Kommissionsbeschlusses kann diese dem Unternehmen eine Vermögensstrafe in Höhe von BGL 100,000 bis 500, 000 auferlegen.

Art.60 Bußgelder. (1) Die natürlichen Personen, die Gesetzesverletzung zugelassen haben, werden, falls das Delikt nicht als Straftat eingestuft wird, mit einer Geldstrafe in Höhe von BGL 1,000 bis 10,000 belangt.

(2) Personen, die in der gegebenen Frist die geforderten Beweise bzw. genauen Angaben nicht vorlegen oder nicht persönlich zur Aussage vor der Kommission erscheinen, wird eine Geldstrafe in Höhe von BGL 500 bis 2,500 auferlegt.

(3) Bei wiederholter Verletzung gem. Abs.1 und 2 wird die schuldige Person mit einer Geldstrafe von BGL 2 000 bis 20 000 belegt.

(4) Bei unerheblichen Verletzungen kann die Kommission eine Geldstrafe unter der vorgesehenen Mindesthöhe vorsehen.

Zusatzbestimmungen

§1. Im Sinne dieses Gesetzes bedeutet:

1. „Unternehmen" ist jede natürliche oder juristische Person sowie Gesellschaft bürgerlichen Rechts, die unabhängig der Rechts- und Organisationsform auf dem entsprechenden Markt eine Wirtschaftstätigkeit ausüben.

2. „Verbundene Unternehmen" sind jene Unternehmen, von denen eines am anderen so beteiligt ist, dass auf die Leistung oder Tätigkeit eine wirksame Kontrolle ermöglicht.

3. „Unternehmensverbunde" sind Unternehmen, die aufgrund eines Vertrages oder einer Vereinigung von Handelsgesellschaften gem. Handels- gesetz eine gemeinsame Wirtschaftstätigkeit ausüben.

4. „Aufeinander abgestimmtes Verhalten" bedeutet koordinierte Handlungen oder Unterlassungen von zwei oder mehreren Unternehmen.

5. „Entsprechender Markt" besteht aus:

a) „Produktmarkt" – er erfasst alle Waren oder Dienstleistungen, die von den Verbrauchern als austauschbar bezüglich ihrer Charakteristika, Bestimmung und Preis angenommen werden können;

b) „geographischer Markt“ – betrifft ein bestimmtes Territorium, auf welchem die entsprechenden austauschbaren Waren und Dienstleistungen angeboten werden und die Wettbewerbsbedingungen gleich sind, sind jedoch von diesen benachbarter Region unterscheiden

6. „Lautere Geschäftspraxis“ sind die Regeln, welche das Marktverhalten bestimmen, sich aus den Gesetzen und den üblichen Geschäftsbeziehungen ergeben und die Handelsbräuche nicht verletzen.

7. „Geschäfts- oder Betriebsgeheimnissen“ sind Tatsachen, Informationen, Beschlusse und Angaben, die mit Wirtschaftstätigkeit verbunden sind, deren Geheimhaltung im Interesse der Berechtigten steht und wofür sie die notwendigen Maßnahmen getroffen haben.

8. „Wiederholte Verletzung“ ist eine Verletzung, die innerhalb eines Jahres nach Inkrafttreten des Beschlusses erfolgt und wofür der Verletzer bereits belangt wurde.

9. „Wirtschaftstätigkeit“ ist jede Tätigkeit von Unternehmen, die zu einem Marktumsatz beitragen.

Saarbrücker Studien zum Privat- und Wirtschaftsrecht

Herausgeber:
Johann Paul Bauer, Michael Martinek und Helmut Rüßmann

Band 1 Susanne Jaschinski: Die Haftung von Schwestergesellschaften im GmbH-Unterordnungskonzern. Ein Beitrag zum Konzernverfassungsrecht. 1997.

Band 2 Roman Sascha Ahnert: Die *actio individualis*. Ein Beitrag zur verfassungsrechtlichen Fundierung der Aktionärsklage bei sogenannten Aktien-Interessenverbänden. 1997.

Band 3 Torsten Peters: Der Cateringvertrag. Rechtstatsachen, Rechtsnatur und Rechtsprobleme eines modernen Dienstleistungsvertrags. 1998.

Band 4 Michael Meissner: Persönlichkeitsschutz juristischer Personen im deutschen und US-amerikanischen Recht. Eine rechtsvergleichende Untersuchung des allgemeinen Persönlichkeitsrechts juristischer Personen. 1998.

Band 5 Thomas Tegen: Joint Venture-Vertrag und Projektträgergesellschaft im amerikanischen und deutschen Recht. 1998.

Band 6 Gerhard Wolter: Treuhandrecht im Umbruch? Ein Blick nach Frankreich, Luxemburg, in die Schweiz und in den Libanon sowie auf das Haager Trust-Übereinkommen. 1999.

Band 7 Thomas Dehlfing: Das Recht der irreführenden Werbung in Deutschland, Großbritannien und Frankreich. 1999.

Band 8 Hanno Dornseifer: Börsentermingeschäfte und Börsentermingeschäftsfähigkeit. Zur börsengesetzlichen Behandlung von finanzwirtschaftlichen Festgeschäften, Options- und Optionsscheingeschäften. 1999.

Band 9 Patrick Lenz: Absatzförderung durch *zinssubventionierte* Darlehen. Eine wettbewerbs- und kartellrechtliche Studie zur Zulässigkeit von Niedrigzins-Kreditangeboten unter besonderer Berücksichtigung des Automobilmarktes. 1999.

Band 10 Mansur Pour Rafsendjani: Der Goodwill-Ausgleichsanspruch des Franchisenehmers. Ein Vergleich des deutschen, französischen und US-amerikanischen Franchiserechts. 1999.

Band 11 Jörg Hartmann: Juristische und ökonomische Regelungsprobleme des Insiderhandels. Eine rechtsvergleichende Darstellung USA – Deutschland. 1999.

Band 12 David Altmeier: Rückstellungsbilanzierung in Deutschland und Frankreich. Eine vergleichende Untersuchung der französischen Rückstellungsbilanzierung aus der Perspektive des deutschen Bilanzrechts. 1999.

Band 13 Barbara Günther: Aktivische Bilanzierungshilfen im deutschen und französischen Bilanzrecht. 1999.

Band 14 Bernhard Glasow: Vertikale Preisbindung, Wettbewerbstheorie und Wettbewerbsrecht in den USA, Deutschland und Europa. Bestandsaufnahmen, Kritik und Zukunftsperspektiven. 2000.

Band 15 Dorota Nowak-James: Der Börsenzugang für Anleger in Deutschland und Polen. Eine rechtsvergleichende Untersuchung zum deutschen Finanzkommissionsgeschäft und zum polnischen Brokerauftragsvertrag. 2000.

Band 16 Mathias Queck: Der Nießbrauch am Anteil einer offenen Handelsgesellschaft. Eine Form der (un-)mittelbaren Unternehmensbeteiligung. 2000.

Band 17 Ina Roth: Umweltbezogene Unternehmenskommunikation im deutschen und europäischen Wettbewerbsrecht. 2000.

Band 18 Jörg Preiss: Die Anwendung des markenrechtlichen Erschöpfungsgrundsatzes auf Dienstleistungsmarken. 2000.

Band 19 Kevin M. McDonald: Der Begriff der Dienstleistung im europäischen Binnemarkt und WTO-System (GATS). 2001.

Band 20 Carolin Opgenhoff: Die europäische Fusionskontrolle zwischen Wettbewerbsrecht und Industriepolitik. 2001.

Band 21 Susanne Schäfer: Die Deliktsfähigkeit juristischer Personen. Eine rechtsvergleichende Untersuchung zur Übertragbarkeit des englischen Modells. 2001.

Band 22 Kay Diedrich: Die Interventionswirkung – Ausprägung eines einheitlichen Konzepts zivilprozessualer Bindungswirkung. 2001.

Band 23 Michael Fröhlich: Zentrale Institutionen des deutschen Urheberrechts und des französischen Droit d'auteur auf dem Prüfstand der elektronischen Netzwerke. 2001.

Band 24 Joël Benjamin Münch: Abtretungsverbote im deutschen und französischen Recht. Rechtsvergleichende Untersuchung der Übertragungshindernisse im deutschen und französischen Forderungsverkehr als Beitrag zu einer weiteren Schuldrechtsvereinheitlichung in Europa. 2001.

Band 25 Monika Prieß: Der Begriff des Sachmangels im deutschen und englischen Kaufrecht. Reformbedarf aufgrund der Verbrauchsgüterkauf-Richtlinie 1999/44/EG. 2001.

Band 26 Katharina Siegel: Produkthaftung im polnischen, tschechischen und slowenischen Recht. 2001.

Band 27 Carolin Kühne: Die gesetzliche Form der Rechtsgeschäfte im deutschen und italienischen Recht. Eine rechtsvergleichende Untersuchung. 2002.

Band 28 Nina Scherf: Die Nachschußpflicht im Gesellschaftsrecht. Eine rechtsformübergreifende Bestandsaufnahme, Analyse und Kritik. 2002.

Band 29 Marc Laukemann: Fernsehwerbung im Programm. Die zunehmende Kommerzialisierung des Fernsehprogramms im Zeitalter einer Ökonomisierung der Aufmerksamkeit als verfassungs-, wettbewerbs- und rundfunkrechtliches Problem. 2002.

Band 30 Michael Bo Jaspers: Nachträgliche Rechtswahl im internationalen Schuldvertragsrecht. Unter besonderer Berücksichtigung der Rechtspraxis in England, Frankreich, Dänemark und Deutschland. 2002.

Band 31 Christina Pernice: Die Insolvenzverschleppung durch das Geschäftsführungsorgan der kleinen Kapitalgesellschaft im deutschen, französischen und englischen Recht. Eine rechtsvergleichende Untersuchung zur Entwicklung eines europäischen Lösungsansatzes. 2002.

Band 32 Anne Christine Janert: Der sachliche und persönliche Anwendgunsbereich des deutschen Verbraucherkeditrechts und des britischen Consumer Credit Act 1974. Ein Beitrag zu den Möglichkeiten und Grenzen verbraucherrechtlicher Harmonisierung in Europa. 2002.

Band 33 Annette Trost: Faktische Sitzverlegung unter Sitz- und Gründungstheorie im Vergleich. Unter besonderer Berücksichtigung ihrer gesellschafts- und zivilrechtlichen Folgewirkungen. 2003.

Band 34 Esther Cordula Hilpert: Die Gründerhaftung in der Gesellschaft mit beschränkter Haftung in Deutschland, Frankreich und England. 2003.

Band 35 Wei-ming Liao: Die Schiedsgerichtsbarkeit in Taiwan. Unter besonderer Berücksichtigung der internationalen Handelsschiedsgerichtsbarkeit und mit Hinweisen zu der Entwicklung in Deutschland. 2003.

Band 36 Stefan Stork: Sitzverlegung von Kapitalgesellschaften in der Europäischen Union. Zur Reichweite der Niederlassungsfreiheit unter Berücksichtigung der positiven und der negativen Integration. 2003.

Band 37 Marc Pfeffer: Interbrand-Kartellverbot und Intrabrand-Vereinbarungen. Die Ablösung horizontaler und vertikaler Eingriffsmerkmale im GWB zu Gunsten einer Betrachtung produktexterner und -interner Wettbewerbsfaktoren. 2003.

Band 38 Nicole Burkardt: Der arbeitsrechtliche Aufhebungsvertrag. Einvernehmliche Beendigung von Arbeitsverhältnissen unter Berücksichtigung der Rechtslage nach der Schuldrechtsreform. 2004.

Band 39 Christian Schmeling: Die Entlastung von Mitgliedern geschäftsführender Organe im Recht der Kapitalgesellschaften. Eine rechtsvergleichende Studie zum deutschen, schweizerischen und französischen Recht. 2004.

Band 40 Andreas Wolf: Wege zur virtuellen Haupt- und Gesellschafterversammlung. Eine vergleichende Untersuchung über die Einbeziehung elektronischer Medien in die Hauptversammlung einer Aktiengesellschaft und die Gesellschafterversammlung einer GmbH. 2004.

Band 41 Bianca Natalie Baldus: Der elektronisch geschlossene Vertrag mit Schiedsabrede. Zulässigkeit und anwendbares Recht in nationalen und internationalen Schiedsverfahren. 2004.

Band 42 Vania Dilek: Der Wettbewerbsschutz in Bulgarien und in der Russischen Föderation während des Übergangs vom Dirigismus zur Privatautonomie. 2004.

www.peterlang.de

Kolibri 360 GmbH
Ferdinand-Jühlke-Straße 7
99095 Erfurt, Deutschland
produktsicherheit@kolibri360.de

Druck:
CPI Druckdienstleistungen GmbH
im Auftrag der
Kolibri 360 GmbH
Ferdinand-Jühlke-Str. 7
99095 Erfurt